LA CONVERSION INACHEVÉE

Du même auteur

Les Turkmen, hommes du vent, ou l'Iran des steppes
Éditions Maisonneuve, Paris, 1979,
en collaboration avec Monique Ciprut.

Le Renouveau indien aux États-Unis,
première édition, l'Harmattan, Paris, 1986.
Nouvelle édition à paraître en 1999.

Destins croisés, cinq siècles de rencontres avec les Amérindiens,
ouvrage collectif, dirigé en collaboration avec Jean Malaurie et Sylvie Devers
Albin Michel / Unesco, Paris, 1992.

Les Indiens dans l'histoire américaine,
Armand Colin, Paris, 1991, 1996,
en collaboration avec Nelcya Delanoë.

JOËLLE ROSTKOWSKI

LA CONVERSION INACHEVÉE

Les Indiens et le christianisme

Préface de Jean Malaurie

TERRE
INDIENNE

Albin Michel

« Terre indienne »
Collection dirigée par Francis Geffard

ISBN : 2-226-09603-5
ISSN : 1159-7100

A mes compagnons de route, Mikolaj et Edilou.

Aux Indiens des États-Unis, à leur quête de sens et de reconnaissance. A ceux que j'ai connus, à leurs itinéraires spirituels, complexes et multiples, parfois sinueux, souvent douloureux, mais riches en enchantements. A leur ferveur.

A la mémoire de Luisita Warren.

En souvenir d'André Ribert.

Pour Lucienne Ribert.

Le pouvoir de l'univers opère toujours en cercle et toute chose tend à être ronde. Dans les temps anciens, lorsque nous étions un peuple heureux et fort, notre pouvoir nous venait du cercle sacré de la nation et tant qu'il ne fut pas brisé, notre peuple a prospéré...

Tout ce que fait le Pouvoir de l'Univers se fait dans un cercle. Le ciel est rond et j'ai entendu dire que la terre est ronde comme une balle et que toutes les étoiles le sont aussi. Le vent, dans sa plus grande puissance, tourbillonne. Les oiseaux font leur nid en rond car leur religion est la même que la nôtre. Le soleil s'élève et redescend dans un cercle. La lune fait de même, et ils sont ronds l'un et l'autre. Même les saisons, dans leurs changements, forment un grand cercle et reviennent toujours où elles étaient. La vie d'un homme est un cercle d'enfance à enfance, et ainsi en est-il de toute chose où le Pouvoir se meut. Nos tentes aussi étaient rondes comme les nids des oiseaux et toujours disposées en cercle, le cercle de la nation, nid fait de nombreux nids où nous couvions nos enfants selon la volonté du Grand Esprit.

Black Elk, Sioux Oglala[1].

De façon imprévue et dramatique, la découverte du Nouveau Monde a contraint au tête à tête deux humanités, sœurs sans doute, mais néanmoins étrangères l'une à l'autre, par tous les principes de leur vie matérielle et spirituelle. Or, l'homme américain, en un bouleversant contraste, pouvait à la fois être privé de la grâce et de la révélation du Christ et en même temps offrir une image qui évoquait aussitôt des souvenirs antiques et bibliques : celle d'un âge d'or et d'une vie primitive qui se présentaient simultanément dans le péché et hors du péché. Pour la première fois, l'homme chrétien n'était plus seul, ou, du moins, plus seul en présence de païens dont la condamnation datait des Écritures, et au sujet desquels aucun trouble de conscience n'était possible. Avec l'homme américain, ce fut autre chose : il n'était pas prévu ; mieux encore, sa soudaine apparition vérifiait et démentait en même temps le saint message (du moins on le croyait) puisque l'innocence du cœur, l'accord avec la nature (...), le dédain des complications modernes, tout cela rappelait irrésistiblement le Paradis terrestre et altérait, par la constatation, que la chute n'imposait pas que l'homme en dût être inéluctablement privé.

CLAUDE LÉVI-STRAUSS[2].

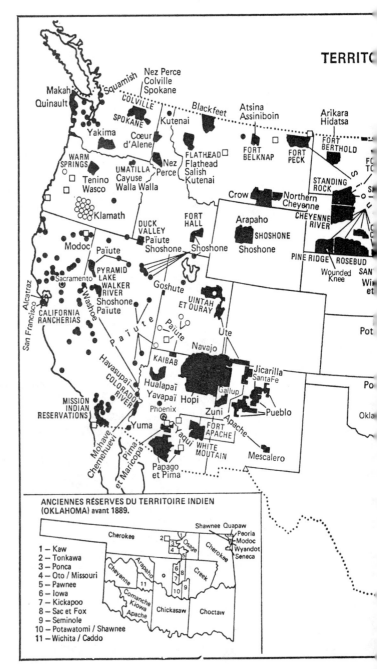

Source : la Documentation française, 1982.

NDIENS AUJOURD'HUI, AUX ÉTATS-UNIS

Malecite
Micmac
Passamaquoddy
Penobscot

Mohawk
Oneida
Wampanoag
Onondaga Mohegan
Cayuga
Seneca
Narraganset
Shinnecock
Pequot
Poosepatuck

Tuscarora Iroquois

h i p p e w a

LEECH LAKE
E LAKE
H

neapolis
int Paul
Menominee

Ottawa
et Chippewa
Milwaukee
Chippewa
Potawatomi

Sac
et Fox
Chicago

Cleveland
Philadelphie

Miami

Washington
Nanticoke

Chickahominy

Cherokee
Lumbee
Catawba

Choctaw
Creek
Tunica
Coushatta
Chitimacha

Seminole
Miccosukee

LÉGENDE

- ● ▬ Réserve indienne fédérale
- △ Réserve des États
- □ Peuple sans territoire alloué
- ○ Peuples et groupes «éteints» par décret fédéral
- ROSEBUD Nom de réserve
- **Sioux** Nom de peuple

Préface

Jésus-Christ indianisé

« Il n'y eut peut-être qu'un seul chrétien : celui qui est mort sur la croix », rappelait Friedrich Nietzsche, prophète des temps modernes.

Jésus, recrucifié de siècle en siècle, ressuscite, selon les systèmes politiques et culturels. Le rabbi, roi d'Israël, aussitôt après sa mort, est d'abord compris par ses ardents disciples comme celui qui a tenté de restaurer le royaume hébreu. Après un vif débat, en 49, à Jérusalem, et qui a opposé Pierre et Paul, le Christ, fils de l'homme, a été différemment compris par les douze apôtres et les sept diacres ; il est considéré, non plus seulement comme un prophète d'intégristes (esséniens ?), mais comme le Dieu de tous les hommes, les gentils et les juifs.

Le christianisme universel est né. Depuis, les crises doctrinales sur le Dieu caché n'ont cessé de se succéder. J'en rappelle brièvement quelques étapes pour évoquer combien, en cet âge apostolique, les pensées restaient imprécises et fragiles. Pour les origénistes, le christianisme doit intégrer la gnose et les idées néoplatoniciennes. Pour les arianistes, le fils procède du père mais ne lui est pas égal et le fils de Dieu n'est pas éternel ; les ébionites nient également la divinité du Christ. Pour les nestoriens, le Christ est un homme double qui s'est peu à peu incorporé, au cours de sa vie, à la substance divine. Après Constantin, le nouveau David du Nouveau Testament, le christianisme, avec l'édit de Milan (313), triomphe du monde païen et s'organise à la romaine, selon une structure ecclésiale. Mais les querelles théologiques reprennent plus vives ; elles subsisteront aussi longtemps que l'homme vivra. Le christianisme est, en effet, un perpétuel recommencement. À l'imprécision de textes historiques parfois contradictoires, se greffent de vifs débats opposant les tenants de la lecture scripturaire et ceux qui préconisent la valeur de la tradition, la Bible devant être interprétée par l'herméneutique au travers de l'histoire.

C'est le moine breton Pélage, vers 400, qui nie la nécessité de la grâce et du péché originel et croit à la perfection sur terre. Au Moyen Âge, le culte marial, sous la poussée populaire, a pris une telle importance que nos cathédrales sont sous son invocation. La Réforme et la Contre-Réforme, le siècle des Lumières et jusqu'aux Jacobins de la révolution française qui voient en Jésus le premier des sans-culottes, aujourd'hui la théologie de la libération, d'inspiration marxiste, ont des lectures opposées de l'Évangile.

Que pensent les Indiens Pueblos et les Sioux du christianisme que les conquérants leur ont enseigné comme une parole salvatrice? Le livre de Joëlle Rostkowski fera date. Il s'inscrit dans cette pléiade d'études qui, depuis les travaux pionniers de R. Ricard en 1930, se sont interrogées sur « La conquête spirituelle du Mexique » et l'évangélisation de la Nouvelle Espagne. L'université française, dans sa volonté de laïcisation, a trop longtemps négligé l'étude de l'évangélisation auprès des peuples premiers, et particulièrement l'analyse de leurs mentalités hostiles, passives, puis inventives d'une nouvelle Église. Joëlle Rostkowski, dans La Conversion inachevée, s'attache aux rapports complexes et souvent conflictuels qu'entretiennent les Pueblos, convertis depuis quatre siècles, et les Sioux, depuis un siècle. Assurément, le christianisme d'importation espagnole a été d'abord d'esprit colonial, mais il s'est, en Amérique centrale, nourri au fil des siècles de la pensée holistique autochtone. Par-delà les résistances, il a été des adhésions passionnées qui ont abouti à un syncrétisme graduel entre la religion eschatologique du Salut, et des philosophies panthéistes millénaires de dimension cosmique.

C'est ce que La Conversion inachevée s'attache à analyser dans le détail, en s'interrogeant constamment, avec des récits vécus, sur la reconstruction d'un christianisme populaire au travers des prismes d'un panthéisme indien, et sa déconstruction, dans le long terme, avec une empreinte toujours plus affirmée du sacré chamanique. C'est le récit vivant et très informé sur le flux et le reflux, au cours des siècles, entre une pensée dogmatique, la « vérité de l'Évangile » d'une Église qui se dit inspirée par le Saint-Esprit, et une philosophie panthéiste affamée d'expériences du sacré, tolérante et ouverte à toute croyance.

« Ne pourrait-on pas dire que ce à quoi on assiste aujourd'hui, en Europe, c'est moins à la disparition qu'au déplacement de la foi ? » s'interroge Ramuz, dans ses carnets et son journal. L'Église vit depuis l'après-guerre une perestroïka qui s'aggrave et s'élargit en Europe. « Notre époque est une époque de foi, notre époque est une époque où on ne peut pas vivre sans la foi, sans une foi, métaphysique d'abord (ou anti-métaphysique). La grande faiblesse de la société bourgeoise et capitaliste, qui est encore la nôtre, est d'avoir cru qu'elle allait pouvoir jouir indéfiniment des bénéfices d'une croyance, la croyance chrétienne, sans être obligée de la partager, qu'elle allait pouvoir continuer de prendre sans donner. C'est ce qu'elle appelait la liberté de conscience, certaines croyances lui étaient utiles, elle les respectait, disait-elle, sans même voir que ce qu'elle respectait en elles, c'était leur utilité. C'est cette position-là qui va devenir impossible. Il ne va pas suffire de respecter le christianisme, il va falloir être chrétien. Prouver qu'on l'est — ou avouer qu'on ne l'est plus[1]. »

La réponse, dans l'intelligentsia et le peuple, c'est l'agnosticisme et une indifférence croissante pour les obligations de la foi, dans l'ordre de la morale individuelle ou de l'esprit de partage. Les rituels et les dogmes sont en pointillé. Satan est oublié. L'humanisme chrétien se réapproprie l'espace des droits de l'homme ; il tente de rétablir son influence dans une approche sociale des relations de classe et est très présent dans les organisations caritatives en opération dans le Tiers-Monde. Mais si la structure de l'Église apparaît solide, visiblement, la dimension eschatologique échappe. Le vide spirituel est croissant et s'aggrave. Les statistiques sont impressionnantes. La France ne compte plus que 10 % de catholiques pratiquants. Les églises sont de plus en plus vides, les vocations rares, et le clergé est à

---

1. C.-F. Ramuz, *La Pensée remonte les fleuves*, coll. Terre Humaine, Plon, Paris, 1979, pp. 221-225.

ce point en crise qu'il est fait appel aux prêtres immigrés. Le 5 janvier 1995, le pape noir, autorité suprême des jésuites, lors du 34ᵉ concile de la Compagnie, a observé : « les jésuites ont perdu un tiers de leurs effectifs au xxᵉ siècle ; autrement dit 65 % d'entre nous n'appartiennent pas aux pays occidentaux ».

La rumeur devient toujours plus insistante : un des prochains papes serait peut-être latino-américain ou africain. En Amérique du Sud et en Amérique centrale, en Afrique, dans certains pays d'Asie, la ferveur chrétienne est, en effet, d'autant plus vive que l'Église, consciente de l'injustice sociale et économique du partage du monde, est aux côtés des opprimés. Elle obtient des masses une adhésion active. Il en est de même chez certains Amérindiens des États-Unis, combattus avec férocité, puis humiliés après avoir été enfermés dans les réserves. Ce n'est qu'en 1934 que le commissaire aux Affaires indiennes John Collier, après avoir exprimé en public un vibrant hommage aux peuples fondateurs de l'Amérique, a établi avec l'IRA (Indian Reorganization Act) les fondements d'un New-Deal indien renforçant les structures tribales et renouvelant la liberté des pratiques religieuses ancestrales.

Les jésuites et les épiscopaliens ont été parmi les premiers missionnaires chez les Sioux ; les franciscains ont eu le premier rôle chez les Pueblos. Hommes et femmes inflexibles. La réponse indienne a quelque peu tardé : c'est une opposition résolue à la stratégie de christianisation/assimilation. Conscients de leurs singularités, les Indiens, fiers de leur histoire, regardent aujourd'hui avec quelque condescendance leurs anciens maîtres, dont la religion de salut et l'esprit de charité étaient la première excuse d'une conquête brutale : guerres impitoyables, injustices juridiques répétées au cours d'un siècle de déshonneur.

God is red : les Sioux n'ont rien oublié mais ils restent très attachés à la personnalité du Christ, défenseur des vaincus et des humiliés. Si, assurément, ils observent avec distance nos querelles scolastiques incessantes, ils se choisissent désormais doubles : « nous acceptons aussi d'être chrétiens, disent les Sioux, mais à condition que notre Église soit autonome et autochtone. Nous ne voulons plus de cette hiérarchie écclésiastique lointaine qui, seule, a le pouvoir d'interprétation du message de Jésus. Notre vision de l'immanence est différente. Le monde est harmonie et l'homme et la nature sont

14

interdépendants. Notre regard sur les pierres, le ciel, les animaux, est un regard sacré et de spiritualité. Le sacré est dans nos cœurs et nos pensées, depuis des millénaires, sont très soucieuses de l'équilibre de la terre et du cosmos. Pour vous, les Blancs, Dieu est lointain et juge ». Le prophète iroquois Handsome Lake a conçu dans cet esprit, à la fin du xviie siècle, une charte spirituelle syncrétique qui garde aujourd'hui toute son influence. Avec habileté, les jésuites ont alors associé l'évangélisation à la défense de la personnalité ethnique. Les rites chrétiens ont été encouragés en parallèle avec les rites traditionnels. Il a même été proposé récemment que la messe soit dite sur le même lieu que celui consacré à la danse du Soleil. Ce que les Indiens ont vigoureusement refusé. Plus fréquemment que les protestants, les prêtres jésuites et franciscains pratiquent désormais un christianisme de juxtaposition de croyances ; depuis Vatican II, il se veut même d'inculturation. Deux voies, désormais parallèles, guident l'homme : elles sont sous l'autorité du prêtre et de l'homme-médecine.

Ce dualisme de la pensée religieuse, je l'ai retrouvé chez les Inuit dans l'Arctique central, au cours des années 1960 ; eux aussi montraient un respect porteur d'affection pour la personnalité du Christ d'autant plus sensible que son message n'était pas vécu comme contradictoire avec la vision ancestrale du sacré. « Dieu n'est pas inaccessible, disaient-ils, il est proche, fraternel. Dans notre environnement extrême, le miracle des visions peut être quotidien. Et nous sommes habitués à parler avec nos *Tonrars* protecteurs (esprits). » L'histoire biblique ne les préoccupe guère. La représentation du Dieu sémite et de Jérusalem leur est tout à fait contingente. Dans mes entretiens d'alors, les Inuit ne cessaient de s'interroger sur l'indifférence de Dieu pour eux, peuple si malheureux depuis des millénaires et dont les conditions d'existence étaient si cruelles. Pourquoi le peuple élu est-il le peuple hébreu et non le peuple inuit ? Voilà une question qui m'était fréquemment posée. Le péché originel : obscur et peu crédible. Le péché de chair : incompris. La vie est une grâce et il appartient à l'homme, dans l'équilibre de son corps, de la vivre pleinement. Le dogme de la Trinité : très mal perçu, et le Paraclet : rarement évoqué. La dualité père/fils est éloignée des esprits. La crucifixion du Christ n'est pas ressentie comme scandaleuse : la vision pénétrante, le cheminement de l'esprit dans l'au-delà, ne doit-il pas passer, pour l'*angakoq* (chaman), par la souffrance et de terribles épreuves ?

La personnalité de Jésus, atemporelle et non territorialisée, se dresse toujours plus forte, au fil des âges, dans une vision de fraternité. Jésus-Christ est imploré dans les hymnes et les rituels, avec l'expression pathétique d'une angoisse existentielle.

Si les mouvances chrétiennes sont aujourd'hui multiples chez les Amérindiens — catholiques, épiscopaliennes, calvinistes, luthériennes, moraves, anglicanes, évangélistes, adventistes du septième jour, auxquelles s'adjoignent les mormons, rivalisant entre elles avec un zèle dont l'esprit de charité est très souvent absent —, les interrogations sur la grâce sont perçues par toutes avec une extrême inquiétude, lors des assemblées dominicales. Le christianisme devient moins une religion du Salut qu'une exaltation de la paix de Dieu, qui risque d'être perdue par nos péchés et notre indignité en cette nature intacte depuis le miracle de la Genèse. Le christianisme indien devient un révélateur de la réalité chrétienne de l'Occident dont les pratiques individuelles et collectives et politiques sont de plus en plus éloignées de l'idéal des Béatitudes.

Jamais n'a été plus juste cette idée qui est mienne, selon laquelle les peuples premiers sont une sève de l'humanité qui se construit. Indifférents aux dogmes élaborés au fil des crises par les Pères de l'Église, les Amérindiens réinventent, eux, de génération en génération, un panthéisme chrétien. Rien que l'Évangile, à condition que les paroles divines soient retraduites selon la tradition chamanique, en restant fidèle aux grands ancêtres.

L'histoire a de ces ironies ! Le colonisateur occidental et nord-américain, matérialiste, déspiritualisé, indifférent au malheur des chômeurs que son industrie robotisée génère, sera de plus en plus appelé, dans ses moments de doute, à se tourner vers ces peuples premiers, hier si méprisés. Dans un premier mouvement, il est animé par une ferveur écologiste. Ensuite, il est surpris de découvrir des hommes et des femmes vivant selon une philosophie où l'accumulation des biens n'est pas perçue comme la vertu principielle. « Un crime monstrueux, perpétré de génération en génération. Il s'agit de faire la lumière sur ce crime chrétien, par lequel on a essayé de soustraire le christianisme, morceau par morceau, à Dieu, si bien qu'aujourd'hui le christianisme est aux antipodes du Nouveau Testament[1]. »

Les peuples premiers, ou du moins certains d'entre eux, continuent à réinventer le monde avec ce qu'ils veulent retenir du message chrétien, c'est-à-dire avec une vision verticale cosmique inspirée d'une sagesse que l'on croyait perdue. Il est vécu selon un communautarisme tribal, qui pourrait rappeler celui des premiers chrétiens. L'environnement tellurique l'inspire, avec une vision intérieure et holiste.

En vérité, le livre de Joëlle Rostkowski creuse, chez les Sioux et les Pueblos, un sillon profond, ouvre une voie nouvelle tout en se rattachant à des études et des réflexions qui sur ces sujets se multiplient. Des concepts méritent d'être explicités par l'Église. Syncrétisme ? Les logiques des spiritualités sont-elles équivalentes ? Est-ce que les fonctions des composantes de ces pensées du sacré censées s'intégrer sont en mesure de pouvoir se fondre ? Quelle vérité spirituelle l'emportera en définitive, en ces processus d'inculturation qui peuvent être inversés ? Et pour construire quelle société ? Les pensées des peuples sont souterraines dans les temps de mutation, et parfois imprévisibles.

Le Nouvel Âge, vision simplificatrice, réductrice des forces spirituelles animistes, africaines, océaniennes, amérindiennes... n'est qu'une expression médiatique d'un désordre des idées. Le chamanisme ne se résume pas en des exercices collectifs : sudation sous la tente, danses et chants. Ce serait éradiquer des pensées secrètes cachées, qui ont demandé au fil des siècles d'immenses efforts de concentration chez les hommes et les femmes de littérature orale, et dont la seule expression visible est dans ces masques et objets rituels au symbolisme artistique si impressionnant. Le Nouvel Âge ne doit pas non plus réduire la pensée philosophique de l'Occident à quelques formules. Les paroles énigmatiques de Pascal restent : « Jésus sera en agonie jusqu'à la fin du monde. »

« Je n'ai jamais connu d'Indien qui n'ait un sens du sacré », déclare l'écrivain kiowa Scott Momaday. « Je ne connais que la parole de Jésus », affirmait Vine Deloria Sr, pasteur épiscopalien sioux. Son fils

---

1. Søren Kierkegaard.

Vine Deloria Jr, écrivain et maître à penser du militantisme indien[1], insiste dans ses écrits sur l'indianité de Dieu : « le christianisme occidental est miné par une crise profonde », écrit-il et il ajoute : « c'est à nous de témoigner de Dieu ». Mgr Charles Chaput, premier archevêque catholique indien, d'origine potawatomie, rappelle dans *La Conversion inachevée* qu'il convient de reconnaître les religions indiennes traditionnelles : « Il faut qu'elles soient respectées, contrairement à ce qui a été le cas par le passé. Le respect de la diversité des cultures et des religions est essentiel. Par ailleurs, je sais, pour en avoir fait l'expérience dans ma propre communauté, les Potawatomis, que ces religions sont intimement liées à un lieu, à une culture [...]. Ce que peut ajouter le christianisme, c'est l'universalité du message du Christ. Le royaume de Dieu est ouvert à tous. »

« [...] Vatican II a représenté un grand tournant pour l'Église catholique et le nouvel esprit d'œcuménisme qui en a résulté, de même que les objectifs d'inculturation qui y ont été associés, ont été très bénéfiques. Mais un certain nombre d'excès ou de dérives y ont fait suite. On ne peut diluer excessivement le message chrétien et tout réduire à des préceptes flous en se contentant de parler vaguement d'amour.

» [...] Les tentatives de rapprochement des traditions religieuses indiennes et chrétiennes me paraissent satisfaisantes pour l'esprit et même passionnantes. Mais il faut bien se rendre compte que les Indiens ne sont pas toujours favorables à la fusion des croyances. Ils préfèrent que les deux traditions religieuses demeurent distinctes[2]. »

Les colonisés d'hier, venus des profondeurs, si l'on en croit les récits mythiques, seraient-ils appelés, demain, à être comptés parmi nos maîtres spirituels[3] ? Il faut certainement repenser la complexité plurielle entre les croyances du sacré. L'unité transcendante entre

---

1. Vine Deloria, *Custer died for your sins* Macmillan, New York, 1969. *God is Red*, Dell Publishing, New York, 1973, Fulcrum Publishing, Golden, Colorado, 1994.

2. Cf. Joëlle Rostkowski, op. cit., pp. 319-320.

3. *Les Archives des Sciences sociales des religions* (éditions du CNRS) poursuivent depuis quarante ans une œuvre fondamentale de réflexion internationale et pluridisciplinaire sur ces vastes problèmes. On se reportera utilement au numéro spécial 77, janvier-mars 1992, « Arrachés au diable. L'évangélisation de l'Amérique espagnole ».

les religions est une ardente obligation, alors qu'en Occident nous avons toujours affirmé que la vérité ne pouvait être qu'unique et la voie étroite.

Le salut de l'homme dans la défense de la planète s'inscrit dans la tolérance. Il est au prix d'une vision interactive et œcuménique, vraiment universelle, dont le dialogue d'Assise, le 27 octobre 1986, a posé les premiers jalons. Mais les institutions ne sont-elles pas plus fortes que la volonté des hommes ? Sur un plan eschatologique, les trois religions du Livre ont encore un long chemin à parcourir avant de s'ouvrir à un vrai et constructif dialogue entre prêtre et homme-médecine. L'avenir dira si la sagesse peut rassembler encore les hommes.

Jean Malaurie,
janvier 1998

Avant-propos

Ils avaient et ils ont encore cette force existentielle que notre société moderne a perdue. (...) Ce que le monde a perdu, il doit le reconquérir, sinon il mourra. Il nous reste peu de temps pour retrouver cette dimension perdue.

JOHN COLLIER,
commissaire aux Affaires indiennes [1].

Le cercle de la nation est brisé... Il n'y a plus de centre et l'arbre sacré est mort.

BLACK ELK, Sioux Oglala [2].

Dans son autobiographie, publiée à la fin des années 1940, John Collier, grand réformateur des Affaires indiennes, dédiait un vibrant hommage aux Premiers Américains [3]. Il mettait en lumière la spécificité de leur perception du monde et louait leur philosophie de l'existence qui ordonnait harmonieusement leur vie sociale. Il les présentait comme les détenteurs d'une sagesse oubliée, d'une autre alliance avec l'univers.

Idéaliste, John Collier partait de son expérience personnelle, de la fascination et de la sérénité qu'il avait éprouvées au contact des Indiens Pueblos du Nouveau-Mexique. Sa vie avait basculé quand il avait découvert les communautés indiennes du sud-ouest des États-Unis, et il s'était alors promis de se consacrer à la défense des cultures autochtones. Il voulait protéger les communautés indiennes des menaces de destruction qui pesaient encore sur elles et sauvegarder leur spiritualité, clef de cette dimension perdue qu'il se vouait à préserver, dans l'intérêt universel de l'humanité. Avec une ferveur comparable à celle qu'exprima Jean-Marie Le Clézio à propos des Indiens du Mexique, il déclarait avoir décelé dans les cultures indiennes du nord du Rio Grande une deuxième porte, une voie vers une autre perception du monde, une autre vérité longtemps niée ou ignorée par les conquérants.

Dans les années 1920, John Collier s'était installé dans le sud-ouest des États-Unis, émerveillé par le désert de sable ponctué de villages d'adobe. Celui qui allait devenir un homme public engagé, un idéologue sans concessions, fut séduit par les villages sédentaires des Pueblos où s'était préservée, en dépit de la Conquête, une autonomie sociale et spirituelle défendue par un mystérieux esprit de résistance et de patience, une tranquillité résolue, parfois secouée par de violentes révoltes.

Venu à Taos pour se consacrer à la poésie, John Collier renonça à ses visées littéraires et s'orienta vers la défense sociale et politique des Indiens. Il diversifiait ainsi son expérience de travailleur social, acquise à New York auprès d'immigrants auxquels il aimait à conseiller, contrairement aux opinions de l'époque, de ne pas renier leurs cultures d'origine. C'est au Nouveau-Mexique qu'il acquit la conviction qu'il avait rencontré chez les Premiers Américains un modèle d'humanité, « des hommes purs, modelés en dehors de notre civilisation moderne[4] ». Dès lors, il mobilisa les médias et, aux côtés de personnalités du monde artistique et littéraire érigées en défenseurs des Pueblos, il contribua à une reconnaissance de leurs droits territoriaux. Prenant de plus en plus conscience de la valeur et de la fragilité des cultures autochtones, il décida de consacrer sa vie à la préservation de l'héritage indien.

Soucieux de défendre les traditions et la religion des Pueblos, John Collier, nommé quelques années plus tard commissaire aux Affaires indiennes par Franklin Roosevelt, s'employa, au début des années 1930, à défendre l'intégrité des rituels pratiqués dans le cadre tribal. C'est en 1934 que sa loi de réorganisation des Affaires indiennes *(Indian Reorganization Act)*, marquant un tournant décisif dans la politique fédérale, établit les fondements d'un New Deal indien, en renforçant les structures tribales et proclamant la liberté des pratiques religieuses traditionnelles.

Déterminé à défendre l'« Indien tribal » et les religions traditionnelles, John Collier, par ces mesures historiques mais encore insuffisantes, posait les premiers jalons d'une liberté religieuse longtemps réprimée. Il définissait aussi les grandes lignes d'une réforme institutionnelle généreuse mais dogmatique qui se voulait un syncrétisme des traditions tribales et des principes de la démocratie américaine. Inspiré par l'exemple particulier des Pueblos, mais désireux de concevoir une réforme globale des Affaires indiennes, il voulut remplacer les gouvernements tribaux fondés sur l'hérédité et le consensus par des gouvernements élus au suffrage universel. Il était convaincu que se trouverait ainsi préservée l'intégrité tribale (politique, sociale et spirituelle) dans un cadre institutionnel conforme aux principes de la démocratie américaine.

Cette réforme, généreuse, mais appliquée de façon autoritaire, était le reflet d'un utopisme non dénué de paternalisme. Elle valut à John Collier l'opposition de certains traditionalistes qui reprochèrent au réformateur d'instaurer un principe de gouvernement étranger aux traditions ancestrales. Toutefois, elle est d'une importance historique capitale car, en confortant les Indiens dans leurs droits territoriaux et en les autorisant à exprimer librement leurs croyances religieuses, John Collier permettait aux sociétés et à la spiritualité indiennes de perdurer. Sans protection de l'intégrité territoriale indienne, les religions traditionnelles, fondées sur un réseau d'appartenance sacrée à l'environnement, rythmées par l'agencement complexe des rites ancestraux, se seraient inévitablement affaiblies, voire évanouies. Sans préservation de l'espace et du temps sacré, les traditions religieuses autochtones étaient vouées à l'extinction. C'est pourquoi l'histoire de l'interaction spirituelle entre christianisme et traditionalisme, qui fait l'objet de cet ouvrage, est marquée par la césure fondamentale du début des années 1930, quand s'ébauche le maintien officiel des structures tribales, associé à la libéralisation des pratiques religieuses traditionnelles.

John Collier prenait comme modèle les Pueblos, alors que le stéréotype le plus fortement ancré dans l'imaginaire collectif, tant en Amérique qu'en Europe, était celui de l'Indien des Plaines, nomade et rebelle. Au moment de sa réforme, en 1934, les rites traditionnels des Indiens des Plaines, comme ceux des Pueblos, étaient pour la plupart interdits. La Danse du Soleil, composante centrale de la religion des Sioux, commença à renaître de ses cendres, de façon encore

23

partiellement clandestine, à la fin des années 1920, et mit encore de nombreuses années à retrouver son importance symbolique et sa force de mobilisation sociale. La résistance spirituelle des Indiens des Plaines, comme celle des Pueblos, fut particulièrement forte mais prit des formes différentes. En effet, parmi ces anciens nomades des Plaines, toujours très réceptifs aux influences extérieures, aux métissages spirituels, elle s'exprima plus ouvertement et de façon plus novatrice. L'anthropologue William Powers, pour définir cette capacité des Sioux (Lakotas) à intégrer des éléments venus de l'extérieur, a forgé le terme de « lakotifier », qu'il entend dans le sens de s'approprier des apports extérieurs en les intégrant à sa culture[5].

L'histoire de la christianisation des Indiens des États-Unis est avant tout la rencontre entre des religions traditionnelles, fondées sur la sacralité d'une vision cosmique, et une religion dite *révélée*, une religion de *salut* qui se proclame unique et a l'ambition de les remplacer. Comme l'a souligné Bernard Sesboué dans son ouvrage sur l'histoire des dogmes, l'idée de salut est la clef de voûte du christianisme[6]. Or, c'est autour de cette notion que s'est ordonnée l'ingérence spirituelle dans la vie des autochtones. La relation entre les Indiens et les missionnaires a joué un rôle central dans le processus de la Conquête. Le fait d'apporter le salut aux « païens » fournissait une légitimation et une motivation supplémentaire à la pénétration territoriale et au processus de dépossession. En transformant les païens en chrétiens, on affirmait vouloir les sauver et leur donner accès à un niveau supérieur de civilisation. Les stratégies de christianisation furent différentes selon les régions mais la bonne conscience a prévalu dans ce processus, qui a été longtemps perçu comme la poussée salutaire de la civilisation en marche.

Au nord du Rio Grande, la diffusion du christianisme au sein des communautés indiennes a été nettement différenciée en raison de leur situation géographique respective et de l'historique de la Conquête, de leur mode de vie nomade ou sédentaire, des modes de conversion et des zones de répartition des missions catholiques ou protestantes. Le passé des Pueblos est intimement lié à celui de la Nouvelle-Espagne et aux premières années de l'indépendance mexicaine. C'est seulement depuis le début du xxe siècle que le prosélytisme protestant est venu diversifier l'histoire d'une évangélisation catholique houleuse, qui demeure un vernis fragile sur un fond de croyances traditionnelles.

Dans le cas des Sioux, longtemps demeurés nomades, ils ne firent l'objet d'une évangélisation systématique qu'à partir de leur placement sur les réserves. Cette christianisation des Grandes Plaines, ébauchée entre le xviie et le xixe siècle, demeura longtemps limitée aux démarches audacieuses de prêtres itinérants et ne put s'appuyer sur la formation de missions permanentes qu'au siècle dernier.

Au niveau national, la politique du président Ulysses Grant, dans les années 1870, ordonna l'implantation des différentes missions en fonction d'un canevas administratif ordonné à Washington. Les Indiens se trouvèrent alors exposés, sans être consultés sur leurs préférences, au prosélytisme catholique ou protestant en fonction de l'influence respective, au niveau fédéral, des différentes dénominations religieuses. Les catholiques, qui avaient une coudée d'avance, en particulier à l'Ouest, du fait de l'antériorité de leur évangélisation, se trouvèrent alors marginalisés. La nation américaine, affirmant son identité protestante avec une détermination croissante, intégra alors les Indiens dans un grand projet d'assimilation et de diffusion des valeurs anglo-saxonnes. Les rivalités ne firent que s'exacerber entre protestants et catholiques et au sein même du protestantisme, chacun luttant pour se faire sa place dans le champ de l'action prosélyte en territoire indien.

Dans le cas des Pueblos comme des Sioux la cohésion sociale initiale fut violemment rompue par l'incursion des conquérants. Dès le xvie siècle, les Pueblos entourent désespérément leurs villages d'un cercle de maïs pour marquer leur territoire et s'opposer à l'entrée en force des Espagnols. Pour les Sioux, le cercle sacré de la nation est rompu quand prend fin la lutte acharnée avec l'armée américaine et quand s'éteint leur résistance obstinée, à la fin du xixe siècle. Quand les rites associés à la religion traditionnelle furent interdits, le vide spirituel s'ajouta à la dépendance économique et à la prostration collective. Ainsi disparut, pendant un demi-siècle, l'arbre sacré symbolisant l'axe du monde au centre du cercle de la Danse du Soleil.

A travers les deux exemples extrêmes de résistance spirituelle que constituent les Pueblos et les Sioux de l'Ouest (Oglalas et Brûlés), on découvre respectivement, chez ces descendants des cultivateurs du désert et des grands cavaliers des Plaines, des formes de confrontations et d'interactions spirituelles très différentes mais qui attestent d'une vigueur mentale comparable devant les agents d'acculturation puissants qu'ont été les colonisateurs, les agents des Affaires indiennes et les missionnaires.

Le christianisme indien aux États-Unis est demeuré longtemps méconnu, car les anthropologues se sont surtout attachés à reconstituer l'essence même des religions traditionnelles. Mais l'interaction des croyances résulta inévitablement de l'historique de la Conquête et d'une évangélisation autoritaire, quoique sporadique, qui remonte à plus de quatre siècles dans le cas des Pueblos et à plus d'un siècle dans le cas des Sioux. Au nord du Rio Grande, le christianisme indien a pris des formes très variées en fonction des stratégies d'évangélisation catholiques ou protestantes et des spécificités régionales de l'implantation des missions. Comparé au christianisme fervent que l'on rencontre parmi les Indiens du Mexique, il apparaît partiel et conflictuel, comme inachevé, d'autant plus qu'il a été, à partir de la libéralisation religieuse amorcée par John Collier, rattrapé par un retour aux sources qui a stimulé le renouveau des religions traditionnelles. Plus encore qu'une opposition à la religion des conquérants ou qu'un manque de réceptivité au message chrétien, c'est l'ambition de remplacer la spiritualité traditionnelle qui a nui à une profonde implantation du christianisme. Pour avoir visé à l'exclusivité, le christianisme s'est heurté, aux États-Unis, à la force souterraine qu'a constituée la défense de l'indianité. Dans les communautés pueblos comme parmi les Sioux, par des modes de confrontation divers, mais avec une capacité d'opposition parfois encore plus grande de la part des premiers, le traditionalisme a perduré. L'indianité a survécu à la christianisation.

Introduction :

La Croix et le Cercle brisé

Octavio Paz, à propos du Mexique, a mis en évidence l'importance fondamentale de la mémoire collective, mais aussi les difficultés que posent les prises de conscience auxquelles elle conduit. D'après lui, « une société se définit par son attitude non seulement devant le futur mais aussi face au passé ». Et il ajoute : « Ses souvenirs ne sont pas moins révélateurs que ses projets[1]. »

Le Mexique, comme les États-Unis, se trouve confronté aux perceptions faussées ou idéalisées de la « Conquête ». Pour Octavio Paz, il en résulte à la fois une certaine obsession de l'histoire mais aussi une déformation du passé : « L'histoire du Mexique est celle de l'homme qui cherche sa filiation, son origine[2]. » « Nous avons le souci et même l'obsession de notre passé, mais nous n'avons pas une idée claire de ce que nous fûmes. Chose plus grave, nous ne voulons pas l'avoir. Nous vivons entre le mythe et la négation[3]. »

27

Si telle est la mexicanité face au passé indien, au nord du Rio Grande, plus encore, le passé est enfermé entre les polarités extrêmes que constituent la mythologie défigurative et l'occultation. Le passé indien est moins clairement perceptible aux États-Unis qu'au Mexique. Les cultures autochtones, longtemps considérées comme « en voie de disparition », placées à un niveau plus bas dans la hiérarchie des cultures, confinées dans l'espace réduit des réserves, y sont encore méconnues.

La spiritualité indienne, foisonnante et complexe, fondée sur un trésor de mythes et légendes, riche en spéculations métaphysiques, en visions prophétiques, en perceptions poétiques, est aujourd'hui redécouverte aux États-Unis et en Europe par une minorité de curieux, avec un enthousiasme qui passe par une idéalisation et une simplification. L'adhésion à une spiritualité indienne réinventée, intertribale, détachée de ses cultures d'origine, assimilée à certaines mouvances écologiques ou aux expériences multiples du New Age, a remplacé l'indifférence qui prévalait par le passé. Dans cette optique nouvelle, les Indiens des Plaines, et en particulier les Sioux, archétypes de l'indianité dans l'imaginaire euro-américain, sont souvent considérés comme les maîtres à penser infaillibles d'un renouveau spirituel panindien. Face à ces deux tendances extrêmes, entre oubli et idéalisation, s'inscrit l'évolution historique d'une spiritualité aux facettes multiples, aux ressorts puissants, aux fortes capacités de résistance et de perpétuation. Elle anime une quête de sens encore très vive au sein de communautés partagées entre la modernité américaine et la force inextinguible de leurs traditions.

Traditions religieuses indiennes

L'héritage spirituel des Indiens d'Amérique du Nord est longtemps demeuré méconnu, oublié dans l'ombre des grandes religions du monde. Tout au long de la Conquête, la plupart des pionniers sont demeurés ignorants des traditions religieuses de leurs voisins indiens. Lointains par la culture, proches par la géographie, selon l'expression de Claude Lévi-Strauss, les premiers habitants du continent américain étaient simplement considérés comme des païens sans foi ni loi. Les missionnaires les plus éclairés parvinrent à une certaine compréhension de la spiritualité autochtone, mais leur prosélytisme les porta à dénigrer les croyances indiennes, à les dénoncer comme de simples superstitions et à en faire table rase pour les remplacer par le christianisme.

La notion même de religion, en tant que concept abstrait détaché de ses racines sociales et culturelles, est étrangère aux traditions indiennes d'Amérique du Nord. Comme l'a souligné l'historien des religions John Epes Brown : « Ce à quoi nous nous référons ordinairement sous le terme de "religion" ne peut être conçu comme indépendant des nombreux aspects de la culture des Indiens. Il n'existe dans aucune langue indienne le moindre mot pour signifier "religion", pas plus qu'il n'en existe pour exprimer ce que nous appelons "art". Afin de souligner ce phénomène particulier, il est préférable d'employer des mots tels que "tradition" ou même, pour être plus précis, "tradition religieuse" chaque fois que l'on se réfère à la religion des Indiens d'Amérique [4]. »

Les traditions religieuses étaient très diversifiées avant l'arrivée des Blancs, mais elles étaient profondément intégrées à la vie quotidienne, conférant un sens profond à la vie sous toutes ses formes. L'existence n'était pas concevable sans rapport au sacré et au surnaturel. Indissociables de la culture, les religions évoluaient avec elle et, si la volonté d'en reconstituer les principaux éléments a parfois conduit les anthropologues ou les missionnaires à les présenter comme des ensembles cohérents et figés, il est aujourd'hui reconnu que les traditions religieuses, perpétuées par la tradition orale, étaient en mutation constante.

Il apparaît aussi de plus en plus clairement que les Indiens soumis à la Conquête et à l'évangélisation qui l'a accompagnée ne sont pas demeurés passifs devant l'imposition d'un nouvel ordre spirituel. L'interaction avec le christianisme, riche en conflits, a également révélé parmi les Indiens des capacités d'adaptation inattendues, conduisant les missionnaires à se plier à des forces de résistance insoupçonnées et à des métissages spirituels novateurs.

Les premiers contacts avec les missionnaires ne furent pas toujours conflictuels. Nombreux sont les témoignages du bon accueil qui est fait initialement aux Blancs porteurs d'un message spirituel.

Les « relations » des premiers explorateurs attestent tant de l'hospitalité et des bonnes dispositions des Indiens que de la curiosité qu'ils manifestent pour les questions religieuses. Dès le début du XVIe siècle, en 1528, Cabeza de Vaca arrive à se frayer un chemin dans l'actuelle Floride en s'improvisant colporteur et en se faisant passer pour un homme-médecine[5]. En 1539, les premiers explorateurs de l'actuel Nouveau-Mexique, le moine Marcos de Niza et le Maure Esteban, qui arpentent le désert en brandissant tous deux une croix chrétienne, sont frappés par l'intérêt des autochtones pour les expressions de croyances inconnues[6]. En Nouvelle-France, les jésuites français trouvent parmi les Hurons, au début du XVIIe siècle, une communauté qui leur semble particulièrement réceptive au christianisme, parmi laquelle la quête spirituelle est constante et où ils pensent pouvoir établir une société modèle comparable à la république jésuite du Paraguay[7]. Au début du XIXe siècle, dans le nord-ouest du continent, les Tlingits qui se trouvent en contact avec les Russes expriment un attrait manifeste pour la beauté des cérémonies et des chants orthodoxes. Inversement, au moment des « derniers contacts » entre Russes et autochtones du continent américain, après la vente de l'Alaska aux Américains, en 1867, certains Dena'inas du golfe de Cook, au nord d'Anchorage, se montrèrent très attachés aux confréries religieuses et aux rituels de l'orthodoxie. Un demi-siècle après le départ des Russes, en 1912, leur fidélité au « pouvoir » orthodoxe s'exprima de façon spontanée au moment de l'éruption d'un volcan, quand des habitants terrifiés, pensant que c'était la fin du monde, se réfugièrent dans l'église[8].

La compréhension des missionnaires lancés dans la conquête des âmes ne fut pas toujours à la hauteur de la réceptivité spirituelle des communautés autochtones. Ils considéraient les religions traditionnelles, diverses, complexes, comme des formes plus ou moins élaborées de paganisme. L'ardeur même de la foi chrétienne fut souvent un obstacle à la compréhension du missionnaire moyen, qui arrivait au milieu des peuples qu'il voulait convertir « avec la haine de leurs croyances, qui étaient pour lui œuvres du démon[9] ». Les puritains de la première heure, partis de leur terre natale au nom de la liberté religieuse, comptent parmi les plus virulents critiques des religions indiennes. L'Indien, pour le pionnier puritain, c'est le suppôt de Satan, une tâche sur l'horizon des nouvelles terres à conquérir. Cotton Mather, incarnant cette vision puritaine de la présence indienne, déclarait : « On peut supposer que c'est le diable qui a envoyé ici ces misérables sauvages, dans l'espoir que la parole de Notre-Seigneur Jésus-Christ ne parviendrait pas jusqu'ici pour détruire ou perturber l'empire absolu qu'il a sur eux[10]. »

Au fil des siècles, avec la découverte de la multiplicité et de la richesse des formes de spiritualité du Nouveau Monde, les commentaires se firent progressivement plus nuancés, mais ils continuèrent à trahir la perplexité que suscitaient les religions traditionnelles. Constatant dans toutes les communautés indiennes l'empreinte profonde de la religion sur l'organisation sociale, les observateurs demeuraient confondus devant la variété des expressions de spiritualité. On s'interrogea sur les origines des religions des communautés très hiérarchisées du Nord-Ouest, parmi lesquelles se dressent des mâts-totems que d'aucuns voulurent rattacher aux traditions religieuses du Pacifique. Certains virent là un démenti à la thèse la plus largement reconnue qui confère aux Indiens une origine nord-asiatique. Aujourd'hui, après maintes controverses, on considère généralement que les mâts totémiques et les mythes qui présentent des similitudes avec la mythologie polynésienne ont pu se développer en l'absence de contacts avec la zone pacifique.

La thèse la plus largement acceptée est toujours celle du passage vers l'Alaska et le Canada — par le détroit de Béring — de petits groupes de populations du Nord-Est asiatique à une époque de glaciation qui remonte à quelque 40 000 à 60 000 ans ; elle a conduit à évoquer quelques traits communs (cérémonialisme animal, chamanisme) aux cultures circumpolaires qui s'étendaient de la Scandinavie à la Russie jusqu'en Sibérie, en lesquelles on pourrait voir la souche des cultures indiennes d'Amérique du Nord. Selon les termes de l'anthropologue suédois Ake Hulkrantz, « considérée dans un contexte d'évolution, la strate circumpolaire contient manifestement les prémisses de la religion des premiers habitants d'Amérique du Nord[11] ».

Les migrations de populations ont continué pendant des milliers d'années avant notre ère, conduisant à des variantes culturelles considérables. Beaucoup plus récemment, sans doute vers le XIIIe ou le XIVe siècle (apr. J.-C.). des populations d'origine athapascane (les Apaches, les Navajos) quittèrent le nord du continent pour le Sud et s'installèrent à proximité des Pueblos du Nouveau-Mexique. Ils apportèrent avec eux des coutumes matriarcales de leurs sociétés de chasseurs, telles que des cérémonies élaborées liées aux rites de passage (attribution du nom ou rites de puberté des jeunes filles). Quant aux Indiens des Plaines, ils ne formèrent un conglomérat homogène de cultures qu'au xviiie siècle, après l'arrivée dans leur zone d'influence des chevaux venus du Mexique. C'est dans ce creuset culturel tardif que se forgea leur culture de cavaliers nomades et que s'élabora une religion aux nombreux traits communs : confréries guerrières, cérémonies de la Danse du Soleil, quête de vision.

Contrairement aux religions monothéistes, qui sont tenues au respect des grands textes fondateurs, les religions amérindiennes se sont perpétuées par la tradition orale, par la force inhérente de la parole (les mots sont censés détenir un pouvoir) et en fonction de révélations ou de visions qui ont fait évoluer les rites, les chants et les croyances. D'après Hulkrantz, la « religion des Indiens » fut innovatrice et charismatique, se révéla capable de se transformer et de remplacer les anciennes traditions par de nouvelles révélations ; « aucune autre culture n'a accordé aux visions une telle importance dans la vie religieuse [12] ».

Les religions des Pueblos du Rio Grande, moins orientées sur les visions individuelles que celles des Indiens des Plaines, ont été qualifiées d'apolliniennes par l'anthropologue Ruth Benedict, c'est-à-dire qu'elles expriment une foi solennelle en la tradition et minimisent les expériences personnelles. Plus conservatrices, plus répétitives, plus fermées, elles furent toutefois perméables à certaines influences extérieures. C'est ainsi que le cérémonialisme animal des cultures de chasseurs nomades a essaimé parmi les Pueblos sédentaires. On retrouve certains aspects du cérémonialisme de l'ours, très important pour les Algonquins du Canada et du nord des États-Unis, parmi les Pueblos du Sud-Ouest. De même, le culte du peyotl, d'origine mexicaine et qui s'est largement répandu parmi les Navajos et au sein de certaines communautés d'Indiens des Plaines, a trouvé, à la fin du xixe et au début du xxe siècle, des adeptes dans le pueblo de Taos, qui était un nœud d'échanges commerciaux entre Indiens (et non-Indiens) de régions diverses.

S'il n'existe pas une seule religion indienne d'Amérique du Nord, on peut discerner, avec Hulkrantz, deux grandes orientations religieuses, deux systèmes culturels, deux « modèles ». Il s'agit, d'une part, des cultures de chasseurs nomades ou semi-nomades et, d'autre part, des cultures d'agriculteurs sédentaires, avec des variantes tribales et régionales.

Le modèle des chasseurs a toujours été fortement ancré sur un individualisme qui laissait une large place à la quête spirituelle personnelle sous la protection des esprits-gardiens (esprits-animaux ou éléments de la nature). Cette quête spirituelle, nourrie par les rêves et les visions, donnait à chacun une liberté d'interprétation assez grande par rapport aux mythes et aux rites. Les rêves survenaient spontanément pendant la nuit, mais les visions pouvaient être provoquées par diverses techniques ou à l'issue de périodes de réflexion ou de mise en condition physique ou spirituelle.

L'importance des rêves et de leur interprétation était fondamentale pour les Hurons et les Iroquois. Ils considéraient que les rêves étaient des manifestations des désirs profonds de l'âme et qu'ils devaient être exaucés pour que soit préservée la bonne santé physique. Au XVIIe siècle, des cérémonies étaient consacrées à leur accomplissement, au cours desquelles des cadeaux étaient offerts aux malades ou des actions spécifiques entreprises pour ne pas les laisser insatisfaits. Si ces pratiques sont tombées en désuétude, l'analyse des rêves est encore utilisée par les Iroquois pour la sélection des rites curatifs. D'une façon générale, une grande importance était accordée, dans de nombreuses communautés, aux songes. Les Innus (Montagnais) les considéraient comme des signes divinatoires permettant de prévoir l'issue de certaines activités fondamentales telles que la chasse. Ils apprenaient aux enfants à être attentifs à leurs rêves et à les garder en mémoire. Pour stimuler l'univers des songes, ils plaçaient des objets à côté d'eux pendant la nuit.

Certains Algonquins et les Indiens des Plaines développèrent surtout la quête de la vision. Elle commençait au moment de la puberté et conduisait les adolescents à découvrir leur esprit-gardien après une période de retraite et de jeûne et à se placer sous sa protection. Elle se poursuivait tout au long de l'existence et visait à entrer en contact avec le monde des esprits à l'issue d'une période d'ascèse (jeûne, abstinence sexuelle) et de purification (loge à sudation). Avec le développement d'une culture des Plaines homogène et la place croissante de cérémonies telles que la Danse du Soleil, rite collectif d'initiation et de bénédiction, le rôle social des hommes-médecine se renforça, sans exclure la quête individuelle de la vision, qui se déroulait en concertation avec lui mais demeurait perçue comme une révélation solitaire. Le contenu de la vision n'était communiqué à l'entourage qu'en termes généraux et pouvait demeurer secret jusqu'à un âge assez avancé. Rarement révélées à l'extérieur de la communauté, ces visions ont exceptionnellement été explicitées et transmises par des Indiens convertis, par exemple sous forme de pictogrammes *.

Les sociétés de chasseurs, dont l'organisation sociale, adaptée à leurs déplacements, demeurait souple, se prêtaient à une conception individualiste de la quête spirituelle. Du fait de l'autonomie laissée à chacun, de la capacité des différents membres de la communauté d'accéder à la révélation spirituelle au terme d'une vision, on a parlé de « chamanisme démocratique » pour définir la spiritualité des Indiens des Plaines. Les concepts spirituels demeuraient variables d'un individu à l'autre, même si l'ensemble des rites et des croyances étaient nourris par un sentiment d'appartenance à la collectivité.

Dans le cas des cultivateurs du désert tels que les Pueblos, dont l'organisation sociale était plus dense et plus rigide, mais dont les structures sociales s'ordonnaient autour de villages sédentaires très autonomes les uns par rapport aux autres, les structures religieuses traditionnelles étaient très liées aux mythes, notamment le mythe d'émergence par le centre sacré, ou nombril du monde. Elles reposent encore, chez les Pueblos Tewas du Nouveau-Mexique, sur la répartition des membres du village en deux moitiés cérémonielles, l'une estivale, l'autre hivernale, chargées de l'accomplissement des cérémonies rituelles qui ponctuent le calendrier. Cette cosmologie duelle ordonne l'agencement de rituels liés au déroulement des saisons et à la fertilité de la terre. Selon l'anthropologue Alfonso Ortiz, originaire du pueblo tewa de San Juan, ces rituels visent à « harmoni-

---

* Christian F. Feest, *Indians of Northeastern North America*, Institute of Religious Iconography, State University, Groningen, E.J. Brill, 1986, p. 13. L'auteur donne l'exemple de Catherine Wabose, Ojibwa de Sault-Sainte-Marie (Canada), qui explicita sa vision sous forme d'un pictogramme après sa conversion au christianisme. Il suggère que la complexité de sa vision et son mode de présentation pourraient s'expliquer par le fait qu'elle est devenue ultérieurement femme-médecine. Voir document p. 55.

ser les relations de l'homme avec les esprits et [à] s'assurer que les transformations cycliques souhaitées continueront à s'opérer dans la nature[13] ».

La notion d'harmonie cosmique est au cœur de la spiritualité indienne d'Amérique du Nord. Maintenir l'équilibre entre l'homme et le reste de l'univers est une notion fondamentale. L'homme se perçoit comme étroitement lié aux autres créatures du monde. Contrairement aux conquérants européens, qui, dès leur arrivée sur le continent américain, affirment la supériorité de l'homme, venu exploiter la terre et la faire fructifier, c'est plutôt la notion d'interdépendance entre tous les êtres vivants qui animait les communautés indiennes. Cette révérence de l'environnement a été interprétée trop littéralement et a conduit à présenter les Premiers Américains comme les premiers écologistes. En fait, il s'agissait plutôt d'une philosophie très profondément intégrée à la vie sociale, d'une métaphysique de la nature, très largement partagée par les différentes communautés indiennes. Cette perception spirituelle de l'espace et du temps ordonnait leur vision du monde et inspirait les rituels traditionnels dans l'ensemble du continent nord-américain.

Si la nature était considérée comme le théâtre du surnaturel, les animaux pouvaient être des médiateurs avec le monde des esprits. D'ailleurs, la frontière entre esprits et animaux était assez floue. A cet égard, on s'est demandé s'il valait mieux parler d'« esprits-animaux » ou d'« esprits des animaux ». « Le premier terme évoque l'idée d'esprits ayant une forme animale ou d'esprits (d'âmes) des animaux. Le second suggère que certains animaux peuvent ne pas être réels mais seulement des esprits. En ce qui concerne les traditions nord-américaines, ces deux désignations s'appliquent aussi bien l'une que l'autre[14]. » Les costumes et les danses reflétaient la volonté d'intégrer le pouvoir des animaux, surtout ceux qui avaient un rôle crucial dans la vie de la communauté, et de s'approprier leur esprit et leur force, qu'il s'agisse des oiseaux (coiffes de plumes), des ours ou des bisons. A chaque espèce animale étaient attribuées des qualités particulières susceptibles d'être communiquées à l'homme. Il importait d'être à l'écoute du règne animal, à travers lequel se manifestait le surnaturel. Les animaux pouvaient être une voie de communication avec le divin, voire des réceptacles du divin.

En dépit de leur variété et de leur complexité, les traditions religieuses nord-américaines ont été longtemps considérées par les conquérants et les missionnaires comme de simples expressions primitives de paganisme. Aujourd'hui encore elles sont souvent présentées comme des variantes de l'animisme, des formes de polythéisme. Des controverses subsistent sur la question de savoir si la notion d'un Être suprême préexistait à l'arrivée des conquérants européens. En fait, pour de nombreuses communautés indiennes, il n'y avait pas contradiction dans la multiplicité des esprits et l'idée d'une puissance suprême, qui pouvait se manifester à travers tous les éléments de la création. C'était le *manitou* des Algonquins, *oki* pour les Hurons, *orenda* chez les Iroquois. Pour les Sioux Lakotas, c'était *Wakan Tanka*, qui désigne à la fois une multiplicité de pouvoirs spirituels (seize d'après les hommes-médecine) et la quintessence de ces pouvoirs.

Dans quelle mesure l'idée d'un Être suprême résulte-t-elle de l'influence des missionnaires ? John Epes Brown a donné l'exemple des Algonquins du Nord dont les mythes de création mettent en scène « un créateur anthropomorphique qui apparaît sur les eaux primordiales, accompagné par des oiseaux plongeurs et des animaux marins et qui ramène à leur surface la boue primale à partir de laquelle est façonnée la terre[15] ». En revanche, il suggère que le concept abstrait et unifiant d'un Dieu créateur est moins clairement perceptible dans l'univers spirituel inuit : « Si un tel concept (...) n'est pas davantage au cœur de l'expérience eskimo, cela est peut-être dû au fait que sous ces latitudes la survie de l'homme nécessite une attention permanente face aux éléments particuliers et ponctuels d'un environnement hostile[16]. » Pour les Sioux, l'expression Wakan, qui désigne ce qui est mystérieux, peut désigner à la fois la « multiplicité des mystères sacrés » et se fondre en une unité finale, comme dans *Wakan Tanka*, qui signifie Grand Esprit ou plutôt Grand Mystère. Mais la vision anthropomorphique de Dieu pourrait résulter, chez les Sioux comme dans d'autres groupes, de l'influence des missionnaires.

Les Indiens eux-mêmes ont aujourd'hui du mal à faire la part de la tradition et de l'acculturation. Du fait de l'interdiction des religions traditionnelles, certaines d'entre elles sont tombées en désuétude ou dans l'oubli. Aujourd'hui, on assiste à une quête de la mémoire, à une recomposition des traditions et à l'influence croissante du traditionalisme des Indiens des Plaines, qui tend à se présenter comme une religion intertribale. De nombreux pans de l'histoire religieuse des Indiens d'Amérique du Nord, révélés par bribes, de façon partielle et partiale dans les chroniques des observateurs non indiens, sont encore mal connus.

On doit aux missionnaires, dont certains ont été les premiers anthropologues, des informations très précises concernant les conditions de vie des communautés indiennes au moment des premiers contacts. Mais les documents fournis par les différentes missions sont fragmentaires et reflètent l'optique des évangélisateurs. Les frères moraves, par exemple, protestants d'origine allemande, très actifs au sein des communautés de l'Est, notamment les Mahicans mais aussi les Delawares émigrés dans la vallée de l'Ohio, apprenaient les langues tribales et partageaient la vie des Indiens mais n'essayaient pas d'appréhender l'univers spirituel autochtone. De leur action parmi les Delawares, il reste des journaux bien documentés mais pauvres en analyses de la religion traditionnelle. En effet, en entrant dans l'enclave de la mission, les Indiens devaient tourner le dos à leurs croyances ancestrales[17].

Les franciscains qui évangélisèrent l'actuel Nouveau-Mexique eurent des difficultés linguistiques car les différents pueblos parlaient des langues distinctes. Ils s'efforcèrent d'imposer l'espagnol comme ils voulurent forcer l'adoption du christianisme en interdisant purement et simplement les « superstitions païennes ». Il n'y a pas de commune mesure entre les tentatives mal concertées d'évangélisation au nord du Rio Grande et la christianisation du Mexique. L'évangélisation des Aztèques fut amorcée sous l'impulsion résolue des douze premiers franciscains qui rencontrèrent, sous l'égide de Cortés, en 1524, les chefs civils et religieux de l'empire aztèque. Ils apprirent rapidement le nahuatl, s'érigèrent en défenseurs des Indiens et posèrent les jalons d'une religion syncrétique, laissant derrière eux des analyses savantes et détaillées de l'interaction religieuse entre conquérants et conquis. On doit aux premiers franciscains du Mexique une œuvre écrite importante, dont les remarquables chroniques ethnographiques de Sahagún et de Motolinía[18]. Dans l'actuel Nouveau-Mexique, au contraire, les premières velléités de christianisation, autoritaires et mal menées, conduisirent à la révolte sanglante de 1680, au cours de laquelle la plupart des documents d'archives furent détruits.

Les jésuites sont sans doute les missionnaires qui ont étudié les religions traditionnelles avec le plus de passion. Dès le xviie siècle, en Nouvelle-France, leur stratégie de christianisation se démarque de celle des autres, y compris des récollets, qui les précèdent parfois mais obtiennent d'assez piètres résultats car ils se tiennent à l'écart des Indiens. Contrairement aux autres missionnaires, notamment les puritains, qui sont pessimistes sur le niveau de civilisation et les chances de conversion des autochtones, les jésuites affichent, dans l'ensemble, une bonne opinion des cultures indiennes et de leurs valeurs morales qui leur paraissent à certains égards supérieures à celles des soldats, des marchands et des pionniers blancs qui les entourent[19]. Les jésuites, qui ont une formation théologique poussée, un certain sens du relativisme culturel, apprennent les langues et étudient les cultures autochtones. D'une façon générale, aujourd'hui encore, les prêtres de formation jésuite comptent parmi les meilleurs spécialistes des religions traditionnelles. Mais, historiquement, leur stratégie de mise en parallèle des points communs entre les différents univers spirituels, qui avait toujours pour objectif une stratégie de substitution du christianisme au traditionalisme, confère à leurs écrits une inévitable partialité.

La qualité des sources et l'importance des archives sont donc très variables selon les groupes et reflètent inévitablement les préjugés des missionnaires qui sont entrés en contact avec les autochtones. Il faut attendre une période assez récente pour que les Indiens eux-mêmes, en écrivant ou en acceptant de collaborer, sous forme de témoignages, avec des chercheurs ou des écrivains non indiens, apportent des rectifications aux regards ethnocentriques portés sur leurs religions et leurs cultures.

Le développement de l'anthropologie, à la fin du xixe siècle, conduisit progressivement à porter un regard plus scientifique et, en principe, moins ethnocentrique sur les cultures et les religions indiennes[20]. En 1893, un rapport du Bureau of Ethnology, tentant de prendre le contre-pied des préjugés de nombreux missionnaires, comprenait la déclaration suivante : « En ce qui concerne les Indiens d'Amérique du Nord, le fait le plus surprenant, et qui jusqu'à présent n'a pas été reconnu, est qu'ils vivaient d'ordinaire pour et par la religion, avec la même intensité que les anciens Israélites à l'époque de leur théocratie[21]. Dans le même esprit, un chroniqueur qui vécut soixante ans parmi les Choctaws écrivait : « Je revendique pour l'Indien d'Amérique du Nord la plus pure des religions et la conception la plus élevée du grand Créateur, de toutes les religions non chrétiennes que le monde ait connues. (...) L'Indien d'Amérique du Nord n'avait pas de prêtre, pas d'idole, pas de sacrifice, mais il s'adressait directement au Grand Esprit et adorait celui qui reste invisible et le voyait à l'aide de sa foi, le vénérant en esprit et en réalité[22]. »

Pourtant, à cette époque, la plupart des chroniqueurs et de nombreux ethnologues, parmi les plus éminents, adhéraient aux théories évolutionnistes. Ils considéraient que les religions et les cultures indiennes étaient vouées à disparaître, pour être remplacées par des formes plus élevées de spiritualité et de civilisation. Au début du XXe siècle, on retrouve encore fréquemment dans les écrits scientifiques la condescendance résultant de la stricte adhésion à la hiérarchie des cultures. De nombreuses spécificités de la spiritualité traditionnelle sont interprétées comme des insuffisances propres à des sociétés moins développées. On s'indigne tantôt des manifestations de désespoir (scènes d'automutilation) qui accompagnent la perte d'un proche, tantôt au contraire de l'apparent stoïcisme devant l'au-delà. C'est ainsi que des anthropologues, frappés par le détachement des Pueblos de Santa Clara devant la mort, leur relative indifférence devant l'incertitude de l'autre monde, voient là une faiblesse conceptuelle de la spiritualité traditionnelle. On peut lire, dans des chroniques ethnographiques consacrées à ce village du Nouveau-Mexique : « L'eschatologie est faiblement conceptualisée, d'où le détachement à l'égard de la mort et le manque d'intérêt général pour cet aspect de la culture. Les idées sont vagues concernant l'âme ou l'esprit, ce qu'il advient de l'individu après la mort et les caractéristiques de l'au-delà[23]. »

La plupart des religions autochtones d'Amérique du Nord sont axées, comme beaucoup d'autres religions traditionnelles, sur l'existence terrestre plutôt que sur les interrogations concernant la vie après la mort. Le décès est perçu comme un passage, une transformation naturelle à l'issue de laquelle l'homme réintègre le monde des esprits. Si les missionnaires recueillent divers témoignages sur les conceptions de l'au-delà, sur les « heureux territoires de chasse » des Indiens des Plaines, ces représentations leur paraissent vagues et fâcheusement exemptes des convictions chrétiennes sur le châtiment des pécheurs. Pour des observateurs issus d'une culture chrétienne riche en représentations du ciel et de l'enfer, les perceptions autochtones, diverses selon les communautés et les individus, sont trop floues, en dépit de la force d'évocation poétique de certains de leurs mythes. Il arrive pourtant que leurs croyances enchantent les observateurs, auxquels ils révèlent une perception plus sereine du passage vers l'autre monde, qui devient tant fusion avec le cosmos que réunion spirituelle avec ceux que l'on a quittés. Selon le mythe d'émergence des Zunis du Nouveau-Mexique, par exemple, les morts, après avoir rejoint le monde souterrain, pouvaient voyager sur cette terre mais demeuraient invisibles ; ils n'avaient pas de corps mais étaient comme le vent et pouvaient prendre la forme qu'ils voulaient et exercer un rôle dans la vie ordinaire de ceux qu'ils avaient connus [24]. D'une façon générale, dans les religions traditionnelles, la croyance en une vie après la mort était associée à une grande modestie quant à sa conceptualisation. L'au-delà était conçu comme assez semblable au monde réel, débarrassé des soucis propres aux vivants, mais les esprits des morts pouvaient se réincarner ou rejaillir dans la nature, particulièrement dans les lieux où le défunt avait vécu. La mort était conçue comme un changement de monde et on trouvait dans de nombreuses communautés des rites (offrandes de nourriture ou de mocassins, cérémonies de la garde et de la libération de l'âme) associés à l'idée d'un cheminement vers un autre univers. Selon les termes de l'écrivain sioux Vine Deloria, « les religions traditionnelles partent simplement du principe qu'il existe une forme quelconque de survie individuelle au-delà du tombeau [25] ».

Avec les Pueblos et les Sioux, on est en présence des représentants des deux grands systèmes mis en évidence par Hulkrantz : d'une part, les descendants des cultivateurs du désert et, d'autre part, des descendants de la tradition religieuse des Indiens des Plaines. L'histoire de leur christianisation a été marquée par des agents d'acculturation très différents, mais les missionnaires catholiques ont eu parmi les uns et les autres une influence particulièrement importante. Dans les deux cas, l'intérêt des Indiens pour les spéculations religieuses, leur ouverture au christianisme mais leur refus d'abandonner leurs propres traditions spirituelles ont conduit à des phénomènes d'adaptation et de résistance aux tentatives de conquête spirituelle.

Les Indiens ont souvent adhéré au christianisme pour des raisons stratégiques. Cette adhésion s'expliquait par le désir de s'approprier le « pouvoir » qui paraissait associé à la religion des conquérants, mais aussi de s'assurer la protection que pouvaient offrir les Églises face aux menaces que représentaient les hors-la-loi, les chercheurs d'or, les pionniers en quête de terre et la diffusion de l'alcool, à laquelle les missionnaires faisaient obstacle. Ceux-ci, tout en étant des agents d'acculturation, furent assez nombreux à intervenir pour amortir le choc de la Conquête. Dans cette optique, ils pouvaient aussi apparaître aux Indiens comme des médiateurs culturels dont il fallait se concilier l'appui. Les missionnaires se sont souvent mépris sur une apparente adhésion au christianisme qui pouvait n'être qu'une concession polie ou une alliance passagère.

D'une façon générale, il ressort de l'historique des missions que l'évangélisation, dans le sens littéral de « diffusion de l'Évangile », a souvent été assez bien acceptée — ou tolérée — dans le cadre du processus d'adaptation à la Conquête, mais qu'elle ne s'est pas toujours accompagnée d'une conversion, si l'on entend par là un « changement radical de conduite morale et religieuse* », le renoncement aux valeurs de la spiritualité traditionnelle. De ce point de vue, les Pueblos du Rio Grande et les Sioux des Grandes Plaines illustrent ce qui apparaît encore aujourd'hui comme une conversion inachevée.

La conquête des âmes

Les stratégies d'évangélisation ont considérablement évolué au cours des siècles. Que l'arrivée des missionnaires ait précédé l'armée, l'ait accompagnée ou ait fait suite à la conquête territoriale, l'objectif des hommes de Dieu, souvent les seuls parmi les envahisseurs à n'avoir pas de visées sur les terres indiennes, était avant tout la substitution d'une religion à une autre mais aussi l'acculturation

---

* A cet égard, voir glossaire, p. 99.

des autochtones. A travers la foi chrétienne, ils étaient appelés à adhérer aux valeurs des conquérants. Aujourd'hui, les prêtres, dans le cadre général de la reconnaissance tardive des spiritualités autochtones, proposent un certain rapprochement des rites chrétiens et des cultures indiennes. Les innovations dans ce domaine diffèrent selon les confessions religieuses et les régions d'implantation du christianisme indien. Elles confèrent au christianisme indien, en cette fin de xxᵉ siècle, une coloration nouvelle.

C'est dans cet esprit novateur que fut organisée, le 17 août 1986, une cérémonie de caractère exceptionnel en la cathédrale Saint-Francis de Santa Fe, au Nouveau-Mexique. La fête du centenaire de l'édifice, dont la première pierre fut posée par l'archevêque Jean-Baptiste Lamy, d'origine française, fut présentée comme une manifestation de syncrétisme religieux. Le déroulement de l'office, ponctué par la danse des aigles du pueblo de Laguna et la danse de l'arc-en-ciel du pueblo de Jemez, fut l'occasion de présenter solennellement à la foule des fidèles le premier évêque catholique indien. Des représentants de dix-neuf pueblos environnants déposèrent au pied de l'autel des tapis navajos, des paniers tressés en bois de saule et de yucca, des plumes d'aigles et des offrandes de maïs. Modulant les cantiques d'une intonation nouvelle, des chants indiens retentirent sous la coupole de la vaste cathédrale, solennellement consacrée juste avant la mort de son fondateur, qui s'éteignit avant de la voir achevée. Évoquant la mémoire de l'archevêque Jean-Baptiste Lamy, un siècle plus tard, la commémoration grandiose conçue par la hiérarchie catholique comme un spectacle médiatique illustrait les efforts d'inculturation vers lesquels elle s'oriente, et qui ont infléchi l'évolution du christianisme indien aux États-Unis depuis le concile Vatican II.

Les stratégies associées à la christianisation ont considérablement évolué au cours des siècles. L'inculturation, sous sa forme actuelle, qui repose sur la reconnaissance d'un apport enrichissant des religions traditionnelles, est un phénomène tardif. La stratégie initiale, mue par l'ardeur missionnaire et la dénonciation du paganisme, consistait à éliminer les croyances locales. Le zèle de conversion ne fit place que peu à peu — et sporadiquement — à une reconnaissance de certaines correspondances entre christianisme et religions traditionnelles, parallèles qui visaient à favoriser le prosélytisme et n'excluaient pas le sentiment de supériorité monothéiste, chrétien et ethnocentriste.

Pourtant les missionnaires, conscients que les préceptes évangéliques étaient difficilement conciliables avec la violence de la Conquête, furent parmi les premiers à s'insurger contre la méconnaissance des droits des autochtones. A cet égard, ils étaient en avance sur leur époque. Au XVIe siècle, le dominicain Bartolomé de Las Casas, qui devint l'un des plus illustres défenseurs des Indiens, se fit l'avocat de l'autodétermination et stigmatisa le recours à la force pour assujettir les « naturels ». Même si son œuvre n'est pas sans refléter certains des préjugés de son temps (pour soulager les indigènes, il prôna dans certains cas l'importation d'esclaves noirs), sa voix demeure déterminante dans le contexte historique qui conduisit la papauté à reconnaître aux Indiens la condition d'hommes *.

C'est en 1537 que le pape Paul III, sous l'influence des dominicains, proclama officiellement la nature humaine des Indiens dans la bulle *Sublimis Deus*. Cette déclaration solennelle intervenait à contre-courant, alors que les pionniers et les gouvernements se seraient plus facilement accommodés d'un silence de Rome, qui aurait permis l'invocation sans réserve du concept de la *terra nullius* **.

La position monogéniste du pape, en affirmant la reconnaissance spirituelle et l'égalité devant Dieu des premiers habitants du Nouveau Monde, mettait un frein à la Conquête. Mais, en faisant des Indiens des chrétiens potentiels, elle les livrait aussi au zèle de conversion des évangélisateurs, qui demeuraient partagés entre les apôtres de la christianisation par la douceur, et les partisans irréductibles de la conquête rapide des âmes à tout prix. Comme l'a souligné Jacques Soustelle à propos du geste historique : « Ames abandonnées au Diable, il fallait les racheter. Mais par quels procédés ? *Compelle intrare*, ou comme devait écrire le père Motilinía au Mexique, les faire entrer *a palos* (à coups de bâton) dans la chrétien-

---

* Bartolomé de Las Casas, surnommé l'« apôtre des Indiens », naquit vers 1474 à Séville et débarqua dix ans après Colomb aux « Indes occidentales ». Il entra dans l'ordre de saint Dominique en 1522. Il eut un rôle déterminant dans l'adoption des nouvelles lois des Indes, en 1542-1543, destinées à protéger les Indiens, qui soulevèrent les protestations des conquistadores et dont l'application fut différée par la Couronne.

** Voir document p. 56.

té ? Entre partisans de la manière forte et ceux de l'évangélisation par la charité, l'opposition persistait [26]. »

Dans le sud-ouest des États-Unis, parmi les Pueblos, quatre siècles d'évangélisation ont laissé une empreinte indélébile, sans que soit jamais effacé le lien entre conquête et conversion. Dans cette région éloignée, longtemps à l'écart de la marche vers l'ouest des pionniers du Nord, la christianisation fut précoce et s'amorça dès le milieu du XVIe siècle, du fait de l'action d'évangélisation énergique des franciscains venus de la Nouvelle-Espagne. Animés d'une profonde certitude messianique, sillonnant sans relâche les régions désertiques du Sud-Ouest et s'implantant dans les endroits les plus reculés, leur dynamisme catéchistique n'eut d'égal que la force de résistance qu'ils rencontrèrent de la part de ces Indiens pueblos. A l'issue de quatre siècles d'évangélisation, le christianisme de ces Indiens paraît encore plaqué comme en surimpression sur la toile de fond des croyances traditionnelles.

En revanche, les Indiens des Plaines et tout particulièrement les Lakotas, longtemps demeurés nomades et parmi les derniers à se soumettre à la Conquête, connurent une évangélisation tardive. La christianisation des Grandes Plaines, ébauchée à la faveur des contacts établis entre les différentes tribus et les représentants aventureux de l'Église, tels que Claude Allouez, Louis Hennepin et Pierre-Jean De Smet, ne s'appuya sur la création de missions permanentes que vers la fin du siècle dernier. Dans le cas des Sioux de l'Ouest, il s'agit donc d'un christianisme qui remonte à un siècle seulement.

La christianisation des Indiens des Plaines, moins ancrée dans l'histoire, est aussi moins étroitement associée aux conflits armés. Alors que la conversion des Pueblos est irrémédiablement liée à la révolte sanglante de 1680, qui coûta la vie à de nombreux prêtres, et qui laissa de part et d'autre de profonds sentiments d'amertume et de méfiance, la création de missions en territoire sioux au moment de la constitution des réserves, même si elle reposait sur une stratégie de conversion de grande ampleur, est aussi associée à l'action sociale et humanitaire de l'Église au sein des communautés vaincues et prostrées. Il semble que le contentieux historique soit à certains égards moins lourd parmi les anciens rebelles nomades que parmi les tranquilles et sédentaires Pueblos.

D'une façon générale, la diffusion du christianisme dans les

communautés indiennes des États-Unis est très largement différenciée du fait de la grande variété des origines des conquérants et des
missionnaires. Les Indiens furent évangélisés par des Espagnols, des
Français, des Anglo-Saxons, des Allemands, dont l'univers mental, la
formation et les objectifs étaient le reflet de leur terre d'origine, avec
les modulations qu'impliquait leur récente appartenance au Nouveau
Monde. De plus, le type de conversion que connurent les Indiens
dépendit des décisions administratives prises en haut lieu qui répar-
tirent le champ d'action des différentes confessions. C'est ainsi que
les communautés indigènes embrassèrent le catholicisme ou le protestantisme selon l'ordonnance d'un canevas administratif souvent
étranger aux préoccupations locales. Par ailleurs, au sein même de
la religion catholique, l'action exercée par les franciscains fut la plus
précoce et la plus déterminante dans le Sud-Ouest, alors que les
jésuites comptent parmi les premiers évangélisateurs des Lakotas et
des Iroquois.

L'action des missionnaires jésuites est signalée parmi les Iroquois
dès 1600[*]. Cette évangélisation, très ancienne comme celle des Pueblos, fut moins massive et plus diversifiée. En effet, alors que les
Pueblos ne furent pendant longtemps confrontés qu'au seul catholicisme, les Iroquois, comme les Lakotas, furent convertis au catholicisme ou au protestantisme au gré de l'initiative des missionnaires
et de la répartition administrative des Églises. Les Pueblos constituent un cas particulier, dans la mesure où c'est seulement récemment qu'une légère présence protestante est venue diversifier leur
adhésion à la foi chrétienne.

Mais, si la chronologie et les modes de développement du christianisme diffèrent d'une communauté à l'autre, les expressions contemporaines de réaction ou d'adhésion à la foi chrétienne s'articulent
autour de tendances distinctes qu'il est possible de mettre en paral-

---

[*] Les premiers missionnaires en Nouvelle-France furent les jésuites, suivis par
les récollets. La reddition de Québec en 1629 entraîna le départ des missionnaires,
mais les jésuites revinrent après la paix de Saint-Germain et eurent un rôle prédomi-
nant jusqu'à la fin de la période française. Les Hurons, qui comptent parmi les
premiers convertis, furent en grande partie massacrés par les Iroquois entre 1648
et 1650. Plus au nord, les Indiens Micmacs de Nouvelle-Écosse embrassèrent le
catholicisme dès le début du xviie siècle ; leur communauté fut un temps surnom-
mée « fille aînée des Églises du Nouveau Monde ».

45

lèle. On discerne, à l'extrême, un abandon total des systèmes de croyances traditionnelles ou, inversement, une opposition absolue et irréductible au christianisme. Entre ces deux pôles s'inscrivent tous les phénomènes de syncrétisme religieux, de juxtaposition des rites et d'intégration de cérémonies traditionnelles à la foi chrétienne.

Certaines communautés ont aussi été marquées par l'apparition ou l'implantation de cultes parachrétiens qui intègrent des éléments de la foi chrétienne tout en se définissant comme des religions spécifiquement indiennes. Au sein de la communauté iroquoise, on a assisté à la naissance de la *Handsome Lake Religion*. Cent cinquante ans après le courant jésuite, le prophète Handsome Lake, frère d'un sachem seneca, eut la vision d'une religion nouvelle inspirée par des préceptes quakers, mais infléchie par un élan de réaction contre la déchéance et la prostration des tribus, et vouée au respect de leurs traditions. Cette nouvelle religion, tout en se définissant comme strictement autochtone et destinée aux seuls Iroquois, ajoutait à la cosmologie traditionnelle certains éléments inspirés du christianisme (notions du ciel et de l'enfer, conception d'un Dieu créateur personnifié et idée du diable). Handsome Lake, qui était lui-même un ancien alcoolique, prônait le repentir et la rédemption par la spiritualité ; il mettait l'accent sur certains interdits : alcool, jeu, sorcellerie, violence, et voulait faciliter l'adaptation des Iroquois aux mutations de leur mode de vie. Cette religion, codifiée après la mort de son fondateur, en 1815, devint la charte spirituelle d'un nouveau traditionalisme iroquois très important aujourd'hui [27].

Parmi les Pueblos de Taos, on assista, en raison de la situation géographique particulière de ce village qui en fait une zone de contacts commerciaux avec les Indiens des Plaines, à une certaine diffusion de la Native American Church (Église des Premiers Américains) auprès de 10 à 15 % de la population, alors qu'elle ne trouva aucune écoute dans les autres communautés pueblos. Fondée sur la consommation rituelle du bouton de peyotl, cette religion nouvelle, reconnue comme une « Église » autochtone en 1918, fut diffusée par les Kiowas et les Comanches d'Oklahoma et gagna rapidement une large audience, en particulier dans les tribus déculturées où les traditions religieuses s'étaient étiolées. Selon les membres de la Native American Church, le peyotl, qui procure des illuminations et favorise la méditation, fait revivre la tradition indienne de la vision mystique, les met en contact avec Dieu, en harmonie avec l'univers. Le service religieux, au cours duquel le bouton de peyotl est consommé avec le même recueillement que l'hostie au moment de l'eucharistie, associe cette communion à des chants rituels. C'est lors de cérémonies nocturnes que le bouton de peyotl est absorbé par le cercle des fidèles réunis, parfois en plein air, autour d'un autel en forme de croissant, au son du tambour et des chants traditionnels. La Native American Church, perçue comme une voie spirituelle autochtone de régénération sociale et morale, est associée à un code de comportement assez strict et à une éthique fondée notamment sur l'amour fraternel, la protection de la famille, l'autonomie individuelle et le renoncement à l'alcool.

Le culte de peyotl, en tant que religion nouvelle, suscita beaucoup d'opposition, tant de la part des Églises chrétiennes que des religions traditionnelles. Les missionnaires dénoncèrent son incompatibilité avec la foi chrétienne et de nombreux traditionalistes voulurent initialement la rejeter. Les autorités, considérant le peyotl comme un hallucinogène, interdirent pendant longtemps son usage sacramentel. Aujourd'hui encore, malgré une tolérance accrue de la part de ses anciens opposants, sa diffusion se heurte à l'opposition de certains États et à la réticence de certaines communautés.

L'évaluation numérique de l'ensemble de la population chrétienne est difficile à établir. Les missions, qui sont à même de fournir les renseignements les plus détaillés sur la vie religieuse locale, ont des vues souvent partisanes. Quelques enquêtes sérieuses mais non exhaustives ont été faites depuis le début du siècle, et aucune étude susceptible de chiffrer le christianisme indien aux États-Unis n'a été entreprise jusqu'aux années 1970. C'est à la suite d'un long travail de recherche et de compilation portant sur près d'une décennie que fut publié, en 1979, un ouvrage qui recense les différentes confessions catholique, protestante et orthodoxe pour l'ensemble des États-Unis, y compris l'Alaska[28]. Il ressort de cet ouvrage que l'on pouvait dénombrer, au début des années 1970, 320 000 chrétiens sur 760 000 Indiens, soit environ 40 %, qui se répartissent en 177 651 catholiques, 120 548 protestants et 22 000 orthodoxes. On remarque que le nombre de catholiques est alors assez nettement supérieur à celui des protestants, ce qui renvoie à l'historique de l'évangélisation et qui distingue les Indiens du reste de la population des États-Unis, en majorité protestante. Parmi les estimations récentes du nombre de catholiques, on peut citer les chiffres du *Bureau of Catholic Indian Missions*, qui donne environ 300 000 Indiens catholiques pour la fin des années 1980. Il faut rappeler à cet égard que la population indienne a connu par ailleurs une croissance très rapide au cours de ces dernières décennies. Après avoir pratiquement doublé entre 1970 et 1980, elle est passée à 1 382 000 au recensement de 1980 à presque 2 millions (1 959 234) à celui de 1990.

On a assisté au cours de ces vingt dernières années à un double mouvement de désaffection et de rapprochement. Le christianisme indien a été profondément influencé par l'évolution sociale, politique et culturelle qui a transformé les communautés indiennes et qui a affecté aussi les Indiens citadins, souvent plus prompts à amorcer les remises en cause et à ébaucher les orientations nouvelles. Le retour aux sources associé au mouvement d'affirmation de l'identité indienne, qui a marqué ces dernières décennies, s'est traduit tantôt par un abandon du christianisme en faveur d'une redécouverte des religions traditionnelles, tantôt par la renaissance de certaines cérémonies tribales, parallèlement à la participation aux rites chrétiens. Simultanément, la plus grande réceptivité des représentants des Églises à l'apport spirituel des religions traditionnelles s'est manifestée par des initiatives encourageant le syncrétisme religieux. Alors que l'on assistait à la renaissance de la Danse du Soleil chez les Lakotas, cérémonie qui commençait à acquérir un caractère intertribal, on discernait à la fois l'expression d'un sentiment anti-Blanc et antichrétien et des tentatives individuelles de rapprochement de la part des prêtres qui étaient parfois autorisés à participer à cette cérémonie, et qui l'interprétaient en tentant de l'intégrer aux fondements de la religion chrétienne. Ces tentatives extrêmes d'éclatement et de réconciliation, spectaculaires et souvent contestées tant par les traditionalistes indiens que par les tenants d'un christianisme conservateur, n'excluaient pas de multiples expressions plus discrètes et dispersées d'un sentiment religieux porté par les deux traditions.

L'évolution du christianisme indien, qui s'inscrit dans le cadre des mutations socioéconomiques et culturelles de ces dernières décennies, a aussi été influencée par la libération du cadre juridique, ébauchée en 1934 par la loi de réorganisation des Affaires indiennes de

John Collier, qui favorisa une plus libre expression des religions traditionnelles et qui fut renforcée depuis lors. Les tentatives d'inculturation se dessinent sur la toile de fond d'un ordre juridique de plus grande tolérance, même s'il est encore jugé imparfait. En 1978, la loi sur l'autodétermination et la liberté religieuse *(Self Determination and Religious Freedom Act)* consolide et complète les principes énoncés au cours des années 1930, mais a pour effets secondaires de déclencher des manifestations occasionnelles d'intolérance d'un caractère nouveau, comme si la libéralisation entreprise au niveau national était encore mal comprise au niveau local, là où les communautés indiennes et non indiennes sont déchirées par des problèmes de voisinage et des conflits d'intérêt.

Les Églises, de leur côté, ont pris conscience de certains infléchissements indispensables à leur propre survie. C'est ainsi que, pour tenter de conférer un nouveau souffle à une religion souvent taxée de complicité spirituelle avec la déculturation qui a accompagné la colonisation, l'Église catholique indigénise son message en l'appuyant sur le rôle emblématique de Kateri Tekakwitha, jeune Mohawk béatifiée au début des années 1980. Chaque année, une conférence est organisée dans une région différente des États-Unis, au cours de laquelle la réflexion sur la solidarité chrétienne est associée à des confessions, des témoignages de guérison et des manifestations charismatiques de foi en la puissance de l'Esprit-Saint.

En août 1996, la Conférence Kateri Tekakwitha se déroula à Albuquerque, sur le campus de l'université du Nouveau-Mexique. Sur le thème « Marchons plus près de toi, Kateri », des centaines d'Indiens chrétiens venus d'horizons très divers — frontière du Canada, Louisiane, État de New York, Nouveau-Mexique —, représentants de dizaines de groupes différents, s'entretinrent à bâtons rompus, lors de séminaires et de conférences générales, de la mission de l'Église en terre indienne en cette fin de xxᵉ siècle, à l'approche du troisième millénaire.

Chaque matin, à l'aube, la prière au soleil levant invitait au recueillement collectif. La cérémonie, organisée sur une pelouse du campus, réunissait fidèles et curieux autour de l'autel auréolé d'un parfum de sauge, où étaient disposés la croix et le tabernacle, des poteries indiennes et quelques branches de sapin. Les participants arrivaient silencieusement et se répartissaient en cercle autour de l'autel, au pied duquel avait été étalé un tapis navajo, des poteries pueblos et un tambour traditionnel.

Le premier jour, la foule fut accueillie au son discret et sourd de la flûte, parfois entrecoupé d'accents plus aigus, dont la mélodie semblait annoncer et accompagner le lever du jour. La première prière, en honneur aux anciens, fut lue par la doyenne, petite dame pueblo au corps noueux, dont la silhouette sombre et fluette était égayée par un châle traditionnel richement brodé. Puis, le prêtre, un franciscain, prit la parole. Il psalmodia l'accueil au jour naissant : « La nuit cède la place au jour, l'étoile du matin a disparu. » Il invita les fidèles à se tourner vers l'est et à rendre grâce à Dieu pour la lumière, l'eau et la beauté de la Terre tout entière. Des prières furent prononcées à l'intention des participants et de leurs familles. Des chants indiens ponctuaient la bénédiction du prêtre tandis que trois femmes, portant des poteries remplies d'eau bénite, en aspergeaient généreusement l'assistance.

Le prêtre tenait à la main un éventail de plumes et dirigeait la fumée de l'encens vers le cercle des participants qui ébauchaient un geste de leurs mains comme pour mieux attirer vers eux la « fumée sacrée ». Soudain, traduisant l'influence espagnole, c'est au son de la guitare qu'un chant retentit, dédié à sainte Kateri, pour qu'elle vienne en aide aux personnes en détresse et aux malades. La cérémonie s'acheva par une prière à la jeune sainte iroquoise, que les fidèles les plus fervents appellent aussi « Notre-Dame des neiges », le « Lis des Mohawks » ou « Notre-Dame des tristesses », celle qui sait consoler les cœurs.

Mais qui fut donc Kateri, dans un contexte historique par ailleurs assez pauvre en grandes figures d'Indiens convertis ? Son histoire exemplaire illustre à la fois les stratégies d'évangélisation des jésuites, en l'occurrence français, avec lesquels elle se trouva en contact et les transitions douloureuses traversées par les communautés indiennes du Nord-Est à la fin du XVIIe siècle. Née en 1656 dans l'État de New York, près de l'actuelle ville d'Albany, elle était mohawk (iroquoise) par son père mais d'origine algonquine par sa mère, qui était convertie. Après la mort de ses parents, victimes d'une épidémie de petite vérole qui la laissa elle-même défigurée, elle fut élevée par un oncle et une tante résolument hostiles au christianisme. En révolte contre son milieu familial, refusant le mariage arrangé qu'on tentait de lui imposer, elle se tourna vers le christianisme, qui la séduisit par son imagerie riche en figures féminines. Elle fut baptisée, à l'âge de vingt ans, par le père Jacques de Lamberville qui fit de Catherine de Sienne, mystique passionnée, femme influente, sa sainte patronne et son modèle*. Kateri s'installa dans la petite ville de Kahnawake où s'étaient réfugiés, sous la houlette des jésuites, des Indiens convertis qui voulaient se tenir à l'écart des maux qui empoisonnaient la vie quotidienne de nombreuses communautés de la frontière : alcool, violence et affrontements armés. Parmi eux figuraient d'anciens captifs des Iroquois qui avaient été adoptés par leurs vainqueurs mais se sentaient marginaux. La marginalité de Kateri contribua sans doute à sa conversion mais elle dépassa par son zèle les espoirs des jésuites en incarnant avec une ferveur extrême certains des idéaux féminins alors véhiculés par le christianisme : virginité, prière, pénitence, mais aussi influence des femmes dans le domaine social et spirituel. Les jésuites, sachant mettre en relief les points communs entre les différentes traditions religieuses, avaient choisi une sainte patronne susceptible de fasciner l'imagination de Kateri. De même que Catherine de Sienne réunit autour d'elle un cercle de disciples, Kateri fit des émules qu'elle souhaita regrouper, avec un sens du pouvoir des femmes conforme tant à la tradition iroquoise qu'à l'idéal de sa sainte patronne. Mais Kateri eut une vie très brève. Elle mourut à vingt-quatre ans, « en odeur de sainteté », après avoir voulu créer des confréries de femmes converties.

Rares sont les Indiens chrétiens qui connaissent aujourd'hui l'histoire de Kateri, mais l'Église catholique, contribuant ainsi à stimuler un mouvement panindien au sein des communautés autochtones, voit dans l'image d'une sainte iroquoise, dont la canonisation est demandée au Vatican, le symbole d'un mouvement national réunissant les convertis dans une ferveur commune. C'est autour de cette idée que sont organisées chaque année les Conférences Kateri Tekakwitha, sous l'égide du Bureau catholique des missions indiennes. Dans le cadre de l'inculturation proposée par l'Église catholique,

---

* Catherine de Sienne (Caterina Benincasa, 1347-1380) prêcha passionnément l'amour de Dieu, se rendit deux fois en mission en Avignon et convainquit Grégoire IX de rentrer à Rome en 1377. Elle relata ses visions et ses extases dans le *Dialogue de la Divine Providence* et dans des lettres et poèmes.

51

elles sont conçues comme des efforts de syncrétisme religieux tant au niveau de la culture matérielle qu'au niveau de la conception des rites. Elles tentent de s'orienter vers un certain transfert des responsabilités locales aux Indiens eux-mêmes, et vers la multiplication des catéchistes autochtones. La hiérarchie catholique a un retard à combler à cet égard, comme le soulignent volontiers les protestants, car elle compte peu de prêtres indiens et peut donc apparaître comme éminemment « coloniale ». Il a fallu attendre les années 1980 pour que soient nommés, sous l'impulsion de Jean-Paul II, les deux premiers évêques indiens.

Les Églises protestantes ont plus de réticences à l'égard du rapprochement des doctrines et de la fusion des croyances traditionnelles et chrétiennes. Plus ouvertes à l'indigénisation de leur clergé mais plus réticentes à l'égard de l'inculturation, elles laissent leur aile droite, proche du fondamentalisme, renforcer son prosélytisme auprès des Indiens qui, dans la ligne des croyances traditionnelles, associant religion et pouvoirs curatifs, sont portés à réconcilier expressions de foi et témoignages de guérison. La christianisation a souvent été freinée par le fait que les prêtres n'avaient ni compétence ni vocation curatives. Constatant le foisonnement des mouvements guérisseurs et psychanalytiques à travers la multiplication des sectes, les Églises tentent, dans le monde entier, de les endiguer et de les comprendre. A travers la réflexion de certains missionnaires qui se sont familiarisés avec les religions traditionnelles, notamment le père jésuite Éric de Rosny, « étranger adopté », initié aux rites traditionnels du Cameroun, s'amorce une reconsidération des anciens comportements des prêtres, trop fermés à l'inculturation, peu sensibles aux aspirations à une dimension thérapeutique de la foi. « Jésus a été un grand guérisseur, fait remarquer Éric de Rosny. Un tiers des Évangiles raconte des guérisons... Les années 1970-1980 ont été marquées par l'essor des théologies de la libération. Je ne serais pas étonné que, dans les années à venir, on assiste à une éclosion de théologies de la guérison[29]. »

Par ailleurs, il ressort de l'historique de l'évangélisation que certaines Églises au sein desquelles il est donné libre cours aux émotions suscitent une adhésion plus facile de la part des communautés indiennes. C'est ainsi notamment que les méthodistes, prodigues en manifestations émotionnelles de la foi, suscitèrent plus facilement des conversions parmi les Cherokees que les austères calvinistes, qui mettaient l'accent sur le péché originel, notion inconnue et sans équivalent dans les religions traditionnelles[30]. Les Églises, protestantes et catholique, sont donc devenues attentives aux capacités de mobilisation des différents styles d'évangélisation. Les catholiques savent que la mouvance charismatique exerce un certain attrait parmi les Indiens chrétiens et ils utilisent volontiers cette frange militante et conquérante tout en désavouant parfois du bout des lèvres ses paroxysmes de ferveur. Quant aux Églises protestantes modérées, telle l'Église épiscopalienne, très active parmi les Sioux de l'Ouest pour des raisons historiques, elles continuent à appuyer leur action sur un réseau fourni de prêtres autochtones qui mènent leur action spirituelle et sociale la Bible à la main, sans grandes réflexions théologiques et sans trop d'interférences de la part de leur hiérarchie. Mais le renouveau des religions traditionnelles conduit souvent à une remise en cause « de la religion des Blancs », même si les prêtres sont indiens.

C'est dans ce contexte mouvant d'une société majoritaire en évolution constante, d'Églises à la recherche de voies nouvelles et de communautés indiennes partagées entre un désir de ressourcement et la nécessité de faire face aux impératifs de la société moderne que s'inscrivent les manifestations contemporaines du christianisme indien aux États-Unis. Un certain nombre de voix se font aujourd'hui l'écho de la spiritualité indienne, des malaises et des aspirations qui s'expriment dans ses manifestations diverses. Le poète et romancier kiowa Scott Momaday, évoquant une enfance à la convergence du christianisme et des cérémonies traditionnelles, déclarait : « Je n'ai jamais connu d'Indien qui n'ait un sens du sacré hautement développé. » Dans un monde largement désacralisé, les communautés indiennes, aux prises avec des bouleversements sociaux et culturels, semblent traduire, par des réactions et des adaptations nouvelles à la « conquête des âmes », en accord ou en opposition avec le christianisme, leur détermination de préserver une spiritualité spécifique. Cette spiritualité à facettes multiples, qui se démarque souvent du christianisme, mais qui demeure profondément influencée par l'historique de l'évangélisation, s'exprime de façon constamment renouvelée. Dans les années 1920, D.H. Lawrence, établi à Taos, impressionné par ce qu'il percevait comme une certitude intérieure des Hopis, évoquait leur volonté mystique, « tendue contre la volonté du dragon-cosmos, l'étrange soleil intérieur de la vie* », qui animait ces communautés demeurées à l'écart des grands bouleversements du progrès technique. Aujourd'hui, face aux nouvelles données de la société moderne, et en se défendant contre la force aspirante d'un *New Age* qui prétend les récupérer, les communautés indiennes et les Indiens citadins s'efforcent, au gré d'expressions diverses selon les groupes et les individus, de préserver leur alliance avec l'univers et de s'adapter à leur façon au « désenchantement du monde** ».

---

* Notons que D.H. Lawrence se penchait sur le cas des Hopis, particulièrement réfractaires à l'adhésion au christianisme. Son témoignage, d'un intérêt littéraire et non ethnologique, a la valeur d'une évocation poétique et vaut par quelques formules frappantes. Lawrence comptait parmi les auteurs qui mirent l'accent sur les éléments irréconciliables des univers indien et non indien.

** Cette expression est ici entendue tant dans le sens, défini par Weber, de l'« élimination de la magie comme technique de salut », que dans l'acceptation plus large d'« épuisement », proposée par Marcel Gauchet (*Le désenchantement du monde, une histoire politique de la religion*, Gallimard, 1985). Mais elle est aussi présentée dans le contexte général d'adaptation — ou de réaction — à un monde où le sens du sacré serait éteint.

DOCUMENTS

La vision de Catherine Walbose

Dans les années 1840, après sa conversion au christianisme, Catherine Wabose (Ojibwa) a décrit, sous forme de pictogramme, sa vision au moment de la puberté. On la voit dans l'isolement du jeûne qui précède la révélation (figures 1 et 2) ; elle a indiqué le nombre de jours de jeûne (3), précisé le jour où la vision s'est manifestée (4) et esquissé la voie vers le monde des esprits (5), qui passe entre la nouvelle lune (6) et le soleil couchant, auprès d'un homme qui tient un livre (8). On voit le visage de la femme qui a donné sa première bénédiction à Catherine (9), le « petit homme du monde des esprits » (10) et le lumineux ciel bleu, son principal esprit-gardien (11), qui l'a conduite vers une trouée dans la voûte céleste (12) où, après une épreuve (l'encerclement par des pointes d'aiguilles) (15), elle reçoit une étrange monture (13-14) qui la reconduit chez elle. On distingue aussi une flèche magique (17), un pivert (18), un poisson-chat (20) et la représentation de son mari (19), sous forme d'un lièvre (Wabose signifie lièvre en ojibwa) *.

---

* In *Schoolcraft, Information Respecting the History*, vol. I, pl. 55, p. 390-397. Reproduit *in* Christian F. Feest, Indians of Northeastern North America, Institute of Religious Iconography, Groningen, 1986.

55

Bulle « Sublimis Deus »
Sur la liberté des Indiens

Les débats des premiers moments de la Conquête sur la condition indienne donnèrent lieu à de vifs affrontements. Au XVIe siècle on se pose en effet la question de savoir si les Indiens sont vraiment des hommes. D'où l'importance de la Bulle du pape Paul III, qui reflète l'influence de Las Casas. En 1542 sont adoptées les Lois Nouvelles, qui prohibent l'esclavage des Indiens mais provoquent maintes protestations des conquérants. En 1550-1551, Charles Quint, sous l'influence de conseillers aux voix contradictoires (Juan Ginés de Sepúlveda, Bartolomé de Las Casas), convoque la réunion de Valladolid, colloque sur le statut des Indiens. La « controverse de Valladolid » est aujourd'hui considérée comme le premier débat sur les droits de l'homme. La victoire fragile de Las Casas sur la thèse soutenue par Sepúlveda (certains hommes sont esclaves par nature, comme l'explique Aristote) ne parvint pas à clore le débat.

Considérant que les Indiens, qui sont véritablement des hommes, sont en cela capables de foi chrétienne ; sachant de surcroît que ces Indiens se montrent empressés d'embrasser cette foi et désirant traiter ces choses avec des remèdes appropriés, de par notre autorité apostolique, nous décidons et déclarons par la présente lettre que lesdits Indiens et toutes les autres Nations qui viendraient à être découvertes par les chrétiens, bien que vivant en dehors de la foi du Christ, ne doivent ni dans le présent ni dans le futur être privés de liberté ni dépossédés de leurs biens ; ils en sont les maîtres, ils peuvent en jouir librement et licitement. Et nul n'a le droit de les réduire à l'esclavage. Que tout acte qui irait à l'encontre de cette disposition soit tenu pour nul et non avenu ; il n'est d'aucune validité ni d'aucune force. Quant auxdits Indiens et aux autres Nations, qu'ils soient convertis à la foi du Christ par la prédication de la parole de Dieu et par le bon exemple.

Paul III Pape
En l'année 1537 de l'incarnation du Seigneur.

---

* Archivo General de Indias, Séville. Texte latin publié in *Documentos ineditos del Siglo XVI para la historia de Mexico*, Mexico, Porrua, « Biblioteca Porrua », n° 62, 1975, p. 499-500. Trad. fr. in Christian Duverger, *La conversion des Indiens de Nouvelle Espagne*, Le Seuil, 1987. Voir aussi sur ce sujet Jean Dumont, *La vraie controverse de Valladolid*, Criterion, 1995, et Thomas Gomez, *Droit de conquête et droits des Indiens*, Armand Colin, 1996.

PREMIÈRE PARTIE

Historique et stratégies de la christianisation

I

Les Pueblos :
un christianisme en cohabitation

1

Rêves d'Eldorado et chemins de croix

Le recommencement de l'histoire sacrée

Comme l'a souligné Mircea Eliade, Christophe Colomb était conscient du caractère eschatologique de son voyage : Dieu l'avait choisi pour être son messager, en lui montrant de quel côté se trouvait « le nouveau ciel et la nouvelle terre[1] ». Quelques générations plus tard, les puritains, et bientôt des colons protestants d'obédiences diverses, pensèrent à leur tour que le temps était venu de renouveler le monde chrétien sous des horizons nouveaux.

Le recommencement de l'histoire sacrée, la mission spirituelle dont se croyaient investis les conquérants du Nouveau Monde, prit des formes distinctes selon les régions et en fonction de la confession d'origine des nouveaux venus. La génération des colons anglais qui fit le voyage inaugural vers l'Amérique était marquée par les spéculations philosophiques et spirituelles qui secouaient le XVIᵉ siècle des Tudors. La Nouvelle-Angleterre leur apparaissait comme le refuge de la vraie foi. L'élan millénariste qui animait les pionniers puritains leur faisait voir dans l'Amérique une révélation divine, le lieu d'implantation idéal de la Réforme, l'espace où pourrait briller la lumière de l'Évangile après les ténèbres du papisme. Parallèlement, au XVIᵉ siècle, les Espagnols achevaient dès 1521, par le fer et par le sang, la conquête militaire du Mexique et chargeaient les franciscains de compléter cette victoire en évangélisant les autochtones. C'était l'amorce d'une christianisation massive, caractérisée par l'interpénétration du catholicisme et du précolombien, l'« osmose spirituelle » du conquérant et du conquis [2].

Si l'on met en parallèle les stratégies de la christianisation dans l'est des États-Unis et dans ce qui constitue actuellement son Sud-Ouest, on trouve des deux côtés un zèle religieux comparable en intensité, une ambiguïté du même ordre vis-à-vis d'un espace païen à la fois redouté et recherché en raison de l'ampleur du champ d'action qu'il offre aux évangélisateurs. Mais, alors que les pionniers puritains se réfugient dans l'« enclos de la foi [3] » et répugnent à « s'ensauvager », les Espagnols tolèrent et même encouragent les mélanges de races (le conquistador pousse ses hommes à prendre femme en milieu indien) et le rapprochement des croyances (les frères franciscains mettent l'accent sur les points de convergence de façon à faciliter la conversion).

Sur le plan de l'intérêt porté aux religions indigènes, il faut attendre l'arrivée des jésuites dans les territoires indiens du Nord-Est pour trouver des analyses approfondies des croyances autochtones tant soit peu comparables à celles des franciscains de la Nouvelle-Espagne.

Le nord du Rio Grande, parent pauvre de la Conquête, échappe à la christianisation massive des terres aztèques. L'évangélisation de ces régions arides, marquée par des personnages hauts en couleur et des épisodes insolites, demeure marginale dans la colonisation espagnole. Dès les premières missions d'exploration, au cours desquelles le symbole de la croix marque la progression difficile sur la route du pays du maïs, les modestes villages du Rio Grande, isolés dans leurs déserts de sable, résistent à l'invasion territoriale et à l'ingérence spirituelle.

L'expédition de Floride et l'héritage de Cabeza de Vaca

En 1535, quatre survivants de l'expédition de Floride, première tentative de traversée du continent de l'Atlantique au Pacifique, dont tous les autres participants périrent dans un naufrage, parvinrent au nord du Rio Grande. Ces quatre hommes, Andres Dorantes de Carranca, Alonso del Castillo, le Maure Esteban et Cabeza de Vaca, furent les premiers à atteindre l'actuel sud-ouest des États-Unis, après avoir traversé ce qui constitue aujourd'hui l'Alabama, le Mississippi, la Louisiane et le Texas. C'est Cabeza de Vaca, rapporteur de l'expédition, qui transmit le premier regard sur les Pueblos, s'émerveillant de « leurs maisons fixes, où il y avait beaucoup de maïs en réserve ». Il ajoutait avoir été réconforté par leur bon accueil et leur générosité : « On nous fit présent d'une grande quantité de farine, de calebasses, de haricots et de beaucoup d'étoffes en coton... nous remerciâmes vivement le Seigneur de nous avoir conduits dans un pays si riche en vivres[4]. »

Dans sa *Relación*, riche en renseignements ethnographiques et géographiques sur les régions traversées, Cabeza de Vaca relate ses aventures prodigieuses, ses épreuves multiples et explique comment, après avoir été réduit en esclavage, il parvint à survivre en passant pour un homme-médecine et en attribuant ses guérisons à l'intervention divine. Infatigable, il voyage « dans la direction du maïs », n'échappe pas au prosélytisme de l'époque, brandit et distribue des croix sur son passage, mais se distingue de la plupart des conquérants par sa sympathie à l'égard des Indiens, dont il salue la générosité et à propos desquels il écrit cette petite phrase historique : « Pour convertir tous ces gens et les soumettre à Votre Majesté impériale, *il faut les traiter avec douceur ; c'est un moyen sûr et c'est le seul*[5]. » Moins illustre que Las Casas, Cabeza de Vaca s'inscrit pourtant dans la lignée des hommes d'exception qui furent les défenseurs résolus des Indiens.

La légende des sept cités de Cibola

Depuis des générations, une légende était ancrée dans l'esprit des habitants de la péninsule Ibérique : au VIIIe siècle, après l'invasion des Maures, des chrétiens persécutés, conduits par un archevêque et six évêques, se seraient embarqués en direction de l'ouest et auraient découvert l'île « Antilia ». Chacun des sept prélats y aurait fondé et gouverné une ville. Cette terre, nommée « Isla das Sete Citades » par les Portugais, devint le lieu mythique de tous les luxes et de toutes les félicités. Même après que le nom d'Antilles eut été attribué à une île où il n'existait aucune trace de descendants des chrétiens portugais ou espagnols, le mythe persista. A la fin de la conquête du Mexique, l'espoir demeurait que sept villes prospères seraient découvertes dans une contrée encore inexplorée.

En dépit des difficultés pratiques de l'exploration vers le nord, la légende des sept cités contribua à l'idéalisation de ces terres inconnues. L'arrivée de Cabeza de Vaca, Castillo, Dorantes et Esteban vint apporter des éléments nouveaux qui ne firent que l'alimenter. A leur arrivée à Mexico en 1536, les quatre survivants de la difficile expédition de Floride, y compris Esteban, furent accueillis par le vice-roi Mendoza. Il aborda avec eux la possibilité d'élargir la domination espagnole vers les territoires du nord, dans le cadre d'une autre expédition, mieux équipée, et investie d'une autorité officielle.

Mendoza avait été nommé par la Couronne espagnole pour restaurer l'autorité royale dans les provinces de la Nouvelle-Espagne où l'ordre et la justice étaient menacés par la violence et la propagation d'activités illégales. Le vice-roi devait mettre fin à l'esclavage des Indiens et procéder à une épuration générale. L'étendue des territoires sur lesquels s'exerçait son autorité était clairement définie au sud mais la frontière restait à définir au nord. L'arrivée de quatre hommes qui avaient traversé une partie de ces territoires permettait d'envisager l'exploration des confins du royaume. Cabeza de Vaca, porte-parole des quatre rescapés, ne prétendit pas avoir découvert une région fabuleusement riche. Il souligna, tant de vive voix que dans sa *Relación*, que les indigènes s'exprimaient dans des langues diverses, et que la communication se faisait par signes, ce qui prêtait aux malentendus. Mais son récit, qui fit l'objet de multiples interprétations, ne put endiguer la perpétuation du mythe des sept cités.

C'est la défection de Cabeza de Vaca et de Dorantes, désireux de rester au Mexique, qui conduisit le vice-roi à attribuer à Esteban, dont les qualités étaient fort appréciées, en dépit de son statut officiel d'esclave, les fonctions d'éclaireur. Et c'est un franciscain, Marcos de Niza, qui connaissait déjà Saint-Domingue, le Guatemala et l'Amérique du Sud, que le vice-roi choisit pour mener la nouvelle expédition. Marcos de Niza, indigné par le traitement infligé aux indigènes dans le cadre de la Conquête, en avait informé l'évêque Zumárraga de Mexico. Appelé par ce dernier pour donner son témoignage, en 1537, il avait été prié d'établir un rapport complet, qui avait été communiqué aux autorités espagnoles. A la fois explorateur et évangélisateur, soucieux de la défense des indigènes, Marcos de Niza paraissait alors un choix idéal.

L'exploration des territoires pueblos

Le Maure, le moine et les Indiens

C'est à la fin de l'été 1538 que l'empereur Charles Quint donne son approbation officielle à la mission proposée par Mendoza. Simultanément, celui-ci nommait Coronado gouverneur de la province de Nouvelle-Galice à la place de Nuño Beltrán de Guzmán qui s'était fait le complice des chasseurs d'esclaves. Ce fut l'amorce du rôle historique de Coronado dans l'exploration des territoires pueblos. Le frère Marcos de Niza se trouvait chargé par le vice-roi d'une double mission : la reconnaissance des territoires encore inconnus au nord mais aussi le contrôle humanitaire de l'administration des territoires de l'ouest de la Nouvelle-Espagne, y compris la Nouvelle-Galice, et des confins nord-ouest de l'empire, secoués par les incursions brutales des chasseurs d'esclaves.

Si Marcos de Niza était sous la dépendance hiérarchique de Coronado, il était aussi investi d'une responsabilité morale et spirituelle au sein de la province et se voyait conférer un droit de regard sur la qualité des rapports que celui-ci entretenait avec les indigènes. Une relation complexe entre les pouvoirs temporel et spirituel, dont l'un prendra tour à tour le pas sur l'autre, s'instaure tout au long de la conquête des nouveaux territoires. Aux marges de l'empire, prêtres et administrateurs, s'accordant ou se confrontant, vont rivaliser d'influence pendant des décennies. Leurs motivations, affaiblies par des revirements et par le désir latent de repli vers le Mexique, se relayeront pour mener une conquête fragile qui ne sera jamais à la mesure de leurs espérances.

Marcos de Niza devait veiller à ce que les Indiens pacifiques soient bien traités et convaincre les notables espagnols qu'ils s'assureraient l'appui de la Couronne en se montrant justes envers eux. Ainsi l'évangélisation se trouvait-elle associée à une tâche de pacification et de remise en ordre. On peut voir là une illustration de la pensée de Cabeza de Vaca. En effet, si à la fin de l'année 1538 sa *Relación* n'était pas encore publiée, son message central avait déjà été communiqué au vice-roi : pour conduire les indigènes au christianisme, il fallait les convertir par la douceur. C'est pour accomplir cette mission que Marcos de Niza et un autre franciscain, Onorato, suivis par quelques Indiens et guidés par Esteban se mirent en route pour leur grande expédition vers le nord, sans hommes de troupe et à pied, petit groupe curieusement disparate au rôle historique longtemps négligé du fait de l'ampleur de l'expédition Coronado qui fit suite à leur mission de reconnaissance.

L'austérité des deux franciscains s'accordait mal avec la nature ardente et communicative du Maure Esteban ; celui-ci, comme le souligne Coronado dans sa correspondance avec le vice-roi Mendoza, se sentait tout à fait à l'aise en territoire indien, était reconnu et fêté par la population des villages traversés et se plaisait — au grand dam des hommes de Dieu — en la compagnie des femmes indiennes. Le recueillement des frères était troublé par le tintement des clochettes qui pendaient à ses poignets et à ses chevilles ; la sobriété des sombres robes franciscaines s'opposait aux couleurs vives des parures de plumes portées par Esteban, toujours prêt à adopter les ornements locaux et à se mêler aux cérémonies rituelles indiennes.

Le manque d'unité et la disparité des objectifs d'un groupe pourtant restreint expliquent en partie sa rapide scission. Onorato, malade, fut obligé d'interrompre son voyage et Marcos, se retrouvant seul avec le Maure et une escorte d'Indiens, envoya un petit groupe en éclaireur sous la direction d'Esteban. Le statut de ce dernier, qui échappait en fait à sa condition d'esclave quand il était en mission, se trouvait ainsi encore rehaussé, et il ne pouvait qu'entrevoir la possibilité d'accéder à la gloire et à la fortune en étant le premier à découvrir des territoires convoités par la Couronne. Bien que musulman, il s'associait à l'évangélisation en bénissant les villageois par un signe de croix et en annonçant la venue prochaine d'un homme de Dieu.

Par la croix et sans le glaive

Contrairement aux autres expéditions qui associèrent le glaive et la croix, l'exploration préliminaire du franciscain Marcos de Niza reposait sur la seule force de conviction de ses émissaires si mal assortis, et sur la force de suggestion des symboles extérieurs du christianisme, en particulier celui de la croix, omniprésent tout au long de l'expédition. Le dialogue élémentaire qui pouvait s'établir avec les indigènes permettait de faire passer l'idée d'un Dieu tout-puissant qui est au ciel.

La croix conférait une bénédiction qui pouvait être interprétée comme un rite curatif inconnu. Le symbole du christianisme, brandi par le franciscain dès son arrivée dans une communauté, demeurait présent après son départ, car Marcos plantait au long de sa route des croix assez grandes pour constituer une marque flagrante de son passage. Premier instrument de familiarisation avec le christianisme, la croix devint un élément de communication entre le frère Marcos et Esteban, et elle fut l'instrument du malentendu ou de la mystifica-tion qui entretint l'illusion de la découverte d'un univers fastueux. En effet, Esteban, chargé par Marcos de le tenir au courant de l'im-portance de ses découvertes en lui faisant parvenir des croix plus ou moins grandes, lui en envoya une de la taille d'un homme. D'après *La Relación* de Marcos de Niza[6], les messagers porteurs de la grande croix confirmèrent l'existence de sept cités situées à trente jours de route de l'endroit où se trouvait Esteban. Les rêves des explorateurs semblaient enfin près d'être comblés.

La course-poursuite vers « Cibola », au cours de laquelle le francis-cain tenta vainement de rattraper Esteban, le conduisit jusqu'au fleuve Sonora et au pueblo de Corazones, situé sur la boucle est de cette rivière, déjà traversée par les rescapés de l'expédition de Flo-ride. Encore une fois, la progression des deux hommes fut ponctuée par les croix que tous deux plantaient systématiquement, le frère pour prendre possession de la région selon les instructions du vice-roi et le Maure pour confirmer qu'il était sur la bonne voie et appro-chait du but.

La Relación du frère Marcos confirme l'existence de communautés assez prospères — sinon opulentes — dans la région située aux confins sud-ouest des territoires pueblos. Il précise que trois cents

67

cavaliers auraient pu se restaurer sans peine dans cette vallée. Mais la part de l'exagération transparaît dans son récit qui vise à justifier l'intérêt de sa mission et va jusqu'à ajouter des épisodes dont la véracité a depuis été contestée — notamment l'exploration de la côte ouest. À son départ sur les traces d'Esteban, trente chefs de la vallée du Sonora l'accompagnèrent, chargés d'eau et de provisions pour affronter la traversée du désert au nord. Les premiers contacts entre les autochtones et le représentant de saint François sont placés sous le signe de la bienveillance et de l'hospitalité.

C'est en mai 1539 que le Maure Esteban franchit les limites de l'actuel sud-ouest des États-Unis, sur les hauts contreforts de l'Arizona, précédant Coronado d'une année en un lieu où fut par la suite érigé un monument à la mémoire du conquistador espagnol. Et c'est Esteban qui atteignit le premier « Cíbola ». Il s'agissait en fait du village pueblo de Hawikuh, situé sur les bords de la rivière Zuni[7]. Il existe encore aujourd'hui des vestiges de ce village, à quelque quinze kilomètres au sud-ouest du pueblo de Zuni[8]. La nouvelle de l'arrivée d'Esteban fut transmise à Marcos de Niza par des messagers, comme à l'ordinaire, mais en même temps que l'annonce de sa mort : Esteban avait été assassiné par les habitants de Hawikuh.

C'est donc par un meurtre que s'amorce l'exploration des territoires pueblos. Les raisons de cette fin tragique sont discutées dans *La Relación* de Marcos de Niza, la correspondance que Coronado adressa à Mendoza l'année suivante et dans le rapport de Pedro de Castaneda. Il existe des divergences entre les versions proposées mais il semble qu'Esteban ait commis un impair qui lui fut fatal : il aurait envoyé quelques émissaires indiens pour annoncer sa venue, en leur confiant un grelot qui lui avait été donné dans une autre région ; la vue de ce grelot suscita la colère du chef zuni qui vit là un geste hostile. Le chef interdit l'accès du village. Quand le Maure brava son avertissement, il fut emprisonné avec une partie de sa troupe. Selon Castaneda, les Indiens résistèrent aux réquisitions d'Esteban, qui exigeait des turquoises et des femmes. En outre, le fait qu'un Noir leur annonce l'arrivée d'un Blanc chargé d'un message sacré leur parut suspect et ils virent en lui un espion envoyé par une nation déterminée à les conquérir[9].

Il semble aujourd'hui établi que le frère Marcos, resté très loin derrière Esteban, aux environs de la rivière Gila, fit appel à son imagination pour combler les lacunes de ses informations. Dans sa *Relación*, le franciscain laisse entendre qu'il aurait entrevu le village zuni. La description qu'il en fait entretient d'ailleurs le mythe des sept cités de Cibola *. Il parle d'une « ville plus considérable que Mexico » et donne à la contrée le nom de « Nouveau Royaume de saint François [10] ». En fait, chargé d'une mission presque impossible, il masque l'échec de son travail de reconnaissance et entretient la grande illusion sur laquelle repose l'expédition Coronado. Par ailleurs, l'harmonie des rapports établis avec les Indiens de la vallée du Sonora est déjà remise en question lors du retour du frère vers le Mexique. Ayant perdu certains des leurs aux côtés d'Esteban, ils en tiennent rigueur au franciscain. La christianisation sans heurts prônée par Cabeza de Vaca est déjà fortement compromise dès 1539.

L'expédition Coronado et la fin des illusions

Coronado se lança à la conquête des territoires pueblos au début de l'année 1540, avec des moyens à la mesure des espoirs suscités par le rapport de Marcos de Niza. Deux cent trente cavaliers en armure et une soixantaine de fantassins étaient placés sous les ordres du jeune capitaine, qui disposait d'une suite d'un millier d'Indiens mexicains. Quand la troupe parvint à Hawikuh, elle n'y trouva que des hommes. Les femmes et les enfants étaient réfugiés au lieu dit « de la montagne de maïs ». Devant la menace d'invasion, le symbole du maïs semblait répondre au symbole de la croix. En effet, quand Coronado fit une pause devant le pueblo pour essayer de prouver ses intentions pacifiques, les Zunis se contentèrent d'entourer le village d'un cercle de farine de maïs pour en marquer les limites. Dès que la troupe transgressa cette interdiction, elle fut accueillie par une volée de flèches, déclenchant une violente riposte espagnole. La présence des prêtres était dès lors associée à celle de l'armée, qui les précéda dans l'ensemble de la région, subordonnant leur évangélisation à l'occupation des villages. Pour les Espagnols, la prise du village de Hawikuh, qui était loin de ressembler à une cité fabuleuse, représenta une grande déception qui jamais ne se dissipa

* Voir document p. 91.

69

au cours de l'expédition. Coronado en fit pourtant son quartier général à partir duquel les villages hopis et les pueblos du Rio Grande furent explorés et conquis.

Il existait alors soixante à soixante-dix pueblos dans la région du Rio Grande, sans compter les villages hopis et zunis. La population a été estimée, pour l'ensemble, entre 50 000 et 100 000 personnes. Les pueblos constituaient des unités autonomes, aux langues distinctes, qui avaient leur propre gouvernement et possédaient une forte cohésion sociale. Les villageois pratiquaient l'agriculture grâce à un système perfectionné d'irrigation. En dehors des périodes de très grande sécheresse, leur production de maïs, de fèves et de courges suffisaient à leurs besoins. La culture du coton était par endroits assez développée.

L'ensemble des villages, avec leurs murs d'adobe, se confondaient avec leur environnement et plusieurs d'entre eux étaient juchés sur des plateaux escarpés. On sait aujourd'hui que la culture pueblo connut son apogée avant l'arrivée des Espagnols, du xe jusqu'à la fin du xiiie siècle. C'est de cette époque que datent les réalisations architecturales spectaculaires du canyon de Chelly et de Mesa Verde, vastes demeures de pierre et de maçonnerie à plusieurs étages, véritables immeubles d'habitation adossés à la falaise. On attribue à la sécheresse qui marqua la dernière partie du xiiie siècle, ainsi qu'à l'arrivée des tribus nomades du Nord, l'abandon de ces cités par les Pueblos ; c'est alors qu'ils partirent en direction du Rio Grande. Seuls les Hopis semblent avoir pu demeurer dans certains de leurs villages, notamment à Oraibi, qui est le site d'un habitat permanent depuis l'an 1000.

C'est donc une population diminuée par sa lutte pour la survie, pour la plupart contrainte à construire de nouveaux villages dans des lieux d'implantation récente, que rencontrent les Espagnols. Ces communautés en déclin — sur le plan architectural, démographique, voire artisanal — sont déjà marquées par les catastrophes qui ont affecté les générations précédentes. Les Espagnols découvrent des groupes de 500 à 1 000 habitants dont les ressources, qui suffisent à la vie quotidienne, ne permettent pas d'envisager une conquête fabuleuse.

Les pueblos sont composés par un agencement rectangulaire de maisons à étages et à terrasses, ordonnées autour d'une place centrale. Les Espagnols sont surpris de voir les hommes se rassembler dans les chambres cérémonielles souterraines, les kivas, généralement situées sous cette place, à l'exception de quelques-unes que l'on trouve aux confins du village. Ils constatent qu'à San Ildefonso, exceptionnellement, la kiva dépasse le niveau du sol et forme un léger promontoire.

Ce monde souterrain, qui constitue l'espace sacré du village, en lequel les Pueblos voient le réceptacle de tous les esprits qui animent la création, s'oppose d'emblée à la notion chrétienne du ciel et de l'au-delà. Les convictions les plus profondes des Pueblos s'articulent autour de la kiva ; les mythes des origines des différentes communautés sont liés au passage entre le monde souterrain et la terre. C'est par le sibapu, trou entouré de pierres, creusé dans le sol de la kiva, que les Pueblos seraient venus à la vie. Le thème de l'émergence du monde souterrain et du retour à ce monde après la mort s'inscrit en outre dans un espace spécifiquement tribal, contrairement à la notion de l'« infini » chrétien. Certains lieux sont considérés comme sacrés ; ils recueillent l'âme des défunts et c'est par leur préservation, par le respect dont ils font l'objet que l'on garantit la continuité du groupe.

Pendant un an et demi, Coronado sillonna la région, poussant sa mission de reconnaissance jusqu'au centre du Kansas et au nord-ouest du Texas. Il ne trouva aucune communauté assez prospère pour satisfaire les Espagnols. Quelques Indiens mexicains qui l'accompagnaient s'installèrent parmi les Zunis et les Tiwas, sans doute parce que la langue nahuatl était connue dans les pueblos qui commerçaient avec le Sud. Des contacts commerciaux existaient aussi entre les pueblos de l'Est — Taos, Pecos, Picuris — et les Indiens des Plaines. Au cours des deux années de l'expédition Coronado, un certain nombre d'échanges s'établirent entre Pueblos et Espagnols. Les Indiens découvraient des armes nouvelles, des véhicules à roues et les chevaux. Ils acceptaient des cadeaux, notamment les articles en fer, les perles, les objets en verre, les grelots. En échange, les conquérants réquisitionnaient leur maïs, leur gibier et les franciscains faisaient quelques tentatives d'évangélisation, qui se bornaient souvent à les familiariser avec la croix.

L'expédition Coronado se solda par un échec relatif, tant vis-à-vis du pouvoir que de l'Église. Quand Coronado revint à Mexico, en 1542,

71

il était malade, ruiné, et il tomba bientôt en disgrâce[11]. Quant à la « moisson d'âmes » dont rêvaient les franciscains, elle s'était avérée plus difficile que prévue, face à une population hostile qui associait les religieux à l'armée d'occupation, et dont les convictions religieuses étaient à la fois mystérieuses et très profondément ancrées.

La trame sacrée de l'univers pueblo

En attribuant l'appellation « pueblos » à l'ensemble des villages sédentaires de la vallée du Rio Grande, les Espagnols mirent l'accent sur les similitudes du mode de vie, de l'architecture et de l'organisation sociale de ces communautés. Or, les distinctions linguistiques entre villages limitaient leur communication* et l'autonomie de chacun s'opposait à une réorganisation administrative globale autant qu'à la soumission à une hiérarchie religieuse étrangère au groupe. L'objectif primordial des conquérants, qui consistait à intégrer l'ensemble de la région au canevas administratif de l'empire espagnol, était aux antipodes de la conception du monde des Pueblos. La volonté de les placer dans une dépendance hiérarchique vis-à-vis d'un pouvoir religieux lointain et tout-puissant suscitait une résistance encore plus vive que les dogmes fondamentaux de la religion chrétienne.

La résistance des Pueblos à l'évangélisation semble avoir été tributaire des conditions dans lesquelles elle fut entreprise : plus que l'opposition des autochtones à la révélation d'un autre univers spirituel, c'est le carcan hiérarchique et administratif que les militaires et les religieux sont déterminés à imposer qui alimente le désir de rébellion. Quand la christianisation est finalement acceptée — ou imposée —, la vocation d'exclusivité de la religion catholique,

---

* Un dialecte shoshone dans le cas des Hopis ; la langue tiwa à Taos et Isleta ; la langue tewa à Jemez et Pecos (entre autres). Il existait plusieurs groupes de langue kérésienne entre le plateau d'Acoma et Santo Domingo et Cochiti. On trouvait trois variations du tanoen et les Zunis parlaient une langue différente de toutes les autres.

conduisant à la répression des rites traditionnels, renforce l'opposition, qu'elle soit ouverte ou dissimulée. Tout ce qui bouleverse l'équilibre de l'univers pueblo, dont les rites visent à préserver l'harmonie cosmique, à se concilier les rythmes fluctuants de la nature, est perçu comme une menace mettant en péril la continuité du groupe. Dès le départ, les évangélisateurs appliquent leur stratégie de conversion en négligeant les valeurs sur lesquelles reposent les sociétés pueblos. En méconnaissant leur désir d'autonomie et en perturbant les rites traditionnels, ils rompent l'équilibre social et spirituel auquel les villages sont attachés ; en faisant une déchirure dans la trame sacrée de l'univers pueblo, ils compromettent d'emblée leur conquête des âmes.

On a souvent mis en opposition les dogmes fondamentaux du christianisme et les principales caractéristiques des religions traditionnelles ; outre le clivage que l'on peut voir entre christianisme et cultes considérés comme « païens », il est des différences de conception entre la fonction même de la religion dans la société.

Au sein des communautés pueblos, la religion a pour fonction essentielle de maintenir des relations harmonieuses entre l'homme et le reste de l'univers : dans un environnement aride où les villages sont constamment menacés par la sécheresse et la famine, où la majesté et la grandeur de la nature semblent rappeler à l'homme qu'il est le jouet de forces qui le dépassent, les rites religieux ont pour objet de garantir l'harmonie cosmique grâce à des prières et des gestes rituels, d'obtenir de la pluie, de bonnes moissons, du gibier en abondance, la protection des forces spirituelles contre les vicissitudes de la nature. Cette foi, qui s'appuie sur un réseau d'appartenance spirituelle à l'environnement, implique le respect des autres composantes de la nature, qu'il s'agisse du monde végétal ou animal. Si la *kiva* est le lieu de culte par excellence, des montagnes ou des lacs où sont accomplies des cérémonies rituelles sont aussi considérés comme sacrés. Les pratiques religieuses, dans le cadre de cette vision panthéiste, ont pour objectif de ménager ou de préserver la qualité de l'existence terrestre plutôt que de garantir une vie heureuse dans l'au-delà. En exhortant les Pueblos à sauver leur âme et à conquérir la vie éternelle, les évangélisateurs évoquent des notions qui n'ont pas vraiment d'équivalent pour eux. Ils leur inculquent aussi la peur de la mort, considérée dans ces sociétés comme

73

une transformation naturelle à l'issue de laquelle l'homme réintègre le monde des esprits. La polarité paradis/enfer et la notion de damnation éternelle leur étaient alors inconnues, chaque âme regagnant la destination finale qui n'étaie d'ailleurs pas strictement définie, car il pouvait s'agir du monde souterrain, de lacs, de montagnes, de lieux particulièrement chers qu'elles viendraient teinter de leur empreinte. « Si on pensait que le défunt avait mené une vie juste, ses survivants se contentaient de le faire enterrer avec un peu de nourriture car il aurait besoin de peu de provisions dans un voyage rapide vers l'au-delà. L'âme d'un défunt qui n'avait pas été particulièrement vertueux était accompagnée de plus de nourriture en prévision du voyage difficile qui l'attendait. Les Tewas pensaient qu'il lui faudrait affronter des chemins rocailleux et qu'elle risquait de se perdre dans des chemins de traverse avant de parvenir à destination. Mais ils pensaient que tous les morts atteignaient finalement leur but. La cosmologie pueblo ne comportait aucun lieu de damnation éternelle [12]. »

La notion d'ordre cosmique constituait la toile de fond des croyances traditionnelles pueblos, qui connaissaient des variantes selon les groupes, mais reposaient sur les mêmes principes fondamentaux. Dans chacune d'entre elles les sociétés religieuses organisaient des danses rituelles qui marquaient symboliquement chaque événement cosmique du calendrier tout au long de l'année. Les membres des sociétés religieuses, tels les prêtres dans la religion chrétienne, étaient ordonnés après une initiation. Leurs devoirs s'étendaient à certaines activités pratiques, notamment l'attribution de tâches concrètes aux villageois en matière d'agriculture et de chasse. Ils étaient considérés comme les garants de la subsistance du groupe dans la mesure où ils étaient appelés à déchiffrer la signification spirituelle des événements et à adapter la réaction de la communauté en conséquence. Ainsi, quand la sécheresse menaçait, des actions rituelles étaient entreprises pour rétablir l'équilibre spirituel.

Il est significatif que la révolte pueblo de 1680 ait fait suite à une phase de sécheresse. Les conquérants, qui se présentaient comme les envoyés d'un Dieu nouveau, paraissaient perturber l'équilibre cosmique que les prêtres traditionnels avaient tant de mal à préserver. Les promesses d'un paradis éternel ne purent alors faire oublier les difficultés concrètes du présent et la puissance du Dieu nouveau se trouva contestée. Par ce rejet les Pueblos soumirent les prêtres catholiques au même mode d'appréciation qu'ils imposaient à leurs sociétés religieuses : « Si les sociétés religieuses (...) ne parvenaient pas à maintenir leur juste place dans le rythme des événements naturels, elles dérangeaient l'équilibre divin et exposaient leur village au danger [13]. »

Le jeu des divergences et des convergences

Le renversement du monde

L'arrivée des conquérants se traduit par un profond bouleversement des valeurs fondamentales des Pueblos, sur le plan temporel comme sur le plan spirituel. C'est une nouvelle vision du monde qui leur est proposée, et peu à peu imposée. A la diversification des sources de pouvoir, religieux et politique, va se substituer la centralisation, l'unification en un pôle central. Aux conseils autonomes qui constituent le pouvoir politique de chaque village, va se substituer le pouvoir central de la Couronne espagnole. A la multiplicité des pouvoirs spirituels qui constituent le panthéon pueblo, les Espagnols opposent l'idée d'un Dieu unique et tout-puissant, qui, seul, peut les sauver.

L'ici-bas et l'au-delà

L'idée d'un salut réservé à ceux qui adhèrent à la foi chrétienne scinde d'emblée les villages en deux groupes distincts de statut différent, introduisant une distinction fondamentale qui n'existait pas auparavant. Le fait de porter le regard vers un au-delà paradisiaque ou infernal bouleverse la conception du monde de populations dont les rites religieux visaient surtout à se concilier les forces de la nature « ici-bas », à maintenir l'harmonie de la collectivité au quotidien. En mettant l'accent sur la vie après la mort, sur l'aspiration à la vie éternelle, les chrétiens renversent l'ordre des valeurs de communautés au sein desquelles les religieux étaient jugés dans une large mesure sur les résultats concrets de leur action immédiate : maintien de l'ordre social et cosmique, tombée des pluies, prospérité. En offrant de sauver des âmes, les prêtres se placent au-dessus de ces préoccupations tangibles et s'inscrivent dans une sphère d'activité qui échappe à l'évaluation immédiate et collective, et qui s'attache à favoriser le salut individuel grâce à la conversion.

Monter au ciel ou revenir à la terre

Symboliquement, la conversion au catholicisme implique un renversement du monde. Aux mythes pueblos d'émergence des profondeurs de la terre, se substitue l'image d'un créateur tout-puissant qui est au ciel. Aux forces spirituelles cosmiques, s'oppose l'image d'un Dieu dont la Trinité, en dépit de son abstraction, du fait de la représentation du Christ sur la croix, se prête à des interprétations anthropomorphiques. Aux divinités tant féminines que masculines de la spiritualité pueblo — notamment à Iatiku —, la grand-mère, associée à l'image du maïs, aux notions de subsistance, d'accueil et de réconfort, mais aussi à la compréhension et au savoir, tend à se substituer l'image du Dieu père. À la terre sacrée, dont l'Indien est issu, et à laquelle il revient après la mort, s'ajoute le ciel chrétien dont émanent la force et l'esprit divin et qui appelle à lui les fidèles sauvés par la foi catholique.

De la compatibilité des croyances

Des éléments compatibles entre foi traditionnelle et religion chrétienne pouvaient toutefois permettre de réconcilier les croyances ou d'opérer des rapprochements entre les cultes. En effet, l'importance attribuée à la religion dans les deux groupes est du même ordre, et les pratiques religieuses sont à certains égards comparables.
Le rôle des chefs religieux est aussi grand chez les Pueblos que chez les Espagnols et le lieu de culte privilégié, la kiva, occupe une place que l'on peut rapprocher de celle de l'église dans les villages européens. L'utilisation d'autels, les ornements rituels et les chants

religieux constituent des éléments essentiels de l'accomplissement des rites traditionnels comme de la religion chrétienne. La vie des Pueblos comme celle des catholiques est ponctuée par un calendrier religieux.

Les objets de culte et les principaux symboles ne sont pas non plus sans correspondances. Le rôle des crucifix et des chapelets peut être rapproché de l'utilisation des bâtons de prière. L'usage cérémoniel du tabac peut être mis en parallèle avec celui de l'encens. D'un côté, les prêtres utilisent l'eau bénite, de l'autre, les membres des sociétés religieuses connaissent la consécration des décoctions de yucca et celle de l'eau invoquée pour faire venir la pluie. Les sacrements chrétiens n'avaient pas d'équivalent exact dans les religions traditionnelles, mais le baptême, qui suffisait à la « conversion », était compréhensible chez les Pueblos où les bains rituels précédaient l'initiation au sein des sociétés religieuses. De même qu'un chrétien pouvait aspirer à la sainteté, de même des héros indiens se muaient en esprits puissants dont la présence continuait à se faire sentir dans la communauté. A l'inverse, la notion de démons n'était pas plus étrangère à la foi chrétienne de cette époque que celle des mauvais esprits dans la religion traditionnelle.

L'univers pueblo, comme le monde espagnol, reposait sur la conviction que l'existence terrestre est soumise à la toute-puissance divine. L'éthique sociale et individuelle, la notion du bien et du mal étaient liées au respect du pouvoir divin. Un groupe adorait un Dieu en trois personnes tandis que l'autre révérait des kachinas * innombrables, mais, des deux côtés, la bénédiction était associée au maintien d'une bonne relation avec un pouvoir spirituel. Les missionnaires assuraient les autochtones « que la vénération de la croix les protégerait de leurs ennemis héréditaires, de la sécheresse et du mal de dent ». Les hommes-médecine rappelaient que les rituels dans la kiva et des danses sur la plaza assuraient des récoltes abondantes. « Dans les deux religions on établissait un lien direct entre volonté divine et destin personnel en même temps qu'avec le destin collectif. Inversement, chaque groupe voyait dans la maladie, la sécheresse, la famine et autres catastrophes un châtiment infligé par les démons ou par les divinités en colère qui ne voulaient pas tolérer les fautes humaines.

---

* Voir note p. 145 et développement p. 258.

77

Entre ces pôles négatifs et positifs, il aurait été difficile de dire si l'amour du devoir ou la peur du châtiment l'emportait dans les actions quotidiennes de ces deux peuples [14]. »

Les obstacles historiques au syncrétisme religieux

L'exploration sans implantation

Après la déception que suscita l'expédition Coronado, les contacts entre les Espagnols et les Indiens du nord du Rio Grande demeurèrent épisodiques. La motivation des conquérants s'était pratiquement évanouie avec le mythe des sept cités de Cibola. La christianisation au nord du Rio Grande, dénuée de l'élan ou du soutien de personnalités marquantes, paraît lente, difficile et suscite peu de vocations. Elle est à peine amorcée dans la deuxième moitié du xvie siècle, période qui aurait pu s'avérer relativement favorable, au sein de populations dont le sens du divin n'était pas régi par un sentiment religieux exclusif, et avant que des circonstances historiques plus dramatiques, telles que l'arrivée de Juan de Oñate, en 1598, ne renforce la répression et la violence.

Pendant les cinquante-cinq ans qui séparent le repli de l'expédition Coronado de l'arrivée d'Oñate, les contacts occasionnels entre Pueblos et Espagnols, et l'installation de ces derniers dans des villages, conduisirent à l'adoption par les Indiens de certains éléments de la culture matérielle des conquérants. Ils se servirent assez rapidement des articles en fer et des outils qu'ils se procuraient auprès des nouveaux venus, ainsi que des chevaux, qu'il leur arrivait de s'approprier, ou qu'ils échangeaient contre leur production locale. Sur le plan religieux, il semble que le symbole de la croix et la notion d'un Dieu unique aient constitué l'essentiel de leur initiation au christianisme. Dans ce premier demi-siècle de contacts, la vie quotidienne et religieuse des Indiens fut relativement peu modifiée par la présence des Espagnols, qui étaient en petit nombre, à la recherche de richesses introuvables, et peu décidés à s'implanter dans ces régions reculées. « En dehors de quelques cadeaux, de la connaissance de la croix et de l'influence d'idées venues des Indiens mexicains qui s'installèrent parmi eux (...), la culture pueblo ne connut pas de changement majeur du fait de ces contacts avec l'intérieur. On note certaines réductions de territoires, qui n'ont rien à voir avec les Espagnols (...). On ne signale pas de maladies introduites par les Européens dans le Sud-Ouest pendant cette première période de contact[15]. » Dès l'expédition Coronado, on rapporte toutefois que de nombreux Indiens Tiwas abandonnent leur foyer, en particulier dans la région de Bernalillo-Albuquerque, pour se soustraire à la présence des conquérants[16].

Juan de Oñate et la confrontation

C'est en 1598 que Juan de Oñate, le nouveau gouverneur, entreprend de consolider une conquête jugée trop fragile. Il franchit le Rio Grande à la tête d'une expédition de quatre cents personnes dont une vingtaine de franciscains, suivi par du matériel et du bétail en abondance, des chevaux, des chariots chargés de meubles, d'outils, de graines, de produits en fer et en cuir, bien décidé à explorer, mais aussi à construire, en particulier des églises, et à assurer une implantation véritable. Informé de l'hostilité suscitée dans les villages tiwas du sud par les *entradas* précédentes, invoquant la mort de plusieurs frères « martyrs », il s'oriente vers les villages tewas pour établir son quartier général. Dans un premier temps, il s'installe à San Juan, puis dans les villages avoisinants dont les récoltes peuvent nourrir l'armée.

Oñate veut obtenir des résultats rapides. A l'implantation progressive, il préfère la confrontation immédiate. Convoquant les chefs de village de toute la région en un conseil solennel, il expose les deux volets — temporel et spirituel — de sa mission, à savoir obtenir l'allégeance à Philippe II, en échange de sa protection ainsi que la conversion de l'ensemble des Pueblos à la foi catholique[17]. Oñate se présente donc comme un sauveur, et c'est sur la peur qu'il s'appuie pour obtenir l'adhésion des Indiens aux idées nouvelles : peur de la puissance espagnole et peur de la damnation éternelle à laquelle la conversion permet d'échapper. La réaction de la plupart des Pueblos est pragmatique et consiste en une acceptation de façade, qui est le

prélude à la dissimulation qui va marquer la vie religieuse traditionnelle à partir de cette démonstration de force. Dès lors, l'influence
de la religion chrétienne va se développer, tandis que la religion traditionnelle, soustraite aux regards extérieurs, se perpétue dans la
clandestinité.

Un *modus vivendi* s'établit dans le cadre de l'occupation espagnole. Les Pueblos se plient à la réorganisation de leur vie quotidienne, à la redéfinition de l'attribution des terres, aux tributs payés
en travail et en produits agricoles. L'implantation des conquérants
est encore faible et leur influence sur le mode de vie local demeure
encore plus formelle que réelle. Mais Oñate, en dépit de son épreuve
de force, ne parvient pas à établir sa colonie sur des bases solides.
Toujours préoccupé par le souci de découvrir des métaux précieux,
il sillonne les alentours et, à défaut d'autres richesses, fait capturer
des Apaches et des Navajos pour les vendre à Mexico comme esclaves, négligeant de superviser la mise en place des ranches et des
fermes. Bientôt, les colons, déçus par leur vie nouvelle, envisagent
d'abandonner ces terres arides qui ne leur semblent pas dignes de
l'empire espagnol. En 1608, les plus influents d'entre eux sollicitent
du Conseil des Indes l'autorisation de se replier vers Mexico, en invoquant notamment le coût exorbitant du transport des produits qu'il
leur faut faire venir du sud du Rio Grande. A cette époque les missionnaires, qui n'ont acquis qu'une faible connaissance des langues
indigènes, complexes et multiples, se heurtent à des problèmes
d'évangélisation qui leur paraissent insurmontables. En ce début de
XVIIe siècle, les nouveaux venus, découragés, sont prêts à renoncer à
leur installation dans les terres nouvelles.

C'est alors que l'on signale la volte-face franciscaine qui a marqué
ce début de siècle et qui n'a jamais totalement été élucidée. Les missionnaires reviennent sur leurs déclarations pessimistes. S'appuyant
sur des chiffres de conversion qu'ils déclarent importants, ils affirment ne pas pouvoir renoncer à leur mission spirituelle. Au nom du
salut des générations à venir, de leur espoir de pouvoir apporter la
parole de Dieu dans une région très vaste, ils demandent le soutien
du roi d'Espagne pour renforcer leur tâche d'évangélisation [18].

Par une décision historique, le roi d'Espagne, en 1609, révoque le
gouverneur Oñate et accorde son appui à l'action franciscaine par
un financement d'un million de pesos, prévoyant l'envoi de soixante-

six missionnaires au nord du Rio Grande. La colonie espagnole est donc maintenue dans une large mesure grâce à l'action des franciscains, indifférents aux grandes déceptions matérielles des gouverneurs successifs. C'est aussi l'amorce du conflit de pouvoir qui va opposer les religieux et les gouverneurs à compter de cette date. Les gouverneurs ne sont nommés que pour trois ans et, face à eux, les missionnaires représentent une force d'implantation plus stable, soutenue par la Couronne. Indirectement, la rivalité constante entre pouvoir temporel et pouvoir spirituel va compromettre le respect des Indiens à l'égard du système mis en place par les Espagnols.

L'action franciscaine au xviie siècle

Le pouvoir de construire et la force de convaincre

Forts de l'appui des autorités de Madrid, les franciscains établissent en 1610 leur base permanente à Santo Domingo, non loin du Rio Grande, et ils divisent la région en sept districts administratifs. Ils sont peu nombreux — jamais leur nombre n'atteindra au xviie siècle le chiffre de soixante-six fixé par le roi d'Espagne —, mais le nouveau gouverneur est arrivé avec une dizaine de leurs compagnons. En 1616, on signale l'existence de onze missions florissantes, administrées par une vingtaine de franciscains. L'influence de la culture et de l'architecture espagnoles commence à marquer de son empreinte le Nouveau-Mexique. En 1610, les colons établissent la première capitale à Santa Fe, dans une région jusque-là inoccupée. Des églises sont construites dans les lieux d'implantation des missions et un monastère est établi à Santa Fe, centre de l'action religieuse. En 1629, la Couronne envoie trente nouveaux missionnaires et le nombre des franciscains se stabilise autour d'une quarantaine.

Les frères apportent avec eux des techniques nouvelles et un courant d'innovation. Autour des missions se développe la culture du blé, de nouvelles plantes, des arbres fruitiers et l'élevage d'animaux domestiques. L'établissement et la gestion quotidienne de missions avec des prêtres résidents impliquait l'assistance des Indiens pour la construction des églises et des couvents, pour l'entretien des jardins et la surveillance du bétail. L'implantation des missions est assez rapide pendant la première partie du xviie siècle. Parallèlement, les colons s'installent dans la région, aux alentours des villes actuelles d'Albuquerque et d'Espanola. Pour les Pueblos, la présence espagnole se manifeste surtout par l'action des missionnaires, qui obtiennent une adhésion de surface assez rapide à la religion chrétienne, les Indiens acceptant volontiers le baptême et la messe.

L'acceptation relativement facile et rapide de certains éléments du christianisme a été attribuée aux points de convergence des pratiques religieuses dans les deux cultures, qui attribuaient une importance comparable aux chants et aux calendriers religieux, aux instruments du culte, à l'ordonnancement des cérémonies et à l'initiation au sacré [19]. Mais l'adhésion à la foi catholique conduisait les convertis à exercer un rôle actif dans la vie des missions, et par là même à s'écarter de la vie sociale et communautaire traditionnelle. Les frères dispensent une instruction religieuse de base, enseignent la menuiserie, le travail du cuir, la musique et le chant. On voit des factions se créer dans certains pueblos et on signale qu'à Pecos, en particulier, un nouveau village dénué de *kivas* est construit autour de la mission, au sud du village existant.

Des forces de syncrétisme spontané apparaissent. Les Indiens, dès cette époque, comparent leur divinité féminine Iatiku à la Vierge Marie, tandis que Jésus et Santiago — saint Jacques, saint patron de l'Espagne — sont mis en parallèle avec Masewi et Oyoyewi, les dieux jumeaux de la guerre [20]. En revanche, le récit de la crucifixion, survenue dans une terre lointaine, est difficilement compréhensible : « Ils ne comprenaient pas le sens du récit de la crucifixion, et les appels au repentir et à la réconciliation avec Dieu qui étaient associés au sacrifice du Christ. Ils voyaient mal comment la mort d'un individu, il y a très longtemps, pouvait affecter leurs obligations religieuses, conçues pour assurer subsistance, santé, harmonie au sein du village, et défense militaire. Le message espagnol fondé sur l'idée du péché, la rédemption divine et le recours aux sacrements pour parvenir au salut était sans écho dans le Sud-Ouest [21]. »

L'éthique pueblo, plus stricte à l'égard de toute déviance individuelle menaçant l'équilibre collectif, moins tolérante pour l'ambition personnelle se démarquant des normes préétablies, était au contraire plus ouverte à certains comportements sociaux sévèrement condamnés par la religion catholique tels que le divorce. Si l'ensemble des Pueblos était monogame, le divorce était courant et tout à fait toléré. Les franciscains eurent beaucoup de mal à faire passer leur message rigoureux à cet égard, ainsi qu'à faire comprendre aux nouveaux chrétiens pourquoi la présence quotidienne à la messe était exigée. La conversion au christianisme demeure souvent une adhésion partielle ou de façade en raison même de la sévérité des principes énoncés par les frères, mais aussi du fait du manque de communication approfondie entre les religieux et leur congrégation. L'apprentissage — difficile — des langues indigènes était très rare parmi les prêtres, d'autant plus qu'il leur arrivait rarement de s'installer dans un pueblo pour très longtemps. Les mutations étaient fréquentes et les langues différaient dans les pueblos de la même région. Par ailleurs, l'enseignement de l'espagnol et du catéchisme n'était pas systématique. Le fonctionnement des missions était ordonné autour de la succession des messes quotidiennes, des vêpres, des baptêmes, des mariages et des enterrements, schéma qui s'est perpétué au cours des siècles et qui subsiste jusqu'à aujourd'hui. Les textes religieux n'étaient pas traduits dans les langues indigènes et les fidèles apprenaient les prières par cœur en espagnol. Après une dizaine d'années de service rotatif dans les missions, les religieux regagnaient Mexico, abandonnant volontiers ces terres isolées et inhospitalières.

De l'exclusivité à l'exclusion

La tâche des missionnaires franciscains est d'autant plus ardue que leur petit groupe dispersé dans les pueblos est censé assurer une conversion exclusive au catholicisme. Eux-mêmes profondément convaincus d'être les messagers de la seule vraie foi, ils considèrent les croyances traditionnelles, qu'ils comprennent mal et dont ils ne peuvent qu'observer les manifestations extérieures, comme des superstitions. Au lieu de mettre l'accent sur les éléments compatibles des deux univers spirituels, ils rejettent la religion traditionnelle. Cette stratégie d'exclusivité est d'autant plus difficile à mener que les Indiens, dont certains ont appris l'espagnol, sont beaucoup mieux avertis de leurs intentions qu'ils ne le sont eux-mêmes des activités de la collectivité pueblo et de ses rites. N'ayant aucune prise sur l'univers religieux des populations qu'ils veulent — et doivent — convertir, ils en sont réduits à recourir à une motivation qui oscille entre la récompense et la menace.

Le parti pris d'exclusivité des missionnaires les met à l'écart de la vie sociale de la collectivité et les conduit à attirer à eux, dans le sillage des activités de la paroisse, les nouveaux convertis qui bénéficient de leur part d'un regard différent de celui qui est réservé aux païens, et auxquels ils attribuent des noms européens, premier signe de leur adaptation par la congrégation. Les nouveaux chrétiens ne peuvent toutefois leur apporter une adhésion sans réserve et couper les ponts avec le reste de la collectivité. Ils demeurent partie intégrante de la vie sociale du pueblo et sont parfois victimes du ressentiment qui se manifeste à l'égard de ceux qui se sont écartés de la voie traditionnelle. Le plus souvent les Indiens christianisés continuent de participer aux cérémonies traditionnelles, en dépit des mises en garde ou de la désapprobation des frères, par attachement aux valeurs spirituelles qui s'y expriment, mais aussi pour y trouver confirmation de leur intégration sociale.

Pour aller à l'encontre de cette bipolarisation du sentiment religieux, les missionnaires basculent vers des tactiques répressives visant à exclure les pratiques de l'espace pueblo : ils condamnent les kivas dont ils confisquent les accessoires rituels, brûlent les masques sacrés et les bâtons de prière. Les danses sont interdites, qu'il s'agisse des pratiques secrètes ou de fêtes publiques, organisées sur la place centrale du village. Le désir d'imposer une loyauté exclusive, inspiré par une profonde certitude messianique imperméable à la tolérance, conduit les frères à s'attaquer aux éléments les plus sacrés de l'univers pueblo : le microcosme de la kiva, d'une part, et la plaza, d'autre part, considérée symboliquement, on l'a vu, comme le centre du monde, le nombril de la terre [22]. Pratiquement, le souci d'exclusivité mué en stratégie d'exclusion les met en conflit avec ceux qui détiennent le pouvoir dans les sociétés religieuses traditionnelles et qui ne veulent pas se laisser déposséder de leur influence autant sociale et économique que spirituelle.

L'opposition des Pueblos à la stratégie d'exclusion des missionnaires ne s'exprima pas immédiatement au grand jour. Les Indiens furent défendus par les autorités laïques espagnoles, alors désireuses de contrer l'autoritarisme des religieux. Certains gouverneurs laissaient s'exprimer les rites précolombiens et refusaient de coopérer avec les franciscains. Pourtant la montée de la violence est signalée dès la fin des années 1640. En 1639, les Indiens de Taos assassinent leur prêtre résident et détruisent l'église du pueblo avant de s'enfuir pour échapper aux représailles. Au début des années 1640, plusieurs villages, y compris le pueblo de Jemez, manifestent contre l'emprisonnement et la flagellation de ceux qui avaient secrètement continué à pratiquer les rites traditionnels. En 1650, l'insurrection se prépare dans les villages tewas et kérésiens. Devant l'extension des troubles, les autorités laïques et religieuses s'unissent et les troupes espagnoles sont envoyées sur place pour endiguer la rébellion. Neuf conspirateurs sont pendus. Après l'intervention de l'armée, la population indienne paraît pacifiée, tandis que la tension renaît entre les autorités laïques espagnoles et les missionnaires.

Des éléments étrangers aux pratiques religieuses viennent précipiter les événements. Entre 1667 et 1672, une grave sécheresse s'abat sur le Nouveau-Mexique et ravage les champs cultivés. La toute-puissance de la Trinité chrétienne, dont les Espagnols ont promis la protection, est désormais remise en cause par les Pueblos. Des épidémies font suite à la sécheresse, contaminant une population affaiblie. Encore plus affamés que les Indiens des pueblos, les Apaches et les Navajos lancent des raids successifs sur les villages sédentaires. Cédant devant la pression apache, les Zunis abandonnent leur village en 1672*. Désespérés, les Pueblos voient dans ces calamités successives un déséquilibre cosmique imputable à l'acceptation d'un Dieu étranger. Ceux qui avaient accepté le christianisme tant qu'il s'harmonisait avec leurs croyances ancestrales retrouvent leurs pratiques traditionnelles avec une ferveur nouvelle.

C'est aussi le moment d'un rapprochement entre l'Église et les autorités espagnoles. Le gouverneur se met à la disposition de l'action missionnaire. Constatant le mouvement de reflux vers la foi traditionnelle, il décide d'intervenir en territoire pueblo. En 1675, il fait arrêter quarante-sept Indiens soupçonnés d'avoir ensorcelé un prêtre. L'un d'entre eux se suicide en prison et trois autres y sont pen-

---

* En revanche, les Apaches ont d'excellents rapports avec les villages de Jemez et d'Acoma pendant tout le XVIIᵉ siècle.

dus. La population manifeste pour la libération des prisonniers. Parmi eux se trouve un leader religieux nommé Popé, natif de San Juan, qui devient l'instigateur d'une conspiration anti-espagnole. Établissant son quartier général à Taos, il se concilie l'appui de plusieurs chefs de village. La contre-offensive des Indiens a pour objectif de chasser les Espagnols du Nouveau-Mexique.

La révolte de 1680

En août 1680, les guerriers pueblos attaquent l'armée espagnole[23]. Dans un déchaînement soudain qui prend de cours une armée accoutumée à la tranquillité de la population locale, ils parviennent à repousser les troupes des alentours du Rio Grande et, alors que les soldats sont repliés à Santa Fe, ils fondent brutalement sur la garnison qu'ils mettent en déroute. L'armée quitte la région, suivie de la population locale qui se dirige vers El Paso. Sur les deux mille cinq cents habitants espagnols de la province, on a dénombré trois cent quatre-vingts victimes. Les Pueblos ne poursuivent pas la population en fuite. En revanche, la plupart des prêtres sont assassinés au cours de cette révolte qui apparaît comme un mouvement dirigé avant tout contre le clergé. Sur les trente-trois missionnaires résidents dans la région au moment de la révolte de 1680, vingt et un perdent la vie. Les églises sont brûlées ainsi que tous les instruments du culte, les statues et les autels. Les Pueblos détruisent systématiquement les registres cléricaux où sont consignés baptêmes, mariages et enterrements. En quelques semaines, les rebelles effacent les signes de l'empreinte espagnole pour faire oublier l'influence d'un siècle de christianisation.

Les écueils de la conquête des âmes

Avec la révolte de 1680, les Pueblos semblent avoir repoussé l'incursion territoriale et spirituelle des conquérants ; mais le désir d'autonomie de chaque communauté vient saper les velléités d'union stimulées par Popé. Il apparaît bientôt que la grande alliance ébauchée en période de crise ne survivra pas à la victoire éphémère.

Pendant une douzaine d'années, le sourire des kachinas semble lancer un défi aux quelques croix abandonnées qui parsèment encore le désert et les mesas du Nouveau-Mexique. C'est la victoire d'un héritage ancestral sur une vision nouvelle du monde ; c'est l'échec apparent d'une religion intransigeante face à une autre qui ne l'est pas moins ; c'est le résultat éphémère de l'espoir qui anima longtemps les communautés indiennes, convaincues que les conquérants sont peu nombreux, qu'ils constituent une force à la mesure des villages autochtones prêts à les combattre et qu'un jour le continent, libéré de la présence des Blancs, leur reviendra dans son intégralité et dans son intégrité.

La reconquête officielle du Nouveau-Mexique ne commence qu'en 1692. Sur l'ordre du roi d'Espagne Charles II, le conquistador Diego de Vargas, à la tête d'une armée de plus de deux cents soldats, prend la route d'El Paso et pénètre dans la ville de Santa Fe sans avoir à tirer un coup de fusil. Aux Indiens qui s'y sont attroupés, il demande un serment d'allégeance, avec peu de concessions en contrepartie. Un chef de guerre pueblo l'aurait prévenu qu'il ne rencontrerait qu'une faible résistance dans les différents villages, désormais prêts à renouer avec le christianisme.

Cette démonstration de force constitue l'essentiel de ce que l'on appela la « reconquête pacifique du Nouveau-Mexique ». En 1696, Vargas, sur le chemin du retour, traversant à nouveau la ville d'El Paso del Norte, déclare qu'il laisse la population locale « vaincue et conquise au nom de notre Sainte Foi et de la Couronne espagnole[24] ». Pourtant, au cours des mois qui suivirent, des révoltes sporadiques éclatèrent dans les pueblos où les chefs de guerre contestaient le serment d'allégeance. Ce n'est qu'en 1700 que la domination espagnole sembla finalement pleinement rétablie. De nombreuses missions furent construites, de nouveaux prêtres découvrirent la majesté des paysages pueblos dans la solitude de leur foi, et les colons affluèrent vers le plateau de Santa Fe.

Les Hopis demeurèrent à l'écart des nouveaux efforts d'évangélisation déployés par Vargas. Leur isolement les avait déjà maintenus en dehors de la principale vague de conversion amorcée par Coronado. L'expédition coup de poing d'Oñate était parvenue jusqu'à leurs villages et le gouverneur lui-même s'y était installé pour un bref séjour, ce qui contribua à renforcer leur antagonisme. Quelques années plus tard, un prêtre franciscain ouvrait la voie à quelques missionnaires déterminés à sauver des âmes dans le Désert peint. Les religieux y fondèrent quelques missions, mais, en 1680, les quatre franciscains qui vivaient et travaillaient dans ces lointains villages furent assassinés dès l'éclatement des troubles. A l'époque de Diego de Vargas, les Espagnols se contentèrent de visites occasionnelles en terre hopi. Si l'idée de la conversion de ces Indiens réfractaires au christianisme (ils ne cessèrent jamais de se livrer à la danse du serpent à quelques pas de leur église) continuait d'être débattue, les contacts furent peu fréquents, et les Hopis restèrent isolés de la civilisation espagnole jusqu'à l'acquisition du Nouveau-Mexique par les États-Unis.

A l'aube du xviiie siècle, plus de cent cinquante ans après l'expédition Coronado, le Nouveau-Mexique apparaît à la marge tant politique que géographique de l'empire espagnol. Le canevas administratif et le réseau d'implantation des missions laissent la place à ce que les Espagnols voulaient éviter et à ce que les Indiens tenaient à préserver, c'est-à-dire à une certaine autonomie locale. Mais, surtout, il apparaît que la conversion à la foi chrétienne par les évangélisateurs franciscains a été dénuée, au Nouveau-Mexique, de la stratégie cohérente et de la force de conviction qui ont conduit à la fusion des croyances traditionnelles et chrétiennes au cœur de la Nouvelle-Espagne. Un siècle et demi d'emprise sporadique et de rapprochements éphémères ont modelé le schéma de ce que l'on appellera la « compartimentation » des rites et des croyances, la religion traditionnelle et la religion chrétienne se trouvant dès le départ juxtaposées, cloisonnées, toutes deux enfermées dans leur isolement réciproque. Dès la fin du xviie siècle se confirme le glissement vers la clandestinité des pratiques ancestrales, soigneusement dissimulées à l'observation des prêtres, tandis que les structures de pouvoir et d'organisation antérieures à la Conquête se perpétuent parallèlement à l'administration coloniale.

Si la compartimentation naissante conduit déjà, dans les villages pueblos, à faire coexister les rites traditionnels et le respect de principes fondamentaux du christianisme tels que le baptême, l'assistance à la messe et l'enterrement, on constate que l'acculturation des populations de la rivière Gila, « découvertes » par Marcos de Niza et l'infortuné Esteban, a été plus poussée. Dès 1687, un jésuite, Eusebio Francisco Kino, pénètre dans cette région et y travaille jusqu'à sa mort en 1711. Son empreinte fut décisive quant à l'adhésion à la foi catholique. Avec lui, c'est l'arrivée des jésuites, encore très minoritaires par rapport aux franciscains, au sein de populations qui adoptent rapidement de nombreux aspects de la culture espagnole. A la fin du XVIIᵉ siècle et au début du XVIIIᵉ, les Pimas, et surtout les Papagos, apprendront l'espagnol et s'initieront au catholicisme, adoptant un mode de vie à bien des égards comparable à celui des populations mexicaines.

Les premiers contacts ont été déterminants dans l'éventail des réactions au christianisme, et le Nouveau-Mexique ne trouvera jamais son Sahagún *. Le rejet des croyances traditionnelles dénoncées comme superstitions, le souci de sauver les âmes en mettant fin aux rites ancestraux ont été déterminants dans le regard porté par les missionnaires du Nouveau-Mexique sur les populations à convertir. La méconnaissance des langues locales et la peur de la contamination par les rites « païens » des Pueblos conduisirent à ignorer les points de convergence entre catholicisme et croyances traditionnelles, à une époque où quelques échos de l'Inquisition espagnole parviennent jusque dans les territoires les plus lointains. La vague d'intolérance aurait même atteint certains administrateurs espagnols, notamment le gouverneur don Fernando Lopez de Mendizábal (1656-1661) qui mourut en prison et ne fut que beaucoup plus tard absous des « crimes » qui lui étaient reprochés, notamment de pratiquer le judaïsme et de se livrer, ainsi que sa

---

* Bernardino de Sahagún, chroniqueur célèbre de la conquête espagnole, est l'auteur de l'*Histoire générale des choses de la Nouvelle Espagne*, qui décrit et analyse finement les rites et coutumes des Indiens.

femme, à des ablutions le vendredi soir, veille du sabbat. A une époque où le dogme était soumis à l'examen d'exaltés de la foi, les pratiques indiennes ne pouvaient qu'inspirer réprobation et condamnation.

DOCUMENT

Extrait de *La Relación* de Marcos de Niza

Marcos de Niza et Esteban comptent parmi les explorateurs malchan-
ceux chargés d'une mission impossible et que leurs rêves conduisirent à
leur perte. Leur expédition leur fut en effet fatale. Esteban, « el negro »,
auquel revient le mérite de la découverte, y perdit la vie. Marcos, qui ne
vit probablement jamais la « ville plus considérable que Mexico » qu'il
décrit ici, fut surnommé le moine le plus menteur de l'histoire, et perdit sa
réputation qui était jusque-là fort honorable.

*J'arrivai en vue de cette ville. Elle est bâtie dans une plaine sur le
penchant d'une colline de forme ronde, elle semble fort jolie ; c'est la plus
importante que j'aie vue dans ces contrées. Étant monté sur une hauteur
d'où je pus l'observer, je vis que les maisons étaient construites comme
les Indiens me l'avaient dit ; toutes en pierre, à plusieurs étages, et couvertes de terrasses. Cette ville est plus considérable que Mexico ; plusieurs
fois je fus tenté d'y entrer, car je savais que je ne risquais que ma vie, et
je l'avais offerte à Dieu le jour où je commençai mon voyage. Enfin,
considérant le danger, je craignais que, si l'on me tuait, la connaissance
du pays ne me fût perdue. Suivant moi c'est le meilleur et le plus grand
de tous ceux que l'on ait découverts jusqu'alors. Ayant dit aux chefs qui
m'accompagnaient que je trouvais cette ville fort belle, ils m'assurèrent
que c'était la plus petite des sept villes ; que Totonteac est la plus grande
et la plus belle, qu'il y a tant de maisons et que la population est si
nombreuse qu'il n'y a point de limites. Ayant observé l'aspect de cette
ville, je jugeai à propos de donner à la contrée le nom de Saint-François.
Aidé par les Indiens, j'élevai dans cet endroit un tas de pierres et je mis
au sommet une petite croix, n'ayant pas les outils nécessaires pour en
faire une plus grande ; je dis que j'élevais ce tas de pierres et que j'érigeais
cette croix au nom de don Antonio de Mendoza, vice-roi et gouverneur de
Nouvelle-Espagne, pour l'empereur notre souverain, en signe de possession
et conformément à ses instructions. Je dis aussi que je prenais possession
de toutes les sept villes, des royaumes de Totonteac, d'Acas et de Marata,*

91

et que je n'y allais pas, voulant rendre compte de ce que j'avais fait et vu.

Je revins ensuite sur mes pas avec beaucoup plus de frayeur que de vivres*.

---

* Marcos de Niza, *La Relación, op. cit.*. L'anthropologue Frank Cushing a établi que Totonteac, nom de tribu mentionné par l'informateur indien de **Marcos** et déformé par l'ouïe et l'orthographe européennes, était un mot de la langue **zuni** et aurait pu désigner le pays des Moquis (Hopis), dans l'Arizona.

2

Adaptation et résistance

L'adaptation au pluralisme au XVIIIe siècle

L'implantation définitive des Espagnols au cours des dernières années du XVIIe siècle et la menace que font peser les Indiens nomades — Apaches, Navajos et Comanches — sur leurs villages conduisent les Pueblos à s'adapter aux nouveaux rapports de force dans la région. Parallèlement, alors qu'au siècle précédent les Espagnols voulaient conquérir, civiliser et christianiser, ils s'emploient désormais à s'installer et à coloniser. Ils sont gênés dans cette entreprise, non plus tellement par les Pueblos, « pacifiés » et divisés, mais par les Indiens nomades dont les raids répétés menacent leur implantation. Devant cette situation nouvelle, ils cherchent des compromis avec les rebelles d'hier. Le système d'*encomienda*, qui avait été l'une des causes de la révolte de 1680, n'est pas rétabli après la reconquête, ce qui modifie considérablement les conditions de la cohabitation. Les colons espagnols ne récupérèrent jamais le droit d'exiger des tributs de la population pueblo.

Les missionnaires, de leur côté, s'efforcent de faire revenir les Pueblos qui ont abandonné leur communauté d'origine. Les franciscains, comme les autorités civiles, améliorent leur traitement des populations locales et la contrainte laisse la place à des ambitions humanitaires et éducatives. En dépit de quelques conflits ponctuels, notamment à propos des masques kachinas que les prêtres tentent en vain d'interdire, c'est surtout la discipline de fer des missions qui

93

est difficilement supportée par les Indiens : l'assistance obligatoire à la messe au lever du jour, la participation à l'entretien et à la restauration des églises, les défilés en rangs serrés[1]. Mais l'enseignement technique vient souvent compléter l'enseignement religieux et les missions sont parfois équipées d'ateliers où les Pueblos sont initiés aux métiers de forgeron ou de menuisier. On ne signale aucune atteinte grave à la liberté des pratiques religieuses traditionnelles, aucune destruction d'objets sacrés ni de menaces contre les cérémonies qui se déroulent dans les *kivas*, mais l'essentiel de ces rites se déroule toujours dans la clandestinité.

La marque de la présence espagnole à cette époque est incontestablement linguistique. Les archives indiquent que les communications se font sans difficulté[*]. L'espagnol constitue une lingua franca, favorisant tant les contacts des Pueblos avec l'extérieur que des Indiens entre eux[2]. Les Pueblos ont conservé leurs langues mais, en s'exprimant en espagnol, ils se protègent de la curiosité de ceux qui voudraient saisir la complexité de leur organisation sociale et religieuse. Ils comprennent les nouveaux venus qui, pour la plupart, y compris les prêtres, ne les comprennent pas.

Sur le plan de l'organisation sociale et politique, les Pueblos doivent à nouveau accepter la hiérarchie et la centralisation espagnoles. Pour faciliter le programme des missions et de l'administration civile, on demande aux communautés indiennes de désigner des représentants locaux qui seront leurs porte-parole auprès des autorités espagnoles. Le premier représentant reçoit généralement le titre de *governor* et un assistant le remplace en cas d'absence et peut lui succéder en cas de décès. La police est assurée par un *alguacil*, qui doit maintenir la paix et l'ordre. Parallèlement, le système traditionnel d'organisation sociale, avec ses sociétés religieuses et ses clans, se perpétue.

---

[*] Car les deux grandes familles de langues, kérésienne et tanoenne, se subdivisent en de nombreux sous-groupes.

La tradition du refus silencieux

Les Pueblos ont démontré au cours des siècles — à des degrés divers selon les groupes — une force de résistance étonnante, parfois difficilement perceptible, dans une large mesure fondée sur le refus des influences extérieures, qu'elles soient sociales, culturelles ou spirituelles. On a souvent vu dans la perpétuation des traditions le reflet de sociétés fermées sur elles-mêmes. Or, les phénomènes de réaction aux pressions de l'extérieur révèlent dans le cas des Pueblos, dès le XVIIIe siècle, une capacité d'adaptation et un courant d'interaction sociale et ethnique qui conduit à nuancer les idées reçues.

Les villages pueblos se trouvent entourés au XVIIIe siècle par des groupes ethniques de plus en plus divers. Ils sont cernés par un flot de population pluriethnique, tout en n'étant pas totalement en marge de ce brassage progressif. Un certain nombre d'Indiens Pueblos, réfugiés chez les Navajos ou les Apaches au cours des décennies précédentes, y sont restés, participant ainsi à des courants d'acculturation réciproques, les initiant à leurs techniques artisanales et découvrant à leur tour les cérémonies et les danses rituelles des tribus hôtes. Inversement, ceux parmi les Pueblos qui sont retournés dans leurs communautés d'origine après avoir participé à l'existence des nomades ont rapporté certains éléments des traditions tribales de leurs voisins.

On note aussi au XVIIIe siècle la présence de « transfuges pueblos » au sein des populations hispanophones de la région de Santa Fe. Domestiques ou employés des colons et de leurs descendants, artisans ou muletiers, commerçants ou simplement en quête d'emploi pour changer d'horizon, ils ont quitté leur village et deviennent partie intégrante de la population coloniale. Le Nouveau-Mexique compte de plus en plus de *mestizos* (Indiens et Espagnols ou Mexicains) et de *genizaros*, c'est-à-dire d'Indiens non pueblos d'origines diverses, anciens prisonniers apaches, comanches, navajos, kiowas ou pawnees, qui ont souvent aussi du sang espagnol. Détribalisés, les genizaros ont l'espagnol pour seule langue de communication et vivent parmi la population coloniale ou à la périphérie des communautés espagnoles. C'est ainsi que les villages d'Abiquiu, de Tomé et de Belen sont appelés « *pueblos de geniza-*

95

ros[3] ». Certains transfuges pueblos semblent s'être aussi établis par la suite avec ces Indiens détribalisés, contribuant ainsi au métissage progressif et au brassage culturel et social qui va devenir caractéristique du Nouveau-Mexique. A la fin du siècle, le nombre d'Espagnols, de Mexicains et de métis était deux fois supérieur à l'ensemble de la population des Pueblos du Rio Grande[4]. A cette époque il existe encore une élite espagnole au sommet de l'échelle sociale, et les métis se trouvent au bas de la hiérarchie, confinés à la marge de la société hispanophone. Mais les clivages ethniques s'estompent et vont se fondre progressivement dans une population qui se définit bientôt comme hispano-américaine. Les relations entre Pueblos et population hispanophone sont exemptes d'hostilité ouverte. Les documents mentionnent la présence fréquente de colons espagnols dans les pueblos au cours de certaines fêtes[5]. Même si les plus importantes cérémonies sont soustraites au regard des curieux, on assiste à l'élaboration progressive d'un mélange d'ouverture et d'hermétisme, qui repose sur une distinction implicite entre le folklore et le sacré[6].

La tradition du refus silencieux des Pueblos se manifeste à deux niveaux, au xvIIIe siècle comme aujourd'hui. Il s'agit, d'une part, d'un refus d'acculturation qui est opposé aux pressions et influences extérieures, refus sélectif toutefois, qui n'exclut pas les contacts administratifs ou commerciaux. Mais le refus silencieux s'exerce aussi à l'égard des Indiens eux-mêmes, dans la mesure où certains d'entre eux sont tentés d'adopter un mode de vie en rupture avec les traditions ancestrales. Déjà, au xvIIIe siècle, les Pueblos qui se trouvent placés dans cette situation sont contraints de quitter leur village et viennent grossir la population coloniale. Aujourd'hui encore les villages pueblos tendent à exclure ceux qui, parmi eux, pourraient menacer leur homogénéité. C'est ainsi qu'au fil des siècles ces communautés, qui bénéficient par ailleurs d'un ancrage territorial stable, conservèrent leurs traditions.

L'empreinte pluriethnique

L'amélioration des rapports entre Pueblos et Espagnols et la multiplication des contacts — hostiles ou pacifiques — avec les tribus nomades conduisirent la culture pueblo à prendre une coloration nouvelle. L'ouverture vers le monde hispanophone et vers les autres cultures indiennes, et l'établissement de relations administratives et commerciales régulières, finirent par inciter les Pueblos à assouplir leur vigilance en matière religieuse. De même qu'ils acceptent la présence des colons au cours de certaines de leurs fêtes, ils y tolèrent les prêtres, qui font d'ailleurs de ces cérémonies rituelles publiques des comptes-rendus détaillés, qui demeurent de précieux documents, non dénués de partialité, mais révélateurs des relations entre l'Église et la population locale. C'est ainsi que le père Atanasio Dominguez, « commissaire » dépêché par la hiérarchie catholique pour visiter les Pueblos dans les années 1770, s'attacha à décrire la spécificité de leurs danses[*] : « Leurs danses rituelles ressemblent aux contredanses ou aux menuets d'Espagne (...) mais, dans les fêtes du scalp, s'exprime l'idée de vengeance. Les pères s'y sont vivement opposés, mais ils se sont heurtés à des rebuffades et ils se trouvent donc dans l'incapacité d'abolir cette coutume, ainsi que beaucoup d'autres[7]. »

Les danses pueblos connurent au XVIIIᵉ siècle une évolution résultant des contacts avec d'autres Indiens, en particulier les Utes et les Comanches. L'empreinte pluriethnique de la région du Nouveau-Mexique se traduit à ce moment-là par un courant d'échanges et un mouvement constant de population d'une communauté à l'autre. Au sein de cette mosaïque ethnique les Pueblos occupent une position particulière. Même pauvres, ils demeurent en effet souverains dans leurs bastions territoriaux, tant qu'ils acceptent d'être conciliants devant le pouvoir colonial, qui leur concède une large autonomie

---

[*] Les danses que le père Dominguez compare aux contredanses et aux menuets sont les danses du maïs et les danses aux tablitas des Pueblos. Les danses du scalp étaient exécutées en souvenir des premiers informateurs tewas et se sont perpétuées jusqu'au début du XXᵉ siècle dans le cadre de certaines sociétés féminines des Pueblos Tewas. Elles subsistent dans certaines communautés.

97

et laisse subsister les structures locales, parallèlement au canevas administratif global.

L'influence espagnole se fait paradoxalement sentir au niveau des autorités religieuses traditionnelles. Sans doute impressionnés par les pratiques punitives des conquérants, les chefs religieux pueblos les ont détournées pour imposer une participation plus active aux cérémonies traditionnelles. C'est ainsi par exemple que ceux qui ne manifestaient pas un enthousiasme assez grand pour les cultes pueblos pouvaient être fouettés en place publique, pendus par les bras du haut d'un toit pendant quelque temps ou se voir confisquer leurs biens ; il arrivait qu'on les accuse de sorcellerie, qu'ils soient jugés et exécutés par pendaison. Les villageois qui se sentaient menacés par ces pratiques, et qui étaient souvent en partie acculturés ou attirés par l'univers hispanophone, comptent parmi les transfuges pueblos qui se mêlèrent aux communautés pluriethniques des environs de Santa Fe. En partant, ils « supprimaient une source de friction et de changements et permettaient la persistance de la culture pueblo sous une force essentiellement traditionnelle[8].

La place du christianisme dans l'espace et le temps pueblo

Le XVIIIe siècle est marqué par la fin du monopole franciscain. Leur influence déjà en déclin est fortement menacée quand, en 1725, l'évêque de Durango se rend au Nouveau-Mexique. D'autres évêques viendront dans la région au cours des années suivantes, et en particulier l'évêque Tamaron, en 1760, dont le voyage, amplement documenté, est une source précieuse de données concernant les missions de l'époque[9].

D'une façon générale, on enregistre un déclin de l'action missionnaire tout au long de ce siècle ; le nombre de frères en poste dans la région est inférieur d'au moins un tiers à celui du précédent. En 1776, le père Dominguez donnait le chiffre de vingt frères pour l'ensemble du Nouveau-Mexique, alors qu'il y en avait trente-trois un siècle plus tôt, au moment de la révolte pueblo. Certains villages importants, tels que Pecos, Galisteo et Tesuque, n'ont aucun missionnaire à demeure. Les prêtres en fonction dans la région sont aussi responsables de la population non indienne, qui s'accroît rapidement, et la conversion ou l'éducation religieuse des Indiens n'est plus leur vocation exclusive.

Déjà à cette époque, on trouve des prêtres qui sont partagés entre l'évangélisation des Indiens et le désir d'orienter leur action vers la population hispanique[10], au sein de laquelle leur succès est presque garanti, leur statut d'emblée reconnu et les principes de la foi chrétienne fortement ancrés. Ce dilemme entre une évangélisation difficile et une paroisse tranquille est encore évoqué par les prêtres au XXe siècle. Aujourd'hui comme hier, ils considèrent leur mission en territoire pueblo comme une redoutable épreuve[11].

Le XVIIIe siècle n'est donc pas celui du prosélytisme à tout prix. La population pueblo, habilement réfugiée dans un comportement qui combine transparence et opacité, filtre le message des prêtres et les juge à l'épreuve de la cohabitation. Elle observe l'existence des missionnaires, dont elle peut pénétrer le quotidien, alors que la société autochtone ne laisse découvrir que ses éléments les plus extérieurs. Telle une fleur, la société pueblo expose ses pétales colorés et retient en son cœur opaque les germes de sa perpétuation. De leur côté, les prêtres ancrent leur action dans un canevas de lieux de culte et dans un calendrier de rites et de sacrements qui rythment l'espace et le temps pueblo. Progressivement, chapelles, processions des saints, mariages et funérailles vont s'inscrire dans l'univers autochtone, en dépit des réticences ou de l'opposition des chefs religieux traditionnels.

La foi catholique dans l'espace pueblo

L'espace pueblo traditionnel, centré sur le monde souterrain de la kiva, autour duquel vibre la nature tout entière et rayonne un réseau de lieux sacrés, se trouve transformé par l'existence, dans presque tous les villages, d'une chapelle dont les cloches retentissent quotidiennement dans le ciel et dont la flèche ou la nef se dresse au cœur du village, vers l'infini chrétien. Cette chapelle, souvent bordée par un cimetière, prolonge son ancrage dans le village par le chemin qui est suivi, au moment de la fête annuelle, par la statue du saint patron *.

Les Zunis ou la victoire de Shalako

Historiquement, la « piste des padres », qui va d'une chapelle à l'autre, comme les premiers missionnaires allaient de village en village pour apporter la parole du Christ, commence à Hawikuh, là où l'infortuné Esteban, éclaireur indifférent à la foi chrétienne, esclave maure chargé de transmettre le message des conquérants blancs, fut assassiné en 1539. Ce village, qui contribua à nourrir le mythe des sept cités de Cibola, a été abandonné. Le nouveau pueblo est l'un des moins christianisés de tous les villages du Rio Grande. Une église, construite en 1705, abandonnée un siècle plus tard, ne sera reconstruite qu'en 1968.

Au xvIIIe siècle, les ruines de Hawikuh et de son ancienne mission, fondée en 1629, détruite au cours d'un raid apache ou lors de la révolte de 1680, sont désertes et battues par les vents. L'église du nouveau pueblo de Zuni est cernée par une garnison de protection car la religion chrétienne est mal acceptée. Déjà, il y a deux siècles, ces lieux historiques reflètent l'échec de la conquête des âmes.

Les Zunis constituent un cas spécifique. Ils se sont montrés particulièrement réfractaires au christianisme. « Ils n'ont jamais accueilli favorablement la religion des Blancs et, si l'on excepte les Hopis, les Espagnols les considéraient comme les plus combatifs et les plus difficiles à convertir (...) ; de tous les Pueblos du Nouveau-Mexique, cette tribu fut la moins touchée par l'influence chrétienne [12]. » La mission chrétienne du pueblo parvint à maintenir son existence précaire au xvIIIe siècle, mais elle fut abandonnée au début du siècle suivant. Les Zunis ne cessèrent jamais de pratiquer leurs rites traditionnels et notamment la fête de Shalako, cérémonie du solstice d'hiver, célébrée à la fin du mois de novembre. L'espace sacré n'était pas tant la mission mais le *hep-ah-teen-ah*, ou « centre de la terre », petit trou

---

* Voir carte p. 111.

100

couvert de quelques pierres, par lequel, selon la légende, les Zunis sont venus au monde.

Les Hopis ou la présence chrétienne effacée

La « piste des padres » se heurta aussi aux mesas escarpées au sommet desquelles sont établis les villages hopis. Des sept villages existant à l'arrivée des Espagnols, dont Walpi, Awatobi et Oraibi, seul subsiste ce dernier, qui aurait été construit entre 1020 et 1100. On a avancé que ces sept pueblos, beaucoup plus que Hawikuh, se prêtaient à nourrir la légende des sept cités de Cibola, qui fut entretenue par certains récits indiens. Ces sept communautés, juchées sur des falaises au cœur du désert, relativement prospères selon les critères des voyageurs indiens de l'époque, et où l'artisanat était florissant, pouvaient, par leur architecture, leur topographie et leur qualité d'isolement et de mystère, stimuler des récits qui alimentèrent le mythe de l'Eldorado.

Cinq missions avaient été fondées en 1629 par trois franciscains, Francisco Porras, Andres Gutierrez et Cristobal de la Concepción. Mais, du fait de leur détermination d'interdire les rites traditionnels et les cérémonies dans les kivas, la résistance se durcit, d'autant plus qu'à l'époque le système d'*encomienda*, par lequel une partie des récoltes était réquisitionnée par les Espagnols, était encore en application, et particulièrement difficile à supporter sur ces rochers escarpés entourés de plateaux désertiques. Pourtant, le père Porras, dont on disait qu'il accomplissait des miracles et qu'il avait rendu la vue à un enfant aveugle, convertit un millier d'Indiens à Awatobi. Suscitant par son charisme l'hostilité des chefs religieux traditionnels, il fut empoisonné en 1633 à Walpi. On raconte qu'au cours de la révolte de 1680 les prêtres, poursuivis par les villageois, durent se jeter du haut des falaises, l'un d'entre eux échappant à la mort en ouvrant son parapluie[13].

Après la reconquête de 1692, Diego de Vargas reçut la soumission de six des sept villages hopis, mais il ne se risqua pas à reconquérir Oraibi, en raison de l'hostilité de ses habitants. Il constata qu'Awatobi était entouré d'un mur de fortification dont l'entrée ne permettait que le passage d'un seul homme à la fois.

Un franciscain arriva dans la région en 1700 et s'installa à Awatobi où l'église, détruite en 1680, avait été reconstruite par les villageois qui se l'étaient, en quelque sorte, appropriée. Il y baptisa soixante-dix personnes et entreprit de faire à nouveau fonctionner la mission. Telle fut l'origine de la tragédie d'Awatobi, dont l'anéantissement fut un des épisodes les plus sanglants de l'histoire des missions au XVIIIᵉ siècle. L'amitié qui unissait le père Garaycoechea et une partie de la population d'Awatobi, la bienveillance à l'égard de la présence espagnole suscitèrent l'indignation croissante des autres Hopis, mais aussi la rage du chef d'Awatobi, qui, voyant son pouvoir menacé, s'allia au chef d'Oraibi pour préparer la destruction de son propre village. Les traditionalistes présentaient les convertis comme des sorciers qui allaient porter malheur dans la région.

Awatobi fut attaqué à un moment où la plupart des villageois étaient rassemblés et recueillis dans la kiva pour une fête religieuse. Les attaquants retirèrent les échelles qui permettaient l'accès à la salle souterraine et y jetèrent des torches enflammées. Ceux qui tentaient de s'enfuir furent achevés par des flèches. Seuls les enfants et les femmes qui connaissaient les chants et les cérémonies traditionnels furent épargnés, ainsi que quelques villageois réputés pour leur habileté particulière à cultiver le maïs, qui furent emmenés comme captifs. Le village d'Awatobi fut abandonné. Action de dissuasion, la destruction du village avait atteint son objectif. La présence chrétienne dans l'espace hopi fut effacée, au prix d'une guerre fratricide.

Comme l'a souligné Claude Lévi-Strauss, l'esprit véritablement « clérical » qui imprègne la société hopi, qui se manifeste par « l'ampleur et la richesse des spéculations métaphysiques mais aussi (...) par une certaine bigoterie[14] », a pu perdurer. Les Hopis réussirent à « conserver une relative indépendance jusqu'à la seconde moitié du XIXᵉ siècle, ce qui explique l'exceptionnel état de leurs coutumes sociales et de leur vie religieuse[15] ».

Acoma : la cité du ciel et de la terre

Acoma, la « cité du ciel » comme l'appellent les Indiens, se dresse au sommet de falaises escarpées. Fondé aux environs de l'an 900 ou 1000, le village a la particularité d'être considéré comme l'un des plus anciens établissements humains des États-Unis. Son histoire est écrite dans le sang. Acoma résista vaillamment à la conquête espagnole, y compris à la reconquête par Vargas en août 1696, et ne se soumit que le 6 juillet 1699 aux troupes du gouverneur Cubero.

Une controverse entoure l'église actuelle d'Acoma, dont certains historiens affirment qu'il s'agit d'un bâtiment agrandi, construit sur la charpente d'origine, alors que d'autres avancent que la première chapelle fut détruite lors de la révolte de 1680. L'édifice, construit ou agrandi en 1699, est l'un des plus remarquables du réseau de missions de la région. On peut s'étonner qu'au cœur du désert les missionnaires, envoyés dans un village en majorité hostile, aient pu obtenir des « néophytes » le transport des matériaux nécessaires. L'église aux murs d'adobe, aux proportions majestueuses, possède un toit orné de poutres de quelque cent mètres de long, qui furent transportées à dos d'homme par les sentiers escarpés qui mènent au village.

Le cimetière, situé sur le « camino del Padre », ainsi nommé en souvenir du premier missionnaire, occupe un promontoire couvert de sable entre ciel et roc. Ce sable, transporté dans des sacs pour couvrir le roc nu, est disposé à l'intérieur d'un haut mur construit par les convertis, qui le protège du vent et des pluies violentes. Dans cette enceinte, des croix en bois se détachent sur le ciel et semblent rattacher Acoma tant à la terre sacrée de la foi traditionnelle qu'à la vision céleste de la foi chrétienne.

A l'intérieur de l'église, mais soustrait aux regards du public, se trouve un portrait de saint Joseph, l'une des pièces les plus prisées de toutes les missions du Nouveau-Mexique, dont l'histoire, mêlée à la légende, illustre le processus d'adhésion à certains éléments de la foi chrétienne et certains aspects de l'acculturation des pueblos indiens. Le tableau, qui aurait été donné par le roi Charles II d'Espagne au frère Juan Ramirez, premier missionnaire résident, en 1629, devint rapidement un objet de vénération pour les autochtones, qui virent en lui un instrument de protection. Les villageois prirent l'habitude de s'adresser à saint Joseph en cas de sécheresse ou d'épidémie, de menace de raid par les Apaches ou les Navajos. La prospérité d'Acoma au XVIIIe siècle fut associée aux pouvoirs miraculeux du saint. A la fin de ce siècle, le village de Laguna, situé en contrebas, fut frappé par des épidémies et dévasté par des inondations. Le por-

103

trait de saint Joseph, emprunté par la communauté de Laguna pour lui porter bonheur, ne fut pas restitué à Acoma. Un demi-siècle plus tard, le prêtre en fonction à Acoma conseilla à ses ouailles de faire un procès pour exiger la restitution du tableau « miraculeux ». Et c'est là que mémoire collective, légende et droit se rejoignent, car le procès qui opposa Acoma à Laguna devant la Cour de justice en 1852 devint l'un des plus célèbres du Nouveau-Mexique. En dépit de leur méfiance à l'égard du système judiciaire des Blancs, les villageois d'Acoma se ruinèrent en frais d'avocat pour obtenir la restitution de leur saint protecteur.

Laguna ou la rencontre des cultures

La topographie d'Acoma et celle de Laguna s'opposent absolument. Établi au bord d'un étang qui a depuis disparu, le village de Laguna est plus ouvert aux influences extérieures. Sa population est composite car ses fondateurs, dont le village d'origine, dans la montagne, fut détruit par Diego de Vargas en 1694, s'établirent dans cette vallée à la fin du xviie siècle et se mêlèrent aux réfugiés des pueblos de Cochiti, Santo Domingo et Zia. Des réfugiés de Jemez et Zuni vinrent étoffer le village d'origine.

Pueblo de réfugiés et de passages, Laguna se distingue par son église, qui est l'un des meilleurs exemples de l'architecture missionnaire du xviiie siècle. La construction, commencée en 1699, s'acheva en 1701. Moins grande que celle d'Acoma, elle est d'emblée remarquable par ses proportions harmonieuses, son plafond de poutres peintes, ses peintures murales et son autel décoré de motifs indiens traditionnels. Utilisée sans interruption depuis plus de deux siècles, elle illustre la rencontre de deux traditions artistiques et spirituelles et la spécificité de la culture matérielle du Nouveau-Mexique.

Taos ou le difficile cumul des espaces sacrés

Le pueblo de Taos qui subsiste encore aujourd'hui n'est pas le village d'origine, bâti, selon la légende, là où un aigle perdit deux plumes non loin d'un ruisseau jaillissant. Taos a été reconstruit au début du XVIIIe siècle, après les nombreux bouleversements et les combats acharnés qu'entraîna la conquête espagnole.

C'est un soldat de Coronado, Hernando de Alvarado, explorateur infatigable, qui « découvrit » Taos en 1540. Il fut bien accueilli par les habitants du village, qu'il évalua à mille cinq cents. Alvarado décrivit Taos comme un centre commercial très actif à la croisée des univers nomades et sédentaires. Les Comanches et les Apaches avaient déjà l'habitude de s'y rendre pour échanger des peaux contre des poteries ou du maïs. C'est à Juan de Oñate que Taos doit la construction de sa première mission, au début du XVIIe siècle. Autour des années 1620-1630, les missionnaires déclaraient avoir converti quelque deux mille trois cents villageois. Mais les tensions demeurèrent très vives, à tel point que le village fut abandonné en 1639 par une partie de ses habitants qui s'enfuirent vers le Kansas. Le mécontentement ne fit que s'accroître et c'est à Taos, on l'a vu, que Popé ourdit la révolte de 1680. Le 10 août, quand elle éclata, les guerriers de Taos tuèrent deux prêtres et plusieurs colons, brûlèrent la mission et marchèrent sur Santa Fe.

Au moment de la reconquête par Diego de Vargas, Taos fut l'une des premières cibles de la prise de pouvoir. Mais, à l'arrivée des Espagnols, le village était vide, les Indiens réfugiés dans les montagnes environnantes. A chaque fois que les Espagnols tentaient de prendre le village d'assaut, ils le trouvaient désert. Ils finirent par y mettre le feu. Trois ans plus tard, les Taos leur opposaient une résistance directe et tuaient une trentaine d'Espagnols. Ce n'est qu'en 1700 que Vargas obtint leur reddition et que la reconstruction du village fut amorcée.

Le pueblo de Taos, reconstruit au XVIIIe siècle, est plus modeste que l'ancien, mais il occupe le même site exceptionnel, sur le « toit du monde », à plus de deux mille mètres d'altitude, sur un haut plateau dominé par la chaîne des montagnes de Sangre del Cristo. Les cérémonies traditionnelles, inspirées comme dans les autres pueblos par une conception holistique de l'univers, reposent sur la notion d'appartenance à cet environnement d'exception, où ses habitants puisent le sentiment qu'ils sont les gardiens de la tradition, un pôle de résistance aux tentations d'ingérence spirituelle.

Les cérémonies religieuses des Pueblos de Taos, parfois fêtes d'initiation, parfois incantations, ont pour objet de préserver l'harmonie entre l'homme et la nature, grâce à des prières et des gestes rituels. Elles célèbrent le passage entre les différents âges de la vie, visent à obtenir de la pluie, de bonnes récoltes, du gibier, une protection contre les vicissitudes de la nature. Les rites ont un ancrage local très spécifique et les montagnes et les lacs voisins sont considérés comme les réceptacles d'une spiritualité particulièrement intense.

En rebaptisant certains sites, comme les montagnes de Sangre del Cristo, ainsi nommées quand ils les entrevirent dans la lumière pourpre d'un coucher de soleil, les Espagnols visaient, peut-être même inconsciemment, à leur conférer une empreinte chrétienne. Mais les conquérants ne purent jamais s'approprier complètement l'espace, ni briser le lien spirituel qui unit les autochtones et leur environnement. La construction des églises a conduit à l'inclusion d'un pôle chrétien au sein d'un espace traditionnel, plutôt qu'à faire reculer les limites de la foi ancestrale. A Taos, comme dans la plupart des autres pueblos, les villageois ont toujours considéré que les églises leur appartenaient. Ils ont aidé à les construire et à les entretenir et ils peuvent décider de les détruire ou de les préserver. Cette prise de possession d'un élément extérieur à leur foi (l'église) qu'ils englobent dans leur espace tribal, et qu'ils s'estiment libres de rejeter ou d'accepter, est reflétée dans la législation : « Même aujourd'hui, l'archevêché de Santa Fe n'a aucun droit juridique sur la plupart des églises des pueblos[16]. »

Le XVIIIe siècle fut à Taos un siècle de reconstruction et d'harmonisation des relations entre chrétiens et espagnols. Les villageois accueillirent les explorateurs et les visiteurs sans réticence et, dans l'optique de l'équilibre à maintenir entre nomades, Indiens sédentaires et colons, Taos joua même le rôle de pacificateur, favorisant l'apaisement des conflits sporadiques entre Espagnols et Navajos. La reconstruction de l'église et de la mission, en 1709, se fit dans ce contexte de tolérance et de surveillance mutuelles. L'espace chrétien fut englobé dans l'espace traditionnel, et le principe tacite de non-ingérence dans la foi traditionnelle définit les limites de la christianisation.

De leur côté les Espagnols, encouragés par la présence de colons à proximité, construisirent un édifice important, en un site stratégique, dont les murs massifs et les deux tours qui surplombent le village contrebalancent le vaste et mystérieux espace souterrain des *kivas*.

L'église, espace chrétien central, autour duquel s'ordonnent les activités connexes de la mission, le cimetière des convertis et l'itinéraire de la procession annuelle du saint patron, est le symbole d'une implantation solide, qui survécut cent cinquante ans aux flambées de violence qui secouent périodiquement Taos.

La spécificité de Taos semble tenir aussi à la destruction périodique des lieux de culte chrétiens dans des circonstances à chaque fois très différentes. En 1680, la mission sur laquelle se concentre l'hostilité indienne au cours de la révolte est incendiée par les villageois. En revanche, en 1847, après une période de coexistence relativement harmonieuse, la nouvelle mission devient le centre de la résistance armée des Pueblos, alliés aux Mexicains contre les Américains, et elle est détruite par l'armée des États-Unis. On peut encore découvrir aujourd'hui ses ruines datant de presque trois siècles, dont les murs épais et les vestiges d'une tour attestent de l'importance de la tâche de reconstruction entreprise à l'époque. L'actuelle chapelle de San Geronimo est beaucoup plus modeste. Certains témoignages demeurent de l'importance de la mission. C'est ainsi qu'en 1760 l'évêque Tamaron en fit la description suivante : « Pour arriver à ce pueblo dont le saint patron est San Geronimo, il faut traverser des montagnes couvertes de pins et descendre vers la belle et verte vallée que l'on appelle Taos (...). Le pueblo de Taos est le plus reculé du royaume dans cette direction. Il est situé au pied d'une montagne (...). On y trouve 159 familles indiennes, qui constituent une population de quelque 500 personnes et, dans le voisinage, 36 familles blanches, soit 160 personnes. Le pueblo a une bonne église, très spacieuse [17]. » L'évêque Tamaron ne mentionne l'existence que d'un seul missionnaire franciscain résident dans le pueblo.

D'autres témoignages donnent de Taos à la même époque une description détaillée, mentionnant ses grandes fêtes « organisées en fonction des cycles de la lune et auxquelles assistent le gouverneur du royaume et son lieutenant, avec de nombreux voisins et des soldats ». Ils évoquent le soin que les villageois semblent prendre du père alors en résidence, qui sèment du blé et plantent du maïs pour lui fournir du pain toute l'année, et lui fournissent « un porteur, deux sacristains, un cuisinier, tout le bois dont il a besoin, et deux femmes pour moudre son blé [18] ». Il est fait allusion à la discipline stricte de la mission et « au défilé des filles et des garçons dans l'église tôt le matin pour réciter les prières et le catéchisme. (...) à la messe dominicale et à la récitation des prières après la messe par les habitants du village [19] ».

Certaines chroniques de l'époque sont très critiques à l'égard des prêtres en territoire pueblo, en particulier le père Juan Mirabal, de Taos, et jettent une note discordante sur le travail d'évangélisation vers le milieu du XVIIIᵉ siècle. Elles condamnent l'inefficacité des prêtres, tant sur le plan profane (mauvaise collecte de la dîme) que religieux, et déplorent en particulier qu'ils n'apprennent pas les langues locales et que les confessions ne se fassent pas en présence d'un interprète. En 1750, une tournée d'inspection confirme ces regards critiques et recommande une sécularisation plus poussée de la région [20].

Dans l'ensemble, les chroniques de l'époque donnent l'image d'une christianisation assez fragmentaire, toutefois favorisée par des circonstances historiques qui rapprochent au XVIIIᵉ siècle les ennemis des siècles précédents. A Taos, l'implantation chrétienne dans l'espace traditionnel est résolue et ambitieuse, constituant une enclave centrale au sein du village. Comme dans les autres pueblos, les prêtres s'improvisèrent constructeurs, et la mission est l'un des plus fiers symboles de la présence chrétienne. Mais le cumul des espaces sacrés semble précaire et presque explosif, et la tranquillité apparente de la coexistence spirituelle jusqu'au milieu du XIXᵉ siècle repose sur une évangélisation trop superficielle pour ne pas être remise en cause par la suite.

L'ébauche du christianisme en cohabitation

C'est au XVIIIᵉ siècle que s'ébauche le schéma définitif de la christianisation. On distingue déjà à cette époque les pueblos rétifs (Taos) ou tout à fait opposés (Zuni, Hopi) à l'évangélisation et ceux qui, comme Laguna, seront perméables aux influences extérieures et au message chrétien. Partout, c'est l'empreinte architecturale qui demeure le signe le plus frappant de l'action missionnaire et qui, en transformant le paysage, en ancrant la foi dans la fréquentation de lieux de culte qui frappent l'imagination, marque la mémoire, rythme le temps et parvient à conférer à l'espace et au temps pueblos une dimension nouvelle. Ce siècle, marqué par une nouvelle vague d'architecture, aboutit à la construction d'édifices moins éphémères, même si quelques-uns d'entre eux, mal conçus, finirent par s'effondrer un ou deux siècles plus tard. Dans l'ensemble, ce sont encore les missions bâties à cette époque que l'on peut découvrir aujourd'hui.

La vague de reconstruction fait presque immédiatement suite à la reconquête. C'est d'abord le pueblo de Zia, traditionnellement amical à l'égard des Espagnols, qui est doté d'une église et d'une mission consacrée à la Vierge Marie dès 1692. Une nouvelle église est bientôt érigée à San Felipe, pueblo pourtant très traditionaliste, dès 1706, puis dans la communauté accueillante d'Isleta, où une mission dédiée à saint Augustin est construite en 1720. Des missions sont bâties dans de nombreux pueblos, notamment Jemez, Nambe, Santa Clara et Tesuque.

La reconstruction des églises est souvent associée à celle des villages eux-mêmes, détruits au cours des affrontements des décennies précédentes ou abandonnés par leurs habitants pour fuir les conquérants. Les Espagnols sont parfois parvenus à convaincre les Indiens de revenir sur le site ou dans le voisinage des anciens pueblos, au moment de la « pacification ». Un nouveau paysage se dessine, à mesure que de nouvelles maisons en pisé remplacent les anciennes et que la plaza à l'espagnole et l'église s'intègrent au paysage. Les villages d'adobe du XVIIIe siècle sont très semblables aux anciens, mais on ajoute parfois aux maisons à terrasses à plusieurs étages de petites portes, pour compléter l'accès traditionnellement assuré par des échelles. Les portes donnent sur des patios collectifs ou sur la plaza.

La cohabitation s'ébauche, à mesure que les mouvements vers la *kiva* pour l'exécution des rites traditionnels se doublent d'allées et venues, à dates et à heures fixes, vers l'église et la mission. Librement ou sous la contrainte, les villageois adoptent les principales manifestations de l'adhésion à la religion catholique : assistance à la messe, prière, confession, processions. Il ressort des chroniques de l'époque que, parallèlement à ces pratiques chrétiennes, les villageois ne négligent pas les pratiques traditionnelles ; toutefois, comme l'a fait remarquer l'ethnohistorien Edward Dozier : « Il est intéressant de noter qu'aucun des rapports de la fin du XVIIIe siècle ne mentionne les danses masquées ni les rites d'exorcisme des hommes-médecine (...). Nous pouvons en conclure que les Pueblos parvenaient déjà à dissimuler les rites ésotériques de leurs cérémonies traditionnelles[21]. » Dozier insiste aussi sur le fait que les descriptions des danses ne révèlent aucun apport chrétien et que « les rites catholiques étaient distincts et séparés des cérémonies traditionnelles ». Comme d'autres observateurs, il arrive à la conclusion que « la compartimentation était pleinement établie dans la dernière partie du XVIIIe siècle[22] ».

DOCUMENT

Les dix-neufs pueblos du Rio Grande[*]

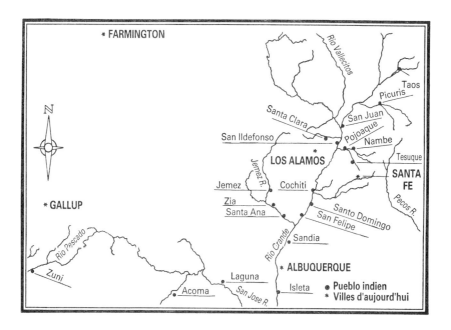

On constate que le pueblo de Zuni, qui constitue à bien des égards un cas à part, est très éloigné des autres. Les Hopis ne comptent pas parmi les dix-neuf pueblos. Ils ne sont pas pris en compte ici, sinon à des fins comparatives.

Pueblos du Nord : Taos et Picuri, dans le comté de Taos ; Nambe, Pojoaque, San Ildefonso et Tesuque, dans le comté de Santa Fe ; San Juan et Santa Clara, dans le comté de Rio Arriba.

Pueblos du Sud : Jemez, Cochiti, Sandia, San Felipe, Santa Ana, Santo Domingo, Zia et Isleta, situés dans le comté de Bernalillo ; Acoma et Laguna, dans le comté de Cibola.

---

[*] Carte tirée de l'ouvrage de Joe S. Sando, *op. cit.* p. 1.

Ces pueblos appartiennent à différents groupes de langues :
Tanoenne : Tiwa (Taos, Picuri, Sandia et Isleta), Tewa (San Juan, Santa Clara, San Ildefonso, Nambe, Tesuque et Pojoaque) et Towa (Jemez).
Kérésienne : Acoma, Cochiti, Laguna, San Felipe, Santa Ana, Santo Domingo et Zia.
Zuni : langue qui n'est parlée que par les Zunis.

3

La fin de la période espagnole et l'indépendance mexicaine

Une province marginale

Aux confins de l'empire espagnol, la province du Nouveau-Mexique, à la population diversifiée par les *mestizos* et les *genizaros*, constitue une mosaïque ethnique où la coexistence, non sans heurts, s'est stabilisée. La fin du XVIIIᵉ siècle est marquée par une forte poussée démographique. En 1776, la population de la province, sans compter les Pueblos, mais y compris le district d'El Paso, était estimée à 22 500 personnes. Quarante ans plus tard, au crépuscule de la période espagnole, elle avait pratiquement doublé et les colons s'étaient installés dans toute la région du Rio Grande. Les *genizaros*, souvent placés aux marges de la province pour en défendre les frontières, parfois domestiques, bergers, « cow-boys » ou employés, représentaient presque le tiers de la population dans les dernières années du siècle[1]. En revanche, la population pueblo, décimée en particulier par une épidémie de petite vérole dans les années 1780, était en déclin. Elle représentait moins de 10 000 personnes[2], chacun des villages comptant à peine 500 habitants.

Les rêves d'Eldorado sont loin et les perspectives d'évangélisation fulgurante sont non seulement déçues, mais en recul dans l'ordre des priorités des colonisateurs. Le balancier de la Conquête, qui a toujours oscillé entre le laïque et le religieux, penche désormais du côté des autorités gouvernementales, plus soucieuses de se ménager l'alliance des Pueblos que de transformer leur vision du monde. Les prêtres, de leur côté, ne sont plus animés par la même flamme évangélisatrice qu'au xviie septième siècle. L'accent mis sur l'architecture religieuse, sur les manifestations extérieures de la foi, apporte des résultats plus concrets et permet de ne pas se concentrer exclusivement sur l'esprit rebelle des Pueblos, mais sur la population métisse hispanophone et détribalisée plus ouverte au message chrétien.

L'alliance des conquérants et des conquis

Les Pueblos eurent un rôle non négligeable dans la stabilisation et la pacification régionales de l'empire espagnol. Dans le cadre de l'alliance militaire contre les raids des Indiens nomades, ils reçurent des titres tels que *capitan de la guerra* et conservèrent et utilisèrent librement leurs armes. Les campagnes concertées contre les Comanches aboutirent à leur défaite à Cuerno Verde (1779) et à un traité de paix en 1786[3]. A partir de cette date, les relations commerciales se développèrent avec eux et l'exploration espagnole put s'étendre vers le Texas et le Missouri. Taos devint la plaque tournante des échanges commerciaux entre le Nouveau-Mexique et la région des Plaines et le siège de négociations visant à améliorer les relations avec les Navajos.

L'alliance entre Pueblos et Espagnols s'intégra au contexte cérémoniel de divers villages sous forme de danses de la victoire, aussi appelées danses du scalp ou danses des chefs, qui célébraient le succès des guerriers au cours d'un combat. Or, comme l'a fait remarquer l'historien Joe Sando, lui-même originaire du pueblo de Jemez, cette phase d'alliance entre ceux qui s'affrontaient moins d'un siècle plus tôt est parfois occultée dans la mémoire indienne : « Pendant le déroulement d'une danse du scalp, écrit-il, un Espagnol s'approcha dans l'espoir de pouvoir y assister. On l'en empêcha sous prétexte qu'il n'était pas indien. Or, cet Espagnol représentait les anciens alliés avec lesquels ces danses ou célébrations de la victoire étaient organisées autrefois. Et pourtant, en même temps, un Navajo, qui représentait l'ennemi qui avait autrefois inspiré cette danse, était autorisé à en être spectateur[4]. »

La stratégie d'alliance militaire s'associe à une certaine reconnaissance des droits territoriaux des Pueblos. A une époque où l'espace considérable qu'offrait cette région majestueuse et inhospitalière permettait aux colons de s'implanter sans trop empiéter sur les villages indiens, le gouvernement espagnol entreprit de codifier les droits territoriaux reconnus à de nombreux villages, leur conférant ainsi une reconnaissance juridique qui serait déterminante devant les nouveaux flots de colonisateurs dans les siècles qui suivirent. En 1684, le gouverneur Domingo Jironza Petriz de Cruzate fut autorisé par la Couronne espagnole à attribuer des « concessions » territoriales et c'est à partir de 1689 que furent établis les documents, sur la base de 18 000 acres (soit environ 10 000 hectares) par village[5].

Des accords furent établis avec dix pueblos à la fin du XVIIe siècle (Acoma, Jemez, San Felipe, Santo Domingo, Zia, Cochiti, Pecos, Picuris, San Juan et Zuni) et les villages de Sandia et de Santa Clara reçurent à leur tour des concessions territoriales en 1748 et 1763 respectivement. Ces titres juridiques attribués par le gouvernement espagnol furent ultérieurement reconnus par les autorités mexicaines, puis par les États-Unis (rapport annuel du ministre de l'Intérieur, 1856), mais leur authenticité continua à être contestée par les nouveaux colons en quête de terres. En cas de contestation ou de conflit, on s'y réfère encore.

Comme l'a fait remarquer l'anthropologue Adolf Bandelier[*], même si ces mesures n'étaient pas inspirées par des raisons humanitaires, elles constituent l'amorce d'une reconnaissance des droits des Indiens : « Le gouvernement espagnol a reconnu très tôt, non seulement que l'Indien était un être humain, mais qu'il était la ressource principale que le Nouveau Monde représentait pour les nouveaux venus. La législation espagnole va donc s'orienter vers la protection et le développement des autochtones[6]. » D'assez nombreux observateurs parviennent à la conclusion que, à la fin de la période espagnole, les Indiens se trouvaient dans une situation plus favorable qu'ils ne l'avaient jamais été par le passé[7]. Ils en donnent pour preuve « l'intégration dans des entreprises communes, un certain nombre de mariages mixtes et le recours commun aux procédures judiciaires espagnoles (...) conduisant au développement d'une société où deux cultures différentes coexistaient assez amicalement[8] ».

---

* Voir document, p. 125.

115

Des églises sans clergé

Il ressort des documents de l'époque que les alcades eux-mêmes n'hésitaient pas à dénoncer occasionnellement l'autoritarisme des missionnaires. Mais ces derniers, moins nombreux, moins soutenus financièrement et moralement, déployaient surtout leur zèle apostolique dans le cadre du maintien de la stricte discipline des missions. La compartimention des rites s'est progressivement imposée à eux et, dans l'ensemble, ils en respectent les règles tacites. Les franciscains, qui avaient été deux siècles plus tôt les instigateurs les plus ardents de la Conquête et avaient caressé de grands desseins dans des horizons nouveaux, ont à la fois pris la mesure de la résistance pueblo et pris conscience du déclin du soutien que leur accorde la Couronne espagnole.

A la fin du XVIIIe siècle, le soutien financier aux missionnaires a tellement décru que le personnel religieux a diminué de moitié dans l'ensemble de la région. A une époque où l'effort de reconstruction des édifices chrétiens est considérable, on a pu parler d'églises sans clergé, les prêtres devant se partager entre plusieurs paroisses. La pauvreté, l'éloignement, la solitude et souvent aussi la peur sont associés à l'attribution d'une paroisse en territoire pueblo, qui n'est pas considérée comme une récompense. Les prêtres font en sorte de ne pas y rester trop longtemps, cherchant à obtenir une mutation rapide parmi la population hispanique des environs de Santa Fe.

La fin de la période espagnole est donc marquée par la reconstruction de la culture matérielle catholique, parfois associée à des éléments de culture matérielle locale et par le déclin des ambitions évangélisatrices des prêtres résidents. Une évangélisation de routine, qui s'inscrit dans les limites de la compartimention, et qui semble assez bien tolérée par les Pueblos, s'ordonne autour des manifestations extérieures de la foi catholique (assistance à la messe, aux processions du saint patron) et des principaux sacrements (baptêmes, enterrements, et parfois mariages). L'aspect festif et la qualité esthétique des fêtes catholiques, en particulier les processions annuelles, sont un instrument d'adhésion notable, et ces fêtes commencent à s'inscrire dans le calendrier pueblo.

A la fin de la période espagnole, les missionnaires ont perdu le pouvoir, tant parmi les Pueblos que dans les cercles gouvernementaux espagnols. La religion catholique, désormais assez fortement ancrée dans l'espace pueblo, progressivement et sélectivement intégrée au calendrier traditionnel est réduite à une évangélisation occasionnelle, en fonction des disponibilités d'un clergé appauvri et démobilisé. Rejetée en tant que pouvoir potentiel et vision du monde exclusive, elle a conquis une place limitée et encore contestée dans l'univers pueblo.

Indépendance mexicaine et citoyenneté indienne

La lutte pour l'indépendance mexicaine ne suscita que de lointains échos au Nouveau-Mexique. Isolée des centres de pouvoir, la population du Rio Grande se tint à l'écart du mouvement, dont les nouvelles ne lui parvenaient que tardivement, à tel point que l'annonce du changement de gouvernement n'atteignit que plusieurs mois, voire même quelques années plus tard, les villages les plus isolés.

Avec l'indépendance mexicaine, la présence des missionnaires est encore considérablement réduite. De nombreux franciscains sont rappelés. Onze ans après l'indépendance, on ne compte plus que cinq prêtres pour une vingtaine de pueblos. A mesure que la présence chrétienne s'affaiblit dans les villages indiens, pour la plupart dépourvus de prêtres résidents, on constate un renforcement des croyances traditionnelles. Un certain nombre de cérémonies qui se déroulaient dans les kivas au cours des décennies précédentes sont à nouveau organisées au grand jour, souvent sur la place centrale du village[9].

Des hommes contre les autres

L'accession du Mexique à l'indépendance a pour conséquence immédiate de faire des Indiens, aux termes du traité de Cordova, des citoyens à part entière. Pendant la période mexicaine, « l'origine raciale des citoyens n'est plus mentionnée. Les Pueblos et les *genizaros* sont placés sur un pied d'égalité avec le reste de la population espagnole [10] ». Cette nouvelle place qui leur est conférée sera source de controverses au cours des décennies qui suivirent et ce statut de citoyen sera d'ailleurs utilisé à leur encontre. En effet, en tant que citoyens, les Indiens cessent de faire l'objet d'un statut spécifique et d'une protection particulière contre les empiétements territoriaux ; leurs terres peuvent être cédées ou vendues sans restrictions. Or, c'est à partir du début du XIXe siècle que s'accroissent les menaces territoriales sur les Pueblos sous la poussée des pionniers hispaniques, puis anglo-saxons.

D'une façon générale, le gouvernement de la nouvelle nation mexicaine n'exerce pas une action très sensible dans cette lointaine province septentrionale, où la vie se poursuit sans bouleversement majeur. La population du Nouveau-Mexique, au moment de l'indépendance, est estimée à 50 000, dont environ 10 000 Pueblos. La majorité de la population est constituée par ceux que l'on commence à appeler, dès le début du XIXe siècle, les « Hispanos », pour désigner une culture distincte de celle des nouveaux immigrants venus du Mexique. Il s'agit du groupe relativement homogène qui est le fruit du brassage ethnique caractéristique de la région, mêlant le sang espagnol aux groupes divers de la population hispanisée, et au sein duquel l'héritage indien est assez marqué. Dans ce groupe, on trouve une « aristocratie », qui se plaît à se rattacher à l'Espagne, mais dont le statut social est plus déterminé par la richesse que par une généalogie sans mélanges. Quant à la grande masse de la population hispano, qui vit modestement, elle possède de petites exploitations agricoles le long des affluents du Rio Grande. Comme beaucoup d'Indiens, ces petits exploitants combinent une agriculture et un élevage de subsistance avec des travaux occasionnels en ville ou au service des propriétaires terriens.

La place des citoyens pueblos

Assez indifférents aux changements de gouvernements dans la lointaine ville de Mexico, les Pueblos préfèrent être ignorés par les autorités, qu'elles soient espagnoles ou mexicaines. Forts de l'alliance qui les a unis aux Espagnols contre les raids des tribus nomades, encore relativement peu menacés dans leurs droits territoriaux, moins que jamais sollicités par les missionnaires, ils se sont fait une place en jouant habilement des différentes forces en présence. Évoluant entre l'univers relativement fermé de leurs villages et le monde extérieur, ils associent des activités traditionnelles, agricoles et artisanales, à de nouveaux métiers auxquels ils se sont initiés récemment. De nombreuses chroniques les décrivent comme d'excellents horticulteurs et maraîchers — ils fournissent une large part des légumes de la région —, et ils sont aussi menuisiers, charpentiers et forgerons [11]. Un certain nombre d'entre eux servent de guides et d'escortes aux troupes et aux voyageurs sur la Santa Fe Trail (Piste de Santa Fe) [12]. L'armée fait aussi appel à eux dans les campagnes contre les Navajos, qui continuent leurs raids sur les villages de la région, y compris sur les pueblos d'Abiquiu, Jemez et Santa Clara.

A l'époque, les pueblos ont encore de trois à six étages et leurs balcons aux rambardes de bois sont orientés vers la place centrale où se trouvent les kivas. Les danses rituelles, qui se déroulent pour la plupart au milieu du village, sont parfois organisées en dehors des territoires indiens, ce qui traduit à la fois une plus grande tolérance de part et d'autre et l'ébauche d'un brassage culturel et social. On signale notamment la présence occasionnelle à Santa Fe de danseurs de Tesuque et de Pecos. Les Indiens de Tesuque se distinguent d'ailleurs par leur participation à la première fête de l'indépendance mexicaine, organisée en 1822 [13]. Au fil des années, on vit progressivement d'autres pueblos s'associer à la fête de l'indépendance du 16 septembre [14].

Les Pueblos bénéficient d'une autonomie territoriale, sociale, culturelle et spirituelle, qui va de pair avec des échanges multiples avec l'extérieur. Parfois, des citoyens pueblos émigrent de leur communauté pour s'installer dans un village qui n'est pas indien. C'est ainsi que les Pecos sont assez nombreux, au cours des années 1820, à quitter leur village, très éprouvé par les raids des Comanches et par des épidémies.

Pour le Nouveau-Mexique, l'une des conséquences les plus importantes de la souveraineté mexicaine fut l'abandon de la politique d'exclusion des commerçants étrangers, qui avait été strictement imposée par l'Espagne. En ouvrant les frontières du Nouveau-Mexique aux Français, Canadiens français et aux Anglo-Saxons qui attendaient cette occasion ou se trouvaient réduits à la clandestinité, le nouveau gouvernement de Mexico suscite et encourage le développement des échanges sur la *Santa Fe Trail*, qui conduit jusqu'au Kansas, et sur la *Spanish Trail* (Piste espagnole) qui, à partir de 1830, relie le sud-ouest à la Californie. Les nouveaux venus, en particulier les Canadiens français, s'installent dans la région et se mêlent à la population de Taos et de Santa Fe. Il en va de même pour les Anglo-Saxons, qui sont de plus en plus nombreux et dont la présence rendra l'occupation du Nouveau-Mexique plus facile en 1846. Ce brassage ethnique et cet essor commercial n'excluent pas les Indiens, qui sont assez bien acceptés dans une société de plus en plus métissée et plurielle.

La coopération des Pueblos et des Hispanos se manifeste de façon flagrante dans le cadre de la politique régionale, qui met de plus en plus l'accent sur le rôle des hommes politiques natifs du Nouveau-Mexique. C'est ainsi que les Pueblos, aux côtés des Hispanos, s'élèvent contre l'autorité d'Albino Perez, gouverneur du Nouveau-Mexique entré en fonction en 1835. Perez est mal accepté parce qu'il est étranger à la région et contesté car il veut imposer des taxes supplémentaires, notamment sur le bétail et les travaux d'irrigation. C'est le 3 août 1837 qu'éclate l'insurrection et qu'une armée composée d'Hispanos et de Pueblos attaque Santa Fe. Perez prend la fuite, mais il est poursuivi jusqu'à Agua Fria, à quelques kilomètres de Santa Fe, où il est exécuté. Les rebelles le remplacent par un *genizaro* de Ranchos de Taos, José González[15]. Encore une fois, c'est la région de Taos qui est à l'avant-garde de la révolte, et c'est le point culminant — et éphémère — de l'association des Pueblos à l'administration régionale.

Sur le plan de la vie quotidienne, de nombreux témoignages attestent de la coopération et des relations de bon voisinage entre Hispanos et Pueblos. Dans une fameuse chronique datée de 1832, Antonio Barreiro souligne que les Indiens sont « à peine différents ». Au sein de cette société pluriethnique au brassage social et culturel constamment renouvelé, à une époque où les conflits territoriaux ne sont pas prédominants, il est rendu hommage à la composante indienne, à la qualité du mode de vie des autochtones, ainsi qu'à leur valeur humaine et intellectuelle[16].

Les vestiges de l'action missionnaire : le père Martinez

De nombreuses paroisses demeurent vides pendant la première moitié du XIXe siècle. Les chroniques régionales évoquent les longues distances que les prêtres doivent parcourir d'un pueblo à l'autre et le relâchement de l'action missionnaire, qui relève administrativement de la lointaine paroisse de Mexico. Antonio Barreiro signale la gravité de la situation, qu'il juge déplorable : « Cinq pueblos seulement (sur les vingt-cinq qui sont enregistrés) ont des missionnaires. Si le gouvernement ne prend pas des mesures énergiques pour remédier à la situation, les missions resteront vides et on continuera à négliger gravement le salut des âmes de ces malheureux Indiens[17]. »

Le déclin de l'ordre franciscain, déjà notable pendant les dernières décennies de la période espagnole, s'accentue au fur et à mesure que les frères meurent ou sont rappelés et sont remplacés par des prêtres séculiers responsables devant l'évêque de Durango. La situation financière des églises locales devient critique, car le prélèvement du denier du culte, qui avait donné lieu à des abus, à des marchandages et à des refus d'administrer les sacrements, est aboli en 1833. Les églises, reconstruites à grand-peine au siècle précédent, sont mal entretenues et on assiste à la détérioration de l'héritage architectural et des objets du culte.

Alarmés par cette situation, les chroniqueurs chrétiens réclament la création d'un évêché au Nouveau-Mexique et la construction d'établissements d'enseignement primaire et secondaire. Mais cette région fait l'objet de peu d'attentions de la part des autorités de Mexico, tant religieuses que civiles. C'est dans ce contexte que s'exerce l'action d'une personnalité d'exception, le père Antonio José Martinez, qui va dominer l'action missionnaire pendant toute la période mexicaine. Natif de la région, mais instruit au séminaire de Durango, Martinez revient au Nouveau-Mexique en 1823 pour exercer son sacerdoce. Son charisme, son éloquence, sa campagne contre le prélèvement obligatoire du denier du culte, son rôle actif dans les activités profanes autant que religieuses vont faire de lui l'un des hommes les plus en vue de la région.

Le père Martinez attire des fidèles de plus en plus nombreux dans ses paroisses de Tome, Taos et Picuris, se fait imprimeur pour publier du matériel pédagogique et des tracts religieux. Il convertit sans réticences Indiens, pionniers protestants ou athées, et sert de médiateur lors de l'insurrection de 1837, au cours de laquelle il reçoit, dans des circonstances dramatiques, la confession de José González, chef révolutionnaire, juste avant son exécution, alors qu'on le presse au cri de : « Confessez cet homme pour que nous puissions l'abattre de cinq coups de fusil[18] ! » Au-delà de son action missionnaire, il devient un homme d'influence.

En juillet 1833, Mgr Zubiria, évêque de Durango, fait une tournée d'inspection au Nouveau-Mexique, s'entretient longuement avec le père Martinez et l'autorise à créer le séminaire de Nuestra Señora de Guadalupe. Martinez va y former des prêtres qui constituent bientôt une équipe sur laquelle il s'appuie pour renforcer son action dans le nord. Religion et vie sociale s'entremêlent alors dans la société du Nouveau-Mexique, où fêtes profanes et religieuses se multiplient et se combinent, dans l'alternance des fandangos et des célébrations organisées à l'occasion des fêtes catholiques, en particulier au moment de Noël. Des pièces de théâtre sont montées pour célébrer la naissance du Christ ou mettre en scène des passages de l'Évangile.

La visite de Mgr Zubiria conduit à opérer quelques modifications dans l'administration des sacrements. C'est ainsi que, sur recommandation de Rome, il autorise les prêtres à administrer le sacrement de confirmation, privilège réservé jusqu'alors aux seuls évêques. Mais c'est quand même l'inquiétude qui prévaut dans le décret promulgué par Zubiria dès son retour à Santa Fe, le 21 juillet 1833. En effet, en l'absence de supervision et d'encadrement, il semble que les rites chrétiens aient connu dans certains cercles une dérive préoccupante, tout particulièrement parmi les exaltés de la foi de Santa Cruz, où l'évêque a découvert un groupe de pénitents, jusqu'alors ignoré ou toléré.

Les « hermanos de la Luz » ou pénitents

Les pénitents, qui aiment à se désigner sous le nom de « frères de la Lumière », se définissent comme le troisième ordre de saint François et ont adapté les rites catholiques à leur foi exacerbée. Ils pratiquent la mortification, la flagellation et célèbrent solennellement le calvaire et la crucifixion. L'évêque de Durango, préoccupé par ces manifestations extrêmes de la foi dans une région déjà encline à l'indiscipline, déplore leurs activités : « Il y a incontestablement une association de pénitents à Santa Cruz de la Canada, écrit-il, sans que les évêques aient donné leur autorisation ou en aient connaissance. (...) les souffrances corporelles patentes et abusives qu'ils s'infligent certains jours de l'année, même publiquement, sont tout à fait contraires à l'esprit de la religion et aux règles de la Sainte Église[19]. »

L'existence de pénitents au Nouveau-Mexique à cette époque a fait couler beaucoup d'encre. On a parlé d'influence indienne, l'émotion religieuse étant associée à certaines forces de paroxysme, ou au retour aux sources de la foi espagnole, avec son ascétisme teinté d'un mysticisme ardent et son extrémisme latent. Pour les pénitents, le Christ ne cesse d'agoniser sur la croix pour sauver les hommes et les vrais croyants s'identifient à lui, offrant leurs souffrances au monde entier.

Au Nouveau-Mexique, le manque de clergé et l'isolement entraînèrent le développement d'un catholicisme qui échappait au contrôle des évêchés mexicains. L'existence et la particularité des pénitents étaient-elles tolérées ou encouragées par les autorités religieuses locales ? Des excès entouraient l'organisation de la Semaine sainte : dramatisation de la Passion du Christ, apparition de Pilate et des centurions autour de la croix au son des fouets et de la musique plaintive des flûtes, puis mise en bière du corps du Christ et procession générale. Ces manifestations exacerbées de la foi catholique, déjà désapprouvées par la hiérarchie religieuse mexicaine, ne pouvaient pas être longtemps tolérées par le nouveau pouvoir anglo-saxon à partir de l'annexion du Nouveau-Mexique par les États-Unis.

L'annexion du Nouveau-Mexique

Au milieu du XIXᵉ siècle, le Nouveau-Mexique se trouve soudainement incorporé à la culture anglo-saxonne. En effet, depuis quelque temps déjà, aux États-Unis, le président Polk nourrissait des rêves expansionnistes. Il souhaitait agrandir l'Union mais le Mexique refusait sa proposition d'achat du Nouveau-Mexique et de la Californie. En 1846, Polk provoque une confrontation en ordonnant au général Zachary Taylor de faire avancer ses troupes jusqu'au Rio Grande. Dès le mois de mai, le Mexique et les États-Unis sont en guerre. La résistance du Nouveau-Mexique s'avère presque inexistante et, en août, les troupes du général Kearny arrivent à Santa Fe.

Quelles que soient les raisons invoquées pour expliquer la faible opposition à l'invasion des États-Unis — manque de soutien de Mexico, manque de fonds, dissensions internes, épuisement d'une armée démoralisée et mal payée, défaillance ou corruption du général Armijo —, la facilité avec laquelle Kearny prit possession de la région, sans avoir à y livrer bataille, demeure aussi curieuse que la destinée d'une région vouée à la marginalité et à la différence, ballottée entre les pouvoirs et les cultures qui s'y succèdent et s'y mêlent, maintenant une forme d'autonomie et de spécificité malgré les invasions successives.

DOCUMENT

« Les Indiens des Pueblos comme catholiques »
Adolf Bandelier

Dans cet extrait du « manuscrit perdu de Bandelier », le célèbre anthropologue d'origine suisse révèle tant sa finesse de perception et sa capacité d'analyse que les préjugés ethnocentriques de son époque. On considère alors que les Indiens païens et idolâtres doivent être conduits, comme des enfants rebelles, vers un niveau supérieur de compréhension et de civilisation.

Les habitants indiens des communautés villageoises du Nouveau-Mexique ont conservé la majorité de leurs coutumes et croyances idolâtres (...). Les Indiens sont toujours encore « franchement » païens. Et, malgré cela, leur attachement à la religion catholique est profond et sincère, ils se considèrent comme enfants de l'Église et ne veulent entendre parler d'autres opinions au milieu d'eux. Ils ne comprennent pas la dissidence, ils sont sincèrement et honnêtement (selon leurs idées et leur entendement) CATHOLIQUES.

L'attachement que l'Indien des Pueblos professe pour l'Église se montre de bien des manières différentes et à beaucoup d'occasions. Il s'est montré encore dans les derniers temps à l'occasion des écoles dites « indiennes ». Il s'était montré auparavant et aux autorités du nouveau régime introduit par l'annexion aux États-Unis d'Amérique du Nord. Tous les efforts que le gouvernement « non confessionnel » de ce pays permit et qu'il sanctionne même en subsidant les agents qui s'en chargeaient dans le but de soustraire les Pueblos à l'influence catholique sous le prétexte d'une « instruction libérale » n'ont pas réussi. Les Pueblos n'ont voulu devenir ni protestants ni rationalistes. Les Pueblos gardent avec jalousie et leurs églises, et tout ce qui s'y rattache, ils observent, au moins extérieurement, bien des formalités du culte, ils respectent les prêtres, tout en leur faisant quelquefois des niches. Leur conduite — en général — démontre qu'ils sont vis-à-vis de l'Église et de ses serviteurs dans la position d'enfants, qui « regimbent » souvent, qui ne comprennent pas encore ce que l'on voudrait faire d'eux et pour eux, mais qui cependant aiment leurs parents et ne permettraient pas qu'on leur fasse du mal s'ils avaient la force de l'empêcher. Séparer l'Indien Pueblo de l'Église, ça serait séparer un enfant du foyer paternel.

L'Indien présente donc le spectacle exceptionnel d'un homme qui cultive deux croyances distinctes à la fois, qui obéit à deux principes antagonistiques*.

* *Histoire de la Colonisation et des missions de Sonora, Chihuahua, Nouveau-Mexique et Arizona, jusqu'à l'année 1700* ; texte inédit, surnommé le « manuscrit perdu de Bandelier », partie II, chap. I, History Library, Museum of New Mexico, Santa Fe. Original illustré à la bibliothèque du Vatican. Bandelier (1840-1914), né à Berne, de père suisse et de mère russe, fut l'un des premiers américanistes qui chercha à donner une base scientifique à l'ethnologie des Indiens Pueblos.

4

Le pouvoir américain

Le nouvel ordre anglo-saxon

A la fin juillet 1846, avant même d'arriver à Santa Fe, Kearny diffusait au sein de la population une proclamation officielle. Elle garantissait aux citoyens du Nouveau-Mexique le respect de leurs droits s'ils se montraient dociles et les mettait en garde contre toute velléité de résistance. Parallèlement, une mission était envoyée dans la vallée de Taos pour s'assurer des bonnes dispositions des habitants, y compris des Indiens, et exprimer les meilleures intentions des nouveaux venus à leur égard. Toute la population du Nouveau-Mexique se voyait proposer la citoyenneté américaine et il était rappelé que la conquête s'était faite « sans tirer un coup de fusil et sans faire couler une goutte de sang[1] ».

Soucieux d'instaurer un gouvernement avant de partir vers la Californie, Kearny nomme le gouverneur Charles Bent et des juges territoriaux. Une ébauche de législation est mise en place aux termes du « Code Kearny », établi en tenant compte des précédents mexicains et américains, et imprimé sur la vieille presse du père Martinez. Dès le 22 septembre 1846, un *Bill of Rights*, extrait du Code Kearny, est porté à la connaissance des habitants. Ce texte, largement inspiré du *Bill of Rights* de la Constitution américaine, prévoit la protection des droits individuels dans des termes qui paraissent nouveaux aux habitants de la région. Les Pueblos, qui sont partagés devant l'instauration du nouveau pouvoir, envoient des délégations à Santa Fe.

Les mesures rapides prises par Kearny pour américaniser le Nouveau-Mexique ne transforment pas la région du jour au lendemain. Le nouveau pouvoir est mal supporté et les altercations sont fréquentes entre la population et les forces armées. Dès que le général quitte la région, la révolte gronde parmi les citoyens influents encore attachés au Mexique et au sein du clergé catholique qui se sent menacé par l'arrivée des protestants ; des réticences sont aussi exprimées par bon nombre d'Indiens Pueblos, fidèles au pouvoir mexicain, qui craignent que l'afflux d'immigrants ne conduise à la remise en question de leurs droits. Il y a alliance objective entre ces couches de population diverses dans l'opposition à la présence américaine.

Dès l'automne 1846, le bruit court qu'une insurrection se prépare. Le général Price, responsable des troupes américaines, procède à des arrestations qui mettent momentanément un terme aux troubles. Un autre soulèvement est alors organisé dans le plus grand secret dans les comtés du Nord. Il s'agit cette fois d'un mouvement de caractère populaire, qui réunit les Mexicains pauvres de la vallée de Taos et les Pueblos. La révolte éclate le 19 janvier 1847, avec l'assassinat du gouverneur Bent, qui avait quitté Santa Fe cinq jours plus tôt pour se rendre au village de Fernandez (de Taos), et qui est découvert le corps transpercé de balles et de flèches, et scalpé. Les insurgés, menés par un Mexicain et un Indien, attaquent les résidences des Américains. Des tracts appelant à la rébellion générale sont distribués et une armée révolutionnaire est mise en place [2].

Le général Price fait route vers la zone des troubles, soumettant en chemin des bandes d'insurgés. Dans le village de Taos, les soldats trouvent les rebelles retranchés dans la mission de San Geromino, à l'abri de ses épais murs de pise. L'église, devenue symbole de l'alliance entre Mexicains et Pueblos, est bombardée et pratiquement détruite. L'armée vient assez rapidement à bout de la révolte et les rebelles sont exécutés. Après la mort du gouverneur Bent, c'est un natif de la région qui est nommé gouverneur et placé sous l'autorité du général Price, jusqu'à la signature du traité de paix entre le Mexique et les États-Unis.

Le 2 février 1848 est signé le traité de Guadalupe Hidalgo, qui met un terme à la guerre entre le Mexique et les États-Unis et vise à établir « au nom de Dieu tout-puissant des relations de paix et d'amitié ». Par ce traité, les États-Unis obtiennent le Texas, le Nouveau-Mexique et la Californie. Les Mexicains qui veulent conserver leur nationalité doivent le faire savoir avant un an ; les autres deviennent automatiquement citoyens des États-Unis. Le nouveau pouvoir américain s'engage à respecter les droits territoriaux des citoyens du Mexique, y compris les Pueblos[3].

Le duel des hommes de Dieu

> Dans cette dépression se trouvait Santa Fe. Une ville de pisé, sans épaisseur et comme sans ancrage (...). Et, à un bout, l'église et ses deux tours de terre s'élançant au-dessus des plats. La longue rue principale partait de l'église et la ville paraissait en couler comme un cours d'eau de la source (...). Les deux hommes entrèrent ensemble dans Santa Fe, et la vouèrent à la gloire de Dieu.
>
> WILLA CATHER[4].

C'est le 2 août 1851 que parvient à Santa Fe le père Jean-Baptiste Lamy, qui va devenir le principal rival du père Martinez et donner une coloration nouvelle au catholicisme dans la région. Il est accompagné de son fidèle ami Machebeuf, prêtre et auvergnat comme lui, qui sera son inconditionnel assistant. Dès son arrivée, Lamy s'émerveille devant cette ville de pisé aux tonalités ocre et roses, qui paraît à la fois surgir du désert et s'y fondre parfaitement. Ce coup de cœur, dont il a laissé de nombreux témoignages, pour cette ville dont il sera le premier archevêque et où il fera ériger la première cathédrale, renforce d'emblée sa détermination en ajoutant à sa mission la révélation personnelle d'un homme conquis par l'attrait d'un univers nouveau.

Dès son arrivée à Santa Fe, épuisé par un voyage difficile qui l'a conduit de Philadelphie jusqu'au Nouveau-Mexique, il se heurte à des difficultés administratives multiples. Son autorité même est contestée par les prêtres mexicains de la région, qui déclarent se trouver sous la juridiction exclusive de l'évêque de Durango et ne pas avoir été informés de la constitution d'un vicariat apostolique à

Santa Fe. Le père Martinez ne voit pas d'un bon œil l'arrivée de ce nouveau venu et prend la tête de la contestation dirigée contre le prêtre français ; c'est ainsi que s'amorce un conflit qui conduira, à travers deux hommes, à la confrontation de deux conceptions du catholicisme. Le service postal est pratiquement inexistant dans la région et Jean-Baptiste Lamy doit entreprendre un long voyage à cheval de plusieurs centaines de kilomètres pour s'entretenir avec l'évêque de Durango et recevoir les documents définissant son vicariat.

Lamy, qui devint un héros sous la plume de l'écrivain Willa Cather — à laquelle il inspira une très belle biographie à peine romancée, publiée en 1927 —, et dont la plupart des chercheurs s'accordent à reconnaître les qualités d'administrateur et la rigueur morale[5], demeure la bête noire d'une partie de la population d'origine hispanique, qui voit encore en lui l'un des agents les plus influents des réformes antimexicaines qui marquent la deuxième moitié du XIXᵉ siècle. Curieusement, c'est un Français et un catholique qui, en réorganisant les structures religieuses, porte une atteinte notable aux forces du catholicisme autochtone qui s'étaient développées dans la région et à l'influence mexicaine au niveau local.

En instaurant une gestion sévère et rigoureuse des affaires de l'Église catholique, par sa lutte contre les pénitents, par son opposition à la gestion laxiste et populiste du père Martinez[6], par la construction de la cathédrale de Santa Fe dans un style inspiré des églises romanes de sa région natale d'Auvergne, Jean-Baptiste Lamy se fit des ennemis irréductibles et des admirateurs passionnés. Son action, contestée jusqu'à ce qu'il soit nommé évêque par Rome en 1853, demeura controversée jusqu'à la fin de sa vie, qu'il voua totalement à sa région d'adoption. Il voulut absolument passer ses derniers jours auprès de la cathédrale qu'il lutta tellement pour faire construire, mais qu'il ne vit jamais achevée.

A travers les deux vies exceptionnelles du père Martinez et de Jean-Baptiste Lamy, animées l'une comme l'autre par un attachement très vif pour le Nouveau-Mexique et sa population, habitées d'un intérêt réel pour le sort du peuple indien, conduites par la détermination de jouer un rôle de premier plan dans la région, on découvre les mutations d'une partie des États-Unis qui, contrairement à la plupart des autres, va conserver une identité sociale et culturelle plurielle, une triple appartenance aux univers hispano-mexicain, indien et anglo-saxon. A l'intérieur de cet ensemble composite qui s'avère unique, le père Lamy apporte un élément supplémentaire, discret et éphémère : la composante française.

La petite France du Nouveau-Mexique

Jean-Baptiste Lamy vécut soixante-quinze ans. Il connut la flamme d'une forte vocation, le renoncement au pays natal et l'envoûtement des grands espaces de l'Ouest, dont il était convaincu qu'il lui appartenait d'y défendre la catholicité. Il partit pour le Nouveau Monde de son plein gré, mais c'est le « devoir d'obéissance » qui le conduisit au Nouveau-Mexique, en raison d'une décision de Rome, en quête d'un homme susceptible de mettre de l'ordre dans le catholicisme déviant de la Frontière.

Lamy vit le jour en 1813, à Lempdes, au centre de la France ; il mourut en février 1888 dans sa terre d'adoption, entouré d'une colonie française de prêtres et de religieuses qu'il avait convaincus de tout quitter pour venir renforcer l'action défaillante de l'Église catholique autour de Santa Fe. Il fut prêtre pendant un demi-siècle et évêque pendant près de quarante ans.

En envoyant ce jeune prêtre français dans une région qui était encore mexicaine trois ans plus tôt, dont il parlait à peine la langue, en l'expédiant sur un sol fraîchement conquis par le gouvernement des États-Unis, où s'implantaient des colons protestants de plus en plus nombreux, le Saint-Siège lui confiait une mission presque impossible. Faire rayonner une foi catholique rigoureuse aussi loin de Rome, face à l'opposition des Mexicains, mais aussi confronté à la compétition des différents prosélytismes protestants, telle était la tâche qui lui était impartie, en raison des qualités d'autorité et de diplomatie qui lui étaient reconnues. Comme le suggère Willa Cather dans sa biographie, on l'avait choisi car on disait alors à Rome « que les Français font les meilleurs missionnaires (...). Les pères espagnols font d'excellents martyrs. (...) Les Allemands trient et classent. (...) Mais les Français arrangent les choses[7] ».

Arrivé à Santa Fe en 1851, Jean-Baptiste Lamy fut nommé évêque dès 1853, pour renforcer son autorité. Cette nomination fut accueillie par un enthousiasme populaire qui le surprit lui-même et qui traduisait la fierté de la population locale, sensible à un signe tangible de reconnaissance des autorités catholiques. Dans un contexte historique où l'Église et l'État étaient étroitement imbriqués, le Nouveau-Mexique se sentait flatté par la présence d'un évêque. La « dignité » naturelle de ce jeune évêque, « la patience, la civilité et l'intelligence » qui, selon les termes de l'historien Paul Horgan, caractérisaient le prêtre français, contribuèrent à mobiliser les foules, avant que l'enthousiasme ne soit modulé par la controverse que suscita son action parmi les hispanophones.

Lamy s'initia rapidement à l'espagnol et à la région. Il entreprit un tour d'horizon de son épiscopat, nota le piètre état de la plupart des églises, remarqua le pouvoir croissant des pénitents, la corruption qui entourait l'administration des sacrements et décida de mettre en œuvre un programme de réforme. Il dénombra huit à neuf mille Indiens catholiques et amorça l'évangélisation de quelque trente mille autres en renforçant les missions et en créant des écoles. Pour ce faire, il était résolu à s'entourer de jeunes missionnaires français. Il entreprit aussi d'imposer une discipline rigoureuse au clergé local, déclenchant une levée de boucliers qui, sa vie durant, ne lui laissa aucun répit.

L'idéal de Jean-Baptiste Lamy n'était pas dénué d'ethnocentrisme, même s'il témoignait à tous ses nouveaux paroissiens — Mexicains, Indiens, colons anglophones — la même sollicitude. Il aspirait à recréer une petite France dans ce qu'il considérait comme « un océan de négligence ». Il se prononçait en faveur d'une réglementation du coût des services religieux : ils demeureraient payants, sans exception, mais leur montant serait limité. Lamy adoptait à cet égard une position intermédiaire, s'opposant tant à ceux qui voulaient continuer de fixer à leur guise le « prix » des sacrements qu'au père Martinez qui menait campagne en faveur de la gratuité. Cette prise de position était assortie de mesures susceptibles de dresser contre lui certains éléments du clergé local : il instaurait un contrôle plus strict de la comptabilité des paroisses, réduisait les revenus perçus par les prêtres afin de pouvoir en consacrer une partie à la construction des écoles et à la réfection des églises.

Dans des recommandations de caractère général, il s'élevait contre l'adultère et la fréquence des divorces, dénonçait le goût du jeu et de l'alcool et mettait en garde contre les danses endiablées — fandangos en tout genre — qui se multipliaient dans la région et lui paraissaient s'apparenter plutôt « au paganisme qu'au catholicisme ». En filigrane, on décèle la volonté de contrôler les expressions trop exotiques de la foi catholique, y compris celles des pénitents qui préoccupaient Rome autant que lui. Dès l'année suivante, il s'attelle à cette tâche et, en 1856, il publie des réglementations à l'intention des frères de la Lumière [8].

La nouvelle rigueur, imposée au clergé par Lamy, se manifesta concrètement face à ce que l'on considérait, selon le point de vue de l'observateur, comme le relâchement des mœurs ou les libertés prises à l'égard de la doctrine chrétienne. C'est ainsi qu'à Albuquerque il était de notoriété publique qu'un prêtre, le père Gallegos, par ailleurs réputé pour son entrain et son intelligence, vivait avec une jeune Mexicaine mariée et gérait avec elle un commerce prospère dont les portes « demeuraient ouvertes le jour du Seigneur ». A Santa Fe, le père Lujan était aussi réputé pour « son amour pour les plaisirs du monde », selon l'expression du père Machebeuf. Il aurait organisé un enterrement somptueux pour l'une de ses maîtresses et suivi le cercueil en tenue civile. Lamy le suspendit, ainsi que Gallegos, les mettant désormais dans le camp du père Martinez, qui s'était toujours refusé à reconnaître vraiment son autorité. Il en résulta une recrudescence du courant de révolte d'une partie du clergé local, qui associait Lamy à la menace du nouvel ordre anglo-saxon. Selon le point de vue des observateurs, on présente cette épuration comme une atteinte au développement d'un clergé autochtone au Nouveau-Mexique ou au contraire comme une intervention salutaire pour éliminer des abus par trop patents. Comme le souligne l'historien Paul Horgan : « Lamy, dans sa rigueur, ne pouvait fermer les yeux sur la façon dont les sacrements fondamentaux de la religion catholique se trouvaient bafoués par ses représentants mêmes [9]. »

Le point culminant de cet affrontement avec le clergé local fut l'excommunication de Martinez. Ce dernier, après s'être maintes fois opposé à Lamy, était parvenu à un statu quo non dénué de réticences à son égard, qui se traduisait par une acceptation de façade de son autorité associée — en sous-main — à une dénonciation active de son action, même auprès de Rome. Martinez sembla déposer les armes quand, invoquant une santé chancelante, il offrit sa démission à Lamy, en recommandant son propre successeur. Le fait que Lamy

133

récuse ce choix devint l'amorce du deuxième acte d'une confrontation dramatique. En l'occurrence, le protégé de Martinez était le jeune prêtre don Ramón Medina, natif du Nouveau-Mexique, que Lamy, en termes diplomatiques, jugea « pas encore assez expérimenté » ; il lui préféra un Européen, don Damaso Taladrid, Espagnol dont il avait fait la connaissance à Rome deux ans plus tôt. Le refus d'accepter Taladrid empoisonna les dernières années de Martinez, qui se lança dans une contestation épuisante, continua à administrer les sacrements en dépit de sa démission officielle, adressant des lettres ouvertes à Lamy dans lesquelles il dénonçait son action. Son excommunication, mettant fin à ce que l'on appela le « schisme de Taos », par lequel s'opposait deux Églises, celle de Taladrid et celle de Martinez, apaisa temporairement la tempête. Taladrid fut remplacé par un prêtre local, du nom d'Ortiz, mais Martinez ne put jamais l'accepter tout à fait. Il se proclama toujours le défenseur du Nouveau-Mexique hispano-indien contre l'Église des étrangers, incarnée par Lamy et ses acolytes français, derrière lesquels il voyait se profiler le catholicisme américain, qui ne pouvait manquer de prendre la relève.

L'étroitesse des liens qui unissaient Martinez et les pénitents demeure une interrogation. On a fait valoir que les frères de la Lumière constituaient un réseau d'entraide et d'action politique, autant qu'un mouvement religieux. Il semble que la révolte de 1847, à laquelle Martinez se trouva associé, aurait été stimulée par les pénitents qui avaient comblé le vide résultant de l'effritement de l'action missionnaire. Les Pueblos, isolés dans leurs villages, demeurèrent à l'écart des manifestations extrêmes de la foi incarnées par les pénitents. Mais les exaltés comptaient dans leurs rangs des *genizaros*, métis vivant en dehors des communautés indiennes, qui purent se trouver absorbés dans le courant des pratiques fanatiques. On mentionne l'existence d'éléments autochtones dans les objets de culte utilisés par les pénitents : les fouets en fibre de yucca remplacèrent les lanières de cuir ; des branches de cactus étaient attachées sur le dos pour accroître la douleur et le dos était lacéré par des éclats d'obsidienne. L'opposition de Lamy aux pénitents demeura dénuée de virulence, mais s'exerça sans relâche pendant les quarante années de son épiscopat. Les pénitents quittèrent les églises pour les *moradas*, perpétuant leurs rites dans le secret des demeures d'un réseau de fidèles disciples. La réorganisation du clergé au niveau régional, le recrutement de nouveaux prêtres, souvent français, incarnant une vision plus cartésienne de la foi, amorcèrent l'effritement du pouvoir des frères de la Lumière.

Jean-Baptiste Lamy eut un parcours parallèle à celui de Joseph Machebeuf, son camarade de séminaire, qu'il fit venir au Nouveau-Mexique pour renforcer son action. L'une de leurs premières démarches communes consista à se ménager l'aide de religieuses enseignantes du Kentucky, pour démarrer leur programme d'éducation dans la région. Dans leur sillage, l'enthousiasme missionnaire gagna les religieux français qui firent le voyage épuisant et parfois périlleux qui les conduisit — quand ils survécurent à la fatigue et aux maladies — jusqu'au sud-ouest des États-Unis. Dès 1854, Lamy recruta, dans le diocèse de Clermont-Ferrand, trois prêtres (P. Eguillon, N. Juillard et A. Avel) ainsi qu'un diacre et deux sous-diacres[10]. Ils furent répartis dans la région, certains demeurant à Santa Fe, tandis que d'autres étaient directement envoyés dans les pueblos. Avec le recul, la succession des prêtres et des évêques qui continuèrent l'œuvre de Lamy à Santa Fe apparaît comme une lignée française, qui se poursuivit jusqu'aux années 1920.

C'est en 1869 que fut posée la première pierre de la cathédrale de Santa Fe ; c'était le projet architectural le plus important et le plus novateur de l'histoire de la ville, dont la réalisation s'inscrit dans le cadre de la politique religieuse de l'époque. Pour Jean-Baptiste Lamy, c'était l'objectif ultime, auquel il devait consacrer sa vie entière, pour lequel il dut mobiliser des sources de financement multiples, s'opposer aux réticences locales, se ménager l'appui de Rome. Pour une partie de la vieille garde hispanique, c'était l'intrusion d'une forme d'architecture nouvelle — le style roman — et d'un matériau nouveau — la pierre — qui venait modifier les constructions traditionnelles en adobe. Jean-Baptiste Lamy avait conçu son projet dans la tradition française, en s'inspirant des cathédrales romanes d'Auvergne de son enfance. Mais la réalisation tenait compte de l'apport local, des tons ocre des revêtements d'adobe, et constituait une tentative de syncrétisme architectural, une greffe française au Nouveau-Mexique. Parallèlement à la cathédrale de Santa Fe, une campagne de reconstruction des églises est lancée dans les villages environnants et les pueblos indiens. C'est ainsi que le pueblo de San Juan se trouve doté d'un nouvel édifice de pierre d'inspiration romane.

La querelle des anciens et des modernes, en matière architecturale, recouvre des tendances diverses, parmi lesquelles la reconstruction de la culture matérielle catholique entreprise par l'archevêque Lamy ne constitue qu'un aspect. En effet, à côté de sa vision, profondément influencée par ses racines françaises, on assiste à la poussée d'influences anglo-saxonnes et à l'américanisation progressive du paysage.

La consécration de la cathédrale n'eut lieu que le 7 mars 1886, deux ans avant la mort de Lamy, alors que l'édifice n'était pas encore achevé. Le manque de fonds entrava la complète finition pendant plusieurs décennies. Mais, comme Jean-Baptiste Lamy l'avait souhaité, c'est un grès qui donne à la cathédrale son ton ocre, en harmonie avec l'architecture environnante. Il provient des hauteurs d'une mesa dont le principal village a été appelé Lamy, en hommage à sa mémoire. Un certain nombre de détails historiques entourent la décoration de la cathédrale ; c'est ainsi que le nom de Yahvé est gravé au-dessus de l'entrée principale. On a vu dans cette inscription une illustration de l'amitié qui unissait Lamy aux colons et aux marchands juifs qui contribuèrent à l'édification de la cathédrale. Quant aux vitraux, ceux de la rosace de la façade comme ceux des parois latérales, ils furent fabriqués en France, à Clermont-Ferrand, par Félix Gaudin.

Lamy donna sa démission le 18 juillet 1888, conscient que sa santé faiblissait. C'est Jean-Baptiste Salpointe, auvergnat comme lui, qui lui succéda. L'archevêque Lamy, qui vouait un attachement extrême à sa région d'adoption, prit sa retraite dans la vallée de Tesuque, à quelques kilomètres de Santa Fe, dans un environnement très imprégné de la présence indienne. Il ne revit jamais son pays natal. Willa Cather, dans sa biographie, imagine ses derniers moments, son appartenance finale et absolue à ce continent où il s'était longtemps senti étranger, où il avait souvent connu la nostalgie de la France, mais qui le retint à la fin de ses jours, jusqu'à ce qu'il repose à l'ombre de sa cathédrale : « Toute sa famille (...) et tous ses amis (...) s'attendaient à ce que le vieil archevêque s'en fut passer ses dernières années là-bas, sans doute à Clermont, où l'attendait une chaire de son ancien collège. Tel semblait être le cours naturel des choses, et il y avait gravement réfléchi (...). Mais arrivé dans l'Ancien Monde, il s'était aperçu que lui manquait le Nouveau. C'était un sentiment qu'il était incapable d'expliquer, l'impression que la vieillesse n'était pas aussi pesante aux épaules d'un homme au Nouveau-Mexique que dans le Puy-de-Dôme. Clermont était belle, mais il y avait été envahi de tristesse, son cœur dans sa poitrine, comme une lourde pierre. Trop de passé peut-être. Quand la brise berçait les lilas des vieux jardins et secouait les panaches fleuris des marronniers, il fermait parfois les yeux et songeait au chant aigu qu'interprétait le vent dans les pins droits et zébrés des forêts navajos[11]. »

Héroïque pour Willa Cather, exemplaire pour son biographe Paul Horgan, Jean-Baptiste Lamy est aujourd'hui encore contesté par les défenseurs d'une tradition hispano-indienne quelque peu mythique, dont l'expression s'est renforcée au cours de ces dernières années avec le développement de l'histoire régionale et ethnique aux États-Unis. Ces nouveaux historiens se fondent sur l'idée d'une réconciliation du conquérant et du conquis au XVIIIe siècle, à la faveur de laquelle un christianisme autochtone aurait été en gestation avant que n'interviennent Lamy et sa rigueur, suivi des Anglo-Saxons avec lesquels il contracta une alliance objective, déchirant la trame culturelle de la région.

Pour la conversion des Indiens et la gestion des paroisses catholiques au sein des pueblos, les prêtres français n'étaient pas plus ouverts à l'apport spirituel des religions indiennes que ne l'avaient été avant eux les franciscains espagnols. D'après eux, il convenait d'éliminer les pratiques païennes et de les remplacer graduellement par un monothéisme exempt d'exotisme. Mais les écrits de Lamy lui-même témoignent d'une profonde appréciation pour les aptitudes morales et spirituelles des Indiens, y compris des nomades tels que les Navajos, qui pourtant étaient redoutés à l'époque et souvent caricaturés par la perception populaire. D'une façon générale, la contrainte ne fut pas utilisée, dans le cadre de l'épiscopat de Jean-Baptiste Lamy, contre les pratiques religieuses traditionnelles. La stratégie de conversion s'inscrivait dans le contexte général du canevas d'écoles paroissiales qui étaient établies dans la région.

L'ethnologue Edward Dozier, d'origine indienne, fait un bilan nuancé et réaliste de l'action de Lamy en territoire indien : « Lamy non seulement développa le clergé, réforma l'Église catholique du Nouveau-Mexique, mais aussi lança un programme progressif d'éducation. L'Église catholique, au cours du long exercice de Lamy, essaya de persuader les Pueblos d'abandonner leurs pratiques et leurs croyances païennes, mais n'employa pas les méthodes coercitives des franciscains espagnols. Les réformes de Lamy n'atteignirent pas les pueblos des Zunis ni des Hopis. Ces pueblos en revinrent à leurs coutumes et croyances païennes. Ce n'est que vers la fin du XIXᵉ siècle, cette fois à travers le travail des missionnaires protestants, que les Pueblos de l'Ouest devaient faire l'expérience d'une interférence dans leurs pratiques religieuses. A vrai dire, en dehors du fait que Lang accrut la disponibilité des services religieux dans les pueblos, ce qui était un avantage contestable pour la plupart des Indiens, ses activités affectèrent surtout la population non indienne. L'archevêque Lamy fit reconstruire un certain nombre de missions qui étaient tombées en ruine et en construisit beaucoup d'autres, certaines assorties d'écoles et de couvents. En outre, Lamy suscita le respect à l'égard de l'Église et de son clergé tant de la part des catholiques que des non-catholiques [12]. »

Rome récompensa l'action de Lamy en le nommant archevêque dès 1875. Indépendamment des convictions religieuses de chacun, et au-delà de sa propre existence, cet honneur attribué à un dignitaire religieux de la région contribuait à conférer à Santa Fe un statut nouveau de capitale régionale, qui effaçait progressivement son image de ville de la Frontière.

La fin du XIXᵉ siècle et la diversification des cultes

L'action de l'archevêque Lamy était considérée comme importante par Rome dans un contexte religieux marqué par une diversification progressive des cultes. En effet, parallèlement à son action, on notait l'implantation des premières églises et écoles protestantes. Des missionnaires baptistes commencèrent à arriver dans la région en 1849 et, cinq ans plus tard, ils construisaient la première église protestante du Nouveau-Mexique. C'est aussi à peu près à cette époque qu'arrivèrent les presbytériens et les méthodistes. Quelques années plus tard, en 1863, un évêque épiscopalien de passage célébrait pour la première fois un service religieux. Ces premières implantations constituaient la base d'un mouvement qui allait prendre de l'ampleur, à mesure que la proportion des protestants dans la région s'accroissait et avec l'installation du chemin de fer au début des années 1880. Dans les pueblos, les Indiens voyaient arriver ces chrétiens d'un type nouveau, qui n'étaient pas les bienvenus auprès des prêtres catholiques en exercice. Les presbytériens, avec l'aide du gouvernement, créèrent des écoles dans les pueblos de Laguna, Zuni et Jemez. Une vingtaine d'enfants furent aussi envoyés dans l'Est, en Pennsylvanie, au collège de Carlisle, spécialisé dans l'éducation des Indiens, dans le cadre d'une perspective nouvelle consistant à éloigner les enfants de leur cadre de vie pour modeler plus rapidement leur esprit.

Au cours du XIXe siècle, les contacts entre Pueblos et Anglo-Américains furent dans une large mesure limités aux agents du gouvernement et aux missionnaires protestants. Au départ, ceux-ci abordèrent les Indiens avec prudence, craignant que des stratégies hâtives ou brutales ne conduisent à un rejet. Dans la plupart des cas, ils étaient autorisés à demeurer dans les pueblos en raison de leur rôle complémentaire d'enseignants. Une grande partie de l'opposition aux missionnaires protestants dans les villages provenait des prêtres catholiques pour lesquels ils étaient des concurrents. Les missionnaires protestants faisaient valoir auprès du gouvernement que les catholiques étaient contre une véritable éducation pour les Indiens, et la compétition sans relâche entre les uns et les autres n'allait pas sans dénigrement réciproque. Quant aux Pueblos, désormais exposés à toutes les facettes d'une religion chrétienne fractionnée, ils ne prenaient pas position. Ils demeurèrent — au moins en apparence — catholiques et toujours fidèles à leur identité tribale [13].

La situation des Pueblos au tournant du XXe siècle

Au cours de cette période se produisent des changements majeurs, à certains égards plus radicaux qu'au cours des trois siècles qui viennent de s'écouler. Avec le chemin de fer déferlent des colons par milliers, des curieux impatients de découvrir le Far West, des commerçants attirés par de nouveaux marchés. Les composantes ethniques de la population locale s'altèrent de façon substantielle, avec la progression démographique et sociale des « Anglos », le remplacement de l'espagnol par l'anglais, l'apparition des différentes dénominations protestantes. Les structures de l'emploi évoluent rapidement, les activités agricoles cédant progressivement la place aux professions commerciales.

Les Pueblos qui acceptent les emplois en dehors de leurs terres sont exposés à des modes de vie radicalement différents. Parallèlement, leurs enfants, parfois envoyés dans des pensionnats éloignés de chez eux, se trouvent confrontés à d'autres valeurs. Alors que les villages pueblos avaient conservé une économie de subsistance jusqu'à l'arrivée des Américains, l'ouverture de nombreux comptoirs d'échanges, à la fin du xIxᵉ siècle, les projette dans les complexités d'une économie de crédit qui leur est complètement étrangère.

Après son annexion par les États-Unis, le Nouveau-Mexique demeura un territoire pendant plus de soixante ans, jusqu'en 1912, en dépit des tentatives répétées pour se voir promu au rang d'État. Pendant cette période d'instauration du nouvel ordre anglo-saxon, le statut juridique des Pueblos demeura flou. Contrairement aux Indiens dits « guerriers », ils ne furent pas placés sous la tutelle du gouvernement fédéral. Les Pueblos, qui posaient peu de problèmes aux autorités, constituaient un cas à part, ils étaient considérés comme « les autres Indiens », d'autant plus que leurs droits territoriaux étaient issus des ordonnances de la Couronne d'Espagne.

Pour Washington, les droits originels des Indiens ne comptaient pas. Seuls les droits territoriaux reconnus en vertu des ordonnances des premiers colonisateurs pouvaient être pris en compte. L'incertitude régna jusqu'à la reconnaissance progressive, au cours des années 1850-1860, des concessions territoriales espagnoles du xVIIᵉ siècle par le gouvernement des États-Unis. Certains pueblos eurent du mal à retrouver ces anciens documents, datant de deux siècles, dont ils saisissaient mal la portée. Les communautés d'Acoma, de Laguna et de Zuni durent attendre particulièrement longtemps pour se voir confirmer dans leurs droits, respectivement en 1877, 1909 et 1933.

Ces difficultés juridiques furent la cause de malentendus — volon-

Le chef Gall, guerrier hunkpapa, compagnon de Sitting Bull, se convertit, après maintes hésitations, au christianisme épiscopalien.

© South Dakota Historical Society

Red Cloud, chef des Sioux Oglalas. Converti au christianisme, Red Cloud a donné son nom à l'école de la mission catholique de Holy Rosary, réserve de Pine Ridge, Dakota du Sud. Il est enterré dans le cimetière de la mission. Photo prise vers 1910.

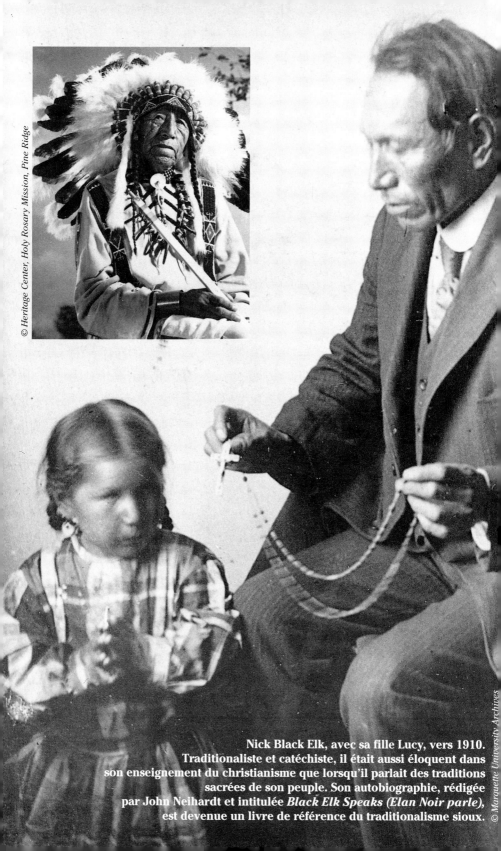

Nick Black Elk, avec sa fille Lucy, vers 1910.
Traditionaliste et catéchiste, il était aussi éloquent dans
son enseignement du christianisme que lorsqu'il parlait des traditions
sacrées de son peuple. Son autobiographie, rédigée
par John Neihardt et intitulée *Black Elk Speaks (Elan Noir parle)*,
est devenue un livre de référence du traditionalisme sioux.

Danse du Soleil, vers 1928, réserve de Rosebud, Dakota du Sud. Longtemps interdite, cette danse rituelle, qui est au cœur de l'identité collective des Indiens des Plaines, commença à renaître de ses cendres à la fin des années 1920 et prit une importance croissante à partir des années 1960 et 1970.

Médaillon en haut à gauche :
Ben Black Elk, fils de Nick Black Elk, servit d'interprète lors de la rédaction du livre *Élan Noir Parle.*
Il laissa un témoignage de cette expérience et de la façon dont il parvint à réconcilier croyances traditionnelles et foi chrétienne.

Groupe d'hommes dans la loge de sudation, rite traditionnel de purification, réserve de Rosebud, en 1898. La couverture de la loge, un peu relevée, laisse entrevoir l'armature de bois.

Pierre-Jean De Smet (SJ),
missionnaire belge, respecté
par les Indiens, joua un rôle
éminent dans l'évangélisation
des tribus de l'Ouest
et dans les négociations
qui conduisirent au traité
de paix de Fort Laramie (1868).
On disait de lui,
dans les années 1860,
qu'il était
le seul homme blanc
qui pouvait regarder
Sitting Bull
dans les yeux
sans craindre
pour sa vie.

Des jeunes filles acculturées de la mission catholique
de la réserve de Pine Ridge font de la broderie. Été 1921.
De gauche à droite : Grace Clifford, Ethel Branson, Esther Clifford et Minnie Hair Shirt.

Les «guerriers».
L'équipe de basket
de la mission catholique
de Saint-Francis en 1955.
Réserve de Rosebud.

La mission catholique
de Holy Rosary,
réserve de Pine Ridge,
dans les années 1890.
La mission comporte
aujourd'hui
la *Red Cloud Indian School*
et le *Heritage Center*,
animé par le frère Simon,
qui regroupe
les archives et un centre
d'exposition et de vente
d'art traditionnel.

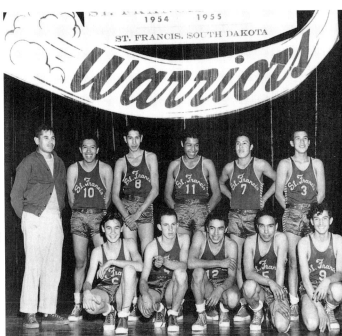

Scène de la Nativité interprétée par les élèves de la mission Saint-Francis, réserve de Rosebud, 1955.

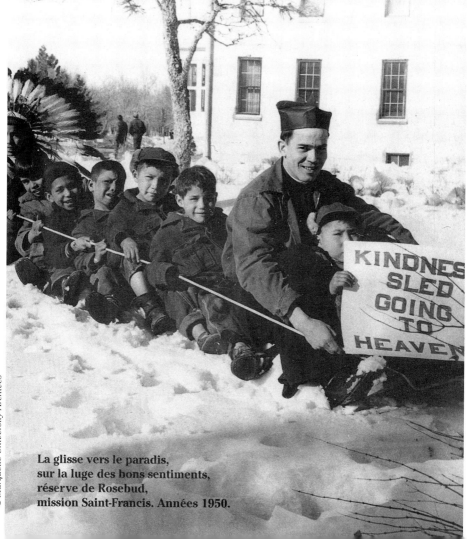

La glisse vers le paradis, sur la luge des bons sentiments, réserve de Rosebud, mission Saint-Francis. Années 1950.

Cours de couture,
mission de Holy
Rosary, réserve
de Pine Ridge,
au début du siècle.

Un jeune jésuite,
James Dougherty,
«indianisé» par ses élèves,
Norval Burning Breast
et Francis Roast,
qui lui mettent une coiffe
de plumes.
Années 1950. Mission de
Holy Rosary, Pine Ridge.

Vierge indienne, en l'église
de Saint-Ignace (White River,
Dakota du Sud), qui fut
redécorée par le père William Stolzman
(SJ) à la fin des années 1970.

Christ indien sculpté par William
Stolzman. La coiffe de plumes est
l'œuvre collective de Harold Running
Bird, Steve Black Owl, Joseph Bronco
Hill et Merle Leighton.

Eglise d'Oglala, réserve de Pine Ridge. Au début des années 1960,
le père Paul Steinmetz (SJ), passionné par la spiritualité indienne,
redécora l'église, en combinant les symboles indiens et chrétiens.

taires ou non — et de frictions entre les différents groupes de population. De nombreux hispanophones considéraient que les Indiens étaient des privilégiés et que la Couronne espagnole leur avait « concédé » des garanties territoriales trop importantes. Pour les nouveaux colons anglo-saxons, la question de savoir si les États-Unis devaient reprendre à leur compte les ordonnances de la Couronne d'Espagne demeura sujet de controverse jusqu'aux années 1920. A la frange des territoires indiens, de nombreux colons s'installaient et grignotaient le sol cultivable. Dans une région de plus en plus intensément peuplée, la lutte pour chaque lopin de terre était de plus en plus âpre.

Les conflits territoriaux qui affectent alors les Pueblos sont nombreux. Il faut attendre 1913 pour que la Cour suprême constate les carences des autorités locales et qu'ils soient placés, comme l'ensemble des autres Indiens, sous la tutelle du gouvernement fédéral. Or, des milliers de non-Indiens prétendent avoir des droits sur des territoires pueblos. Au cours des années 1920, une grave controverse se développe au sujet du projet de loi de Holm Bursum, sénateur du Nouveau-Mexique. Dans ce texte, il est prévu qu'il appartiendra au gouvernement de prouver que les colons ne sont pas propriétaires des terres qu'ils revendiquent. En renversant la charge de la preuve pour protéger les colons, le sénateur Bursum propose la confiscation de nombreuses terres indigènes. Il faut une levée de boucliers en faveur des Indiens, orchestrée par la presse, pour faire obstacle à son projet.

Dans ce contexte déstabilisant, les Pueblos, encore une fois, se retranchent sur eux-mêmes. Même lorsqu'ils travaillent en ville, ils rentrent à leur village le soir. Les mariages avec les non-Indiens sont découragés et les règles d'endogamie assez strictement respectées, même à l'encontre des anciens nomades, sauf dans les pueblos qui ont connu des brassages ethniques importants. Pourtant, les rencontres intertribales sont assez nombreuses, notamment à l'occasion de la fête du saint patron. Le catholicisme, inscrit dans le calendrier, parfois confiné au pittoresque d'une fête de village, se maintient dans le cérémonial régional, de même qu'il est ancré dans le paysage par la position stratégique de ses églises.

De grandes fêtes indiennes intertribales, indirectement renforcées par la tradition espagnole de la *fiesta*, sont l'occasion de rencontres entre Indiens d'origines différentes, mais aussi de contacts avec les touristes que commencent à attirer le monde et l'art des Premiers Américains. L'arrivée des touristes anglo-saxons en territoire indien, leur intérêt pour tout objet exotique suscitent la perplexité des Pueblos. Les chroniqueurs notent leur stupeur devant l'enthousiasme peu sélectif de ces nouveaux envahisseurs : « Les touristes américains (...) envahissent maintenant la vallée du Rio Grande (...), ils achètent n'importe quoi à ces Indiens et une vieille femme m'a dit hier : "Ces Américains sont bien curieux ; l'un vient de m'acheter une pierre qui me servait à bloquer les courants d'air. Je me demande ce qu'il voulait en faire [14]. »

C'est aussi à la fin du XIXe siècle et au début du XXe que les ethnologues commencent à s'intéresser sérieusement à la région. Ils trouvent les Pueblos rétifs aux confidences et soucieux de dissimuler leurs rites et leurs croyances : « Les Pueblos du Rio Grande sont devenus si timides et si craintifs que la duplicité et la dissimulation sont partie intégrante de leur caractère (...) ils demeurent extrêmement réservés sur leur religion, leur coutumes ancestrales, leurs divisions sociales [15]. » Les résultats des premiers chercheurs sont minces, consistant essentiellement en listes des différents clans dans chaque village. Ils notent que les habitants se désignent par un nom castillan officiel, leur nom « tribal » étant secret. Les kivas semblent partout fréquemment utilisées ; des aigles sont élevés dans les villages, car leurs plumes sont utilisées lors de sacrifices rituels et placées dans les champs pour favoriser les récoltes.

Certains de ces ethnographes sont aussi des représentants de l'armée ou du gouvernement, tel le lieutenant Bourke, qui fit une tournée des pueblos à la fin du XIXe siècle, l'une des principales sources d'information sur leur évolution à cette époque. On comprend le souci du secret des Pueblos face à ces chercheurs officiels, à une époque où les autorités, notamment le Bureau des Affaires indiennes, découragent et même interdisent les fêtes traditionnelles.

On assiste au début du siècle, en réaction à l'encerclement de l'univers pueblo, à un resserrement du tissu spirituel tribal, sur lequel vient se greffer, pour une partie des villageois seulement, un apport cérémoniel catholique, notamment lors des rites de passage. Plutôt que convertis, les Pueblos qui se disent catholiques considèrent que le message chrétien constitue « une autre vérité ». Il y a adjonction de rituels catholiques, acceptation du baptême, parfois du mariage et de la bénédiction du prêtre au moment des funérailles. Cette greffe chrétienne, dont parle Bourke[16], conduit à faire évoluer leurs rites traditionnels. Mais les éléments catholiques en contradiction avec les valeurs religieuses traditionnelles fondamentales ont été poliment ignorés. Cette fragile greffe chrétienne est variable selon les villages, pratiquement inexistante parmi les Zunis et les Hopis, plus sensible dans les pueblos de Laguna, Isleta, Jemez ou Santa Clara. Elle introduit un clivage qui conduit les Indiens ouverts à la religion chrétienne à être considérés comme des « progressistes », tandis que les autres, qui refusent tout apport spirituel extérieur, constituent le bastion des « conservateurs ».

L'influence protestante, très marginale, introduit toujours un élément nouveau, qui n'est pas étranger à la nouvelle hiérarchie sociale dans le Sud-Ouest au début du XXe siècle. Les hispanophones, autrefois au sommet de l'échelle sociale, ont décliné dans les structures de pouvoir. Nombre de Mexicains, fervents catholiques, se trouvent confinés dans des rôles subalternes. Pour certains Américains, notamment les artistes et les écrivains qui affluent dans la région dans les années 1920, les Indiens sont plus intéressants que les Mexicains, en lesquels ils voient un simple prolétariat urbain, et qui sont victimes, dans bien des cas, du racisme anglo-saxon. Devant cette nouvelle structure de pouvoir, une partie des Pueblos manifeste plus d'intérêt pour le protestantisme, qui devient une voie d'accès à la respectabilité américaine.

L'exemple du pueblo de Santa Clara

Le village indien de Santa Clara demeura fort peu connu jusqu'à la fin du XIXe siècle car il ne se trouvait pas sur la route habituelle des expéditions. Ce n'est que vers les années 1870-1890 que des données commencèrent à être recueillies par le Bureau of American Ethnology, récemment créé à Washington. Le colonel James Stevenson, qui parcourut divers pueblos, et notamment Santa Clara (1879-1880), en fut l'un des premiers collectionneurs. Mais ce n'est qu'au début du

143

xxe siècle que se développèrent les recherches ethnographiques dans la région, donnant lieu à des publications plus substantielles, notamment dans le *Handbook of American Indians, North of Mexico.*

Santa Clara, comme les autres pueblos, possède des droits territoriaux établis par les ordonnances de la Couronne espagnole, qui furent reconnus par le Congrès des États-Unis en 1858. Sur cette base, la réserve de Santa Clara fut constituée en 1905. Les observations ethnographiques effectuées au moment de sa création font ressortir l'importance de la dualité d'un pouvoir partagé entre deux clans, deux moitiés (« *moieties* ») qui s'identifient à deux saisons opposées de l'année : l'hiver et l'été.

Le système politique ancestral de Santa Clara a été défini comme « une théocratie centralisée à tendance gérontocratique [17] ». A des fins politiques et religieuses, le village était divisé en deux principaux clans, les familles de l'hiver et celles de l'été, qui exerçaient le pouvoir sur une base rotative. Une hiérarchie religieuse existait au sein de chaque clan et les deux caciques à leur tête étaient responsables à la fois du séculier et du religieux. Un troisième dignitaire, appelé chef extérieur, était responsable des relations avec les personnes ou les institutions étrangères au village. Les caciques assumaient en principe leurs fonctions toute leur vie durant, mais leur pouvoir n'était pas héréditaire.

La scission entre les deux centres de pouvoir parallèles remonte à la reconquête espagnole du début du xviiie siècle. Certaines familles, sous l'influence espagnole, contestent l'autorité du cacique du village, refusent d'assumer certains travaux collectifs, de participer aux rites traditionnels et s'initient à la religion chrétienne. Avec le temps, elles vont constituer les familles de l'hiver. Deux siècles plus tard, elles sont qualifiées de non conformistes et font évoluer les cérémonies traditionnelles. Les anciens dissidents sont devenus un parti plus ouvert aux influences extérieures.

Dans cette société où pouvoirs politiques et religieux sont étroitement imbriqués, la Conquête espagnole, avec les nouvelles structures administratives, a aussi fait accepter l'administration religieuse catholique. C'est ainsi que le gouverneur (appelé *gobernador* jusqu'en 1935, date où il deviendra le *governor)* nomme deux assistants, le *teniente* (ou bras droit), qui deviendra avec l'américanisation le *lieutenant governor*, et l'*alguacil* (ou bras gauche), qui deviendra le *sheriff.* Mais il nomme aussi un administrateur religieux *(pika)*, qui s'entoure de trois adjoints, avec lesquels il assure l'organisation des cérémonies chrétiennes lors des processions ou de la fête de sainte Claire, le 12 août. Il supervise les plantations et la moisson sur les terres attribuées à l'Église pour subvenir aux besoins du prêtre résident. Il s'occupe de l'organisation des funérailles chrétiennes. L'instruction religieuse catholique est organisée en coopération avec le pika et ses acolytes. Un enfant de chœur, désigné avec l'approbation du pika, tire un coup de fusil pendant la messe au lieu de faire sonner les cloches. Pendant longtemps, il appartenait aussi à l'une des sociétés religieuses ancestrales, notamment celle de l'ours. Ce « tireur » jouait aussi le rôle de clown pendant les fêtes. Avec le temps, les appartenances s'érodèrent, mais le chevauchement des pouvoirs originels et des structures mises en place par les colonisateurs subsista, le « gouverneur » étant assimilé au « chef extérieur » des origines. Il ressort des enquêtes menées au début du xxᵉ siècle que l'interaction des valeurs chrétiennes et traditionnelles a conduit tant à la préservation du symbolisme et des rites de passage qu'à une intégration sélective de certaines pratiques chrétiennes.

A Santa Clara comme dans d'autres pueblos, l'attribution du nom est très importante. La « cérémonie de l'éveil » est organisée quatre jours après la naissance et correspond au moment où le bébé est présenté au reste du village, devenant alors une entité légale et sociale. Tout au long de sa vie, l'enfant peut se voir attribuer d'autres noms, parfois jusqu'à une douzaine. Il est en particulier une autre fête qui constitue une occasion solennelle de donner un nom nouveau ; c'est la fête de l'immersion *(pô-ku)* qui marque le passage de l'enfance à l'adolescence. A la fois purification symbolique et initiation de l'enfant au monde surnaturel des *kachinas**, c'est sa première expérience religieuse individuelle. La saison de naissance inspire aussi des noms différents : les enfants de l'hiver se voient donner des noms « froids » et ceux de l'été des noms « chauds ». Les différents récits des cérémonies d'attribution du nom reflètent des variantes et sont des illustrations de la souplesse des pratiques en la matière. On note, au moment de la naissance, le symbolisme du

---

* Les *kachinas* sont à la fois les danseurs masqués qui personnifient les forces surnaturelles et des statuettes colorées qui les représentent concrètement.

chiffre 4 et la présentation solennelle de l'enfant au lever du jour, dans les quatre directions, dans un appel à la conciliation des forces cosmiques : « Le quatrième jour, avant le lever du soleil, la marraine et parfois une amie accompagnent la mère et l'enfant à l'extérieur de la maison. La marraine porte l'enfant et deux épis de maïs. La mère porte un morceau d'écorce sur lequel sont placés des charbons ardents. Elle se tient face au soleil levant et fait tourner l'enfant dans les quatre directions. Quand monte le soleil à l'horizon, tous lui tournent le dos et la mère jette par-dessus son épaule les charbons ardents vers l'est. Là encore le feu apparaît comme une force de purification et c'est ainsi qu'elle rejette la maladie, le mauvais sort et le mal. C'est alors que la marraine donne à l'enfant son nom de bébé[18]. »

Dans le village de Santa Clara, le baptême chrétien apparaît comme une alternative ou un complément à la cérémonie de l'éveil. L'enfant est baptisé au cours des premières années, en présence de parrains (en général un couple), qui sont désignés à cette occasion. La cérémonie a lieu au pueblo ou dans le village voisin de Santa Cruz. La dualité des appartenances spirituelles s'exprime au cours des cérémonies religieuses ; l'enfant, qui reçoit un nom tribal lors du rite de l'éveil, se voit attribuer un nom espagnol ou américain à l'occasion du baptême.

Le mariage traditionnel était fondé sur certains rites dont la succession connaissait d'assez fréquentes variantes selon les familles. D'une façon générale, la famille du marié se rendait en procession jusqu'au domicile de la jeune fille, chargée de cadeaux. La jeune mariée les accueillait devant le porche de la maison et chaque cadeau était déposé à l'intérieur. Un repas de fête était organisé chez la mariée, suivi par de nombreux discours, vœux de bonheur et recommandations de la part des doyens des deux familles.

Au début du xxᵉ siècle, le mariage catholique constitue un complément du mariage traditionnel, organisé avant ou après ce dernier, souvent à trois ou quatre semaines d'intervalle. Le jeune couple est accompagné à l'église par ses parents et des témoins. Les vêtements portés à cette occasion traduisent le syncrétisme des traditions : aux tenues traditionnelles s'ajoutent mantilles ou châles d'inspiration espagnole. Le symbolisme chrétien de la robe blanche et la notion de virginité semblent d'importance négligeable et on signale souvent la naissance d'enfants avant le mariage. En revanche, le divorce est mal vu et les chroniqueurs de l'époque se demandent si cela s'explique par l'influence du catholicisme ou le souci de l'ordre social qui est propre à la tradition pueblo[19].

Des innovations constantes ont fait évoluer l'organisation des cérémonies. L'ethnologue Jean Allard Jeançon signale de nouveaux gestes symboliques au cours du mariage : « Quand les jeunes mariés arrivent à la lisière du village, au retour du service religieux catholique qui a eu lieu à Santa Cruz, leurs parrains viennent à leur rencontre et leur présentent une poterie percée de quatre trous, dans lesquels ils placent deux doigts de chaque main. (...) En arrivant devant la maison de la jeune fille, les parrains leur présentent une jarre à double col contenant de l'eau puisée à une source sacrée, qu'ils boivent chacun de leur côté[20]. » Ainsi les rites ancestraux concluent-ils le mariage catholique, de même que l'échange des chapelets met parfois un point d'orgue à un mariage traditionnel.

L'interaction de la religion traditionnelle et du catholicisme s'exprime aussi au moment des obsèques. Pour les habitants de Santa Clara la mort, c'est l'échappée du souffle vital. On y fait face avec philosophie : « L'attitude à l'égard de la mort est relativement fataliste et extérieurement peu émotionnelle, en dehors de procédures de deuil assez strictement définies[21]. » Déjà au début du siècle, l'enterrement et le deuil comprennent des éléments qui traduisent l'influence européenne. Ils sont optionnels et dépendent du degré d'acculturation, que l'on définit plutôt sur place en termes de « conformisme » ou de « non-conformisme » du mileu familial : « Immédiatement après le décès, le corps est lavé par les femmes de la famille. Parmi les membres les plus conservateurs de Santa Clara, le corps est ensuite enveloppé d'une couverture qui est cousue jusqu'au cou. Dans la couverture sont placés les fétiches du défunt et, si c'est un homme, un arc et une flèche ; dans le cas d'une femme, les instruments servant à la confection des poteries. Le corps est posé sur le sol, un morceau d'adobe en guise d'oreiller. Il n'est pas habillé[22]. »

Dans les groupes « progressistes », l'influence chrétienne se traduit par des modulations qui, en général, ne contredisent pas les principes fondamentaux des funérailles traditionnelles ; la tête du défunt est placée vers le soleil levant, on le revêt de ses plus beaux atours et ses mains sont croisées sur sa poitrine. Le corps, entouré de cierges, n'est plus enveloppé dans une couverture, mais placé dans un cercueil. Autour de lui on récite des poèmes et on chante des hymnes. On signale l'apport de traditions extérieures à la communauté, dont on pense qu'elles sont d'origine mexicaine, notamment au cours de la visite rendue au défunt par les proches : « Tous les visiteurs touchent le front, les mains et les pieds du défunt, lui disent qu'ils lui pardonnent le mal qu'il leur a fait et lui demandent aussi de leur pardonner le tort qu'ils auraient pu lui causer. Ainsi l'âme du défunt peut partir en paix et leurs retrouvailles dans l'au-delà seront amicales[23]. » Il arrive qu'un homme-médecine d'une société religieuse traditionnelle intervienne pour s'assurer que l'esprit du mort pourra se frayer un chemin rapide vers le monde d'après la mort et ne reviendra plus troubler celui des vivants. Des éléments chrétiens sont associés ou substitués aux rites anciens, selon les croyances propres à chacune des familles. On voit des processions jusqu'à l'église, on entend sonner les cloches annonçant le décès ; parfois une messe est dite par le prêtre, parfois on se réunit pour une simple prière. Des hymnes sont chantés pendant le transport au cimetière. Mais le symbolisme du chiffre quatre demeure immuable : les villageois de Santa Clara considèrent que le voyage vers l'au-delà dure quatre jours et il est fréquent qu'ils apportent au défunt quelque nourriture pour lui faciliter la route et que des objets qui lui étaient chers soient inhumés avec lui. A l'expiration des quatre jours, une dernière cérémonie est organisée, à la fois pour honorer le mort et pour protéger les vivants. Dans le courant de l'année, une fête est prévue, en général le jour des morts, au cours de laquelle sont consommés les plus beaux produits de la moisson, conservés pour cette occasion, en un dernier salut à celui qui a rejoint le monde des esprits.

Les observateurs opposent les convictions arrêtées de la doctrine chrétienne concernant la vie éternelle, le châtiment des péchés et la résurrection de la chair, à la mouvance des convictions tribales, où ils ne peuvent discerner un consensus au sujet du jugement divin. Certains témoignages évoquent l'errance des esprits qui ne peuvent trouver la paix après la mort et les souffrances subies par ceux qui se sont mal conduits, tandis que d'autres nient toute perspective d'un châtiment. D'une façon générale, l'univers de l'au-delà est conçu comme semblable au monde réel et les esprits y mènent une vie parallèle à celle des vivants. Une distinction nette est faite entre les êtres surnaturels qui n'ont jamais été mortels et l'esprit de ceux qui sont morts. Selon Jeançon, « les esprits des morts retournent au monde souterrain par le lac, jusqu'au lieu d'émergence ou Cibobe (Sibapu) où ils demeurent pour l'éternité ». D'autres observateurs ont souligné que l'esprit des morts rejaillit dans la nature, l'animant de forces multiples susceptibles d'apporter aux humains ce dont ils ont besoin, y compris la pluie, si indispensable dans ces régions arides. Les témoignages recueillis auprès des villageois font allusion à la présence immanente des défunts, qui interviennent dans les manifestations des forces naturelles : « Une femme avait perdu ses enfants. Il pleuvait. Elle dit : Mes enfants doivent être dans les nuages pour nous envoyer la pluie [24]. » Ainsi les défunts contribuent-ils à assurer de bonnes récoltes et à veiller à la prospérité de ceux qu'ils ont quittés.

Certains esprits peuvent au contraire venir troubler les vivants. On pense que les êtres qui ont subi des frustrations tentent parfois de retourner sur terre pour finir ce qu'ils n'ont pu accomplir de leur vivant. Ils reviendraient demander l'absolution pour leurs actions et il est conseillé de leur accorder un pardon sans réserve. Les sociétés religieuses conduisent des rites de purification dans les lieux où se manifestent ces esprits perturbateurs.

Dans le contexte général de la mesure et de la sagesse qui semblent se manifester à propos de la mort, les ethnologues, eux-mêmes prisonniers d'un schéma de référence ethnocentrique, ont du mal à identifier ce qui est traditionnel et ce qui reflète une certaine acculturation. Les notions d'esprit (spirit) et d'âme (soul) sont approximatives, de même que la conception du châtiment et du pardon ne correspond pas exactement aux concepts chrétiens, tout en étant influencée par eux. En effet, la peur du châtiment divin a été l'un des premiers éléments inculqués par les missionnaires. De même, ce qui est présenté comme des « superstitions » fait souvent référence au fondement même des croyances traditionnelles, aux croyances en la multiplicité des forces cosmiques que l'être humain s'efforce de se concilier par l'accomplissement des rites ancestraux.

Le début du XXᵉ siècle, qui voit l'ébauche d'une ethnographie substantielle, est aussi marqué par la condescendance des observateurs.

Il faut attendre les années 1920-1930 pour que l'intelligentsia américaine, « découvrant » la philosophie pueblo, voie dans la conception du monde des Premiers Américains une alternative et un modèle, plutôt qu'un regard archaïque voué à la disparition.

II

La Croix et le Grand Mystère :
Les Sioux face au christianisme

Au sens le plus large, le terme « Sioux » désigne les représentants d'une famille linguistique qui s'étendait de la côte atlantique de la Caroline du Nord et de la Caroline du Sud à la haute vallée du Missouri. (...) C'est surtout dans la littérature à caractère historique ou dans les vieux ouvrages d'ethnologie que l'on retrouve le mot « Sioux » pour désigner un groupe de peuplades de langue « sioux » qui constituait, encore dans les premiers temps de l'histoire, une unité politique. Les Oceti Sakowin, encore appelés les « sept foyers du Conseil », étaient constitués de sept groupes différents, répartis en trois branches correspondant elles-mêmes aux trois principaux dialectes de la langue « sioux ». A l'est de la région d'implantation, vivaient les quatre tribus santees (...) qui parlaient le « dakota ». A l'ouest, les Tetons comprenaient sept groupes ethniques, qui n'acquirent leur autonomie qu'à une époque récente : les Oglalas (actuels habitants de la réserve de Pine Ridge), les Sigangus (encore appelés Brûlés, habitants de la réserve de Rosebud), les Hunkpapas, Sihasapas, Itazipcos (encore appelés Sans Arc), Oohenonpas (encore appelés Two Kettles) et les Minneconjous. Les derniers de ces groupes étaient répartis dans les réserves de Standing Rock, Lower Brûlé et Cheyenne River. Chacun de ces groupes ethniques comportait des sous-branches de moindre importance. Autrefois, les ethnologues utilisaient le terme de « Dakota » (autrement dit « alliés ») pour désigner les Oceti Sakowin[1].

Les Sioux Tetons* (...) bien faits, grands et vigoureux, guerriers résistants, indomptables (...) cavaliers courageux, chasseurs adroits, incarnent à la perfection toutes les qualités indiennes que sont la bravoure, la ruse, la duplicité et l'hospitalité.

ALEXANDER RAMSEY,
gouverneur du territoire du Minnesota[2].

Les Sioux de l'Ouest, ou Lakotas, constituèrent avec les Apaches l'un des derniers bastions de la résistance indienne. Leur christianisation, amorcée lors des premiers contacts avec les missionnaires itinérants qui parcouraient l'Ouest dans la foulée des trappeurs et des coureurs des bois, demeura longtemps occasionnelle et discontinue. Il s'agissait de démarches sporadiques au sein de communautés mouvantes progressivement repoussées vers les Grandes Plaines par les vagues de migration et l'impact de la Conquête.

La stratégie missionnaire, qui reposa longtemps sur des démarches individuelles, ne fut pas associée à un programme d'acculturation systématique avant la fin du siècle dernier. L'action isolée de prêtres entreprenants, depuis les pères Allouez et Hennepin au XVIIe siècle jusqu'à Pierre-Jean De Smet au début du XIXe, ne fut pas étayée par la création de missions permanentes. Et pourtant, c'est la

---

* Le mot Teton est une contraction de Titon-Wan, qui signifie « ceux qui habitent dans la Prairie ». En 1842, le Bureau des Affaires indiennes estimait leur nombre à 12 000.

155

nature même de ces premiers contacts qui infléchit le cours de l'histoire et fit dévier les orientations de la politique d'évangélisation systématique mise en œuvre par le gouvernement fédéral au moment de la constitution des réserves sioux, dans les années 1860 à 1880.

C'est en effet dans le cadre de la *Peace Policy* (politique de pacification) du président Grant que fut entreprise une campagne générale de christianisation de ceux que l'on considérait comme les grands rebelles des Plaines. Ulysses Grant, chef des armées nordistes pendant la guerre de Sécession, fort d'avoir reçu la reddition de Lee et entériné la soumission du Sud, comptait désormais pacifier l'Ouest. Or, après une guerre civile meurtrière, il restait trop peu d'hommes pour tenir le Sud tout en faisant échec aux quelque 200 000 Indiens qui demeuraient encore à l'Ouest[3].

En 1851, le premier traité de Fort Laramie, conclu avec les tribus de l'Ouest encore puissantes, au moment de la ruée vers l'or en Californie, avait prévu le libre passage des Blancs sur les territoires indiens, en échange de subsides annuels de Washington. Signé à l'issue d'un rassemblement majestueux de communautés indiennes dont le nombre excédait encore celui des Blancs dans la région, ce traité reflétait l'équilibre précaire des forces en présence. Les Indiens ne renonçaient ni à leurs terres ni à leurs droits de chasse et de pêche, mais ils autorisaient les Américains à construire des routes et des postes militaires.

En 1858, la découverte d'or dans le Colorado suscitait un nouveau déferlement de colons. Le *Homestead Act* de 1862 facilitait l'implantation de fermiers blancs en leur attribuant un lot de 80 hectares à condition de les cultiver pendant cinq ans. Devant l'afflux des nouveaux venus, leurs territoires de chasse dépeuplés par le massacre des bisons, menacés par la famine, les Sioux se livraient au harcèlement des convois et des diligences.

Dès 1865, des renforts de troupe avaient été envoyés vers les Grandes Plaines pour étouffer la résistance indienne. Mais cette nouvelle campagne, qui visait à écraser toutes les velléités de révolte des Indiens « hostiles », aboutit à un constat d'échec. Les troupes, constituées de volontaires qui s'étaient engagés pour lutter contre le Sud, étaient peu motivées et aspiraient plutôt à regagner leurs foyers. Les Indiens donnaient trop de fil à retordre à ces soldats peu résolus et mal organisés, sans guides qualifiés susceptibles de leur faciliter la tâche[4].

En désespoir de cause, des émissaires de paix avaient été dépêchés à l'automne 1865, sous la direction de Newton Edmunds, le gouverneur de l'État du Dakota. Au mois d'octobre, des accords avaient été signés avec les Sioux au Fort Sully, qui promettaient à nouveau l'aide financière du gouvernement fédéral en échange de concessions supplémentaires de la part des Sioux. Mais ces derniers s'opposaient absolument à l'incursion des Blancs sur leurs meilleurs territoires de chasse, situés entre les Black Hills et les Big Horn Mountains. Or cette route était l'une des voies d'accès les plus directes aux nouveaux gisements d'or découverts dans le Montana en 1864.

L'ouverture de la *Bozeman Trail* (Piste Bozeman) aux chercheurs d'or par le colonel Henry B. Carrington, pendant l'été 1866, et la construction de trois forts (Fort Reno, Fort Phil Kearney et Fort Smith) pour en assurer la sécurité déclenchèrent une vague de révolte parmi les Sioux, faisant de 1866 une année de triste mémoire, encore appelée dans les Grandes Plaines l'« année sanglante ». C'était le début de la fameuse « guerre de Red Cloud », qui dura de 1866 à 1868. Red Cloud et ses guerriers fermèrent la piste, se livrèrent à des attaques répétées des forts, attirèrent les troupes dans des embuscades et procédèrent à des attaques systématiques des convois jusqu'au jour où le commissaire aux Affaires indiennes constata que les États-Unis devaient mobiliser des renforts massifs ou faire la paix avec Red Cloud.

Telles furent les prémices du second traité de Fort Laramie, signé le 29 avril 1868, aux termes duquel le gouvernement fédéral créait la « Grande Réserve sioux », qui recouvrait toutes les terres de l'actuel Dakota du Sud situées à l'ouest du fleuve Missouri, y compris les Black Hills[*]. Ce traité, signé en mai et en juillet par la plupart des rebelles, prévoyait l'abandon de la Piste Bozeman. Mais un groupe d'irréductibles, dont le chef Red Cloud, ne le signa qu'à l'automne, s'étant assuré que les troupes avaient évacué la région, et non sans avoir brûlé les trois forts.

Le père Pierre-Jean De Smet, qui avait vécu parmi les Sioux à la fin des années 1840, servit de médiateur dans les négociations qui

_____

* Voir carte p. 163.

conduisirent à la signature du traité de 1868. Il était respecté par les Lakotas pour son intrépidité et sa bravoure. On disait dans la région qu'il était « le seul homme blanc qui pouvait regarder Sitting Bull dans les yeux sans craindre pour sa vie[5] ». Il intercéda avec succès tant auprès de l'armée pour défendre la cause des Sioux qu'auprès de Red Cloud pour obtenir la paix. Alors que les combats faisaient rage, il s'éloigna des forts et des zones protégées et se mêla aux combattants sioux, avec pour seule protection une bannière de paix ornée du portrait de la Vierge Marie, afin de plaider en faveur de la cessation des hostilités. Ce « Drapeau de paix », conservé par les Sioux comme le symbole d'une alliance possible avec les « Robes noires », devait avoir un rôle décisif dans l'implantation de missions catholiques en territoire lakota.

Ulysses Grant fut élu président à la fin de l'année 1868, quelques mois après la signature du traité de Fort Laramie par les Sioux les plus récalcitrants. Conscient des abus commis de part et d'autre dans la fureur de la conquête de l'Ouest, il voulait pacifier les rebelles des Plaines en les évangélisant et mettre de l'ordre dans toute une région qui était la proie des hors-la-loi et des chercheurs d'or. Il conçut un vaste programme de christianisation, ordonné par Washington, aux termes duquel les territoires indiens étaient livrés au prosélytisme des diverses dénominations en fonction des décisions des administrateurs[6]. Dans ce contexte général, l'évangélisation des Sioux de l'Ouest fut amorcée sous le signe de la rigidité administrative et de la rivalité farouche entre catholiques et protestants. Mais l'arrivée du général George Armstrong Custer dans la région et la poursuite des hostilités entre Lakotas et Blancs mit en veilleuse cette controverse pendant quelques années. Pourtant, dès 1870, le chef Red Cloud, désormais actif partisan de la paix, s'était rendu à Washington pour veiller au respect des termes du traité de Fort Laramie. Mais la rumeur selon laquelle de l'or aurait été découvert, cette fois dans les Black Hills, menaçait de mettre en péril la « pacification » prévue.

C'est en 1874 que George Custer conduisit une opération vers les Black Hills, ouvrant une piste que les Sioux appellent encore la « piste des voleurs ». L'annonce que les Black Hills (collines Noires ou Paha Sapa en lakota), pourtant considérées comme terres sacrées par les Sioux, possédaient des gisements de métal précieux, déclencha immédiatement leur envahissement par les chercheurs d'or. En 1875, la confiscation des Black Hills était déjà consommée*. Dès la fin de l'année, pour se garantir des sursauts de révolte des Lakotas, les autorités les mettent en demeure de se rassembler dans les territoires qui leur sont impérativement attribués sous le contrôle de l'armée, faute de quoi ils sont considérés comme « hostiles ». Une controverse subsiste sur la question de savoir si les Indiens encore rebelles, dont Crazy Horse et Sitting Bull, refusèrent de se plier à cette injonction où si les mauvaises conditions climatiques, en cet hiver très rude, les empêchèrent d'y obéir. Comme l'a souligné l'historien D'Arcy McNickle, ce qui est indéniable, c'est que le gouvernement avait dès lors une excuse pour faire la guerre[7].

C'est en mai 1876 que le général Crook partit à la recherche des clans insoumis. A Rosebud Creek, sous la direction de Crazy Horse, auquel on prête alors la célèbre phrase : « C'est un beau jour pour mourir », les rebelles affrontèrent l'armée, dans un combat indécis, au cours duquel Crazy Horse parvint toutefois à repousser Crook et ses hommes vers le Sud. Les Sioux regagnèrent un immense camp situé sur les rives de la Little Big Horn. Ils avaient à leurs côtés des alliés cheyennes et à leur tête leurs plus grands chefs : Sitting Bull, Gall, Crazy Horse et Two Moon.

Trois colonnes de l'armée américaine convergèrent alors vers les Indiens, celle de Crook, celle de John Gibbon et celle de Custer. Persuadé que le septième de cavalerie serait capable à lui seul de venir à bout des Indiens, et désireux de s'assurer une éclatante victoire, Custer n'attendit pas Gibbon et fondit au cœur du grand camp. Ce fut la célèbre bataille de Little Big Horn, le 25 juin 1876. Au dire des témoins, c'est « comme des abeilles sortant d'une ruche » que les rebelles s'abattirent sur les deux cents soldats de Custer. Ce dernier, surnommé par les Indiens « Longs Cheveux » ou « Tueur de squaws », figura au nombre des victimes[8]. En cette année 1876, qui marquait le centenaire des États-Unis, la nouvelle de la défaite de l'armée américaine frappa de stupeur le pays tout entier. Le gouvernement ne pouvait rester sur un échec et, dès la fin de l'été, un tiers de l'armée était mobilisée contre les Sioux.

---

* Le 30 juin 1980, la Cour suprême des États-Unis reconnut la « confiscation abusive » des Black Hills et attribua aux Lakotas une indemnité de 106 millions de dollars, qu'ils refusèrent, réclamant la restitution des terres.

Réaliste, le chef Red Cloud, résigné à une paix sans réparation, signa en août 1876 un nouveau traité qui entérinait la perte des Black Hills. Deux ans plus tard, en 1878, les réserves sioux étaient constituées autour des agences de Standing Rock, Cheyenne River, Lower Brûlé, Crow Creek, Pine Ridge et Rosebud[9]. Dès lors, Spotted Tail (qui était l'oncle de Crazy Horse) et Red Cloud s'attachèrent à convaincre les derniers rebelles de déposer les armes.

Red Cloud, soucieux de se ménager l'appui des Robes noires en qui il voyait des intermédiaires précieux qui apprendraient aux Lakotas la langue et l'écriture des conquérants, réunit un grand conseil au cours duquel il fut décidé de demander l'ouverture de missions catholiques. C'est ainsi que, pendant les dernières années des affrontements armés, la mise en place de missions chrétiennes en territoire sioux suscita controverses et rivalités. Selon la politique mise en œuvre par Ulysses Grant, l'Église épiscopalienne avait été désignée comme dénomination exclusive dans les communautés de Pine Ridge et Rosebud. Il fallut la résistance active de Red Cloud et l'abandon de la politique de Grant pour que des missions catholiques y soient ouvertes, en 1886 et 1888.

Ainsi s'ébaucha, sous l'impulsion de l'un des chefs sioux qui fut longtemps l'un des plus irréductibles, l'alliance entre Robes noires et Peaux-Rouges, sur laquelle plane le souvenir du célèbre père Pierre-Jean De Smet. Cette éphémère lune de miel entre Sioux et catholiques, symbolisée par la conversion de Red Cloud et de Spotted Tail, débouchait sur un siècle de coexistence difficile, souvent marqué par l'incompréhension mutuelle. Parallèlement les Églises protestantes, et notamment l'Église épiscopalienne, installée à Pine Ridge et à Rosebud dès le milieu des années 1870, s'implantèrent solidement, jusqu'à représenter, à la fin du xxᵉ siècle, une force presque équivalente à celle des catholiques (38 % des Indiens christianisés à Pine Ridge contre 48 % pour les catholiques*).

L'histoire des réserves de Pine Ridge et de Rosebud remonte donc aux années 1870. C'est alors que fut constituée l'agence de Pine Ridge, attribuée aux Sioux Oglalas réunis autour du grand chef Red Cloud, qui avait su faire la guerre avec acharnement et décida avec

---

* Chiffres publiés dans le *Pine Ridge Research Bulletin* en 1969. Les presbytériens venaient loin derrière avec 8,5 %.

pragmatisme d'accepter la paix. Cette agence aurait porté le nom de Red Cloud si les responsables des Affaires indiennes n'avaient craint de faire trop d'honneur à ce chef déjà mythique. C'est pourquoi fut choisi le nom de Pine Ridge, qui désigne la crête des pins qui se profile à la lisière du Nebraska. De même, la réserve voisine attribuée aux Sioux Brûlés rassemblés autour de Spotted Tail reçut le nom de Rosebud, « terre des primevères sauvages », qui occulte la mémoire de son chef historique.

Les communautés de Pine Ridge et de Rosebud, terres des Sioux Oglalas et des Sioux Brûlés, sont situées dans le Dakota du Sud, bordées sur leur frontière sud par l'État du Nebraska. Perdues dans les vastes horizons des Grandes Plaines, elles sont isolées des principales voies de communication, à plusieurs heures de route de Rapid City. Pine Ridge semble adossée aux Black Hills, terres sacrées des Lakotas, sur son flanc ouest, et se heurter aux Badlands désertiques au nord. Située plus à l'est, la réserve de Rosebud, évangélisée par les mêmes missionnaires, partage avec elle la douloureuse mémoire des affrontements armés qui marquèrent la fin de la Frontière. Rosebud, au paysage plus vallonné, aux maisons moins misérables et moins rafistolées, mais aussi aux pow-wows et aux Danses du Soleil moins recherchés, est moins turbulente que sa voisine. Parmi les Sioux Tetons, les Oglalas se sont toujours révélés plus rebelles que les Brûlés.

Ces communautés ont été marquées par des personnalités hors du commun qui, tant du côté des hommes-médecine et des guerriers que des missionnaires, confèrent une dimension particulière à leur histoire. Attachées à la mémoire de grands chefs historiques tels que Spotted Tail, Red Cloud et Crazy Horse, elles furent le théâtre d'affrontements dramatiques et décisifs dans l'histoire de l'Ouest[*]. Wounded Knee, site du massacre de 1890, fut occupé par les militants du Red Power (Pouvoir rouge) en 1973, en signe de protestation contre la violation des traités et la misère des réserves. Lieu de mémoire, haut lieu du militantisme, Pine Ridge devint dans les médias l'archétype de la réserve indienne, de même que les Sioux

---

[*] Les Sioux Yanktons sont les seuls à n'avoir pas été associés aux affrontements avec l'armée américaine. Quant à ceux de la réserve de Standing Rock, ils sont étroitement liés à la mémoire de Sitting Bull.

étaient devenus le stéréotype du Peau-Rouge. Parmi les autobiographies indiennes les plus célèbres, *Black Elk Speaks*, qui passe pour la « Bible » du traditionalisme panindien, et *Lakota Woman*, livre emblématique du traditionalisme sioux, relatent la vie de natifs de ces communautés. Au cours des années 1970, le retour aux sources de l'indianité et le renouveau du traditionalisme prit un essor particulier à Pine Ridge et à Rosebud, où l'on assista parallèlement à un courant novateur de syncrétisme religieux, encouragé par certains missionnaires.

Ce siècle de convergences et de confrontations spirituelles, d'abord marqué par un prosélytisme autoritaire et l'interdiction des religions traditionnelles par le gouvernement, évolua progressivement vers une tolérance plus grande. La légalisation des rites traditionnels en 1934, sous l'impulsion de John Collier, conduisit à leur réapparition et à leur progressif renforcement. La deuxième moitié du xxe siècle fut marquée par des tentatives d'inculturation et de syncrétisme religieux qui, parallèlement à la renaissance de la religion traditionnelle, firent des réserves sioux de Rosebud et de Pine Ridge des foyers d'expérimentation spirituelle uniques, d'où émanent de véritable « créations religieuses », au sens où l'entend Mircea Eliade. Sur ces réserves perdues dans la Prairie qui, avec quelques milliers d'habitants (environ 20 000 à Pine Ridge et 12 000 à Rosebud), demeurent empreintes de l'intimité des villages d'autrefois, les conflits de personnes comptent autant que les conflits de principes. La confrontation des idées est parfois moins déterminante que le facteur humain. C'est la dimension quotidienne de cet entrecroisement des destins qui ressort des archives et de l'observation suivie sur le terrain de la large gamme de manifestations spirituelles — à la fois conservatrices et novatrices — qui est aujourd'hui le fondement de leur rayonnement intertribal. L'intensité des activités spirituelles et religieuses donne à ces réserves une force d'attraction intertribale et une réputation qui va au-delà de la minorité indienne, leur conférant un rayonnement qui dépasse leur importance géographique et économique mais constitue une sorte de reconnaissance de leur importance stratégique, symbolique et historique.

DOCUMENT

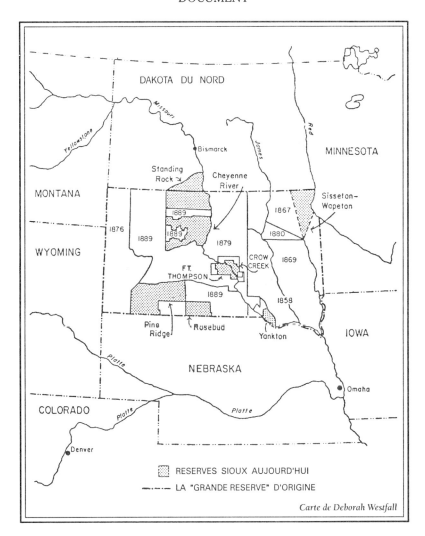

La « Grande Réserve sioux » et ses vestiges *

---

* Buechel Museum, Réserve de Rosebud, in *Buechel Memorial Lakota Museum*.

LA CONVERSION INACHEVÉE

Le traité de Fort Laramie de 1868 garantissait aux Sioux Tetons, « à perpétuité », un territoire correspondant à tout l'actuel Dakota du Sud, à l'ouest du fleuve Missouri. Diverses cessions de terre réduisirent ce territoire aux réserves actuelles. Même les réserves existant aujourd'hui n'appartiennent pas exclusivement aux Indiens.

1

Les Sioux ou l'archétype
de la culture des Plaines

*Je me trouve maintenant au cœur de la région contrôlée
par les Sioux (...). Cette tribu est l'une des plus nombreuses d'Amérique du Nord et l'une des plus remuantes et
des plus belliqueuses qui se puissent trouver. Elle compte
quarante à cinquante mille âmes (...) il n'existe sans
doute pas de tribu dont les membres ont plus belle pres-
tance et peu dont les vêtements sont plus beaux, plus pratiques et qui sont plus abondamment pourvus en toutes
choses essentielles.*

GEORGE CATLIN [1]

L'histoire des Sioux est un démenti du cliché qui fait d'eux les
éternels cavaliers des Grandes Plaines. Cette histoire, dans la mesure
où il est possible de la retracer partiellement, commence dans le
Sud. On signale leur présence au XVIe siècle en Caroline du Nord et en
Virginie, où ils constituent des populations semi-sédentaires vivant
surtout de la culture du maïs, des pommes de terre, de la courge et
du tabac [2]. Dans le courant de ce siècle, ils commencent à émigrer
vers le nord-ouest, en plusieurs mouvements, pour des raisons diverses, à la fois économiques (poursuite du gros gibier) et politiques
(pression des autres groupes), ce qui se traduit par un renforcement
du nomadisme. Les voies de ces migrations suivent les grands fleuves et les déplacements s'effectuent en canoë ou à pied, en direction
des Grands Lacs.

À la fin du XVIe siècle, on les trouve déjà dans l'État actuel du Minnesota ; ils se scindent alors en trois groupes qui portent des noms très

165

voisins et parlent des dialectes distincts. Semi-nomades, les Dakotas (dialecte santee), les Nakotas (dialecte yankton) et les Lakotas (dialecte teton) constituent alors une fédération très lâche, qui se réunit une fois par an pour s'assurer une protection mutuelle. C'est de leurs conflits avec les Chippewas que leur vient leur nom péjoratif de Nadowissioux (les serpents, les ennemis) qui, déformé par les trappeurs et les chroniqueurs français, se transforma bientôt en Sioux.

Au xviie siècle, de nombreux conflits territoriaux opposent les Sioux aux Algonquins, eux-mêmes soumis à l'expansionnisme iroquois et à l'avancée des Blancs. Ces affrontements tournent d'abord à l'avantage des Sioux mais deviennent plus difficiles quand leurs adversaires commencent à obtenir des armes à feu auprès des Anglais de la baie d'Hudson et des Français du Canada. Ils doivent céder du terrain et sont repoussés vers l'ouest. Au milieu du xviiie siècle, ils franchissent le Missouri et s'imposent dans la région des Black Hills au prix de violents conflits avec les Cheyennes, les Arapahos, les Crows et les Shoshones.

Au début du xixe siècle, les Sioux contrôlent une grande partie de ce qui constitue actuellement les Dakotas, le nord du Nebraska, le sud-est du Montana et l'est du Wyoming. Au cours de cette période d'expansion, se développe la culture classique des Plaines, fondée sur les confréries de guerriers, le grand nomadisme et la chasse au bison. Les Sioux qui, comme les Cheyennes, les Kiowas, les Comanches et les Blackfeets étaient de relatifs nouveaux venus dans la Prairie, s'imposent comme cavaliers émérites et redoutables guerriers ; ils deviennent, pendant un demi-siècle, les seigneurs des Plaines dont la silhouette presque intemporelle habite la mémoire du monde.

Tout en affirmant leur domination dans la région, ils empruntèrent certains éléments aux groupes avec lesquels ils étaient en contact, voire en conflit, démontrant une ouverture aux systèmes de valeurs et aux croyances des communautés environnantes. La culture des Indiens des Plaines, qui n'apparut qu'au xviiie siècle, désigne en fait un ensemble de groupes voisins et rivaux, dont la vie religieuse acquit de nombreux traits communs, notamment la cérémonie de la Danse du Soleil, qui appartenait à l'origine à la tribu des Mandans mais devint le plus important rituel de toutes les tribus indiennes de la région. Sur cette culture, les missionnaires, qui furent souvent les premiers anthropologues, nous ont laissé de nombreux témoignages précieux mais influencés par leur détermination prosélyte. Leurs écrits complètent utilement et parfois démentent les rapports de l'armée et des agents des Affaires indiennes. Des données d'histoire locale sont aussi contenues dans les écrits des coureurs des bois et des explorateurs, qui firent parfois œuvre d'historiens ou même d'anthropologues. Mais ce n'est qu'à la fin du XIXᵉ siècle que la culture lakota commença à faire l'objet d'études anthropologiques plus scientifiques, pourtant rarement dénuées d'ethnocentrisme.

La question des sources se pose avec plus d'acuité encore pour la religion lakota. Hormis les observations dispersées des premiers voyageurs, c'est le géographe Joseph Nicollet, qui voyagea parmi les Sioux Santees dans les années 1830, à la même époque que le père De Smet, qui fit la première analyse des concepts fondamentaux de la spiritualité lakota, notamment de la notion de *wakan* (sacré), et des descriptions détaillées de la Danse du Soleil et de la quête de vision[3].

Nombre de personnalités hors du commun ont été attirées par les grands espaces de l'Ouest et les cultures des Plaines. C'est ainsi que Mary Eastman, qui vécut avec les Sioux Santees de Fort Snelling dans les années 1840, fit des observations précieuses sur les cérémonies et les mythes lakotas. Les commerçants en fourrures James Lynd et Philander Prescott, qui vécurent avec les Sioux Santees pendant les années 1850 et moururent parmi eux lors du soulèvement de 1862, fournirent des données assez approfondies sur les rituels des Sioux de l'Est, qui ne furent d'ailleurs publiées qu'après leur mort[4]. A la même époque, le presbytérien Stephen Riggs, linguiste, érudit, missionnaire infatigable, convaincu du caractère superstitieux et diabolique des rituels sioux publie *The Gospel among the Dakotas* (1869). Dans la même veine, Gideon Pond, lui aussi missionnaire presbytérien, très opposé aux hommes-médecine, n'hésite pas à intituler son ouvrage *Dakota Superstitions*. Son frère Samuel, aux vues moins partiales, mais dont les préjugés sont caractéristiques de son époque, fait une analyse des mœurs et coutumes des Sioux du Minnesota en 1834, qui ne fut publiée qu'en 1908[5].

Ces premières sources, si imparfaites et biaisées qu'elles soient, demeurent les seules bases d'une reconstitution possible de la religion traditionnelle. Les premiers anthropologues, souvent amateurs, tels que le capitaine John Bourke, qui écrit l'un des premiers comptes-rendus de la Danse du Soleil à Pine Ridge au début des années 1880[6], n'apportent leurs contributions qu'après l'établissement des réserves et la fondation des missions. En 1882, l'anthropologue Alice Fletcher décrit la Danse du Soleil à Rosebud et, en 1911, Frances Densmore fait une description minutieuse de son déroulement sur la réserve de Standing Rock. Au début du xxᵉ siècle, Clark Wissler, George Dorsey et surtout James Walker publient les premiers travaux anthropologiques majeurs sur la religion lakota[7].

James Walker compte parmi les personnages hors du commun qui croisèrent le chemin des Sioux et firent leur vie avec eux. Né dans une cabane en rondins dans l'Illinois, aîné d'une famille méthodiste de dix enfants, il mena à bien des études de médecine qui lui ouvraient la voie d'une vie prospère et tranquille. Mais il choisit d'exercer sa profession parmi les Indiens et, après avoir lutté contre la tuberculose chez les Chippewas pendant plusieurs années, il fut envoyé sur la réserve sioux de Pine Ridge et y demeura de 1896 à 1914. Loin de sa femme et de sa fille qui supportaient mal la vie difficile des réserves, il y vécut solitaire. Il fut l'un des premiers médecins à s'intéresser attentivement aux rites curatifs traditionnels et à établir un dialogue avec les hommes-médecine.

Son travail remarquable d'anthropologue autodidacte, encouragé par Clark Wissler, de la Smithsonian Institution, présente et analyse l'essentiel de la cosmologie et de la mythologie lakotas. Sur la demande de Wissler, qui souhaitait parvenir à un panorama général des sociétés des Grandes Plaines, James Walker, avec son esprit scientifique, sa logique et son goût de la classification, s'efforça de systématiser, à des fins comparatives, la conception du monde des Sioux. En reconstruisant le système cosmologique des Lakotas, sur la base d'entretiens avec ses informateurs, en particulier le remarquable George Sword, qui écrivit pour lui de nombreux textes, James Walker évoque le mythe d'émergence, les contours de la genèse et les légendes qui y sont associées. Ce faisant, il confère à une tradition orale fluide et évolutive la forme logique et rigide de l'écrit. Mais il recueille une mémoire menacée et la fixe à jamais.

Pour les Lakotas, la création du monde demeurait avant tout un mystère : « La façon dont le monde a été créé est Wakan Tanka (un Grand Mystère) », déclara le Sioux Good Seat à James Walker. Nombreux étaient les récits et légendes associés à la genèse, qui n'est pas résumée en un seul texte fondamental et suggère la notion d'un processus de création cosmique permanent plutôt que d'un choc initial[8].

Au commencement était le cosmos, sur lequel régnaient quatre divinités principales, le Roc *(Inyan)*, qui semble avoir précédé toutes les autres, puis apparurent le Ciel *(Skan)*, le Soleil *(Wi)* et la Terre *(Maka)*. Les dieux résidaient dans le domaine céleste tandis que les hommes vivaient dans un monde souterrain. Le Soleil et la Lune étaient unis et leur fille, Étoile filante *(Whope)*, symbolisait la beauté et l'harmonie. *Wazi*, le chef de la nation du bison, et *Wanza*, son épouse, qui possédait le don de prophétie, avaient une fille, *Ite*, belle et ambitieuse, mariée avec *Tate*, le Vent, associé du Ciel, intermédiaire entre les hommes et les dieux. Ils eurent quatre fils, les quatre vents, nés sous le signe sacré du chiffre 4, qui furent à l'origine de l'apparition des quatre directions. Sous l'influence pernicieuse du *trickster* (le décepteur), *Ite* voulut remplacer la Lune auprès du Soleil, rompant l'harmonie parmi les dieux. La Lune, délaissée, demanda à *Skan* de rendre son jugement, et il ordonna l'exil dans un autre monde.

La nation du bison émergea de la terre, dans un lieu qui est associé à Wind Cave (la grotte du Vent), dans les Black Hills. Les fondateurs des « sept feux » traversèrent une dure période de famine et c'est alors que *Whope*, devenant médiatrice entre l'humain et le divin, leur apparut sous la forme d'une femme revêtue d'une peau de bison blanc et leur remit le calumet sacré, pour qu'il les aide tout au long de leur traversée sur Terre et devienne leur instrument de communication avec Wakan Tanka.

James Walker souhaitait expliquer les rites traditionnels à travers les mythes et, quand il partit de Pine Ridge en 1914, il emporta les manuscrits rédigés en lakota par George Sword, qu'il ne traduisit qu'après la mort de ce dernier. Sa reconstitution de la mythologie lakota est en grande partie fondée sur les écrits de George Sword qui est aujourd'hui reconnu, non seulement comme un informateur, mais comme un écrivain dont la réflexion théologique et philosophique constitue un témoignage important sur une société en transition. C'est en grande partie grâce aux travaux de James Walker, complétés

169

ultérieurement par ceux de Joseph Epes Brown[9], que les sept rites sacrés ont pu être répertoriés de façon systématique.

La Danse du Soleil était le rituel collectif le plus important, mais les autres cérémonies, qui y étaient parfois associées, ponctuaient l'existence de jalons essentiels. Le rite de purification dans la loge à sudation permettait de renouveler la vie, la quête de vision lui donnait ses grandes orientations et la garde de l'âme était vouée au respect des morts. On disait que l'esprit du défunt flottait pendant un an autour des lieux où il avait vécu, après quoi il fallait le laisser s'envoler, au cours d'une cérémonie solennelle. La cérémonie de l'apparentage qui conférait une ouverture particulière à la société lakota, permettait de créer un lien d'adoption (de parenté) entre deux personnes qui n'étaient pas de la même famille, mais qui se trouvaient dans des circonstances propres à un rapprochement ou se vouaient un intérêt et un attachement particuliers. Les fêtes de la puberté, adaptées aux rôles respectifs des deux sexes, constituaient des rites de passage importants. Au cours de la cérémonie du lancement de la balle, longtemps tombée en désuétude, mais qui réapparaît aujourd'hui, une jeune fille lançait une balle, symbole de savoir et de sagesse, qui portait chance à celui qui l'attrapait. Cette jeune fille, incarnant la pureté, était censée tenir entre ses mains ce qui apporterait la force aux générations futures[10]. A ces sept rites sacrés, s'ajoutaient les yuwipis, rites curatifs, qui se sont perpétués et dont l'importance s'affirme avec une vigueur particulière au cours du XXe siècle.

Mais déjà, au début du siècle, Walker déplorait que ses informateurs, partiellement acculturés, ne comprennent plus les paroles sacrées des anciens. D'ailleurs certains mythes deviennent, sous la plume de l'informateur George Sword, médiateur entre deux cultures, qui connaissait l'Ancien et le Nouveau Testament et exerçait aussi les fonctions de catéchiste pour l'Église épiscopalienne, des sujets de réflexion suggérant des convergences entre le christianisme et la religion traditionnelle. C'est ainsi que Whope est présentée comme une divinité qui vient du Ciel mais choisit la Terre. Son histoire peut se prêter à un rapprochement avec le rôle du Christ ou de la Vierge Marie.

George Sword connaissait bien la Bible, traduite depuis 1880 en lakota. Sous sa plume, le mythe lakota de la belle Ite cherchant à conquérir le Soleil et des hommes rivalisant avec les dieux n'est pas sans résonances bibliques. Ite agit sous l'influence du *trickster* (le décepteur), de même qu'Ève, tentée par le serpent, offre le fruit défendu à Adam. L'expulsion du jardin d'Éden et la création du monde selon la mythologie lakota sont ainsi indirectement mises en parallèle. Il semble que Sword, qui écrivait pour un public de non-Indiens, ait voulu rendre la mythologie lakota plus compréhensible, mais aussi ébaucher une réflexion théologique syncrétique permettant aux Sioux de percevoir une certaine continuité dans l'univers nouveau dans lequel ils se trouvaient plongés. Le travail de Walker, qui doit beaucoup à la réflexion et à l'imagination de Sword, saisit avec acuité l'essentiel de la cosmogonie et de la mythologie lakotas, met l'accent sur le symbolisme du chiffre quatre et s'efforce de cerner le concept d'un sacré incarné dans l'être humain mais aussi dans les règnes animal et végétal. Il constitue une réflexion fondamentale sur la conception du monde des Sioux. Mais ce médecin exceptionnel ausculte une société déjà en mutation. Si importante que soit son œuvre, il faut reconnaître que l'on dispose de peu de données sur la spiritualité lakota antérieure aux premiers contacts.

Guerriers et visionnaires

> *Moitié homme, moitié cheval, mais un seul être indomptable, rapide et fougueux.*
>
> GEORGE CATLIN.

La période pendant laquelle s'épanouit la culture des Plaines, et dont la mémoire collective a retenu l'image de peuples « sans histoire », englobant toutes les communautés indiennes, constitue en fait un âge d'or éphémère. Les chevaux, découverts à la fin du XVIIe siècle, rapidement adoptés et bientôt indispensables, font apparaître des générations de cavaliers habiles et d'éleveurs sans pareils. Les combats statiques de l'« ère du chien » sont désormais dépassés et les tendances au nomadisme se développent.

Accueillis avec vénération, les chevaux, que les Indiens surnomment d'abord « chiens sacrés », et grâce auxquels ils éprouvent la sensation grisante de rivaliser avec le vent, leur permettent de chasser plus aisément et de lancer des raids plus efficaces contre leurs rivaux. Avec les armes à feu, dont le commerce se répand et s'intensifie, le cheval constitue pour les Indiens des Plaines un apport extérieur à la culture traditionnelle mais dont ils dépendent pour assurer leur mobilité et leur puissance guerrière. Contrairement au cliché qui présente ces communautés comme irréductibles au changement, les Sioux ont démontré qu'ils avaient su s'adapter aux éléments extérieurs pour survivre et dominer les grands espaces de l'Ouest, devenus un environnement fluctuant constamment remis en cause par les incursions associées à la Conquête.

La chasse au bison s'imposa parmi les Sioux de l'Ouest tandis que ceux de l'Est abandonnèrent plus lentement les cultures saisonnières du maïs et du riz et la chasse au petit gibier. L'habitat des Dakotas de l'Est demeura longtemps mixte (maisons d'écorce en été et tipis en hiver) tandis que les Lakotas de l'Ouest, qui parcouraient des distances considérables pour suivre les bisons, vivaient toute l'année dans des tipis. Comme de nombreuses communautés fondées sur la chasse, les Sioux constituaient des sociétés patrilinéaires mais les liens avec la famille maternelle y étaient aussi importants. L'affiliation clanique n'était pas primordiale car les groupes étaient fluctuants et le prestige fondé sur l'exploit individuel du chasseur et du guerrier. Chaque bande avait son chef, parfois héréditaire mais qui s'était le plus souvent imposé par son propre mérite. Son autorité était subordonnée à l'opinion majoritaire.

On a retenu de ces sociétés qu'elles étaient éminemment guerrières, mais la nature des échauffourées qui les opposaient les unes aux autres n'avait jamais l'ampleur des confrontations majeures qui opposèrent les Indiens aux Blancs. L'honneur du guerrier reposait sur le fait de toucher son adversaire et de « compter des coups », pour la gloire. C'était l'audace et la bravoure qui conféraient prestige et respect au combattant. L'éthique traditionnelle était fondée sur la vaillance, le stoïcisme et l'expérience individuelle du divin. Pour être digne d'être vécue, la vie devait être perçue comme « une longue cérémonie transformant le quotidien en aventure mystique[11] ». Chaque individu cherchait sa voie par une quête personnelle qui reposait sur l'espoir d'entrer en contact avec les forces surnaturelles de l'univers au cours d'une vision.

Les rites de passage (fête de la puberté pour les filles) ponctuaient les transitions majeures de l'existence. Au moment de l'adolescence, les garçons étaient appelés à participer à des cérémonies religieuses qui visaient à favoriser une révélation individuelle. S'éloignant du camp, recherchant la solitude au cours d'une retraite, par la méditation, la prière et le jeûne, parfois la mortification (flagellation), l'adolescent implorait les forces divines de lui révéler les grandes orientations de son existence. Les éléments de cette vision étaient interprétés au retour par les Anciens.

La quête de vision n'était un rite d'initiation que dans la mesure où elle était entreprise pour la première fois à la puberté. C'est à ce moment-là que l'adolescent se voyait attribuer son nom d'adulte. Pour commémorer cette expérience, il conservait dans un paquet-médecine des fétiches qui devaient le protéger pendant le combat et étaient censés lui faciliter le contact avec le divin. La quête de vision demeurait une constante de chaque parcours individuel et se répétait à chaque fois que se faisait sentir le besoin de consulter les puissances spirituelles. Elle était précédée d'une cérémonie de purification dans un bain de vapeur, petite loge en branches de saule recouverte de peaux de bison.

La religion lakota était fondée sur ces rites individuels mais la Danse du Soleil, cérémonie collective, y tenait aussi une place déterminante. Elle avait lieu habituellement aux alentours du solstice d'été mais pouvait être organisée à une autre date, selon les vœux d'une personne inspirée par une vision. Certains affirment qu'elle devait avoir lieu au milieu de l'été, pendant la pleine lune, quand l'armoise est haute dans la prairie. Elle était l'occasion de nouer des amitiés ou de consolider des alliances, de définir la stratégie politique de la grande nation sioux.

A l'origine, cette danse servait à remercier le soleil de l'abondance qu'il entretenait sur la terre et à demander l'exercice de ses bienfaits pour l'avenir. Elle commençait par la purification dans un bain de vapeur et, au temps des grandes chasses, était accompagnée par la distribution à certaines femmes de langues de bison qu'elles ensevelissaient après avoir adressé des prières au soleil couchant. L'écrivain sioux Charles Eastman a fait valoir que la Danse du Soleil avait connu une évolution historique souvent passée sous silence et que les scènes de mortification, sur lesquelles les observateurs mettent l'accent, s'étaient développées et accentuées à mesure que la poussée de la Conquête de l'Ouest renforçait la menace d'anéantissement du mode de vie traditionnel [12].

L'apogée de la Danse du Soleil se déroulait autour d'un arbre déraciné et fiché fermement en terre, qui devenait le poteau central autour duquel les danseurs, retenus par des lanières à des broches transperçant leur poitrine, tournoyaient au rythme des tambours. Cette épreuve d'endurance, de souffrance consenti, devait leur permettre de prouver leur vaillance, de maîtriser leur volonté et d'entrer en communication avec les puissances spirituelles en adressant leurs vœux au soleil et à toute la création. Le rôle central de la Danse du Soleil dans les cultures des Plaines tenait à l'intensité du sacrifice rituel qui constituait à la fois une expérience spirituelle personnelle et une affirmation d'appartenance au groupe. A sa fonction spirituelle s'ajoutait donc un rôle social qui s'affirma tant que ces cultures prévalurent mais qui se confirma après la Conquête, en dépit des mesures d'interdiction dont cette cérémonie, qui était plus que toute autre associée à l'identité indienne, fit l'objet.

Sens du sacré et holisme

Charles Eastman compte parmi les Indiens qui accédèrent rapidement à la notoriété, dans des domaines divers, au sein de la société majoritaire. Il s'illustra comme médecin, écrivain, historien des religions. Il s'efforça tout au long de sa vie de favoriser une meilleure compréhension entre sa culture d'origine et la société américaine. A propos de la spiritualité indienne, il écrivit : « L'attitude originelle de l'Indien à l'égard de l'Éternel était aussi simple qu'elle était exaltée. C'était le Pouvoir suprême (...). L'Indien n'adorait pas plus le Soleil que le chrétien n'adore la Croix. Les éléments et les forces majestueuses de la nature, l'éclair, le tonnerre, le vent, l'eau, le feu et le gel inspiraient la crainte en tant que pouvoirs spirituels, mais toujours de caractère secondaire et intermédiaire. Nous pensons que l'Esprit anime toute création et que chaque créature possède dans une certaine mesure une âme, bien qu'elle ne soit pas nécessairement consciente. L'arbre, la cascade, le grizzly sont une force incarnée et en tant que tels font l'objet de révérence[13]. »

Dans la religion lakota, le monde est perçu comme une unité, un tout indissociable. La notion d'harmonie cosmique, en laquelle on peut voir un trait commun fondamental à l'ensemble des religions indiennes d'Amérique du Nord, y est primordiale[14]. Dans cette optique, l'homme ne se perçoit pas comme extérieur à la nature, appelé à la maîtriser et à l'exploiter, mais il en fait partie intégrante et demeure soucieux de n'en pas menacer la trame sacrée. Cette perspective holiste échappa aux chroniqueurs non indiens, y compris à nombre d'anthropologues prisonniers d'analyses strictement évolutionnistes. Elle fut ignorée des colons et soldats confrontés aux Indiens des Plaines, tout autant que la notion de « terre sacrée », qui constituait une entrave à la Conquête.

Cette notion, étrangère à la perception américaine de l'histoire, confère à la vision indienne des affrontements armés une coloration particulière. C'est ainsi notamment qu'avant la bataille de Little Big Horn, les soldats de l'armée américaine auraient commis l'erreur de camper près de Bear Butte, colline où le père de Crazy Horse avait eu une vision et s'était senti investi du pouvoir de lutter contre les envahisseurs. Ce pouvoir, qu'il aurait transmis à son fils, conférait aux lieux un caractère sacré et les soldats, en escaladant la colline, n'avaient fait qu'accroître la fureur de ceux qui allaient les combattre et anéantir sans merci le 7e de cavalerie. Ainsi va la mémoire indienne, qui ajoute cette interprétation à la victoire de Crazy Horse contre Custer[15].

Les missionnaires, d'abord déroutés, impressionnés, choqués par les rituels des Lakotas, et notamment par les scènes de mortification, les dénoncèrent comme des manifestations de paganisme mais demeurèrent partagés sur la question de savoir si les Sioux, avant les premiers contacts, avaient la notion d'un Pouvoir suprême. Pour saisir toute l'ampleur de la controverse, il faut se replacer dans le contexte de l'opposition absolue entre monothéisme et polythéisme. Chrétiens et « païens » étaient placés à deux niveaux de compréhension et de développement différents et l'« idolâtrie » était irréductiblement attachée à l'idée de peuple primitif. Dénoncés comme idolâtres, les « sauvages » étaient pourtant appelés à adorer un Dieu unique (en trois personnes) tout en vouant une vénération aux multiples saints du calendrier. Il faut attendre une période récente pour voir les observateurs esquisser les voies de rapprochement possibles en évoquant un théisme, qui pourrait inclure à la fois l'unité (un Dieu) et le pluralisme (manifestations diverses de divinités ou d'esprits). Or, les Indiens, bien qu'ils aient la notion d'un Être suprême, mettent l'accent sur une multiplicité de « pouvoirs » ou d'« esprits » [16].

La notion de Wakan Tanka (souvent traduite par Grand Esprit) est la plus proche du Dieu chrétien, mais le Pouvoir suprême n'est pas associé à une image anthropomorphique [17]. Certains théologiens et historiens des religions contestent même que la notion de Grand Esprit ait existé avant la Conquête. Les presbytériens, notamment, mirent l'accent sur le caractère inconciliable de la religion traditionnelle et de la doctrine chrétienne et sur l'absence de notion ayant la moindre similitude avec la foi en un Dieu unique. Le presbytérien Samuel Pond écrivit à propos des Lakotas : « Dans leurs relations avec les Blancs, ils ont entendu parler de Dieu et du diable. Ils ont appelé le premier Wakan Tanka et le deuxième Wakanshicha, c'est-à-dire Grand Esprit et Esprit du Mal ; mais leur Grand Esprit était celui des étrangers, à l'égard duquel ils ne se reconnaissaient aucune allégeance. En s'adressant à un Blanc, il leur arrivait de dire : "Le Grand Esprit m'entend", pour confirmer leurs dires, mais à l'un des leurs ils auraient plutôt dit : "La Terre m'entend." [18] »

D'une façon générale, les missionnaires étaient surtout frappés par le fait que, pour les Sioux, l'univers est animé par des forces diverses qui s'expriment au travers de certains phénomènes naturels tels que le soleil, la lune, le vent, le tonnerre, la terre, les rochers, ainsi que par le biais d'esprits invisibles et multiples. En fait, la dichotomie entre le naturel et le surnaturel, devenue le fondement de la conception européenne du monde, n'avait pas son équivalent dans la perception traditionnelle des Lakotas. Ils considéraient que l'univers ne pouvait être totalement compris ou contrôlé et ce qui échappait à la compréhension humaine était *wakan*, sacré.

Dans la cosmogonie lakota, le Soleil (Wi) était particulièrement important. Outre la Danse du Soleil, qui lui était consacrée, il était associé aux principales vertus, telle la bravoure, et à la couleur rouge. Le Ciel (Skan), représenté par le bleu, était perçu comme présidant à l'appréciation des actions des hommes et des autres divinités. La Terre (Maka) était vénérée comme la Mère de tout l'univers, dont la force s'exprimait dans tout ce qui croît ; elle était représentée par le vert. Le Roc (Inyan), symbolisé par le jaune, était l'ancêtre de tout ce qui existe sur la terre, et était associé à l'autorité, parfois à la vengeance [19]. D'autres éléments naturels, tels que la Lune et le Vent, étaient également révérés, sans être investis d'une importance aussi primordiale. Avec l'implantation de la culture des Plaines, apparut aussi le culte du Dieu-Bison (Tatanka), qui s'exprimait par la danse et traduisait la gratitude et le respect dus à un animal considéré comme une incarnation du Soleil, et grâce auquel l'ensemble de la communauté assurait sa subsistance et même sa prospérité. Les quatre jours consacrés à la Danse du Soleil étaient dédiés à Maka (la Terre) et à Wakinyan (l'Oiseau Tonnerre), qui font croître et pousser toutes choses avec l'aide de *Skan* (le Ciel), *Tate* (le Vent) et Wi (le Soleil). La complexité du panthéon lakota, systématisée au tournant du siècle par les travaux de l'anthropologue James Walker, qui distingue seize avatars (groupes de quatre) à l'intérieur de la notion centrale de Wakan Tanka [20], échappa à la plupart des missionnaires qui dénoncèrent plutôt dans les comportements traditionnels le poids des superstitions.

Wakan Tanka

Inyan (roc)	*Maka (terre)*	*Skan (ciel)*	*Wi (soleil)*
Wakinyan	*Whope*	*Tate (vent)*	*Hanwi (lune)*
(êtres ailés)	*(beauté)*		

Chacune des forces supérieures avait un associé au niveau inférieur.

Inyan, le Roc, était associé avec Wakynyan, symbole de pureté. Maka, la Terre, était liée à (Whope), la Beauté, elle-même fille du Soleil et de la Lune, symbole d'harmonie et de plaisir. Skan, le Ciel, était associé avec Tate, le Vent, qui contrôlait les saisons. Wi, le Soleil, renvoyait à Hanwi, la Lune, qui déterminait le moment d'entreprendre de grandes choses [21]. Parmi les esprits subordonnés figurait le Bison, l'Ours, les Quatre Vents et le Tourbillon. Les esprits inférieurs, ou plutôt les forces paradivines, comptaient Nagi (la Personnalité), Niya (la Vitalité), Sicun (l'Intellect, la Puissance) et Nagila (l'Irrationnel, l'Essence). Toutes ces divinités faisaient partie intégrante de Wakan Tanka et des prières leur étaient adressées comme à autant de fractions d'un tout.

Aujourd'hui comme hier, dans la religion traditionnelle, la prière est très personnalisée et on s'adresse à la terre comme à une mère, au ciel comme à un père, au Grand Esprit comme à un grand-père, notamment dans les cérémonies curatives[22]. Les forces cosmiques sont ordonnées en fonction des chiffres 4 et 7, considérés comme sacrés. Le chiffre 4 représente les quatre directions, et les chiffres 5, 6 et 7 sont associés respectivement au zénith, au nadir et au centre. Le cercle sacré, qui embrasse tout l'univers, symbolise aussi les relations entre les êtres vivants.

En raison de l'importance des forces cosmiques et du règne animal dans la représentation du monde, les religions indiennes — et la religion sioux en particulier — ont été réduites à des cultes de la nature. Pourtant, pour l'anthropologue Alice Fletcher, cette analyse est à la fois vague et trompeuse car l'Indien n'adore pas les objets qu'il invoque. La terre, les quatre vents, le soleil, la lune et les étoiles, les pierres, l'eau, les animaux sont tous les représentants d'une vie et d'un pouvoir mystérieux.

Les Sioux considéraient que des esprits, maléfiques ou bénéfiques, intervenaient dans l'existence humaine. Il appartenait aux chamans, médiateurs entre l'homme et le surnaturel, possédant le don de guérison ou de prophétie, de contrôler les mauvais esprits et de soigner les malades. En effet, la maladie était perçue comme la conséquence d'une rupture de l'harmonie entre l'individu et son environnement.

Comme la plupart des tribus indiennes, les Lakotas attribuaient au tabac un pouvoir mystique. La tradition orale accorde une place prépondérante à l'apparition d'une divinité féminine mystérieuse revêtue d'une peau de bison blanc, qui aurait fait don aux Lakotas du calumet en exprimant le souhait qu'il pourrait les accompagner dans leur parcours sur terre. De tous les objets sacrés, le calumet était peut-être le plus important ; chaque homme utilisait ses pipes, lors des cérémonies religieuses ou pour le plaisir de fumer, en respectant un certain rituel ; les plus anciennes et les plus travaillées servaient lors de déclarations de guerre ou de pactes de paix, pour conclure un accord ou lors d'un rituel précédant la chasse.

Pour les Lakotas, le calumet symbolise l'homme lui-même mais aussi tout l'univers. L'homme-médecine Black Elk l'a décrit en termes imagés et poétiques : « Je remplis la Pipe sacrée avec l'écorce du saule rouge (...) ces quatre rubans qui pendent de la tige sont les quatre quartiers de l'univers : le noir est pour l'ouest où vivent les créatures du tonnerre afin de nous envoyer la pluie ; le blanc est pour le nord, d'où vient le grand vent blanc qui purifie ; le rouge est pour l'est d'où jaillit la lumière et où luit l'Étoile du matin afin de donner aux hommes la science ; le jaune est pour le sud, d'où viennent l'été et le pouvoir de croissance. Mais ces quatre esprits ne sont somme toute qu'un esprit et cette plume d'aigle est pour l'Un, qui est comme un Père ; mais elle est aussi pour les pensées des hommes, qui doivent s'élever vers les hauteurs comme font les aigles [23]. » Nombreux sont les témoignages de la gravité avec laquelle est inhalé le tabac, dans une communion avec les forces invisibles. Le Sioux Lame Deer, notamment, évoqua ce qu'il ressentait en fumant la Pipe sacrée : « Je savais qu'en fumant cette Pipe j'étais le centre de toutes choses, m'abandonnant au Grand Esprit, et qu'il en adviendrait de même de tout Indien qui, un jour ou l'autre, la fumerait comme moi [24]. »

De cette religion qui s'exprimait dans une perception du sacré sans limites spatiales et temporelles, dénuée de doctrine structurée, d'histoire de la genèse bien arrêtée et de lieux de culte autres que naturels, fondée sur la quête de vision et la fulgurance de la révélation d'un pouvoir divin immanent mais fractionné en esprits multiples, les non-Indiens perçurent surtout les manifestations extérieures : Danse du Soleil, purification par les bains de vapeur, pouvoir des chamans par le biais de rites curatifs. Toutefois son appréciation, toujours inextricablement prisonnière de son époque, diffère assez profondément selon les individus. C'est ainsi que certains des premiers missionnaires, notamment les presbytériens, en la personne de Stephen Riggs, qui évangélisa les Sioux Santees au début du XIXᵉ siècle, choisirent de mettre l'accent sur un polythéisme irréconciliable avec la foi chrétienne.

D'autres missionnaires, en particulier les jésuites mais aussi les épiscopaliens, s'attachèrent à la notion de Wakan Tanka (le Grand Mystère) en laquelle ils percevaient l'aptitude à concevoir un Pouvoir suprême laissant espérer la conversion au monothéisme. Cette recherche des convergences possibles entre foi traditionnelle et foi chrétienne n'excluait pas la détermination de remplacer la première par la seconde ni la ferme résolution de faire disparaître la Danse du Soleil. Mais c'est ainsi que Wakan Tanka devint, dans la stratégie de certains missionnaires et dans l'esprit de nombreux Indiens acculturés, le « Grand Esprit ».

2

Les premiers contacts
avec les missionnaires

*Les jésuites s'estiment supérieurs à leurs concurrents par
la spécificité de leurs méthodes. Ils se targuent de trois
qualités que personne ne leur conteste (et pourtant ils ne
manquent pas d'ennemis) : l'intrépidité, la bravoure, la
valeur intellectuelle.*

Peaux-Rouges et Robes noires[1].

*Nous vous proposons : pas de salaire, pas de récompen-
ses, pas de vacances, pas de retraite. Mais : un travail
très dur, un logement modeste, pas de consolations, de
fréquentes maladies, une mort violente ou solitaire, une
tombe anonyme.*

Annonce pour le recrutement
de missionnaires catholiques[2].

Selon la tradition orale sioux, les premiers contacts avec les missionnaires remonteraient à plus de huit cents ans, du temps où ils
vivaient sur les bords du lac Michigan. Certains parleraient encore
d'un vénérable chef au visage pâle qui leur aurait appris à faire le
signe de croix et conté l'histoire de la création et du déluge. Ceux
qui défendent cette légende invoquent des recherches sur la période
précolombienne selon lesquelles l'évêque Eric Upsie, du Groenland,
aurait pénétré jusqu'aux confins du lac Michigan au début du XIIᵉ siècle, en 1120, plus de quatre cents ans avant l'arrivée de Christophe
Colomb[3].
    Si l'on s'en tient aux faits historiques incontestés, il apparaît que
la part des Français — ou du moins des francophones — est grande

dans l'établissement d'échanges tant matériels que spirituels avec les Indiens des Plaines et en particulier les Sioux. L'intrépidité des missionnaires, des trappeurs et des coureurs des bois descendus du Canada les conduisit jusqu'aux Grandes Plaines[4]. Médart Chouart, sieur des Groseilliers, et son beau-frère Radisson, commerçants en fourrures, qui avaient travaillé pour les jésuites en pays huron, auraient été parmi les premiers à s'aventurer dès les années 1650 dans la région des actuels Dakotas, où ils rencontrèrent les Arikaras. A l'époque, les commerçants en fourrures étaient dépendants des grandes compagnies, elles-mêmes soumises à l'autorité étroite du gouvernement du Québec.

La découverte de l'embouchure du Mississippi par Cavelier de La Salle, en 1682, aurait pu changer le cours de l'histoire. La Salle prenait possession, au nom de Louis XIV, de « ce pays de la Louisiane, mers, havres, ports, baies, détroits adjacents et toutes les nations, peuples, provinces, bourgs, villages, mines », soit tout le bassin du Mississippi, depuis les plaines du Texas jusqu'aux rivages de l'Atlantique[5]. Du nord au sud, l'empire français s'étendait « des lacs les plus reculés du haut Canada jusqu'aux grèves tropicales du golfe du Mexique[6] ». Mais Louis XIV, qui ne l'apprendrait qu'un an plus tard, se déclarait persuadé que « la découverte du Sieur La Salle [était] fort inutile », amorçant par là même le désengagement futur de la France dans ces contrées éloignées.

Au plan local, l'annexion par la France de ces terres nouvelles permit aux commerçants en fourrures d'échapper à la surveillance du gouvernement du Québec en acheminant les peaux par le Mississippi vers le golfe du Mexique. De Montréal, Pierre Charles Le Sueur et Pierre Le Moyne (plus connu sous le nom de sieur d'Iberville, premier gouverneur de la Louisiane) entrevirent le potentiel de ce nouvel itinéraire. Ils établirent rapidement un commerce avec les Omahas et parvinrent jusqu'à Sioux Falls, donnant un nouveau dynamisme au commerce des fourrures, qui conduisit à l'établissement de grandes compagnies à Saint Louis. A cette époque les communautés indiennes étaient mouvantes et les rivalités de territoire provoquaient des heurts entre différents groupes et notamment des conflits avec les Sioux, qui étaient progressivement repoussés vers l'ouest. Frontenac, le gouverneur de la Nouvelle-France, avait envoyé des émissaires de paix accompagnés par des missionnaires, pour stabiliser la région. Ainsi s'établirent les premiers contacts entre les « hommes de Dieu » et les Sioux.

Les missionnaires dressèrent les premières cartes localisant les différentes communautés. La carte de Jacques Marquette* fut publiée en 1681. Celle de Louis Hennepin, qui situe les Sioux Wahpetons et Sissetons dans la région de Mille Lacs, paraît en 1698.

Le premier récit d'une rencontre entre les Sioux et les missionnaires catholiques remonte à 1655. C'est alors que les jésuites Claude Allouez et Jacques Marquette posent les premiers jalons d'une relation amicale avec eux dans le Wisconsin. Dix ans plus tard, Allouez, surnommé l'« apôtre de l'Ouest », fonde une mission Ottawa-Huron à l'extrémité occidentale du lac Supérieur et établit des points de contact avec les Indiens Foxs à Green Bay. C'est aussi aux environs des années 1660 qu'un autre jésuite, Gabriel Druillets, serait parvenu à établir un centre d'enseignement religieux parmi les Sioux. Mais, à cette époque, les conflits entre Sioux et Ojibwas font rage, et il est contraint de mettre fin à son action. C'est bientôt le père Louis Hennepin qui prend la relève en s'initiant à la langue lakota, sous la houlette d'un chef. Dans les dernières années du XVIIᵉ siècle, Joseph Marest se fait la réputation d'un évangélisateur zélé auprès des « Naduessioux ». Au début du XVIIIᵉ siècle, les pères Michel Guignas et Nicolas de Gonner, eux aussi jésuites, s'efforcent de semer la bonne parole parmi eux.

Aucun de ces missionnaires ne pénétra dans les limites du Dakota du Sud actuel. Il est aussi peu probable que le père Sévère Dumoulin, qui fit quelques expéditions entre 1718 et 1723 dans la *Red River Valley*, au nord du Dakota, en compagnie d'un autre prêtre, Joseph Provencher, se soit aventuré dans le Sud. C'est sans doute leur successeur, le père George Belcourt, lequel accompagnait ses ouailles à la chasse au bison, qui organisa la première messe catholique dans le Sud.

---

* Jacques Marquette parlait avec aisance six dialectes différents et était respecté des Indiens. C'est lui qui, avec Jolliet, découvrit le Mississippi en 1673, après un voyage de 135 jours, ayant pagayé sur une distance de 4 000 kilomètres. A la suite de cette découverte, Frontenac chargea Cavelier de La Salle de relier, par une chaîne de postes, le Saint-Laurent et le Mississippi. A ce sujet, voir « La traite française des fourrures sur le territoire des actuels États-Unis », Thierry Lefrançois, in *La traite de la fourrure, les Français et la découverte de l'Amérique du Nord*, Musée du Nouveau Monde, Éditions de l'Albaron, La Rochelle, 1992, p. 54.

Depuis plus d'un demi-siècle, des explorateurs français avaient des velléités d'implantation dans la région et songeaient à de glorieuses conquêtes au nom du roi de France. Vers 1740, plus de soixante ans avant l'expédition Lewis et Clark, Pierre Gaultier de Varennes, sieur de La Vérendrye, qui entrevit des possibilités d'y commercer profitablement et qui espérait se voir attribuer le monopole du négoce des fourrures, parvint dans les prairies du Dakota. Il y établit d'excellentes relations avec la tribu des Mandans qui lui offrit l'hospitalité et le fascina par les particularités de son type physique, de son habitat et de ses coutumes. Accueilli comme un roi par ces Indiens pacifiques au teint blanc, aux cheveux clairs ou cendrés, dans de vastes loges circulaires en terre séchée renforcée de bois et de branchages, décorées de tentures multicolores et d'objets d'un riche artisanat, il devait lancer dans son journal des interrogations sur leurs origines. Mais La Vérendrye tenait surtout à prendre solennellement possession des terres explorées au nom de la Couronne de France. Pour ce faire, il enterra une plaque de plomb ornée des armes de Louis XV où on peut lire, au verso : Peter Verendrye (qui se nomme Chevalier), Louis Joseph (son frère), Louis La Londette et A. Miotte, ainsi que la date (1741).

En 1763, le traité de Paris, par lequel Louis XV abandonnait son empire français d'Amérique (le Canada passait à l'Angleterre, la Louisiane à l'Espagne *), devait mettre un terme aux ambitions nationales, sans pourtant éteindre le dynamisme des trappeurs et des coureurs des bois qui descendaient du Canada [7]. Nombre d'entre eux s'installèrent peu à peu dans la région, épousèrent des Indiennes et eurent

---

* « Par un acte particulier passé à Fontainebleau le 3 septembre 1762, ayant cédé de ma pleine volonté à mon très cher et aimé cousin le Roi d'Espagne et à ses successeurs et héritiers, en toute propriété, purement et simplement et sans aucune exception, tout le pays sous le nom de Louisiane, ainsi que la Nouvelle-Orléans et l'isle dans laquelle cette ville est située (...), je vous ordonne en conséquence (...) de vous soumettre aux ordres du Gouverneur qu'enverrait la cour de Madrid » (Louis XV à d'Abbadie, Versailles, 21 avril 1764, manuscrit conservé à la bibliothèque du Congrès à Washington). Apprenant la nouvelle de la cession à l'Espagne, la population française de la colonie fut abasourdie. Mais ses envoyés ne furent pas reçus par Louis XV, mais « par Choiseul, pour qui seule l'île de Saint Domingue comptait et qui était soulagé de ne plus avoir à soutenir ce qu'il considérait comme une possession inutile » (*in* Bernard Lugan, *Histoire de la Louisiane française 1682-1804*, Perrin, 1994).

des familles nombreuses. Ceux que l'on appela les *squawmen*, Français du Canada mais aussi sujets du royaume d'Espagne qui arrivaient de Louisiane pour commercer avec les Indiens, sont à l'origine d'un métissage tant racial que spirituel car ils souhaitaient souvent une éducation catholique pour leurs enfants.

Quand la Louisiane, rendue à la France par le traité de San Ildefonso signé en octobre 1800, fut achetée par Jefferson à Napoléon en 1803 pour la somme de 15 millions de dollars[8], les communautés sioux, fraction de cet immense territoire qui allait du Mississippi aux Rocheuses, tombèrent sous l'influence américaine. Le président Jefferson, élu en 1801, exprimait le vœu de « faire progresser la géographie[9] ». Dans un message adressé au Congrès, il réclamait une douzaine d'hommes et un officier pour « ouvrir la voie du Missouri aux négociants américains et détourner à leur profit le commerce des fourrures, déjà aux mains des compagnies anglaises[10] ». En fait, l'expédition Lewis et Clark « répondait à des objectifs variés (...), rechercher la meilleure voie de communication entre le Mississippi et le Pacifique », mais aussi « renseigner le gouvernement américain sur les tribus indiennes, étudier la faune et la flore, favoriser le commerce des fourrures[11] ». Elle avait des visées scientifiques, stratégiques et commerciales considérables. L'enthousiasme suscité par cette « odyssée aux résonances mythiques (...), expression même du rêve américain[12] », stimula le commerce et l'expansion vers l'ouest. Après l'expédition, le rapport des forces et l'équilibre démographique entre Blancs et Indiens se modifia profondément dans cette région.

C'est à partir des années 1840 que la présence missionnaire s'intensifia. Augustin Ravoux établit une mission catholique éphémère parmi les Sioux Santees, en 1841, dans le Minnesota et traduisit le catéchisme et les chants religieux dans leur langue. Des méthodistes et des missionnaires d'origine suisse tentèrent de s'implanter sans grand succès dans la partie est du territoire du Dakota.

Les presbytériens envoyèrent plusieurs représentants, dont le révérend Stephen Riggs, théologien et linguiste, qui mit tout de suite l'accent sur la traduction des textes sacrés et la construction des écoles. Il établit une mission parmi les Santees et s'attela sans tarder à la rédaction d'un dictionnaire dakota et à la traduction de la Bible. Son action est particulièrement frappante et illustre une certaine

185

optique de l'évangélisation, qui n'est pas sans rappeler celle des protestants de la Nouvelle-Angleterre, qui étaient parvenus à créer des enclos de « puritains rouges ». Il arrivait à un moment où les Santees subissaient la pression de plus en plus forte des conquérants. En 1851, ils se trouvaient contraints de céder la plupart de leurs terres et étaient confinés à deux réserves le long du fleuve Minnesota. Sept ans plus tard, ils devaient abandonner la moitié du territoire qui leur restait.

Riggs s'adapta aux nouveaux espaces attribués aux Santees et construisit deux nouvelles missions, celle de Hazelwood et celle de Yellow Medicine. Dans son optique, comme dans celle de nombreux autres missionnaires, les restrictions territoriales valaient la peine d'être supportées car de nombreux Indiens hostiles au christianisme choisissaient de partir plutôt que d'accepter la vie sur la réserve. La sédentarisation des Indiens était perçue comme une condition nécessaire de l'évangélisation[13]. La stratégie de christianisation de Riggs et de son entourage passait par la sélection d'élèves placés dans des pensionnats où l'objectif consistait à modifier profondément leur apparence et leur système de valeur. Riggs disait que « La religion du savon était un complément absolument nécessaire de la religion du salut[14] ». En coupant les jeunes de leur milieu, on espérait les voir rompre avec quelques aspects de la vie tribale qui paraissaient particulièrement inacceptables : polygamie, vie de chasseurs nomades, propriété collective, glorification du guerrier.

La plupart des Santees résistèrent à l'acculturation prônée par Riggs, mais il remporta tout de même un certain succès auprès d'un petit groupe de convertis qui fit sécession, choisit un nouveau chef et demanda au gouvernement fédéral de le reconnaître en tant qu'unité distincte. Leur Constitution proclamait l'existence d'une République de Hazelwood, qui avait pour ambition de constituer un microcosme de culture américaine en terre indienne. La condition première d'appartenance à ce groupe était la foi en un seul Dieu, le rejet absolu du polythéisme. Ses membres s'engageaient à vivre selon les principes de la Bible, à se comporter et à se vêtir comme leurs voisins blancs. On espérait ainsi les voir se qualifier pour devenir des citoyens américains. Anticipant (et encourageant) la loi de morcellement des terres indiennes qui fut adoptée dans les années 1880, les membres de la République de Hazelwood demandaient que l'on divise leurs terres en lots individuels dont ils pourraient devenir propriétaires.

Sur le plan strictement religieux, l'approche de Stephen Riggs passe à la fois par une étude approfondie de ce qu'il considère comme le système de croyance traditionnel (il en fut l'un des plus éminents experts de son temps, anthropologue avant la lettre) et le rejet de celui-ci en tant qu'expression d'un polythéisme primitif empreint de superstitions.

La République de Hazelwood connut une fin dramatique. En effet, comme ce fut souvent le cas dans d'autres régions d'Amérique, y compris parmi les Guaranis du Paraguay et les Hurons du Québec, l'expérience missionnaire fut brutalement interrompue par des événements extérieurs. C'est en 1862, en raison de la famine qui gagnait parmi les Santees, auxquels les responsables des Affaires indiennes n'avaient pas livré les rations alimentaires, qu'éclata une violente révolte, embrasant la moitié du Minnesota. En trois jours, du 18 au 20 août, les Indiens incendièrent les récoltes et massacrèrent des centaines de colons. Les Indiens chrétiens refusèrent de s'associer aux actes de violence dirigés contre les Blancs et trois leaders de la communauté de Hazelwood eurent un rôle déterminant dans le retour au calme. A la fin des hostilités, les autorités militaires regroupèrent tous les Sioux Dakotas sans distinction et, alors que la plupart des meneurs indiens s'étaient enfuis au Canada ou à l'Ouest parmi leurs voisins tetons, beaucoup de non-combattants furent emprisonnés. Des centaines de Santees passèrent en cour martiale et furent déclarés coupables. Le président Lincoln finit par commuer certaines de ces sentences mais l'armée pendit quand même une quarantaine de condamnés.

Des missionnaires de dénominations diverses — presbytériens mais aussi épiscopaliens et catholiques — rendirent visite aux prisonniers qui, peut-être dans l'espoir d'être graciés, acceptèrent massivement de se convertir. On s'étonna que ceux qui avaient déjà adhéré à la foi chrétienne demeurent fidèles à leurs convictions en dépit de ce qui leur était arrivé. Après leur libération, la plupart des convertis s'établirent à l'embouchure de la rivière Niobrara, dans le Nebraska, à l'écart des autres Sioux. En 1872, d'autres constituèrent une petite communauté près de Flandreau, dans le Dakota du Sud, où ils préservèrent une certaine identité ethnique. L'influence de Stephen Riggs, qui avait mis l'accent sur la sécession de petits groupes d'« élus », trouvait ainsi son prolongement historique.

Telle n'était pas la méthode du catholique Pierre-Jean De Smet, qui souhaitait « ouvrir le ciel » à un maximum d'Indiens et baptisait et convertissait massivement, tandis qu'il parcourait les Grandes Plaines, évangélisait les Cœurs d'Alene, les Flatheads et s'employait à pacifier les Sioux de l'Ouest. Les méthodes catholiques, consistant à administrer les sacrements le plus vite possible, surtout aux nouveau-nés ou aux malades, tout en se réservant de fournir une éducation religieuse ultérieure, se distinguaient des méthodes protestantes, et surtout presbytériennes, qui exigeaient une formation approfondie avant la conversion.

Certes, fasciné par l'exemple de l'action jésuite chez les Guaranis, le père De Smet s'attacha à créer des « réductions », centres de production et d'éducation, notamment parmi les Flatheads, où, animé par cette « indigénophilie » que d'aucuns lui reprocheront, il espérait à la fois protéger les langues et les cultures indiennes et constituer les noyaux d'une chrétienté autochtone. Mais, désireux de faire œuvre de pacificateur dans les Grandes Plaines, il dut se partager entre son rôle diplomatique de médiateur, les démarches répétées de demande de financement auprès de son ordre et des interventions ponctuelles au sein de différentes tribus *. Dès 1840, il exprime le souhait d'intercéder auprès des Sioux pour éviter les massacres qu'il prévoit déjà. Il revendique le droit de poursuivre sa mission auprès des Indiens alors même que son indépendance d'esprit fait douter de sa « sainte obéissance » et que l'on menace de le confiner à des tâches administratives à Saint Louis : « Je vais où je suis envoyé, écrit-il alors à un ami (...), mais je puis avoir mes préférences. Les miennes vont au pays indien. Je regrette les déserts et la vie des sauvages, leurs privations, leurs fatigues, leurs périls. C'étaient là des fêtes, en comparaison de la monotonie où je suis astreint [15]. » Pierre-Jean De Smet accepta de se faire l'avocat du plan Mitchell lors de la signature du premier traité de Fort Laramie en 1851. A l'issue de cette signature, il écrivait : « Ce conseil est le commencement d'une nouvelle ère pour les Peaux-Rouges, d'une ère de paix. Désormais, les voyageurs pourront traverser le désert sans être molestés,

---

* Voir document p. 191.

et les Indiens n'auront plus rien à craindre de la part des mauvais Blancs[16]. »

L'avenir démentit son optimisme et à chaque fois qu'il accepta d'intercéder en faveur des Indiens, notamment à la suite de la révolte des Santees, il se heurta à l'armée qui préférait infliger un « châtiment exemplaire » avant de négocier. En 1864, le général Sherman, vainqueur d'Atlanta, déclarait dans ses *Indian Views* : « Agir énergiquement contre les Sioux, jusqu'à leur extermination[17]. » Le père De Smet, interlocuteur de Lincoln et de Sitting Bull, déchiré entre son sentiment de responsabilité vis-à-vis des Indiens et les sollicitations du gouvernement qui le prie de se rendre parmi les bandes hostiles de Sioux pour les amener à la paix, s'épuise à servir de médiateur*. Il joua un rôle historique dans la négociation du second traité de Fort Laramie du 2 juillet 1868, qui garantissait aux Sioux un territoire qui englobait les Black Hills et dont la signature aurait pu mettre un terme aux guerres indiennes si les collines Noires n'avaient pas été envahies quelques années plus tard par les chercheurs d'or**.

Mais Pierre-Jean De Smet ne vécut pas assez longtemps pour constater la violation des accords signés. En août 1868, deux mois après la signature du traité, il envoie à ses supérieurs une lettre dont il écrit qu'elle pourrait bien être la dernière, celle d'un homme qui touche à sa fin. Dans cette missive lyrique, il explique comment il a su gagner les Sioux rebelles, dont Sitting Bull, à la cause de la paix et comment il pria le « Grand Esprit » pour implorer son assistance. Il évoque l'envoi rituel de tabac à ses interlocuteurs, le calumet, le grand conseil de paix du 2 juillet 1868 : « Ce fut le plus grand conseil qui eût été tenu sur le Missouri. Tout s'y termina favorablement et le traité de paix fut signé par tous les chefs et les principaux guerriers[18]. »

Celui qui était reçu avec autant de respect parmi les Sioux qu'il avait convertis que par les réfractaires au christianisme, tels que Sitting Bull, mais qui jamais ne fonda une mission parmi eux, mourut en 1873, l'année qui précède l'arrivée de Custer dans les Black Hills. La « Grande Robe noire », dont les partisans vantent la générosité et le courage mais dont les détracteurs dénoncent le rôle de pacifica-

---

* Voir document p. 192.
** Voir document p. 192-193.

teur, de « pieux cheval de Troie[19] » qui fit indirectement le jeu de la politique fédérale, n'assista pas aux derniers soubresauts des guerres indiennes et à l'anéantissement des Sioux à Wounded Knee. Quant au gouvernement fédéral, il oublia vite les précieuses médiations de celui qui l'avait souvent gardé de la tentation de la conquête totale. Dès la fin des années 1860, le président Grant, désireux de maintenir les catholiques à la lisière d'une évangélisation qu'il concevait comme majoritairement protestante, amorce sa politique de paix, qui fait la part belle à l'Église réformée.

DOCUMENTS

Lettre adressée au père Pierre-Jean De Smet
par le général des jésuites, 15 avril 1852

Comme d'autres missionnaires hors du commun, le célèbre Pierre-Jean De Smet, ami des Indiens, partisan d'un christianisme ouvert aux autres cultures et aux autres croyances, eut des difficultés auprès de sa hiérarchie, qui le considérait comme par trop incontrôlable. Cette lettre du général des jésuites reflète le scepticisme et les réserves que suscitait son action.

Soyez tranquille, mon cher Père, j'ai vu ce que vous m'aviez envoyé des témoignages en votre faveur, écrits avant ces dernières années et j'en ai été consolé. Les revers de ces dernières années me sont encore un mystère. (...) Il paraît que l'idée de renouveler dans ces montagnes les miracles du Paraguay était une utopie. D'abord, nous ne pouvions espérer les moyens que vos Pères recevaient des Couronnes d'Espagne et du Portugal et puis il n'était pas possible de tenir éloignés les Blancs, et puis le terrain est tout autre et on ne peut espérer de retenir les masses de ces sauvages de leur vie nomade pendant une grande partie de l'année où ils sont à la chasse et pendant laquelle ils se dispersent, se débandent, les uns à droite, les autres à gauche — impossible au missionnaire de les suivre — et la sauvagerie se renouvelle, se perpétue et [il y a] grand danger de profanation du baptême et des autres sacrements. J'avoue, mon cher Père, ne pas voir comment on pourra revenir. Et où prendrions-nous les sommes qu'il faudrait, et le secours (...) ? Enfin je ne sais comment ces missions pourront être soutenues. Que le Seigneur nous éclaire !

J'ai été grandement consolé d'apprendre vos efforts pour la vie religieuse et spirituelle. Continuez, je vous en prie. Et ayez grande confiance en Notre-Seigneur et la Sainte Vierge. Car, enfin, si votre vie a été si distraite, en principe, c'était pourtant pour la gloire de Dieu et cela doit vous consoler.

A mesure que j'ai reçu votre relation en six lettres de votre voyage je les ai envoyées au Conseil de la Propagation de la foi ; je les ai lues avec intérêt, surtout les trois dernières qui avaient, il me semble, plus du missionnaire, les premières, plus du voyageur. Adieu.

---

* Archivum Romanum Societatis Jesu. Rome. Mots soulignés dans le manuscrit original.

191

LA CONVERSION INACHEVÉE

Lettre de Pierre-Jean De Smet

Le 3 juin [1868], je dis la messe de grand matin pour recommander le succès du voyage au Ciel... Deux Ours, chef des Yanktons, qui m'a solennellement adopté pour frère, Cabri à la course, chef des Unkpapas... tous chefs renommés, se trouvent à la tête de mon escorte avec quatre-vingts de leurs principaux guerriers appartenant aux différentes tribus siouses (sic)... attachés à mon service dans le seul but d'engager les autres tribus à me prêter une oreille favorable, et, s'il le faut, de me protéger.

Un grand cercle fut formé, auquel s'étaient joints plusieurs officiers du fort, les soldats et un grand nombre d'Indiens de ces différentes tribus. J'offris alors une prière solennelle au Grand Esprit pour nous placer sous sa sauvegarde.

Le 15 juin, campés aux sources de la rivière-au-castor [qui] traverse les collines rocailleuses séparant les eaux du Missouri de celles de la Yellowstone, nous aperçûmes dans le lointain l'approche d'une bande d'Indiens. C'était nos avant-coureurs à la tête d'une députation de dix-huit guerriers, annonçant leur arrivée par des acclamations bruyantes et des chants joyeux. Tous me serrent la main avec un vif empressement et, après avoir fumé ensemble le calumet de paix, première preuve de leur bon vouloir envers moi, ils m'annoncent, au nom des chefs de camp, que mon tabac a été reçu favorablement, que l'entrée du camp est accordée à la seule Robe noire ; mais que nul autre Blanc n'en échapperait avec sa chevelure...

J'étais attendri jusqu'aux larmes en voyant la réception que ces fils du désert, encore païens, avaient préparé à la pauvre Robe noire. Ce fut le plus beau spectacle auquel j'ai jamais eu le bonheur d'assister et, contre mon attente, rempli de manifestations du plus profond respect. Tout était sauvage et bruyant à la fois, ce qui n'empêchait pas qu'il y eut un ordre admirable [*].

Lettre adressée par le major-général Purcell
à propos du rôle du père De Smet
dans la négociation du traité de Fort Laramie de 1868

Monseigneur,

(...) La Commission de paix avait réussi à convoquer au mois de mai dernier sur la rivière La Platte les chefs indiens des tribus sioux les plus redouta-

---

[*] Citée dans Jean Lacouture, *Jésuites*, Le Seuil, 1991, p. 150-151.

bles et belliqueuses. (...) Seul de tous les Blancs, le père De Smet pouvait pénétrer chez ces cruels sauvages et en revenir sain et sauf. Un des chefs, lui adressant la parole pendant qu'il se trouvait au camp ennemi, lui dit : « Si c'eût été tout autre homme que vous, Robe Noire, ce jour eût été son dernier. »

Le révérend père est connu, en effet, parmi les Indiens sous le nom de Robe Noire et de l'Homme de la Grande Médecine. Il est le seul homme auquel j'ai vu les Indiens témoigner une affection véritable. Ils disent, dans leur langage simple et ouvert, qu'il est le seul Blanc qui n'a pas la langue fourchue, c'est-à-dire qui ne raconte jamais de mensonges. (...)

L'accueil qui lui fut fait au camp ennemi fut enthousiaste et magnifique, où s'assemblaient plus de 3 000 Indiens. (...) Sitting Bull lui déclara qu'il renonçait à la guerre, et délégua plusieurs chefs pour accompagner le père à Fort Rice où nous l'attendions. (...)

Nous ne pourrons jamais oublier et nous ne cesserons jamais d'admirer le dévouement désintéressé du révérend père De Smet, qui, âgé de soixante-huit ans, n'a pas hésité, au milieu des chaleurs de l'été, à entreprendre un long et périlleux voyage, à travers les plaines brûlantes, dépourvues d'arbres et même de gazon, ne rencontrant que de l'eau corrompue et malsaine, sans cesse exposé à être scalpé par les Indiens.*

---

* *Ibid.*, p. 149-150.

3

Une lutte acharnée
pour la conquête des âmes

Inaugurée en 1871, la Peace Policy *de Grant était fondée sur le principe qu'il était plus humain — et aussi moins coûteux — de résoudre le « problème indien » pacifiquement plutôt qu'en faisant la guerre. « Civiliser et christianiser » (...) les « sauvages » qui restaient dans l'Ouest américain était l'objectif avoué de l'Administration Grant* [1].

JOHN C. SCOTT

La « politique de paix » du président Grant était fondée sur la reconnaissance d'un problème de corruption au sein du Bureau des Affaires indiennes, en lequel on commençait à voir une entrave majeure à l'application d'une politique cohérente. On la surnomma « politique quaker », en raison du rôle que ce groupe religieux, dont l'action auprès des Indiens était admirée en haut lieu, exerçait dans les milieux gouvernementaux [2]. Mais les épiscopaliens étaient aussi appelés à y jouer un rôle important, notamment parmi les Sioux. Elle se traduisit par la mise en place d'un Conseil consultatif *(Board of Indian Commissioners),* au sein duquel des chrétiens influents exerçaient un rôle bénévole et contribuaient à orienter la politique gouvernementale. Il était dirigé par William Welsh, homme d'affaires de Philadelphie, philanthrope, épiscopalien, qui s'intéressait particulièrement aux Sioux [3]. Les membres du Conseil n'étaient pas investis d'un pouvoir direct mais habilités à recommander des mesures correctives. La nouvelle politique invitait aussi les Églises à participer à la nomination des agents des Affaires indiennes.

194

L'action du président Grant fut présentée comme un nouveau chapitre dans l'histoire de l'Ouest. Alors que les réformateurs et les philanthropes de la côte essayaient de tempérer la violence des affrontements entre Blancs et Indiens, la nouvelle politique entérinait l'alliance objective entre l'Église (protestante) et l'État, qui déclaraient s'unir pour « sauver » les Indiens.

Dans cette optique de pacification — et d'épuration —, le gouvernement fédéral s'attachait à améliorer l'image du Bureau des Affaires indiennes tout en fournissant des enseignants dévoués et des prêtres. Dès lors, les Indiens n'étaient plus présentés comme des guerriers assoiffés de sang mais comme « les enfants adoptifs de l'Oncle Sam ». Les Églises recevaient une aide financière pour leurs activités missionnaires et le gouvernement fédéral se procurait des agents de pacification à peu de frais. La politique de « pacification », qui attribuait l'exclusivité de l'évangélisation à une seule dénomination religieuse par réserve, était mise en place en fonction d'un canevas administratif ordonné à Washington, sans tenir compte des contacts et conversions préalables. Les méthodistes, relativement peu actifs dans l'action missionnaire auprès des Indiens, se virent attribuer quatorze réserves, plus qu'aucune autre dénomination. Les catholiques, pensant avoir une priorité dans certaines régions du fait de leur rôle historique (et diplomatique) auprès de nombreuses tribus, s'en indignèrent. Mais les promesses de reconnaissance adressées au père De Smet étaient oubliées. Sur soixante-douze agences, huit seulement leur furent attribuées, alors qu'ils s'attendaient à en recevoir trente-huit [4].

La nouvelle politique allait jusqu'à conférer aux dénominations choisies le pouvoir de nommer les agents et les surintendants des Affaires indiennes. En effet, le 15 juillet 1870, le Congrès adoptait une loi présentée comme un complément à la nouvelle politique, qui stipulait formellement que les groupes religieux mis en place dans les réserves étaient appelés à désigner les responsables des Affaires indiennes. Les fonctionnaires du gouvernement devenaient de ce fait dépendants des Églises. Le pouvoir attribué aux religieux était considérable, ce qui renforça la rivalité entre dénominations, semant les germes d'une sourde guerre de religions. Dans ce contexte, l'Église catholique, trop critique de la politique américaine à l'égard des

Indiens, dirigée de façon monarchique depuis la distante Rome, était considérée à Washington comme hautement suspecte[5].

La suspicion pesait sur les « papistes » en général et sur les jésuites en particulier dans un pays dont les instances dirigeantes s'identifiaient comme majoritairement protestantes. Parmi les conservateurs protestants, le sectarisme se manifestait de façon parfois flagrante, sous l'influence de publications ou de rumeurs bien orchestrées. Déjà, en 1829, l'American Bible Society annonçait un complot jésuite visant à éliminer la Bible en Amérique. Rétrospectivement, on peut analyser quelques éléments de ce qui a été décrit comme « l'hystérie anticatholique qui affligea la nation avec une virulence particulièrement grande de 1830 à la guerre civile[6] ». Des journaux à sensation tels que l'*Anti-Romanist* et le *Downfall of Babylon* s'adressaient aux protestants extrémistes et la presse religieuse conservatrice donnait libre cours à son hostilité à l'égard des catholiques. En dépit des relations de cordialité maintenues par De Smet et d'autres missionnaires catholiques avec les protestants, les conquêtes jésuites dans le Nord-Ouest faisaient craindre une mainmise du Vatican sur les nouveaux territoires. La théorie du complot papiste, défendue notamment par Samuel Morse, inventeur du télégraphe, comportait des éléments contradictoires. C'est ainsi que l'Angleterre était associée à cette conspiration dont les forces obscures visaient à s'emparer du Nord-Ouest et en particulier de l'Oregon, « bastion du papisme ». Parallèlement, en dépit de cette frange d'intolérance, des protestants modérés travaillaient à la suppression des incapacités civiques dont les catholiques étaient victimes dans certains États.

Dans la deuxième moitié du XIXᵉ siècle, l'accroissement de l'immigration catholique et la politique du Vatican ne firent qu'alimenter l'inquiétude des protestants les plus alarmistes. En effet, à Rome, le pape Pie IX, qui avait déjà lancé avec l'encyclique *Quanta Cura* son combat contre le modernisme, convoquait en 1869 le premier Concile du Vatican, qui proclamerait l'infaillibilité pontificale*. Dans

---

* C'est en 1846 que le cardinal Mastai Ferretti, archevêque d'Imola, était élu pape et prenait le nom de Pie IX. Il succédait au sévère Grégoire XVI. En dépit de quelques décisions qui parurent initialement progressistes (décret d'amnistie vidant les prisons romaines de prisonniers politiques, introduction dans ses États de l'éclairage au gaz et des chemins de fer), sa première encyclique *(Qui Pluribus)* dénonçait le libéralisme en matière religieuse. Le 8 décembre 1864, étaient promulguées l'encyclique *Quanta Cura* et son annexe le *Syllabus*.

les années 1870, en réaction contre les menaces du papisme mais aussi de la poussée du scepticisme et de la Nouvelle Science, le protestantisme connut un regain de militantisme. On parla d'un renouveau évangélique, qui se manifesta par une implication politique croissante. Le décor était planté pour une lutte acharnée pour la conquête des âmes en territoire indien, où néophytes et convertis potentiels se trouvèrent happés dans la rivalité des hommes de Dieu.

Parmi les Sioux, la politique de paix ne fut que le prélude aux affrontements violents qui, en dépit du traité de Fort Laramie, firent suite à l'envahissement des Black Hills. La répartition des missions aux diverses dénominations religieuses eut lieu dans le climat d'extrême violence qui marqua les derniers affrontements. C'est en 1872, deux ans avant l'arrivée de Custer dans les Black Hills, que les agences sioux furent réparties entre trois dénominations. Les catholiques obtenaient Grand River (qui deviendrait la réserve de Standing Rock) et Devil's Lake. Les épiscopaliens se taillaient la part du lion avec Whetsone (future réserve de Rosebud), Cheyenne River, Red Cloud (future Pine Ridge), le Missouri supérieur (dont une partie deviendrait Crow Creek) et Yankton. Quant aux Hicksite Friends (branche des quakers)* qui n'avaient jamais accompli aucun travail missionnaire parmi les Sioux, ils furent envoyés dans la réserve santee du Nebraska[7].

L'implantation de l'Église épiscopalienne

C'est quand vous demeurez avec lui dans son pays sauvage que l'Indien apparaît au meilleur de lui-même. Il est fidèle, souple dans les situations d'urgence, plein de consi-

---

* Les Hicksite Friends étaient les disciples de Elias Hicks, dont les dons d'orateur ont été comparés à ceux de Webster, mais qui, après avoir exercé ses fonctions pendant des années, fut accusé d'avoir déformé la doctrine chrétienne, d'avoir contesté l'inspiration de la Bible, douté de la divinité du Messie et de l'existence du diable. Il fut violemment attaqué et un éclatement de la Société des Amis en résulta, les disciples de Hicks lui demeurant pour la plupart fidèles. Hicks, quant à lui, nia toujours avoir des idées différentes de celles de George Fox.

*dération, accommodant dans ses relations avec vous et,
autour d'un feu de camp, le contact est facile, il est
communicatif et confiant.*

W.H. HARE[8].

William Hare est le père fondateur de l'action missionnaire épiscopalienne dans les réserves sioux. Sa forte personnalité, son action
évangélique et politique, sa persévérance et son militantisme y ont
défini les assises de l'Église protestante. Il illustre le prosélytisme
irréductible des premières missions et la participation des protestants à la politique indienne forgée à Washington. Il est aussi un personnage emblématique de la défense humanitaire que les
missionnaires ont assumée dans les pires moments des affrontements sanglants, quand l'exacerbation des hostilités et la pression
des pionniers opposés aux Indiens menaçaient de conduire l'armée
américaine, après l'humiliation de la bataille de Little Big Horn, en
1876, à une revanche totale.

William Hobart Hare, né sur la côte est en 1838, américain de souche, fils du recteur de la Trinity Church de Princeton, était bien différent des missionnaires catholiques d'origine européenne qui furent
ses rivaux parmi les Sioux[9]. Il fit ses études à l'université de Pennsylvanie et fut nommé pasteur dans cette ville où il exerça ses fonctions
pendant quelques années. Mais c'est dans le Minnesota, où il fut
bientôt muté pour raisons de santé, qu'il eut ses premiers contacts
avec des Indiens. Par la suite, envoyé en Europe, il noua avec les
autorités épiscopaliennes britanniques d'excellentes relations qui lui
seront fort utiles. Dès son retour à Philadelphie, en 1871, il devint
secrétaire général du Comité international du conseil des missions
de l'Église épiscopalienne aux États-Unis. A ce titre, sa voix était
déterminante dans la stratégie globale de l'Église épiscopalienne en
territoire indien.

Nommé évêque en 1872, il fonda la cathédrale de Greenwood, dans
l'agence de Yankton et plusieurs écoles au sein de la communauté
indienne (les Santees du Nebraska, les Sioux de Cheyenne River et
de Sioux Falls). En 1874, à la demande du gouvernement fédéral, il
fit une tournée d'inspection des agences de Red Cloud et de Spotted
Tail pour enquêter sur l'agitation en territoire indien. Cet homme,
qui savait asseoir son pouvoir au niveau international et fédéral, joua

un rôle marquant dans la mise en place de la politique de pacification de Grant au cours des années 1870.

Il ressort des archives de l'époque que William Hare, qui se voulait à la fois apôtre parmi les Indiens et pasteur au sein de la communauté blanche du territoire du Dakota, sut établir un réseau de relations qui lui permit de négocier sa place et celle de son Église, mais aussi d'infléchir la politique gouvernementale. La ville de Sioux Falls devint le siège de son action évangélique, et son rôle politique ne fit que s'accroître. C'est ainsi qu'en 1888, lorsque le territoire du Dakota fut divisé en deux États, Dakota du Nord et Dakota du Sud, il fut appelé à organiser l'effort concerté des Églises, exerçant au passage son influence pour faire modifier la législation libérale sur le divorce. Au début du siècle, il était nommé responsable de l'Église épiscopalienne dans une douzaine d'États. Peu de missionnaires pouvaient rivaliser avec lui. Sa correspondance, les articles de presse qui lui furent consacrés, les allusions faites à son action par les jésuites qu'il a contrecarrés et par les autres pasteurs de son évêché, mettent en évidence l'étendue de sa réputation et de son pouvoir. Éclairé, pragmatique, redoutable dans la controverse, réputé pour son sens de la repartie, il s'opposa tant aux dénominations rivales qu'à la population blanche hostile aux Indiens et à la presse critique de l'action missionnaire. A un journaliste qui dénonçait le coût et le peu de succès des missions, il répondit : « Nous nous souvenons qu'une partie de nos émigrants considérait comme un crime passible de mort d'enseigner à un Noir. C'est un crime du même ordre dans l'esprit de certains d'être l'ami des Indiens [10]. »

William Hare se dressa contre ceux qui, pour renforcer la répression contre l'« agitation » en territoire indien, tentaient d'alarmer le gouvernement en dramatisant la situation au niveau local. Il écrivit à ce sujet : « La moitié de la difficulté du problème indien provient du fait que tout ce qui le concerne revêt un caractère extraordinaire et grandiloquent. (...) On se demande quand une querelle à propos d'une course de chevaux cessera d'être appelée "une insurrection", les préparatifs d'une fête qualifiés de "veille d'une attaque indienne" et un groupe de voleurs de chevaux considéré comme "une assemblée de guerriers" [11]. »

Un journaliste du *New York Tribune*, présent à l'une des messes qu'il célébra parmi les Sioux, écrivit en 1885 : « La petite chapelle est bondée. (...) les différentes phases du service religieux se déroulent en lakota (...), un pasteur autochtone (...) sert d'interprète (...) et l'évêque prend la parole : "J'ai l'impression de voir devant moi les douze tribus d'Israël. Les Israélites étaient le peuple choisi par Dieu et voici le rassemblement de leurs tribus. Il y a les Indiens Santees, les Yanktonais, les Sissetons, les Oglalas de Pine Ridge, les Indiens de Cheyenne River et les Brûlés de Rosebud. (...) Certains ont passé deux jours sur la route, d'autres quatre, cinq, six. Certains ont affronté la pluie, d'autres ont eu faim, mais je sais que cette journée vous apporte la récompense pour toutes les épreuves que vous avez traversées[12]." »

Au-delà de l'anecdote, du style fleuri et de l'éloge convenu, ce passage illustre la stratégie efficace de William Hare, qui, dès les premières années de l'évangélisation, est résolu à former un clergé autochtone et à faire une messe bilingue, au cours de laquelle les hymnes sont chantés en lakota. Pragmatique, il l'est jusque dans la mise en œuvre des préceptes chrétiens puisqu'il prône le respect des « liens sacrés » du mariage et décourage le divorce mais que sa correspondance atteste d'une certaine souplesse de vues en matière de polygamie. C'est ainsi que les épouses d'un mari polygame, considérées comme les victimes d'une civilisation machiste, peuvent être baptisées : « Sur la question difficile de l'admission des polygames parmi les catéchumènes, le synode a déclaré qu'aucun bigame ou polygame ne devrait être accepté, mais qu'une femme qui est l'une des deux ou trois épouses d'un païen, n'ayant pas de contrôle sur son propre corps mais étant soumise à son mari, peut être acceptée comme candidate au baptême sans se séparer de lui[13]. »

La souplesse de l'Église épiscopalienne est toute relative et peut surtout la distinguer de dénominations puritaines plus strictes[14]. C'est ainsi que les néophytes, appelés à tourner le dos à nombre de leurs valeurs (éthique du guerrier, tradition du nomadisme, polygamie), étaient autorisés à maintenir certaines traditions, notamment à continuer de déposer de la nourriture sur les sépultures de leurs morts. Les épiscopaliens considéraient qu'une religion trop austère aurait découragé les conversions potentielles.

Les capacités d'adaptation de Mgr Hare sont aussi patentes vis-à-vis des autorités fédérales, dont il suivit scrupuleusement les instructions, car il était convaincu que l'action missionnaire devait être confortée par des appuis solides dans les milieux non indiens. Il insista toujours sur le fait qu'il n'avait pas été nommé pour exercer sa mission parmi les seuls Indiens. Conscient que la population blanche s'accroissait considérablement (entre 1878 et 1887 elle passa de 60 000 à 500 000), il ne voulait pas se confiner à une carrière marginale de pasteur parmi les Peaux-Rouges. Ultérieurement, à mesure que le gouvernement souhaita voir disparaître les écoles religieuses dans les missions, il sut être accommodant envers les autorités laïques en acceptant que les écoles d'État prennent le relais.

Cette souplesse à l'égard des autorités fédérales, dont il tira sa force, fut aussi son point faible car il se trouva compromis par l'échec de la politique de Grant qui fut discréditée dès la fin des années 1870. Le Bureau des Affaires indiennes souhaitait reprendre le contrôle de la nomination de ses agents et diriger l'éducation indienne, et s'employa à dénoncer les erreurs commises. Le nouveau commissaire envoya le général Hammond dans les Dakotas pour saisir les registres de l'Église épiscopalienne et inculpa les agents pour mauvaise gestion. Le responsable de l'agence de Crow Creek passa en jugement, fut finalement acquitté, mais le scandale causé par ce procès rejaillit sur William Hare.

Le ministère de l'Intérieur et celui des Armées réclamaient une politique plus efficace et plus ferme. Parallèlement, les philanthropes et les associations humanitaires, notamment l'Indian Rights Association, à laquelle William Hare était très lié, continuaient de s'évertuer à tempérer la mise en œuvre de leur politique. Pour ce faire, ils appuyèrent la politique de morcellement des terres indiennes des années 1880, qui était fondée sur la conviction que la régénération des Indiens passait par leur transformation en petits exploitants agricoles propriétaires de lopins individuels. Cette loi prévoyait le partage des terres collectives et l'attribution de la nationalité américaine aux « nouveaux fermiers indiens ». Des échanges de correspondance entre William Hare et le sénateur Dawes, auteur du projet de loi de morcellement, attestent de leur convergence de vues [15]. Dans une lettre qu'adresse le sénateur Dawes à Herbert Welsh, annonçant l'adoption du projet de loi par le Sénat, il souligne qu'il voit dans cette législation le salut des Indiens. Il demande l'appui de Welsh pour que l'Indian Rights Association continue de faire campagne en sa faveur : « L'idée que l'Indien puisse conserver toutes ces terres en opposition aux immigrants et à la politique établie dans l'Ouest est parfaitement absurde. (...) J'aimerais qu'un homme respectable, influent, puisse se rendre tranquillement parmi eux et les convaincre de ce simple fait : il s'agit de leur salut. J'aimerais qu'ils puissent se rendre compte, comme nous, que c'est leur dernière chance[16]. »

L'Indian Rights Association, c'était Herbert Welsh[17]. Il avait créé cette association et c'est lui qui définissait ses orientations. Issu d'une famille aristocratique de Philadelphie, il tenait son intérêt pour les Affaires indiennes de son oncle, William Welsh, premier président du Board of Indian Commissioners. En 1882, Herbert Welsh avait fait un tour de la Grande Réserve sioux, dont il était revenu bien déterminé à civiliser et « américaniser » les Indiens. C'est en décembre 1882 que l'Indian Rights Association fut fondée, qui s'appuya bientôt sur un réseau efficace de publications, de bureaux locaux, et un puissant groupe de pression à Washington. Or, dans les années 1880-1890, « l'américanisme en était venu à représenter spécifiquement, en dépit des platitudes conventionnelles sur la séparation de l'Église et de l'État, une fusion virtuelle entre le nationalisme et le protestantisme[18] ».

Dans les réserves sioux, la politique du morcellement conduisit à une réduction considérable des terres tribales. La transformation des Indiens en fermiers fut amorcée sans succès à un moment où l'agitation était à son comble car la Danse des Esprits, culte messianique panindien étranger à la tradition sioux, se répandait comme une traînée de poudre dans les prairies de l'Ouest. En dépit des voix modératrices de certains missionnaires et notamment de William Hare, les autorités militaires, qui dénonçaient les risques d'insurrection, s'apprêtaient à reprendre le premier rôle et à avoir le dernier mot en terre indienne.

4

Le centenaire de la mission catholique
de Pine Ridge

Voici le Paradis. C'est ici que nous allons construire la Mission.

Père Jutz, White Clay Creek, Pine Ridge, 1887.

Le récit fondateur : l'alliance des Robes noires et des Peaux-Rouges

Portant son regard sur les horizons verdoyants de White Clay Creek, qui a préservé au fil d'une histoire tragique la sérénité des vastes prairies d'armoise et d'herbe haute, le père Jutz, dans un moment d'exaltation, déclara avoir trouvé le site idéal pour la mission de Holy Rosary, à Pine Ridge. Un an plus tôt, il avait présidé à la création de celle de Saint Francis, sur la réserve de Rosebud, à quelque deux cents kilomètres de là. Il était l'un de ces jésuites allemands (ou germanophones) qui constituèrent le noyau fondateur des missions catholiques dans ces deux communautés. Exilés d'Allemagne, bon nombre d'entre eux jouèrent un rôle majeur dans le développement des missions dans l'Ouest et le Midwest. C'est sous l'impulsion de Mgr Marty, vicaire apostolique du territoire du Dakota et grande figure de l'évangélisation catholique de la région, qu'ils furent envoyés parmi les Sioux. Marty avait contribué à fonder, en 1874, en réaction contre la politique de Grant, le Bureau des missions catholiques indiennes, chargé du renforcement de l'évangélisation catholique. C'est dans le cadre de cette action que des bénédictins avaient été envoyés sur la réserve sioux de Standing Rock.

203

Dans les communautés de Rosebud et de Pine Ridge, les jésuites germanophones prirent la relève de l'action des missionnaires francophones qui avaient établi les premiers contacts avec les Sioux, avant leur placement sur les réserves. Ils pouvaient fonder leur action sur l'estime que la personnalité exceptionnelle du père Pierre-Jean De Smet avait pu susciter. Et pourtant, leur installation dans la région se fit au prix de grandes difficultés ; elle n'aurait peut-être jamais eu lieu sans la détermination du chef Red Cloud, converti au catholicisme. Celui qui avait donné du fil à retordre pendant des années à l'armée américaine, auprès de laquelle il s'était acquis la réputation d'être « aussi vif que le tigre », mit autant de détermination à consolider la paix qu'il avait mis d'ardeur à faire la guerre. Il livra un véritable combat diplomatique en se rendant plusieurs fois à Washington et posa des conditions à l'instauration d'une paix durable. Il parvint notamment à battre en brèche l'application de la *Peace Policy* du président Grant, selon laquelle Rosebud et Pine Ridge tombaient dans le champ d'action exclusif de l'Église épiscopalienne.

Il lui fallut des années pour avoir gain de cause. En effet, en 1879, huit ans avant l'arrivée du père Jutz à Pine Ridge, un autre missionnaire catholique, le père McCarthy, bénédictin, avait été vertement éconduit par le représentant local du Bureau des Affaires indiennes. Il était pourtant l'envoyé du puissant évêque d'Omaha, James O'Connor, et revendiquait l'autorisation de fonder des missions catholiques en faisant valoir que les Sioux avaient déjà été exposés ou convertis au catholicisme. Deux jours après la formulation de sa demande, l'agent du Bureau des Affaires indiennes lui avait communiqué sa réponse en termes peu équivoques : « J'ai l'honneur de vous informer que votre présence sur la réserve ne peut être autorisée à aucun titre que ce soit, ecclésiastique ou autre[1]. »

De peur de déclencher un affrontement, le père McCarthy avait amorcé son repli en déclinant le soutien vigoureux des proches de Red Cloud, qui se proposaient de le défendre par les armes. Mais il n'était pas parti très loin et, en signe de résistance, avait élu domicile sous une tente, dans la forêt, aux abords de la réserve. Il y était demeuré plusieurs mois.

De son côté, Red Cloud était intervenu auprès de l'agent des Affaires indiennes, Valentine McGillicuddy, en lui demandant d'en référer au gouvernement fédéral à Washington ; mais sa requête était restée

sans réponse et on lui prête à cet égard une remarque désabusée :
« J'ai envoyé de nombreux messages au Grand Père mais ils ne lui
parviennent jamais. Ils s'évaporent en chemin[2]. » Au mois de septembre de la même année, le ministre de l'Intérieur, Carl Shurtz, alarmé
par les événements insolites qui lui étaient signalés à Pine Ridge, se
rendit sur place. Mais ce fut pour opposer une fin de non-recevoir à
la demande du père McCarthy, qui dut se résigner à repartir vers
l'est.

Pendant sept ans, Red Cloud, par fidélité, avec l'enthousiasme du
néophyte, mais pour des raisons qui étaient sans doute aussi stratégiques, car il considérait que les Robes noires constituaient une
forme de résistance au pouvoir fédéral, fit pression sur le Bureau
des Affaires indiennes. C'est seulement quand la *Peace Policy* fut
abandonnée et quand l'agent McGillicuddy fut remplacé par un fonc-
tionnaire plus accommodant, Hugh Gallagher (d'origine irlandaise et
catholique), que le Bureau des Affaires indiennes autorisa la fondation de missions catholiques à Rosebud et à Pine Ridge, près de vingt
ans après le traité de Fort Laramie de 1868, que Red Cloud et Pierre-
Jean De Smet avaient contribué à négocier.

Une religieuse, fille d'un philanthrope de Philadelphie, Catherine
Drexel, assura le financement de la construction de la mission. Le
bâtiment fut conçu selon un plan inspiré d'un couvent allemand et
bâti par les jésuites eux-mêmes aidés par quelques Indiens. A l'automne 1888, sa construction était terminée et la mission pouvait
s'enorgueillir du seul bâtiment à deux étages de la région. Le père
Florentine Digmann en fut nommé directeur et il fut accueilli à son
arrivée par Red Cloud lui-même, accompagné par une délégation de
Sioux. Red Cloud prononça à cette occasion un discours solennel
dans lequel il déclara : « Cela fait des années que je demande au
Grand Père de nous envoyer des Robes noires car ils sont les premiers à nous avoir révélé le message du Grand Esprit[3]. »

Vingt et un ans plus tard, le 10 décembre 1909, Red Cloud mourait.
L'école de la mission de Holy Rosary porte son nom depuis un siècle.
Il est enterré dans le cimetière de la mission, sur une colline qui
surplombe l'école et la chapelle. Aujourd'hui, ses descendants se
définissent à la fois comme chrétiens et fidèles à leurs traditions, ce
qui n'est pas rare parmi les Sioux. L'ironie de l'histoire tient au fait

qu'en raison de nombreux mariages mixtes une partie de la famille appartient à l'Église épiscopalienne.

C'est le 2 août 1988 que la mission catholique de Pine Ridge fêta son centenaire. Cette commémoration fut l'occasion d'évoquer ce récit fondateur qui est perçu comme une source de fierté et de nostalgie tant parmi les prêtres que par les Indiens convertis. Car cette alliance entre Robes noires et Peaux-Rouges, cette résistance commune au pouvoir fédéral, a laissé le souvenir d'une période de grâce initiale dans les relations entre Sioux et catholiques. Le centenaire de la mission fut organisé discrètement car l'action des missionnaires fait l'objet de controverses violentes dans cette communauté qui connaît aussi un renouveau des rites traditionnels et au sein de laquelle on assiste à une reprise de pouvoir des hommes-médecine.

Cet anniversaire fut l'occasion d'un colloque organisé par des universitaires à la mission ; il déclencha la publication de nombreux articles, notamment dans le *Lakota Times*, journal sioux créé par un ancien élève des jésuites qui est particulièrement critique de leur action. En somme, il suscita un véritable débat démocratique, au cours duquel les différents intervenants tentèrent de faire le point sur un siècle de confrontations et d'interaction, à la jonction de deux visions du monde, en ce lieu charnière de l'histoire des États-Unis.

De ce siècle de christianisation souvent forcée et toujours inachevée émerge tout un kaléidoscope de mémoires contradictoires et de destins exceptionnels. Car ces jésuites, eux-mêmes victimes d'exclusion dans leur pays d'origine, parvenus à leurs fins en dépit des tracasseries du gouvernement fédéral à l'égard de leurs prédécesseurs, s'illustrèrent — dans les premiers temps au moins — par leur dévouement et leur rigueur plutôt que par leur tolérance. L'implantation de la mission de Pine Ridge, comme celle de Rosebud, deux ans plus tôt, se fit au sein d'un espace social qui avait perdu sa structuration. Les jésuites s'installèrent à un moment particulièrement tragique de l'histoire de leurs paroissiens potentiels, qui avaient perdu leur mode de vie traditionnel, leur liberté de mouvement, leur autonomie matérielle et leur honneur de guerrier. Les « braves » en étaient désormais réduits à attendre l'arrivée des « rations » du gouvernement.

L'ouverture officielle de la mission et de l'école eut lieu dans le courant de l'été 1889 (plus de dix ans après les missions épiscopaliennes), avec une vingtaine d'élèves. Mais les registres de la mission signalent un accroissement rapide des inscriptions, atteignant jusqu'à une centaine en quelques mois. Aux termes de l'accord signé avec le gouvernement et les missions, après l'abandon officiel de la politique de « pacification » de Grant, les missions fournissaient les locaux (salles de classe et dortoirs), le personnel et les fournitures, tandis que l'État se chargeait de la nourriture (rations prévues par les traités, vêtements et frais de scolarité[4]). Les écoles de Rosebud et de Pine Ridge, qui n'accueillaient que des pensionnaires, semblaient présenter en principe, par rapport aux autres écoles, y compris à certains établissements pilotes tels que le collège de Carlisle en Pennsylvanie, l'avantage de se trouver sur le territoire de la réserve[*].

Rétrospectivement, on constate que l'année 1889, au cours de laquelle le territoire du Dakota devint un État, constituait le prélude a des événements dramatiques. C'est à l'automne que les Oglalas de Pine Ridge avaient décidé de se rendre dans le Nevada pour rencontrer Wovoka, le jeune prophète paiute de la Danse des Esprits dont le message messianique se répandait rapidement parmi les tribus des Plaines.

Orphelin à quatorze ans, Wovoka avait vécu chez des fermiers qui l'élevèrent avec leurs deux fils. Son nom « américain », Jack Wilson, lui venait de cette famille pieuse, qui avait coutume de lire la Bible à haute voix le soir. C'est ainsi qu'il s'était familiarisé avec le christianisme. Intéressé par la théologie, il avait voulu en apprendre plus auprès des missionnaires mormons qui essayaient de convertir les Paiutes. Il avait ensuite travaillé dans les champs de houblon de l'Oregon et côtoyé les shakers, secte chrétienne pénétrée par la conviction qu'en dansant, ou plutôt en « secouant leurs corps », ils pouvaient acquérir le don de prophétie. De retour dans le Nevada, Wovoka se maria et retourna travailler dans sa famille adoptive. Coincé entre deux mondes, deux identités, connu sous le nom de Jack Wilson mais fils d'un fameux chaman paiute, bon fermier mais pourtant mal accepté par les Blancs, Wovoka vit son destin basculer vers 1886 quand il commença à avoir des visions. Il eut l'impression

---

[*] Voir document p. 211.

qu'il mourait, montait au ciel et parlait à Dieu. C'est alors qu'il décida de devenir prédicateur.

La révélation décisive de Wovoka fut précédée par l'éclipse solaire du 1er janvier 1889. Wovoka était gravement malade et on crut « qu'il était mort avec le soleil[5] ». Il était question de l'enterrer mais sa femme s'y opposa. Quand le soleil réapparut, Wovoka revint à lui. Il déclara alors être en possession d'un message divin. Il aurait vu le Grand Esprit et les esprits des morts, dont il aurait reçu la mission de répandre la Danse des Esprits. A la suite de sa vision, il annonçait l'aube d'une ère nouvelle. Il prédisait qu'en s'unissant au rythme de cette danse circulaire qui permettrait d'entrer en contact avec les esprits, les Indiens pourraient faire renaître l'Amérique d'avant la Conquête.

Ce culte de « libération », avec des variantes locales multiples, conserve partout les thèmes essentiels du retour des morts, de la catastrophe et de la rénovation du monde après la défaite des Blancs. Ses adeptes respectent certaines constantes dans le rituel lui-même : après un bain purificateur, ils se meuvent en cercles concentriques en psalmodiant des invocations aux morts. Ils s'adonnent à cette danse pendant quatre à cinq jours d'affilée, jusqu'à épuisement total, dans une véritable frénésie collective. De nombreux éléments demeurent controversés à propos de la Danse des Esprits. Le message de Wovoka, qui annonçait le renouveau d'une Amérique indienne libérée des conquérants, trouvait un terrain favorable dans des communautés en proie au désespoir et notamment à Pine Ridge. La délégation oglala revint du Nevada avec la détermination d'encourager et même de renforcer la pratique de cette danse sur la réserve.

On a dit que le message de Wovoka, qui se déclarait sauveur et annonçait une ère nouvelle, traduisait une nette influence du christianisme. L'anthropologue Weston La Barre la présente comme un mélange de notions chrétiennes et de cultes indiens anciens : « Le fantasme d'un nouveau paradis sur terre et la réapparition miraculeuse des ancêtres et des chefs disparus. Une réponse à la désintégration des cultures indiennes[6]. » La vision révolutionnaire mais pacifique de Wovoka aurait été déformée par certains Oglalas qui souhaitaient renforcer la contestation.

Il est certain que les Sioux Oglalas ont adapté le rituel de la Danse des Esprits en fonction de leur environnement et de leur conception spécifique : la danse se déroulait autour d'un poteau central et les participants portaient une chemise blanche, ornée de plumes et de dessins multicolores d'inspiration mythologique, dite « chemise des Esprits », dont on aurait dit qu'elle rendait invulnérable aux balles. Selon James Mooney, c'était l'adaptation d'un vêtement blanc analogue porté par les mormons au cours de leurs rites, et qui aurait frappé l'imagination des Lakotas[7].

Le rôle de Sitting Bull face à la Danse des Esprits n'a jamais été totalement élucidé. Sa reddition remontait à 1881 et il était considéré comme une incarnation du traditionalisme, réfractaire à la conversion. Il incarnait pour beaucoup d'Indiens la résistance à la Conquête sans jamais s'être identifié comme guerrier. Homme-médecine et sage, il semble avoir gardé ses distances vis-à-vis du délire qu'inspirait la Danse des Esprits. Et pourtant, les autorités fédérales voulurent voir en lui l'instigateur local de cette danse, qu'elles considéraient comme une nouvelle danse de guerre.

La conjonction de ces divers facteurs aboutit à des événements qui dépassent le contexte de Pine Ridge et marquent l'histoire des États-Unis, conduisant à ce que l'on a appelé la « fin de la Frontière ». Au cours de l'année 1890, l'importance de la Danse des Esprits ne fit que s'accroître parmi les Indiens des Plaines. L'armée américaine prévoyait une révolte indienne et s'apprêtait à intervenir. La rumeur courut que les Sioux, qui ne cessaient de danser dans la neige, étaient en train de devenir fous dangereux. Sur plusieurs réserves, les agents des Affaires indiennes firent appel à l'armée pour y mettre fin. Sitting Bull, soupçonné d'en être l'éminence grise, fut arrêté le 15 décembre 1890 et, à la suite d'une bousculade mal élucidée, fut abattu avec une quinzaine de ses compagnons. Une partie des fidèles de Sitting Bull, en proie à la panique, rejoignit la bande de Big Foot. Ils se dirigèrent ensemble vers la réserve de Pine Ridge. Encerclés par l'armée, ils durent capituler le 28 décembre et dresser leur camp au lieu dit Wounded Knee[8]. C'est à l'occasion d'une fouille générale qu'éclata l'altercation qui déclencha le massacre au cours duquel deux cents à trois cents Indiens furent abattus.

Les registres des missions, tant épiscopalienne que catholique, mentionnent l'accueil des survivants, qui se réfugièrent dans des locaux encore décorés pour les fêtes de Noël. Mais l'antagonisme entre Indiens et non-Indiens était à son point culminant, et un bâtiment voisin de la mission catholique fut attaqué peu de temps après. En ce lieu chargé d'histoire, situé à quelques kilomètres du lieu de mémoire qu'est Wounded Knee, le rêve d'Éden du père Jutz paraissait désormais incongru. Tel est le contexte de la fondation de la mission de Holy Rosary, sur la réserve de Pine Ridge, qui reste, plus qu'aucune autre, marquée du double sceau du rêve d'alliance et du poids du passé.

DOCUMENT

La froidure solitaire du pensionnat
Tim Giago

Tim Giago, Sioux Oglala, est le directeur du journal *Indian Country Today*, autrefois intitulé *Lakota Times*, mais qui a, au cours de ces dernières années, acquis une portée nationale. C'est un ancien élève des jésuites. Il critique ici tant les écoles des missions que l'ensemble du système éducatif assimilationiste préconisé par les « libéraux » à la fin du XIXe siècle (à l'époque réformateurs et philanthropes), inspirés par des visions humanitaires ethnocentriques.

Au cours des vacances de l'année 1949, l'année du grand blizzard, les choses allaient mal pour moi et il fallut que je reste à la mission. Je me tenais debout au balcon du bâtiment gris en béton et regardais les voitures aller et venir tandis que les parents emmenaient leurs filles et leurs garçons en vacances. Certains, qui n'avaient pas de voitures, les emmenaient en charrettes tirées par des chevaux. Cet exode des enfants dura deux jours. Je me souviens que la salle de gymnastique me parut alors bien solitaire...

La mission de Holy Rosary fut créée à Pine Ridge en 1888. Le système éducatif des missions fut implanté dans les réserves indiennes à la fin des années 1880. C'était un système mis au point conjointement par les bureaucrates anonymes de Washington et par les différentes Églises, afin d'éduquer à tout prix les Indiens tout en faisant disparaître leurs langues et leur cultures. Ils comptaient accélérer ainsi la politique d'assimilation totale du gouvernement et mettre fin au système des réserves.

De la fin des années 1880 au début des années 1960 les enfants indiens devinrent les cobayes d'un système éducatif imposé par les « libéraux » bienpensants qui étaient convaincus que tout irait mieux pour les enfants s'ils étaient acculturés. Personne ne prit la peine de demander aux Anciens ce qu'ils en pensaient.

Ce n'était que l'une des multiples expériences dont les Indiens ont fait les frais et qui leur fut appliquée par ignorance et sans qu'on leur demande leur avis ; elle était inspirée par la détermination de « civiliser » des soi-disant païens.

5

La fin du XIXᵉ siècle
ou le crépuscule des Lakotas

Il n'y avait plus d'espoir sur la Terre, et Dieu semblait nous avoir oubliés. Certains disaient qu'ils avaient aperçu le Fils de Dieu ; d'autres ne l'avaient jamais vu. S'il était venu, il aurait accompli de grandes choses, comme il l'avait fait jadis. Nous en doutions, car nous n'avions jamais vu ni sa face ni ses œuvres (...). Les gens lui criaient leur détresse comme des fous et imploraient sa pitié. (...)

Les hommes blancs prirent peur et appelèrent les soldats. Nous n'avions fait que demander la vie, mais les Blancs ont cru que nous allions prendre la leur[1].

RED CLOUD.

C'est à la fin du XIXᵉ siècle que se dessine la carte des États-Unis actuels. Peu après le massacre de Wounded Knee, le Bureau fédéral du Recensement annonce officiellement la fin de la Frontière. Point final de la Conquête de l'Ouest, l'anéantissement des Sioux à la fin de l'année 1890 est souvent présenté comme le point d'orgue de l'histoire indienne. Cet épisode historique est entré dans la légende et « son caractère mythique », comme le souligne Élise Marienstras, « est attesté par la semi-obscurité qui entoure les faits. Pourtant, les récits en sont innombrables, du simple reportage de presse au savant ouvrage d'historien et à l'analyse de l'anthropologue, en passant par l'épopée, l'élégie et le pamphlet militant[2] ».

La fin de la résistance des Sioux, devenus dans l'imagerie populaire, notamment à travers le *Wild West Show* de Buffalo Bill, le symbole de l'ensemble des cultures indiennes, est une date clef de l'histoire nationale autant que de l'histoire tribale. Aujourd'hui, la construction d'un « monument commémoratif » en ce lieu de mémoire fait couler beaucoup d'encre. Comment présenter ce moment qui entérine le crépuscule d'un monde, comment donner l'importance historique qu'il mérite, par sa force symbolique, à ce petit coin de prairie qui n'est signalé que par un panneau en bois sur lequel l'affrontement est résumé en quelques lignes [3] ?

Le regard jésuite et l'héroïsme des premiers jours

Dans l'histoire des missions catholiques parmi les Sioux, il semble que certains individus, à la personnalité bien affirmée, se soient souvent démarqués de leur époque et de leur ordre, du fait de la qualité des relations quotidiennes établies avec la population locale. Ce fut le cas du père Jutz, fondateur des missions de Rosebud et de Pine Ridge. Il arrivait avec l'enthousiasme de ceux qui ont surmonté de nombreuses difficultés avant d'obtenir gain de cause. La construction et l'ouverture des deux missions catholiques de Rosebud et Pine Ridge s'étaient avérées si difficiles qu'elles lui paraissaient presque inespérées.

Johannes (ou John) Jutz était d'origine autrichienne. Né dans un petit village, il fut sculpteur et ne décida d'entrer dans les ordres qu'à l'approche de la trentaine, après la mort de sa fiancée. Happé par le conflit franco-prussien de 1870-1871, il se heurta, alors qu'il faisait office d'infirmier, aux sentiments anticatholiques. C'est le 4 juillet 1872 que l'empereur Guillaume Ier signa une loi déclarant que les jésuites étaient considérés comme des ennemis de l'Empire et les expulsa d'Allemagne. Le père Jutz avait rêvé d'être missionnaire en Afrique mais c'est en Amérique qu'il fut envoyé, au lieu dit la Prairie du Chien, dans le Wisconsin. C'est là qu'il prononça ses vœux définitifs, à quarante-trois ans, en 1881 [4]. C'était aussi l'année de la reddition de Sitting Bull, dont le destin allait croiser le sien un peu plus tard, au cours des événements qui accompagnèrent l'adoption de la Danse des Esprits par les Sioux.

Quelques mois après la fondation de la mission catholique de Pine

Ridge, le bruit courut que le désespoir et le désir de revanche de quelques irréductibles conduisaient les Sioux à se livrer à la Danse des Esprits. Jutz savait que le retard dans l'envoi du ravitaillement promis par le gouvernement avait sa part dans la propagation de ce rite messianique. La population était proche de la famine et le scénario qui avait été le prélude à la révolte des Santees, trente ans plus tôt, semblait se reproduire avec quelques variantes. Tandis que les missionnaires, tant épiscopaliens que catholiques, essayaient de minimiser les risques de révolte liés à la danse, les agents des Affaires indiennes et les journaux locaux la présentaient comme une nouvelle danse de guerre.

A la mission, l'influence chrétienne sur le culte de la Danse des Esprits était reconnue. Selon Wovoka, le prophète paiute, Dieu était déçu par les Blancs parce qu'ils avaient tué son fils unique. Fascinés et indignés par ce détournement et cette indianisation de la doctrine chrétienne, les jésuites et les religieuses franciscaines continuaient à vaquer à leurs occupations quotidiennes et maintenaient l'école ouverte, tout en suivant de près la montée de la tension entre les autorités gouvernementales et les Indiens[*].

En octobre 1890, le père Jutz assista à une Danse des Esprits à White Clay Creek, non loin de la mission, avec quelques religieuses. Il fut autorisé, contrairement à la plupart des Blancs, à s'approcher et même à se mêler aux danseurs. Il raconta qu'il se tenait, revêtu de sa soutane noire, dans le cercle de la danse et qu'il demanda à quelques Indiens tombés en transe (« morts » et revenus à la vie) de lui raconter leurs visions. Il avoua ne pas avoir obtenu de réponse mais ajouta que des manifestations comparables avaient lieu à l'école de la mission : « A l'école de la mission certains garçons et filles organisent une Danse des Esprits en secret et tombent en transe, phénomène que les religieuses ont attribué initialement à quelque maladie mystérieuse[5]. »

En novembre, l'armée américaine pénétrait sur la réserve de Pine Ridge, provoquant la panique parmi les danseurs. De nombreux Lakotas s'enfuirent vers les Badlands. L'armée et les journalistes qualifièrent les réfugiés d'« Indiens hostiles » et on parla de nouvelle guerre indienne, ce qui ne fit que renforcer les craintes de la popula-

---

* Voir document p. 217.

tion environnante à propos des Indiens. C'est alors qu'intervint le père Jutz, à titre personnel, plutôt qu'en tant que représentant de l'Église. Les Sioux l'autorisèrent à pénétrer dans leur refuge et il offrit de servir de médiateur dans les tractations avec l'armée. C'est ainsi que celui que les Indiens surnommaient amicalement « Yeux de verre », à cause de ses lunettes, devint l'ambassadeur improvisé des réfugiés de la Danse des Esprits.

John Jutz ne parlait pas lakota, mais, avec l'aide d'un interprète, il parvint à communiquer avec les leaders de la danse, au sein de leur refuge. Il les prévint que l'armée avait l'intention de les faire sortir de gré ou de force et qu'ils devaient accepter de parler au général Brooke. Peu après cet entretien, une quarantaine de Lakotas arrivèrent à la mission, le soir du 6 décembre. Ils se sentaient plus en sécurité à la mission qu'à l'agence, où ils hésitaient encore à se rendre. Au risque de sa propre vie, le père leur garantit qu'ils ne seraient pas arrêtés ; le lendemain, il partait dans son buggy aux côtés du chef Two Strike, suivi par les autres Indiens. A l'issue de l'entretien avec le général Brooke, les Sioux reçurent la promesse qu'ils obtiendraient un ravitaillement suffisant pour l'hiver et qu'ils pouvaient retourner à Pine Ridge sans être inquiétés. Mais certains n'avaient pas confiance et le père proposa de les rencontrer à nouveau. Cette fois Brooke refusa la médiation du prêtre et ne voulut pas les écouter. A ce stade, il semble en effet que Washington ait manifesté quelque impatience et décidé d'accélérer les événements. Comme le fait remarquer Jutz lui-même, les officiers doutaient qu'un simple prêtre puisse accomplir plus qu'une armée [6].

La tragédie qui s'ensuivit démontre que c'est le point de vue des militaires qui l'emporta. Peu de temps après le massacre de Wounded Knee, au cours de la confusion générale, l'un des bâtiments attenant à la mission fut incendié, mais la mission elle-même ne fut pas endommagée. Les Indiens avaient promis qu'ils ne toucheraient à rien ni à personne dans la mission et spécifié que « le père Jutz était le seul ami des Indiens sur la réserve [7] ».

Devant la détresse indienne, les Églises, oubliant leurs rivalités, s'employèrent de concert à soigner les survivants. A la mission catholique de Pine Ridge, prêtres et religieuses accueillaient les blessés avec de la nourriture et du café et leur administraient les premiers soins. La mission épiscopalienne, sur l'initiative du révérend Cook, fut transformée en hôpital.

Selon le médecin sioux Charles Eastman, chargé de soigner les guerriers qui refusaient de se laisser toucher par les médecins militaires, « beaucoup étaient déchiquetés par les balles et leurs souffrances étaient terribles. (...) En dépit de tous nos efforts, la plupart d'entre eux moururent, mais quelques-uns guérirent, y compris plusieurs enfants qui avaient perdu toute leur famille et furent adoptés par des familles chrétiennes[8] ». Vingt-cinq leaders survivants de la Danse des Esprits devaient être incarcérés au Fort Sheridan, en Illinois, « jusqu'à apaisement des passions[9] », mais Buffalo Bill convainquit les autorités militaires de les laisser partir en Europe avec son *Wild West Show*.

Ainsi s'éteignit la flambée de la Danse des Esprits, dans le sillage d'un cirque itinérant qui eut un succès retentissant en Europe. Mais il choqua certains, y compris une éminente souveraine, la reine Victoria, qui se considérait comme un « maître colonial » plus soucieux de la dignité de ses sujets. Elle déclara en 1887, aux premiers Indiens voyageant en Europe : « Si vous m'apparteniez (...) je ne permettrais pas que l'on vous engage dans un spectacle comme celui-là[10]. »

Aux États-Unis, sur le terrain des derniers affrontements, l'armée avait réglé à sa façon un problème pour lequel le père Jutz avait imaginé des solutions moins dramatiques et dont l'issue installait pour longtemps un climat de désolation et d'amertume. Le père resta à la mission de Holy Rosary jusqu'en 1892 et fut alors muté dans celle de Saint Francis, sur la réserve voisine de Rosebud. Il revint brièvement, pour un an seulement, à Pine Ridge, en 1896.

En 1897, rappelé à Boston, il dit adieu à ceux qu'il appelait « *Indianos sibi carissimos, quibusque ipse carissimus fuit* » (« les Indiens qui m'étaient si chers et auxquels je l'étais aussi ») et parmi lesquels il avait passé douze ans de sa vie. Cette relation profonde de respect et d'attachement mutuels, qui semblait être dans le prolongement de l'alliance entre Red Cloud et Pierre-Jean De Smet, laissa la place à un quotidien moins glorieux et plus conflictuel, tandis que la mission de Holy Rosary s'enfermait dans une stratégie de christianisation autoritaire.

DOCUMENT

Récit de la Danse des Esprits par les religieuses de la mission de Holy Rosary (Pine Ridge)

Les religieuses occupaient un rôle assez effacé à la mission mais certaines d'entre elles n'hésitèrent pas à accompagner le père Jutz à la Danse des Esprits. Elles avaient été chargées de tenir le journal des activités de la mission et elles relataient scrupuleusement, de façon détaillée — en allemand —, les événements majeurs comme les plus insignifiants.

La Danse des Esprits est une sorte de service religieux organisé par les Indiens. Un beau matin du mois d'octobre 1890, (...) nous sommes allées à quelque trente kilomètres d'ici assister à cette danse (...). Elle était organisée sur un très vaste terrain dont les arbres et les buissons avaient été coupés. Quand nous arrivâmes, il y avait bien cinq cents personnes qui s'apprêtaient à danser.

Leurs superstitions leur faisaient croire que les chemises de la Danse des Esprits pouvaient les protéger de tout ce qui pourrait les blesser (...). Ces chemises étaient ornées d'animaux de toutes sortes, la plupart d'entre eux de couleurs très voyantes. Ces animaux étaient très impressionnants. Plus ils pouvaient effrayer les non-Indiens mieux c'était, car ils ne voulaient pas de Blancs dans les parages. Ils souhaitaient que le Grand Esprit les transforme en bisons et en poissons pour que tous les Indiens aient quelque chose à chasser et à pêcher. (...)

Sombrer dans l'inconscience est l'objectif ultime de la danse (...). Ils ont la conviction que le Messie viendra et leur donnera un nouveau pays où ils auront la première place et dont les Blancs ne pourront les chasser*.

---

* *Diary of the Sisters of St Francis Who Have Been in Charge Since the Very Foundation, 1888-1929*, Archives de Holy Rosary Mission, Pine Ridge, Dakota du Sud.

6

La mission catholique de Pine Ridge au début du xxᵉ siècle : entre dévouement et déculturation

> *Les missionnaires exigeaient une transformation complète de chaque Indien, le rejet de la culture tradition- nelle et la régénération par la conversion au christianisme (...). Comme le Secrétaire du Bureau des Missions étrangè- res le déclara en 1882, ce n'était pas la Race mais la Grâce qui comptait*[*].*
>
> WILCOMB E. WASHBURN[1].

L'application de la loi de morcellement des terres indiennes provo- qua une forte réduction de la superficie de la Grande Réserve sioux. Dès 1889, les Sioux Oglalas se virent attribuer la réserve de Pine Ridge, qui comprenait alors ce que l'on appelle aujourd'hui les comtés de Washington, Shannon, Washabaugh et Bennett. Placées sous la tutelle du gouvernement, beaucoup de terres furent louées à bas prix à des non-Indiens. L'un des comtés, celui de Bennett, fut d'ailleurs purement et simplement cédé aux Blancs en 1911. Réduits à attendre leurs maigres loyers, les anciens guerriers, désormais assistés, ne pouvaient reconstituer la trame sociale et cérémonielle qui structurait auparavant leur existence. La Danse des Esprits ne fut plus qu'un tragique souvenir et on évoqua désormais rarement ce rite extérieur à la communauté, importé dans des circonstances particulièrement dramatiques, et qui avait été lié à sa capitulation. En revanche, l'interdiction de la Danse du Soleil était toujours per-

---

* Cette formule, qui s'applique plus strictement aux presbytériens, met bien l'accent sur la démarche ethnocentrique des missionnaires.

218

çue comme une forme de répression inacceptable car il s agissait d'un rite intimement associé à l'identité tribale. Pendant longtemps, les agents du gouvernement et les missionnaires crurent qu'elle avait disparu. Mais il a été établi peu à peu que la Danse du Soleil, sous une forme plus ou moins modifiée, continua à se dérouler secrètement mais irrégulièrement, pendant toute la période de son interdiction officielle, soit du début des années 1880 à la fin des années 1920.

Le pasteur luthérien Thomas Mails, écrivain, chercheur, qui a analysé les formes contemporaines de la Danse du Soleil, a aussi recueilli des témoignages auprès des vieux hommes-médecine qui ont orchestré la perpétuation secrète de la danse pendant son interdiction officielle. Frank Fools Crow, l'un des principaux chefs spirituels, lui a ainsi confié que des danses avaient lieu presque tous les ans sous des formes diverses. Il y avait deux solutions : soit la cérémonie était infléchie en fonction des interdits, l'automortification (le percement des chairs) en étant exclue, soit elle se déroulait en un lieu isolé, en secret. Dans ce cas les danseurs du Soleil pouvaient se faire percer la poitrine par l'homme-médecine, selon la tradition[2]. Habilement, la cérémonie fut adaptée aux contraintes qui prévalaient alors, de façon à passer inaperçue : l'arbre solaire placé au centre de l'enceinte était coupé très court et les abris de branchage qui entourent habituellement le cercle de la danse étaient supprimés. Certains Blancs étaient autorisés à y assister, dans la mesure où ils s'engageaient à en respecter le secret. C'est ainsi que s'organisa subrepticement la résistance spirituelle des Lakotas, qui eurent aussi l'idée de faire correspondre la date de certaines fêtes traditionnelles et les célébrations de la fête nationale des États-Unis, le 4 juillet.

Mais il demeure que les anciennes danses, dans le contexte général du démantèlement des structures tribales et des valeurs traditionnelles, avaient dans une large mesure perdu leur signification. L'écrivain sioux Ella Deloria, collaboratrice de Franz Boas, a appelé l'attention sur l'étiolement de ces cérémonies au sein d'une communauté désespérée qui avait perdu ses repères. Selon Ella Deloria, la religion chrétienne, au sein de ces communautés désorientées par la dislocation de leurs valeurs et de leur rôle, combla un vide spirituel. Les missionnaires, qui savaient mieux que quiconque dans quelle situation désespérée se trouvaient les Indiens, les appuyèrent et les épaulèrent dans la défense de leurs droits vis-à-vis du gouvernement fédéral, s'employant, entre autres, à réclamer les rations souvent insuffisantes ou acheminées trop tardivement. L'esprit rebelle des jésuites à l'égard d'un gouvernement qui les avait longtemps contrecarrés leur conférait un sentiment spontané de solidarité envers les Indiens victimes de discrimination.

Mais la stratégie de la christianisation reposait pourtant sur un projet d'acculturation intransigeant. Les Indiens étaient des chrétiens potentiels et, puisque les fondements mêmes de leur culture étaient ébranlés, les missionnaires se proposaient de reconstruire leur existence autour des grands principes de la religion chrétienne, en faisant table rase de tout ce qui pouvait retarder leur adhésion à ces principes. Tout en reconnaissant les convergences entre le Dieu chrétien et le concept de Wakan Tanka, ils se proposaient de substituer le christianisme à la religion traditionnelle.

La stratégie de substitution

L'éducation était le fer de lance de l'action jésuite. Dans les écoles des missions, l'enseignement de l'anglais était imposé et les rudiments de la foi chrétienne exposés à travers l'enseignement quotidien. Les classes étaient organisées selon une discipline militaire, alors que le quotidien de l'univers traditionnel s'ordonnait autour d'une notion du temps beaucoup moins rigide, voire très lâche. Les archives de la mission de Pine Ridge font état de la régularité, et même de la rigidité d'un emploi du temps très répétitif mais dont l'exécution sourcilleuse paraît prioritaire[3].

Pour remplacer les fêtes et danses traditionnelles, les jésuites organisent des pique-niques presque rituels, dont les dates sont soigneusement consignées dans le journal de la mission. Pour se substituer aux groupements traditionnels *(tiyospaye)*, ils organisent pour les parents convertis les Associations de Sainte Marie et de Saint Joseph. Les congrès catholiques annuels se transforment en vastes pow-wows auxquels sont conviés tous les chrétiens confirmés ou potentiels.

La grande erreur des jésuites consista à sous-estimer la force des liens familiaux. Pour sevrer les enfants de leurs habitudes tribales, d'un quotidien ponctué par des fêtes fréquentes, ils les obligent à être pensionnaires et ne les laissent rendre visite à leurs familles qu'une ou deux fois par an. De telles pratiques, exposées dans les archives de la mission, dressent contre eux les parents, de même que les châtiments corporels, qui ne sont pas d'usage parmi les Indiens.

La vie quotidienne de la mission au début du siècle est décrite dans le journal tenu par le père Florentine Digmann, qui succéda à l'héroïque père Jutz et eut la tâche peut-être encore plus difficile de réglementer le quotidien d'une institution débutante. Sa vie et ses opinions illustrent à la fois les ambitions et les préjugés des missionnaires à cette époque.

Le père Digmann : soldat de Dieu et homme de son temps

Exil, obéissance et pauvreté

Le père Digmann, que les Indiens surnommèrent « Barbe Noire », ou Putin Sapa, connut toutes les vicissitudes d'une existence marquée par l'exil et les exigences de l'ordre qu'il avait choisi. Né en Allemagne, il ressentit, contrairement à son prédécesseur, une vocation religieuse précoce qui le fit rejoindre les jésuites dès l'age de dix-neuf ans, en 1865. Quelques années plus tard, en 1872, la fermeture des collèges jésuites en Allemagne le conduisit successivement en Autriche et en Angleterre, lui conférant un profil international. C'est à Liverpool qu'il fut ordonné prêtre et sa maîtrise de l'anglais le désigna comme un candidat idéal pour les missions du Nouveau Monde[4].

Son navire accosta aux États-Unis le 4 juillet 1880, à Boston. La ville célébrait avec effervescence la Révolution américaine dans l'enchaînement des discours, parades et feux d'artifice. Comme en témoigne sa correspondance, cette arrivée lui laissa un souvenir impérissable et une vague prémonition de la vie agitée qui l'attendait. Son séjour sur la côte est, dans le Canisius College de la ville de Buffalo, État de New York, fut de courte durée. Deux ans à peine après son arrivée, il fut expédié dans l'Ouest, au lieu dit la Prairie du Chien, ancien centre actif du commerce avec les Indiens. Ces derniers, qui en avaient été peu à peu repoussés, avaient cédé la place à une communauté d'immigrants et de cultivateurs blancs, parmi lesquels un grand nombre d'Allemands, soucieux d'assurer une éducation religieuse à leurs enfants. Au cours des deux années qu'il passa tant à Buffalo que dans le Wisconsin, il se fit la réputation d'un homme de devoir, à la fois dévoué et énergique, que ses aptitudes conduisaient à être désigné comme responsable de la discipline. Cet homme à poigne, qui considérait comme un mince effort d'assister tous les jours à la messe à quatre heures et demie du matin, mettra plus tard la barre très haut dans le règlement quotidien des missions récemment créées auprès des Sioux.

Le père Digmann est l'un de ces prêtres dont l'écrivain Sioux Charles Eastman a pu dire qu'ils étaient « des hommes bien mais imbus des préjugés de leur époque ». Il passa plus de dix ans à la mission de Saint Francis, sur la réserve de Rosebud, dont il devint le supérieur. Il fut ensuite envoyé à la mission de Pine Ridge, qu'il considérait comme un poste difficile car les Oglalas étaient perçus comme plus rebelles et plus récalcitrants que les Brûlés de Rosebud. Dans une évaluation rétrospective globale de son travail missionnaire parmi les Sioux, il écrivit : « Notre tâche ne consistait pas à faire des Indiens de bons hommes blancs mais de bons Indiens. » Et pourtant il notait dans son journal, quelques années plus tôt : « Nos Indiens catholiques nous demandent s'ils peuvent participer à la quête lors de la prochaine célébration du 4 juillet ? Je leur ai répondu : Non, car plus vous abandonnerez rapidement vos anciennes coutumes peu profitables telles que vos danses et vos give-away, mieux vous vous en trouverez[5]. »

Transformer les Indiens en fermiers industrieux et économes, tel était l'objectif des missionnaires en général et des jésuites en particulier. Mais la méconnaissance des valeurs fondamentales de la communauté autochtone était une entrave au passage harmonieux d'un univers à l'autre. L'Église, qui aurait pu manifester une tolérance plus grande à l'égard de traditions indiennes dont elle mesurait l'importance sociale, se fixe pour objectif de les faire disparaître rapidement « pour le bien des Indiens ». Même si les missionnaires sont désireux de permettre aux Indiens de s'adapter plus rapidement au monde alentour, la conviction que cette adaptation passe par le renoncement aux valeurs traditionnelles, qui pourtant concordent en bien des points avec l'éthique chrétienne (désintéressement, générosité, solidarité), les amène à se faire les complices d'une déculturation systématique. La méconnaissance des valeurs indiennes, notamment du détachement à l'égard des biens matériels, conduit à souhaiter la disparition des give-away, cérémonies au cours desquelles chacun peut distribuer ce qu'il possède et montrer à la fois ce qu'il détient et ce à quoi il renonce. Vouloir supprimer les danses traditionnelles entraîne l'anéantissement de la trame sacrée et de la dimension festive d'un quotidien désormais marqué par l'ennui, l'oisiveté et la misère. Les jésuites ne mesurent pas les risques de ce processus d'acculturation et pensent pouvoir remplacer les fêtes traditionnelles par des activités paroissiales. Les Associations de Sainte Marie et de Saint Joseph sont appelées à mobiliser les énergies grégaires des Lakotas.

Pourtant les missionnaires jésuites — et le père Digmann en est une illustration — se montrent efficaces dans la défense des droits des Indiens face au gouvernement fédéral. Ils n'hésitent pas à revendiquer l'envoi de rations qui leur sont dues, à contester les modalités d'application de la loi sur le morcellement des réserves, en faisant valoir qu'il est impossible de faire fructifier du jour au lendemain de maigres lopins de terres arides. On trouve dans les archives des missions de Rosebud et de Pine Ridge certains des jugements les plus durs qui soient sur la politique indienne du gouvernement, bien avant qu'elle ne soit remise en cause par les historiens et les philanthropes. Le père Digmann écrit notamment : « Les pères de la mission doivent souvent faire quelque soixante-dix kilomètres dans les Bad Lands *(sic)* où les maisons sont éloignées d'une trentaine de kilomètres les unes des autres, pour réunir les enfants. (...) Ces terres désolées sont si stériles que même un lapin ne pourrait pas y survivre. Pourquoi ces gens vivent-ils là ? Parce que les terres qui leur ont été attribuées lors du morcellement se trouvent dans cette région et que c'est le seul endroit du monde qu'ils puissent encore appeler "leur foyer"[6]. »

L'esprit d'indépendance qui prévaut à cette époque chez les pères jésuites à l'égard de l'administration américaine fait de leurs journaux et de leurs archives une radiographie précise et sans conces-

223

sions des incohérences d'une politique souvent improvisée en fonction des influences des différents groupes de pression sur les autorités fédérales.

Il s'agit pour la plupart de prêtres de la première génération, plus européens qu'américains, pas encore coulés dans le moule des compromissions inévitables avec le gouvernement. Leurs jugements tendent aussi à se démarquer des clichés qui prévalent dans le voisinage des réserves, où se perpétue l'image de l'Indien « sauvage » et incontrôlable, représentant encore un danger potentiel pour la population environnante. On trouve sous la plume du père Digmann des prises de position en faveur des Sioux, qui mettent en évidence leurs qualités humaines et intellectuelles : « Contrairement à ce à quoi on pourrait s'attendre, les élèves indiens ne sont pas difficile à contrôler. Ils démontrent beaucoup d'aptitudes sur le plan de la politesse et du contrôle de soi. (...) Les garçons peuvent facilement devenir de bons charpentiers et même des ingénieurs et des techniciens capables. (...) Les filles sont tout aussi capables de réussir[7]. »

L'anthropologue Gordon Macgregor a souligné que le christianisme constituait un univers au sein duquel les Indiens étaient acceptés sur un pied d'égalité[8]. La position monogéniste de l'Église, qui reconnaît l'égalité fondamentale de tous les hommes devant Dieu, sert de fondement à cette ouverture d'esprit relativement rare à cette époque. Il semble toutefois que le point de vue des jésuites n'ait pas été exempt d'une certaine condescendance, associée à la conviction que les Indiens, sevrés de leurs habitudes tribales, pourraient démontrer tout leur potentiel. Sur le plan plus strictement religieux, le père Digmann, comme les autres missionnaires de son époque, fait une distinction intransigeante entre paganisme et christianisme et qualifie de superstitions maints aspects de la religion lakota, notamment les rites curatifs (yuwipis) qui occupent une importance fondamentale dans l'univers traditionnel, encore renforcée du fait de l'interdiction officielle de la Danse du Soleil.

L'intérêt de Digmann pour la Danse du Soleil s'exprime dans son journal ; il relate un récit qui lui en a été fait sans porter aucun jugement personnel, à la façon d'un ethnographe plus que d'un censeur. A propos des autres danses traditionnelles, il a peu de critiques à formuler et elles lui paraissent bien plus facilement acceptables que les giveaway : « Les danses indiennes sont innocentes et morales (...). Les deux sexes y sont strictement séparés. Les hommes et les femmes ont leurs propres pas. L'inconvénient de ces danses est qu'elles commencent seulement à la nuit tombée et durent jusqu'au lever du soleil. Les jeunes restent en dehors et sont livrés à eux-mêmes. Quant au traditionnel give-away qui a lieu pendant ces danses, c'est un handicap sur la voie de la civilisation. Leur orgueil les pousse à rivaliser de générosité et il n'est pas rare qu'ils quittent les lieux ruinés, sans un sou, s'étant démunis de ce qui était nécessaire à leurs familles [9]. »

La polygamie et le divorce sont les principales cibles de l'action missionnaire. Florentine Digmann, successivement responsable de la mission de Rosebud et de Pine Ridge, a le plus grand mal à inculquer les fondements des principes matrimoniaux catholiques parmi ses nouveaux paroissiens. A son arrivée à Pine Ridge, il laisse libre cours, non sans une pointe d'humour, à son sentiment de découragement : « A première vue, il me semble que ces Sioux Oglalas sont aussi — sinon plus — prisonniers de leurs superstitions et de leurs pratiques païennes. J'ai dit à un bigame qu'il devrait se contenter d'une femme, et il m'a répondu du tac au tac : "J'aimerais en avoir dix, pour ramasser le bois et le couper en morceaux, aller puiser l'eau et faire tout le travail" [10]. » Quelque temps plus tard il annonce : « Voilà que la fièvre des divorces a repris. (...) En général ils veulent divorcer tout simplement parce qu'ils ont des vues sur quelqu'un d'autre. Le mieux serait de revenir à la bonne vieille doctrine de notre Mère l'Église sur l'indissolubilité du mariage [11]. »

Le journal tenu par Digmann, qui couvre le tournant du siècle, est une chronique au quotidien de l'action menée par l'Église et de l'incompréhension mutuelle liée aux conflits entre deux systèmes de valeur. Cet homme, qui a consacré la deuxième partie de sa vie à une action missionnaire éprouvante et épuisante, au sein d'une communauté démantelée, pratiquement anéantie et dans une large mesure hostile à la population blanche, est présenté dans les archives jésuites comme un héros, Moïse dans le désert, affrontant d'incessantes difficultés dont il sut venir à bout. En fait, il se trouva projeté dans un univers qui lui était inconnu, parmi une communauté dont il ignorait tout, en particulier la langue. Résolu à apprendre le lakota, mais aussi à faire apprendre l'anglais aux nouvelles générations d'enfants sioux, il sut asseoir les fondements d'écoles missionnaires qui comptent encore parmi les plus importantes du pays. Action concrète, menée avec la qualité d'obstination qui appartient à ceux qui ne remettent pas en cause leurs convictions. Si son journal laisse transparaître la sympathie et la compassion que lui inspirent les Indiens, la reconnaissance de leurs qualités intellectuelles et humaines, rien n'indique qu'il ait essayé de comprendre la spiritualité lakota.

Combatif, il s'opposa aux agents des Affaires indiennes qui privaient les Indiens de leurs rations mais aussi à ceux qui voulaient supprimer les subsides versés aux écoles catholiques. Il fit valoir que l'aide du gouvernement dans le cadre de « contrats d'association » était dans une large mesure issue de fonds tribaux appartenant aux Indiens. Cette aide, supprimée au tournant du siècle, notamment sous la pression de l'Église épiscopalienne, qui s'était prononcée en faveur des écoles gouvernementales, fut rétablie par Theodore Roosevelt en 1906.

Le journal du père Digmann, minutieux, détaillé, qui laisse parfois filtrer des accents d'indignation ou de découragement, où l'on décèle tant la détermination de « faire le bien » que le poids des préjugés ethnocentriques, est révélateur d'une époque. En le mettant en parallèle avec d'autres témoignages, on y découvre la qualité des échanges qu'il eut avec certains de ses paroissiens, qui pouvaient toujours compter sur lui pour se rendre au chevet d'un malade ou baptiser un enfant, au prix de multiples expéditions dans sa carriole brinquebalante. Sa correspondance comprend aussi un foisonnement de détails et d'anecdotes insolites, qui s'avèrent presque involontairement humoristiques, et révèlent un certain sens de la dérision : « *6 février 1902.* Avant d'administrer l'extrême-onction, j'ai demandé à un homme qui se mourait s'il portait des chaussettes. Il prit ça pour une promesse et envoya un cavalier pour m'en réclamer une paire. J'expliquai qu'il s'agissait d'un malentendu mais je finis par accepter d'en donner une. Deux jours plus tard il les portait dans son cercueil. (...) Mme Big Crow avait demandé à plusieurs reprises d'être baptisée sans recevoir d'éducation religieuse. Elle me disait : "Je n'ai plus de dents, baptisez-moi comme un bébé." Elle me demanda : "Combien de dieux y a-t-il ? — Il n'y en a qu'un, en trois personnes, le Père, le Fils et le Saint Esprit, lui dis-je. — Où est-il ? ajouta-t-elle. — Je ne l'ai jamais vu, mais tout le monde dit qu'il est au ciel", lui répondis-je. Après un minimum d'instruction religieuse, je finis par la baptiser[12]. »

On découvre aussi dans le journal et la correspondance du père Digmann de nombreuses références à la sourde « guerre de religion » que se livraient alors protestants et catholiques. Elles démentent le cliché d'un front commun entre le gouvernement et l'ensemble des missionnaires. Ce qui est frappant à ce sujet, c'est que les critiques adressées aux épiscopaliens, dénomination chrétienne rivale sur la réserve, sont plus virulentes que celles, relativement rares, sur la religion traditionnelle. On y trouve des allusions à la concurrence entre les deux Églises et aux mauvais coups qui empoisonnent les relations entre différentes missions. Ces notations illustrent une agressivité mutuelle qui ne pouvait que miner la confiance des Indiens à l'égard de ceux qui s'entre-déchiraient sans merci tout en prônant l'amour et la charité.

La marque du destin

Le père Digmann mourut le 23 décembre 1931, le jour de ses quatre-vingt-cinq ans. Enterré, le jour de Noël, comme le mentionne la notice nécrologique des archives jésuites, à l'ombre de la grande croix du cimetière de la mission de Rosebud, en terre indienne, il appartient à la mémoire de ceux qu'il a convertis. Considéré comme le fondateur de cette mission, même s'il n'était pas le premier à y être envoyé, il a laissé le souvenir d'un administrateur rigoureux plus qu'indulgent, d'un organisateur plus que d'un penseur. Associé aux premières décennies d'une mission à une époque où le syncrétisme religieux n'était pas concevable, il enseigna la doctrine catholique sans s'émouvoir de la substituer à la spiritualité traditionnelle. Mais il inspira du respect à ceux-là mêmes qui récusaient ses idées.

Arrivé aux États-Unis le jour de la fête nationale, son destin fut finalement américain et indien. Mais pourtant il resta jusqu'à la fin de ses jours un Européen de souche, rebelle à la pression des autorités gouvernementales américaines. Les Robes noires, ceux qui, comme le disaient les Indiens, « vivaient sans femmes et possédaient la Grande Prière », étaient aussi des Allemands, qui devaient, en mettant en place des missions indiennes du Nouveau Monde, s'adapter à un autre continent et à une culture autochtone qui leur était jusqu'alors inconnue. Arrivant avec moins d'idées préconçues que d'autres missionnaires, ils étaient pourtant doublement étrangers dans l'univers des Grandes Plaines.

Rétrospectivement, les chroniques jésuites mentionnent en filigrane les malentendus et les heurts que pouvaient susciter les différences qui séparaient les prêtres et les Sioux au tournant du siècle : « Même quelqu'un d'aussi intelligent et bienveillant que le père Digmann a mal compris et mal interprété de nombreux aspects de la culture lakota. Mais lui-même et les autres missionnaires aimaient les gens, qui le savaient et répondaient à cet amour ; tout cela passait à travers le filtre des antécédents germaniques des missionnaires qui intriguaient et amusaient les Sioux au moins autant que la culture lakota intriguait et parfois amusait les missionnaires[13]. »

Putin Sapa mourut blanchi par les années, affligé de bronchite chronique, après tant d'hivers passés dans les neiges des Dakotas. Jusqu'aux derniers jours de sa vie, il se leva à quatre heures du matin et reçut « ses petits enfants de la Prairie » pour leur prodiguer son enseignement et ses conseils. De très nombreux Indiens assistèrent à ses obsèques, ce qui est interprété dans les archives jésuites comme un signe d'adhésion à la foi catholique qu'il avait incarnée. Ce pouvait être tout aussi bien un simple geste de respect exprimé au sein d'une communauté qui sait toujours s'incliner devant les anciens. Son successeur, le père Buechel, qui, plus que lui, chercha à comprendre la culture lakota, le surnomma Patriarche des Sioux et déclara : « Il connaissait les Indiens, leurs défauts, leurs vertus et leurs possibilités. Il les aima, crut en eux et travailla pour eux, ce qui fut son bonheur[14]. » Florentine Digmann était, après tout, un vieil exilé solitaire et les Indiens convertis par son zèle prosélyte sans concessions avaient conscience d'être sa seule famille.

Préservation de la mémoire indienne

L'action d'Eugen Buechel, dit « Aigle Noir »

Le père Eugen Buechel marqua de son empreinte l'action des missions catholiques en territoire sioux dans les deux premières décennies du xxe siècle. Par sa curiosité intellectuelle et son goût de l'étude ethnologique, il illustre certaines des qualités qui ont fait la renommée des jésuites de par le monde[15]. Par son dévouement personnel, sa relative indifférence aux jeux de pouvoir et l'importance de son œuvre de préservation de la mémoire indienne, il demeure une figure exceptionnelle et remarquable de l'évangélisation des Sioux.

D'origine allemande comme Florentine Digmann, il lui succéda et fut le supérieur des missions de Rosebud et Pine Ridge de 1908 à 1916. Comme beaucoup d'ethnologues après lui, auxquels il ouvrit la voie, il s'érigea en véritable défenseur de la tradition lakota. C'est surtout du point de vue linguistique et sur le plan de la culture matérielle que son œuvre est considérable. Non seulement il apprit le lakota et prêcha dans cette langue, mais il est l'auteur d'un dictionnaire lakota-anglais qui est toujours un ouvrage de référence, ainsi que d'une grammaire lakota[16], et d'une histoire de la Bible dans la langue des Sioux Tetons. Son œuvre s'inscrit dans la tradition des missionnaires-ethnologues et peut être mise en parallèle avec celle du presbytérien Stephen Riggs, qui étudia les traditions des Sioux Santees dans les années 1840-1850.

Toutefois, contrairement à Riggs, il ne s'attacha pas à analyser la religion traditionnelle ; on ne trouve pas dans l'œuvre du père Buechel de réflexion théologique tendant à mettre en évidence les divergences ou les convergences des deux systèmes de valeurs spirituelles. Son journal[17], très factuel, est axé sur le quotidien et se limite à une énumération minutieuse des activités de la mission. Mais ses écrits sont exempts des préjugés ethnocentriques qui demeurent irrémédiablement attachés à l'œuvre de Riggs, qui mit l'accent sur l'incompatibilité entre les deux systèmes de croyance et le poids des superstitions primitives.

Eugen Buechel n'était pas dénué d'une certaine condescendance quand il évoquait la culture lakota. Il souligna à plusieurs reprises

— c'est un argument qu'il croyait invoquer en leur faveur — que les Sioux sont passés, plus rapidement que la plupart des groupes ethniques, de l'âge de pierre à la civilisation. Mais il s'identifia à tel point à eux qu'il avait l'habitude de dire « nous » en parlant des Indiens. C'est avec les Sioux qu'il passa la plus grande partie de sa vie, près d'un demi-siècle. Au cours des années 1920, quand il abandonna ses fonctions administratives de supérieur des missions, il se fit collectionneur et photographe. Il parcourut la région pour trouver, sélectionner et inventorier les objets dignes d'être préservés. Afin de les accompagner d'une documentation adéquate, il fit appel aux témoignages des Indiens sur le terrain et consulta de nombreux ouvrages d'ethnographie. C'est ainsi que put être créé le petit Buechel Museum, sur la réserve de Rosebud, qui est à la mesure des moyens dont il a disposé mais dont l'excellente collection est un véritable réceptacle de la mémoire tribale. En tant que photographe, il se contenta d'un matériel de fortune mais prit des centaines de clichés qui illustrent l'évolution des conditions de vie sur les réserves sioux pendant un demi-siècle (de 1902 jusqu'à sa mort, en 1951). Les bonnes relations qu'il entretenait avec ceux qu'il photographiait donnent à sa collection des qualités d'intimité et de naturel dont beaucoup d'œuvres plus célèbres sont dépourvues.

Retournement ou aveuglement ?

Eugen Buechel, en avance sur son temps, est l'un des hommes qui tentèrent de promouvoir un plus grand respect à l'égard de la langue et de la culture lakotas. Il marque ainsi un tournant et amorce un retournement du comportement des missionnaires à l'égard des Indiens. Sur le plan théologique, il ne fut pas un visionnaire et rien n'annonce dans ses écrits une appréciation véritable de la spiritualité traditionnelle ni les tentatives de syncrétisme religieux qui marquèrent la deuxième moitié du xxe siècle. A la fin de sa vie, au début des années 1950, il apparaissait comme un vieil excentrique parfois critiqué par ses pairs qui tournaient en dérision sa manie de tout vouloir préserver, la langue, la culture et même la flore de la région (il était botaniste amateur[18]). Mais, sur le plan culturel, il anticipa le mouvement de retour aux sources et de redécouverte de la langue et de la tradition qui se manifesta sur les réserves au cours des années 1960 et 1970.

Les missionnaires ont plus rarement trouvé grâce aux yeux des ethnologues qu'auprès des Indiens eux-mêmes. L'évolution du comportement des évangélisateurs au début du xxᵉ siècle a été analysée comme un changement de stratégie face à un échec patent plutôt que comme une prise de conscience progressive de l'importance des valeurs traditionnelles de la société lakota. Pour de nombreux anthropologues — analyse strictement laïque et tendance à magnifier les sociétés traditionnelles —, l'attitude éclairée mais paternaliste d'un Eugen Buechel ne peut racheter l'aveuglement général des missionnaires [19].

Il est incontestable qu'au début de ce siècle les documents du Bureau des missions catholiques indiennes font état des obstacles rencontrés dans le programme d'évangélisation [20]. Buechel lui-même, en 1913, déclare : « Nous ne sommes pas très contents des résultats de vingt-cinq années de travail missionnaire — il n'y a pas de quoi être fiers —, mais nous avons pensé que nous pourrions amorcer un renouveau [21]. » A cette époque, les missionnaires, même prisonniers de leur zèle prosélyte, commençaient à prendre conscience de ce qui n'apparaîtrait que plus tardivement aux responsables du Bureau des Affaires indiennes : l'étonnante ténacité spirituelle et culturelle des Indiens en général et des Sioux en particulier.

L'un des plus grands honneurs dévolus au père Buechel fut d'enterrer Red Cloud, en 1909. Presque un demi-siècle plus tard, quelques années après son quatre-vingtième anniversaire, il terminait sa vie dans la communauté de Rosebud. Dans le *Rapid City Journal*, une notice nécrologique rédigée par un autre missionnaire jésuite évoquait l'indianisation progressive du vieux missionnaire allemand : « Aigle Noir, le guerrier, a été rappelé par Wakan Tanka, le Grand Esprit, qu'il a servi, vers les heureux territoires de chasse éternels, pour rejoindre ceux parmi lesquels il a passé sa vie [22]. »

7

« Robes noires » et « Robes blanches »
à la fin des années 1920

En 1924, le Congrès attribua la citoyenneté américaine à tous les Indiens qui ne l'avaient pas encore. Le rôle remarquable qu'ils avaient joué au cours de la Première Guerre mondiale, tant sur le champ de bataille que dans l'effort de guerre national, faisait désormais apparaître comme arbitraire et injuste le fait qu'ils soient exclus d'une pleine participation au processus politique.

WILCOMB E. WASHBURN[1]

En dépit des épreuves qu'ils avaient subies, les Sioux furent prompts à risquer leur vie pour la bannière étoilée. Lors de la Première Guerre mondiale, nombreux sont ceux qui se portèrent volontaires et s'illustrèrent au combat. La tradition du guerrier et le chômage qui sévissait dans les réserves comptèrent pour beaucoup dans ce désir de s'enrôler dans les troupes américaines ; mais les soldats sioux en revinrent transformés, ayant découvert le monde et retrouvé, en combattant, un certain sens de leur dignité. Leur image s'en trouva modifiée au sein de l'armée américaine car les ennemis d'hier, luttant aux côtés des soldats blancs, furent désormais perçus comme des Américains à part entière. C'est l'une des considérations qui poussa le gouvernement, soucieux de marquer sa reconnaissance aux combattants, à accorder, en 1924, la nationalité américaine à tous les Indiens qui ne l'avaient pas encore[*].

---

[*] Cette décision fut l'aboutissement d'une évolution progressive, certains Indiens s'étant vu accorder la nationalité américaine au gré de mesures sélectives et isolées, en vertu de certains traités et dans le cadre de la loi de morcellement

Les Sioux, qui s'étaient mal adaptés au métier de fermier, étaient en revanche devenus d'excellents éleveurs et, dans les années 1910, on signalait qu'un certain nombre d'entre eux découvraient une sorte de prospérité. Les femmes, de leur côté, avaient vécu une mutation moins difficile vers les métiers qui leur étaient accessibles dans leur nouvel univers. Leur meilleure adaptation au système scolaire, une crise d'identité moins forte dans le cadre du placement sur les réserves leur permirent d'acquérir une indépendance — et parfois une suprématie — financière qui redéfinit leur rôle au sein d'une société traditionnellement patriarcale. L'éducation à la trique des missionnaires, qui visait à les préparer à des existences vertueuses et effacées, leur a toutefois permis d'acquérir des connaissances de base solides qu'elles ont su mettre à profit pour accéder aux postes de secrétaires, institutrices, infirmières. Ce faisant, elles sont souvent en mesure de fournir le revenu le plus stable de la famille[2].

Malheureusement, une gestion mal avisée des agents des Affaires indiennes conduisit à l'effritement des quelques fondements du redressement de l'économie lakota. Au cours de la Première Guerre mondiale (1916), les agents du gouvernement firent pression sur les éleveurs pour qu'ils contribuent à l'effort de ravitaillement et vendent en masse leur bétail[3]. Il en résulta un soudain afflux d'argent sur la réserve et une illusion de prospérité. Avec la dépression de l'après-guerre, les Lakotas ayant perdu leur bétail, leurs terres furent louées à leurs voisins blancs. Le prix des terres baissa et ils se retrouvèrent dans le dénuement le plus complet. Il fallut attendre l'administration Roosevelt pour que des dispositions soient prises pour assurer leur subsistance[4].

En ces temps difficiles et comme ils l'avaient fait après Wounded Knee, les missionnaires, tant catholiques qu'épiscopaliens, prirent le relais de l'aide sociale. Les Églises reprirent une grande partie des fonctions économiques dans le cadre de leur mission humanitaire, « en particulier quand les annuités promises au terme des traités aux Oglalas avaient été volées, perdues ou détournées[5] ». A cet égard, on a même fait valoir que les possibilités d'aide économique ont beau-

_____

de 1887. En 1924, environ deux tiers des Indiens étaient citoyens. Voir à cet égard Harold E. Fey et D'Arcy McNickle, *Indians and Other Americans. Two Ways of Life Meet*, Harper and Row, New York, 1970, p. 108.

coup compté dans la conversion — apparente ou réelle — de nombreux Indiens affamés : « On savait bien à Pine Ridge qu'il y avait plus de monde à la messe si elle était suivie d'un déjeuner. (...) Les Lakotas participaient à une fête chrétienne, et, par la même occasion, assistaient à un rituel religieux[6]. »

Les catholiques, en particulier, avaient la réputation de nourrir, habiller, loger et éduquer les Indiens. La mission de Holy Rosary, à Pine Ridge, était connue comme un centre de distribution d'aide humanitaire. On parle encore aujourd'hui d'un catéchiste oglala formé par les jésuites qui mourut sans un sou parce qu'il avait tout dépensé en organisant des fêtes pour ceux qui participaient aux offices religieux[7].

Les Indiens surent utiliser habilement les services offerts par les différentes Églises et, vis-à-vis des missions, ils apprirent à jouer de la rivalité qui continuait d'opposer ceux qu'ils appelaient « Robes noires » (jésuites) et « Robes blanches » (protestants épiscopaliens). Cet affrontement leur paraissait d'autant plus dérisoire que l'action des catholiques et des épiscopaliens était fondée sur des doctrines très proches, qui semblaient identiques à beaucoup d'Indiens. Le faible niveau des discussions théologiques ne permettait ni de déceler les véritables divergences de vue entre dénominations ni de comprendre la part des antagonismes historiques. De plus, catholiques et épiscopaliens pratiquaient des stratégies comparables. Insistant sur les éléments de convergences entre religion traditionnelle et foi chrétienne, la stratégie de conversion passait par un travail de mise en évidence des analogies[8]. Dieu était assimilé à Wakan Tanka, tant par les uns que par les autres[9], et le travail des missionnaires consistait à éliminer ce qui était vaguement perçu comme des superstitions païennes. Il s'agissait surtout, à l'époque où la Danse du Soleil était encore officiellement interdite par le gouvernement, des rites curatifs pratiqués par les hommes-médecine. La perplexité des Indiens, qui avaient du mal à comprendre l'animosité entre prêtres catholiques et épiscopaliens et à faire la différence entre le message religieux des uns et des autres, était une entrave à l'adhésion à la foi chrétienne. Comme l'a déploré la sœur Mary Claudia Duratschek dans un ouvrage pourtant très empreint d'un fervent catholicisme : « Les autochtones éberlués se raccrochaient avec encore plus de ténacité à leurs croyances païennes[10]. »

La compréhension de la religion traditionnelle par les missionnaires et par les religieuses, en dépit des recherches effectuées par certains d'entre eux (Stephen Riggs, Eugen Buechel), n'était pas très approfondie. Elle reposait sur des traductions, des équivalences approximatives et sur l'étude des ouvrages déjà publiés. A cet égard, il y avait communication entre la recherche effectuée par les catholiques et les protestants : les travaux du presbytérien Stephen Riggs sont cités par les catholiques (notamment son analyse de la conception de l'âme dans la religion traditionnelle), même si les conclusions tirées par les uns et par les autres sont différentes[11]. Riggs avait mis en évidence que, pour les Sioux, l'être humain est animé par quatre « esprits », l'un d'entre eux montant vers le ciel lors de la mort, tandis que les autres demeuraient autour des lieux et de ceux auprès desquels il avait vécu : « Le premier est censé être l'esprit du corps et meurt avec le corps. Le second est un esprit qui demeure toujours près du corps. Le troisième est l'esprit qui répond des actions commises sous la forme corporelle et certains supposent qu'il part vers le sud, d'autres vers l'ouest, après la mort du corps. La Voie lactée, dans le ciel, est appelée "wa-nà-ge-ta-chan-koo", la voie des esprits. Le quatrième demeure toujours avec la mèche de cheveux que conservent les parents (...), d'aucuns considèrent qu'il y en a même un cinquième, qui vient habiter le corps d'un animal ou d'un enfant après la mort[12]. »

Par le biais des analogies, les notions d'âme, de salut et de vie éternelle étaient expliquées aux convertis potentiels et le paradis devint les « heureux territoires de chasse ». Les zones d'ignorance ou de doute qui subsistaient quant à la nature même de la spiritualité lakota étaient d'ailleurs reconnues, mais on comptait sur la substitution de la foi chrétienne à l'ancien système de croyances par le biais des convergences : « Les Indiens reconnaissaient que le Grand Esprit était le créateur de toutes choses, mais ils n'avaient aucune notion de gratitude sous forme d'actes de dévotion particuliers. D'après ce qu'en savaient les jésuites des réserves de Pine Ridge et de Rosebud, la seule expression rituelle directe des Sioux consistait en six gestes effectués en l'honneur de Dieu au moment où était allumé le calumet : l'un vers les quatre points cardinaux, un autre vers le ciel et un autre vers la terre, tous effectués avec beaucoup de solennité. Le désir inné chez l'homme d'offrir un sacrifice à son Dieu se manifestait par des offrandes faites au Grand Esprit au point culminant de hautes falaises (...). La croyance des Indiens en une vie éternelle apparaît de façon évidente dans leur certitude d'aller vers les heureux territoires de chasse après la mort et dans leur conviction qu'en scalpant un ennemi il annihile son âme[13]. »

D'une façon générale, la poursuite des traditions spirituelles lakotas a dans une large mesure échappé aux missionnaires. C'est ainsi que la perpétuation secrète de la Danse du Soleil fut ignorée par la plupart d'entre eux. Il fallut attendre l'autorisation des religions traditionnelles, au début des années 1930, pour que soit révélée la force de l'ancrage à l'ancienne vision du monde.

En revanche, les missionnaires étaient conscients de la concurrence potentielle de la Native American Church (Église des Premiers Américains)[14]. Son impact traduisait un élan qui portait à la fois les Indiens à se dissocier des Églises et à indianiser la doctrine chrétienne. Ce sont les Winnebagos et les Omahas qui l'introduisirent dans le Dakota du Sud dans les premières années du XXe siècle. L'un des leaders actuels de la Native American Church parmi les Sioux, Emerson Spider, évoque encore la mémoire d'un certain John Rave, Winnebago qui initia les Lakotas aux rites de cette nouvelle religion[15]. Il semble aussi que les Sioux qui étaient en contact avec d'autres communautés, par exemple ceux qui participèrent au *Wild West Show* de Buffalo Bill ou ceux qui étudièrent au collège de Carlisle, en Pennsylvanie, contribuèrent au développement de cette Église autochtone, qui est un culte fondamentalement intertribal.

Pourtant, dès le début des années 1910, le peyotlisme sioux acquiert des caractères spécifiques. Ouverts aux apports culturels extérieurs à leur culture, les Sioux sont enclins à se les approprier tout en les modifiant. C'est ainsi notamment que se développèrent parmi eux certaines variantes des rituels de la Native American Church, selon que ses adhérents souhaitaient demeurer proches ou au contraire se tenir à distance du christianisme. On vit aussi apparaître des cimetières séparés pour les peyotlistes, caractérisés par des pierres tombales ornées de dessins d'oiseaux, de boutons de peyotl et de croix.

L'implantation progressive de la Native American Church parmi les Sioux demeura marginale et limitée mais, dès les années 1910-1920, les Églises s'en inquiétaient tandis que le gouvernement interdisait formellement la consommation du bouton de peyotl, en arguant du fait qu'il s'agit d'une substance toxique, d'un dangereux hallucinogène. Pour obtenir une reconnaissance juridique, la Native American Church s'enregistra officiellement en tant qu'Église en 1918[16]. Dès lors, ses activités relevaient de la Constitution américaine et des dispositions du premier amendement concernant la liberté religieuse.

L'Église épiscopalienne, comme les autres dénominations, considéra initialement cette nouvelle religion comme hérétique et païenne. Le « vénérable » Edward Ashley, archevêque de Niabrora, n'hésita pas à écrire au commissaire des Affaires indiennes en 1925 pour exprimer l'inquiétude que lui inspirait l'usage du peyotl au cours des cérémonies de l'Église des Premiers Américains. Il alla jusqu'à constituer un comité, de caractère œcuménique, qui regroupait plusieurs dénominations chrétiennes (presbytériens, épiscopaliens, catholiques) et, en tant que président, lui fixa pour objectif de décourager (pêle-mêle) les danses indiennes, les divorces, mais aussi, tout particulièrement, la consommation du peyotl. Il tenait à définir ainsi une ligne de conduite officielle des Églises, dont il proposait le ralliement devant les obstacles à la véritable christianisation des Indiens. Sa prise de position militante traduisait toutefois le désarroi de la plupart des prêtres devant les nouveaux adeptes du peyotl qui, dans bien des cas, ne voyaient pas d'opposition entre l'adhésion à la religion chrétienne et la participation aux cérémonies de la Native American Church : « *Fallait-il* excommunier les peyotlistes ? Que fallait-il faire quand nos familles chrétiennes qui assistaient aux cérémonies du peyotl demandaient que leurs enfants soient baptisés, voulaient recevoir la communion, être mariés ou se faire enterrer à l'église[17] ? » Les avis étaient très partagés. Mais, après des discussions difficiles, ce fut la tolérance qui l'emporta. Aucune politique officielle des Églises chrétiennes ne fut définie à l'égard des peyotlistes. Il fut au contraire décidé « de ne pas fermer la porte à ceux qui cessent de venir à l'église[18] ».

L'Église des Premiers Américains inspirait aussi des inquiétudes aux Sioux traditionalistes. Certains d'entre eux n'auraient pas été mécontents de la voir disparaître. A ce sujet, il y avait exceptionnellement alliance objective entre les prêtres et les hommes-médecine les plus irréductibles. Mais la vigueur du débat fut atténuée par la lenteur du processus d'implantation de la Native American Church, qui ne touchait alors qu'à peine 5 % de la population sioux. Certains hommes-médecine firent valoir qu'il y aurait opposition entre le calumet, symbole de la religion traditionnelle, et le peyotl. Le calumet, médiateur entre l'humain et le divin dans la religion sioux traditionnelle, ne pouvait — et ne devait — pas être supplanté par le peyotl. Progressivement, les inquiétudes s'apaisèrent et la controverse se stabilisa. L'ouverture aux idées nouvelles et le caractère évolutif de la tradition lakota l'emportèrent.

C'est dans le contexte de cette diversification des croyances et des cultes que les Lakotas abordèrent le début des années 1930. Pour eux, la conversion au christianisme n'excluait pas forcément le rejet des rites traditionnels dont la perpétuation demeurait encore secrète. Par ailleurs, l'adhésion à la nouvelle Église autochtone ne s'associait pas forcément à un rejet de la doctrine chrétienne.

Les deux Églises, épiscopalienne et catholique, s'appuyaient sur la formation de catéchistes autochtones mais l'Église épiscopalienne se distingua rapidement par la formation de prêtres lakotas. De même, il semble qu'elle ait eu plus de succès auprès des Indiens non métissés. L'Église catholique, dont la beauté des rituels et des fêtes était appréciée, s'appuyait sur son école qui était le fer de lance d'une éducation qu'elle savait contestée mais de qualité. L'adhésion des Lakotas variait en fonction de facteurs liés à l'histoire familiale et il arrivait souvent que les fidèles passent de l'une à l'autre. La complexité de la vie spirituelle des Sioux ne fit que s'accroître quand, au début des années 1930, l'autorisation des rites traditionnels mit en évidence la multiplicité des croyances et des fêtes religieuses, permit la recomposition de l'ancien tissu cérémoniel et la réaffirmation de l'autorité des hommes-médecine.

DEUXIÈME PARTIE

*Libéralisation religieuse
et renouveau
de la spiritualité indienne*

Vers la liberté religieuse :
le poids du passé et l'élan vers la tolérance

Les premières décennies du XXe siècle furent marquées par une recrudescence de la discrimination religieuse. Les religions traditionnelles étaient toujours considérées comme une entrave à l'assimilation, qui était alors l'objectif prioritaire de la politique fédérale. Dans le cadre de ce projet assimilationniste global s'établissaient des distinctions entre différentes communautés indiennes. De même qu'au XIXe siècle on opposait les Indiens de l'Est, pacifiés et civilisés, aux Indiens de l'Ouest, rebelles et « hostiles », on faisait encore, au début du siècle, une opposition très nette entre les Pueblos sédentaires et les anciens nomades des Plaines. Cette distinction, qui aurait dû logiquement constituer pour les Pueblos un avantage, conduisit en fait à ne pas les considérer comme vraiment indiens. C'est la raison pour laquelle ils ne furent placés sous la tutelle (et la protection) du gouvernement fédéral qu'en 1913. Ils furent donc longtemps mal protégés contre les menaces qui s'exerçaient, au niveau local, sur leurs terres et leur liberté religieuse.

Quant aux Sioux, ennemis d'hier, archétypes de l'Indien dans la conscience collective, symboles de la résistance acharnée à la Conquête de l'Ouest, ils étaient toujours considérés comme sauvages et rebelles, voire menaçants, en dépit de leur condition pitoyable. Les rituels fondamentaux de leur religion étant interdits, les fondements mêmes de leur spiritualité menaçaient de sombrer dans l'oubli. En fait, dans la génération de ceux qui eurent vingt ans en 1920, nombreux étaient les convertis qui avaient en partie oublié leurs croyances ancestrales. Les Sioux comblaient le vide spirituel de leurs existences démantelées par une acceptation de façade de la discipline des missions. Parallèlement, dans les Grandes Plaines, la Danse du Soleil, officiellement prohibée, se perpétuait clandestinement sous l'impulsion de quelques esprits rebelles. Mais elle n'était plus qu'un pauvre reflet des solennelles célébrations du passé.

Au Nouveau-Mexique, les Pueblos furent victimes d'un renforcement des interdits. Une campagne du Bureau des Affaires indiennes, au début des années 1920, constitua l'apogée de ce courant d'intolérance. Le commissaire aux Affaires indiennes, Charles Burke, fit un tour des villages indiens du Rio Grande. Il se rendit notamment à Taos, où il insista sur la nécessité de mettre un terme à l'absentéisme des enfants, qui manquaient souvent l'école pour des raisons religieuses. Derrière la question de l'absentéisme scolaire, qui renvoyait à une controverse beaucoup plus générale concernant l'acculturation et l'assimilation, s'esquissait la détermination de mettre les Pueblos au pas en gommant leur spécificité religieuse. Les mots utilisés étaient très forts, puisque les Pueblos se voyaient accusés de se livrer à des rites antichrétiens et antiaméricains[1]. A l'appui de ses remarques, le commissaire invoquait certaines demandes des missionnaires suggérant que les danses indiennes soient limitées à une seule par mois, en plein jour, en un lieu unique par district et qu'elles soient interdites à tous les Indiens de moins de cinquante ans.

La réponse des Pueblos, qui consista à rédiger une protestation commune, mit en relief l'outrance des propos du commissaire aux Affaires indiennes et fit référence à la reconnaissance de leur statut par l'ancien traité de Guadalupe Hidalgo, qui mentionnait le droit à la liberté religieuse de « tous les habitants du Sud-Ouest ». Elle s'appuyait aussi sur les dispositions similaires de la loi de 1912 aux termes de laquelle le Nouveau-Mexique était devenu le quarante-septième État des États-Unis. Les Pueblos, pour renforcer leur plaidoyer, faisaient allusion aux travaux des chercheurs et des écrivains qui avaient maintes fois souligné la beauté et l'harmonie de leurs cérémonies traditionnelles : « Nous avons hérité et préservé dans sa pureté pendant des générations une religion dont les Blancs eux-mêmes nous disent qu'elle est pleine de beauté[2]. »

Mais leur résistance commune au sein de l'All Indian Pueblo Council, renforcé et réorganisé en 1922 devant l'assaut d'une nouvelle vague de discrimination, fut fort mal acceptée par le Bureau des Affaires indiennes. En 1926, le commissaire Burke décida de dissoudre ce Conseil ancestral et de le remplacer par un organe contrôlé par ses propres services, intitulé United States Pueblo Council. Les Pueblos se contentèrent de défendre leur Conseil traditionnel, qu'ils présentaient comme se rattachant à une tradition démocratique autochtone très ancienne, « remontant à une époque où les ancêtres nordiques de ceux qui soutiennent M. Burke étaient encore des hommes des cavernes[3] ». Ils refusèrent d'accepter le nouveau Conseil, qui finit par être dissous deux ans plus tard, par défaut de participation et parce que s'amorçait une nouvelle ère de réformes, stimulée par des personnalités marquantes, particulièrement John Collier, nommé commissaire aux Affaires indiennes.

Un certain nombre de facteurs viennent infléchir l'image des Indiens, et surtout des Pueblos, au sein de la société majoritaire. En effet, le Nouveau-Mexique, au cours des années 1920-1930, amorce une mutation culturelle décisive. La beauté spectaculaire de sa nature austère et désertique, le cachet de son quotidien pluriethnique, où se mêlent les influences indiennes, hispaniques et anglo-saxonnes, l'originalité de son cadre architectural et naturel encore préservé d'une américanisation uniforme, commencent à attirer des artistes et des écrivains.

Cette intelligentsia anticonformiste s'intéresse tout particulièrement aux Indiens, dont le mode de vie, les traditions et l'artisanat la passionnent. Dès 1918, la romancière Mary Austin s'installe à Santa Fe, où elle fonde une colonie d'écrivains. En 1924, son livre *Land of Journey's Ending* exalte la culture pueblo et, la mettant en opposition avec le mode de vie de l'Amérique majoritaire, la présente comme une voie alternative, un idéal supérieur. C'est trois ans plus tard, en 1927, que la célèbre Willa Cather publie sa biographie romancée de l'archevêque Jean-Baptiste Lamy, où elle met l'accent, comme Mary Austin, sur la force de fascination d'un environnement naturel et humain pour lequel, comme l'archevêque lui-même, on peut renoncer à ses racines et trouver un nouvel ancrage. D.H. Lawrence, quant à lui, s'installe dans la région de Taos, sur la suggestion de Mabel Dodge Luhan, new-yorkaise d'origine, qui regroupe autour d'elle et de son mari indien, dans une magnifique demeure, des écrivains et des artistes.

L'intérêt de ceux-ci pour l'univers indien se manifeste par une solidarité active. L'appréciation de l'art indien par l'intelligentsia du Nouveau-Mexique stimule la création et suscite un marché d'initiés qui prend peu à peu de l'ampleur. Le Museum of Arts, de Santa Fe, créé en 1917, offre progressivement des espaces d'exposition aux artisans indiens. L'Indian Arts Association, groupement fondé pour encourager la production artisanale, se charge de faire mieux connaître les formes d'expression visuelles des communautés indiennes de la région de Santa Fe. Des artisans et des peintres pueblos accèdent à une notoriété locale et nationale.

Cette redécouverte de la culture pueblo n'est pas sans effet sur la politique indienne et sur l'attitude de l'ensemble de la population du Sud-Ouest à l'endroit des autochtones. John Collier, en dépit de son intérêt particulier pour les Pueblos et le Nouveau-Mexique, est conscient de la nécessité de concevoir une réforme nationale susceptible de préserver les cultures et les religions indiennes dans l'ensemble des États-Unis. Mais l'immense diversité des statuts et des conditions de vie des différentes communautés indiennes, héritières tantôt des législations hispano-mexicaines tantôt du droit anglo-saxon, rend sa tâche particulièrement difficile.

En accédant, au début des années 1930, au poste de commissaire aux Affaires indiennes, Collier s'employa à défendre l'intégrité des rituels pratiqués dans le cadre tribal. Fruit de la rencontre entre une situation historique critique et un homme d'exception, la loi de réorganisation des Affaires indiennes de 1934 marqua un tournant décisif dans la politique fédérale. Elle renforça les structures tribales et proclama la liberté des pratiques religieuses traditionnelles. Un arrêté concernant « la liberté religieuse et la culture indienne » fut communiqué à toutes les tribus, selon lequel « aucune intervention ne serait plus tolérée dans le domaine religieux et cérémoniel[4] ». Ce nouveau cadre juridique et social, qui définissait une autre conception des droits des Indiens, eut des répercussions profondes sur les pratiques religieuses dans l'ensemble des États-Unis. Parmi les Sioux, on vit peu à peu réapparaître les anciens rituels, notamment la Danse du

Soleil, qui, d'ailleurs, ne suscita pas immédiatement l'enthousiasme collectif. Les hommes-médecine se virent contraints de réorganiser leur action, parfois en collaboration avec les prêtres, parfois en opposition avec eux. Dans ce contexte d'une nouvelle tolérance, les différentes forces en présence prirent la mesure de leurs champs d'action réciproques. Au sein des différents pueblos, à mesure que le contrôle exercé par la société majoritaire se relâcha, le contrôle des chefs religieux traditionnels, désormais facilité par un cadre juridique national plus souple, ne fit que se renforcer, avec toutefois des variantes selon les groupes et en fonction de l'influence relative, au niveau local, des progressistes et des conservateurs.

I

Les Pueblos :
Les deux voies

1

Les années 1930-1940 :
Les Pueblos entre discrimination
et idéalisation

A partir de 1934, les rituels traditionnels pouvaient en principe s'exprimer librement et une ère nouvelle commença pour le christianisme en territoire pueblo, désormais soumis à la concurrence d'autres voies spirituelles. Inversement les hommes-médecine, libres de réorganiser leur action, mais qui n'avaient pas oublié les persécutions passées, s'attachèrent à maintenir le cloisonnement des rites et des croyances. Ils se trouvaient face à des populations quelque peu acculturées, influencées par les mœurs et les coutumes de la société majoritaire, exposées à des idées laïques et parfois moins enclines à se plier au bon vouloir des religieux, même traditionalistes.

La libéralisation du cadre juridique en matière religieuse aboutit à des réactions parfois apparemment contradictoires. Les Pueblos, dont les conditions de vie s'étaient améliorées, étaient devenus une composante culturelle reconnue du Sud-Ouest et certains d'entre eux se montraient moins réticents qu'autrefois à l'égard des pratiques chrétiennes. Comme l'a souligné l'ethnologue Edward Dozier, lui-même originaire du pueblo de Santa Clara : « Des changements psychologiques significatifs se produisent quand disparaissent les obstacles au succès selon les critères des Blancs, l'adaptation devenant ainsi une récompense plutôt qu'une punition[1]. » Moins contraints de s'acculturer, les Indiens, sur lesquels pesaient désormais peu de menaces, et qui avaient accès à une certaine reconnaissance locale, devenaient moins rebelles aux apports et aux influences de l'extérieur.

Certaines des communautés pueblos qui s'étaient transformées conformément aux normes définies par la réforme de John Collier avaient opéré un clivage entre fonctions politiques et fonctions religieuses, réduisant l'influence temporelle de leurs hommes-médecine et de leurs sociétés religieuses traditionnelles. Ces pueblos, notamment Isleta et Santa Clara, s'ouvrirent aux influences extérieures, aux mariages mixtes et au développement d'activités professionnelles en dehors de la communauté.

Orientations diverses des pueblos dans les années 1930 et 1940

Si le contrôle exercé par la société majoritaire sur les pueblos s'était généralement assoupli, le contrôle des chefs religieux traditionnels, désormais facilité par un cadre juridique de plus grande tolérance, ne fit que se renforcer. Certains analysèrent cette vigilance en termes critiques, en insistant sur le carcan d'immobilisme qui en résultait : « Les Pueblos ne suppriment pas leurs propres contrôles. Les communautés conservatrices sont même prêtes à renforcer les mécanismes de contrôle social en cas de menace du mode de vie indigène. Quand il y a des violations répétées des normes de comportement allant à l'encontre des activités cérémonielles de la communauté, les *War Captains* [chefs de guerre] et leurs assistants sont alertés et un rideau de fer descend sur le pueblo. Dans le village, tous sauf les stricts conformistes sont suspects et toute conduite déviationniste est réprimée rapidement et sévèrement par diverses mesures de contrôle social[2]. »

Les pueblos prirent différentes orientations, en fonction de la propension de leurs chefs et de la population à s'ouvrir ou à s'opposer aux multiples formes d'interaction avec le monde extérieur. Dans les villages très conservateurs, notamment à Zuni, on cite l'exemple d'anciens combattants revenus du front avec des comportements affranchis de l'influence des anciens, qui se heurtèrent aux autorités religieuses traditionnelles. En revanche, dans des villages plus ouverts tels Isleta et Santa Clara, qui avaient choisi la séparation du laïc et du religieux et un gouvernement électif, les individus et les familles pouvaient refuser de participer aux rituels religieux et les mariages mixtes y étaient autorisés. Dans certains villages — Taos, Cochiti et San Ildefonso —, une faction progressiste contestait aux chefs religieux traditionnels le droit d'exercer une autorité politique despotique sur tout le pueblo et de contraindre tout le monde à participer aux fêtes ancestrales.

Un catholicisme en liberté surveillée

La résistance spirituelle du pueblo de Santo Domingo

Au cours des années 1930-1940, une partie de bras de fer opposa le pueblo de Santo Domingo à l'archevêque de Santa Fe, Rudolph Gerken. Le prélat, déplorant que les Pueblos de sa province aient conservé trop de croyances traditionnelles, exhorta les missionnaires à redoubler d'efforts pour accélérer l'adhésion au seul christianisme. Tout en les mettant en garde contre des méthodes expéditives qui auraient risqué de faire renaître l'esprit de révolte du passé, il lança une campagne qui orchestrait une nouvelle évangélisation plus exclusive au sein de la Fédération des missions catholiques indiennes.

On s'accordait alors à reconnaître, parmi les anthropologues, que le catholicisme avait été intégré au panthéon pueblo, au calendrier des fêtes et des rituels traditionnels mais que le traditionalisme, renforcé par une législation désormais plus libérale, perdurait. Les prêtres déploraient que des danses secrètes, notamment dans le pueblo de Jemez, fassent concurrence à la messe dominicale. Ils s'inquiétaient du mouvement de reflux vers les croyances traditionnelles sous l'influence des autorités locales et des revendications de gratuité pour l'administration des sacrements chrétiens. Ils constataient à Taos la poussée de l'Église des Premiers Américains, qu'ils considéraient comme une nouvelle forme de superstition. Dans certains villages, notamment à Cochiti, ils s'indignaient de voir les Indiens chrétiens « persécutés » s'ils refusaient de participer aux danses traditionnelles. En 1939, évoquant cette acculturation religieuse additive plus que substitutive, l'anthropologue Elsie Clews Parsons écrivait : « Dans l'ensemble, le catholicisme a enrichi la religion traditionnelle, en ajoutant Dieu et les saints à son panthéon, des fêtes à son calendrier, des cierges et bien d'autres éléments à ses rituels[3]. »

C'est dans le pueblo de Santo Domingo, l'un des plus grands et des plus conservateurs, que la résistance à l'autorité de la hiérarchie catholique se révéla la plus farouche. Son histoire, marquée par l'oppression associée à la Conquête, explique sans doute le sens du secret et l'esprit de méfiance qui le caractérisent. Aucun étranger n'y est vraiment bienvenu plus de quelques heures et, aujourd'hui encore, le village s'oppose à l'installation d'un prêtre résident.

Choisi comme quartier général des autorités espagnoles au XVIe siècle, très actif dans la révolte de 1680, dont les meneurs brandirent victorieusement les calices des églises pour célébrer la fuite des Espagnols, le pueblo de Santo Domingo est pourtant connu pour avoir bien entretenu son église catholique (qu'il a fait sienne) depuis le XVIIIe siècle. Un *padre* y fut même toléré pendant quelque temps. Mais on signalait au début du XXe siècle que le sacristain pueblo se considérait comme habilité à contrôler les entrées et les sorties de l'église, qu'il s'était approprié les objets du culte et contraignait le prêtre à se plier aux horaires qu'il lui imposait : « Le sacristain refuse parfois de laisser le prêtre entrer dans l'église. Mais le prêtre, qui ne manque pas de sens de l'humour, ne se formalise pas du fait qu'il se prenne tellement au sérieux. Le *padre* le laisse généralement exercer son autorité enfantine[4]. »

Et pourtant, il s'agissait d'une résistance plus déterminée que le ton de condescendance des missionnaires ne le laissait entendre. Les Indiens de Santo Domingo voulaient affirmer que leur église leur appartenait et utiliser les services du prêtre à leur guise, sans qu'il puisse leur imposer son autorité. En 1933, l'archevêque Gerken recueillait auprès du prêtre responsable, résident de la communauté voisine de Peña Blanca, un bilan laconique de la situation : « Ils ne se confessent jamais et ne reçoivent jamais la communion. Mais tous se font baptiser et tous se marient à l'église. Leur fiesta a lieu le 4 août, jour de la Saint-Dominique. Les mariages sont célébrés lors de la fiesta et le 6 janvier. On n'y enseigne pas le catéchisme car les enfants n'y assisteraient pas. Aucune religieuse n'y a jamais enseigné le catéchisme. On peut supposer qu'ils ne le souhaitent pas. Il n'y a pas de visites aux malades et pas d'enterrements chrétiens[5]. »

La détermination de l'archevêque Gerken, résolu à renforcer ce vernis de christianisme par l'enseignement du catéchisme et l'installation d'un prêtre résident, se heurta à l'opposition du gouverneur du pueblo et du Conseil tribal. L'archevêque estimait que la libre interprétation du christianisme à Santo Domingo, où l'accent était mis presque exclusivement sur le baptême et l'assistance occasionnelle à la messe, confinait à l'hérésie. Il déclarait s'appuyer sur le droit à la liberté religieuse de la population. Il contestait le droit du Conseil tribal à régenter la vie spirituelle autant que civile au sein du pueblo. Inversement, le gouverneur et les autorités pueblos invoquaient leur souveraineté absolue sur les affaires tribales, tant civiles que spirituelles, le droit de conserver la confidentialité des cérémonies traditionnelles et de gérer le calendrier religieux. Les chefs pueblos étaient particulièrement opposés à la confession au cours de laquelle ils craignaient que les fidèles ne trahissent les secrets des rites traditionnels.

Devant la résistance du Conseil tribal, l'archevêque décida de ne plus envoyer de prêtre à Santo Domingo. Les enfants n'y recevraient plus le baptême sauf en cas d'extrême urgence. Mais les Indiens surent opposer à cette menace une résistance aussi silencieuse qu'efficace. Entre 1935 et 1940, la messe dominicale eut lieu sans *padre*, une soutane symbolique déposée sur l'autel remplaçant le prêtre. Les villageois s'étaient donc approprié le décor et l'apparat du rituel catholique tandis que la personne même du prêtre — un non-Indien — était éliminée. Les activités des fidèles se poursuivirent dans l'égrènement des fêtes catholiques, avec quelques adaptations à cette situation nouvelle. Les villageois se contentèrent de faire baptiser leurs enfants dans les communautés voisines.

A la suite de médiations diverses, la situation de blocage à laquelle avait conduit l'acharnement de l'archevêque s'améliora. Les messes reprirent au début des années 1940 et, dans un climat de meilleure compréhension, le catéchisme fut désormais toléré, l'eucharistie et la confirmation acceptées pour ceux qui en formulaient la demande. Mais l'opposition à l'enterrement chrétien et surtout à la confession demeura une pomme de discorde et les prêtres durent se résigner à résider dans la commune voisine de Peña Blanca.

Repli et résignation

Au cours des années 1930-1940, la hiérarchie catholique et les missionnaires, face à une législation nationale plus tolérante à l'égard des pratiques religieuses traditionnelles, conscients de la réhabilitation de la culture pueblo, confrontés à des autorités tribales qui ne conçoivent pas de distinction tranchée entre le laïc et le religieux, à des hommes-médecine qui détiennent un pouvoir considérable, doivent limiter leur champ d'action. Ils ont derrière eux quatre siècles d'un catholicisme fragile et controversé, qui n'a pas effacé l'empreinte profonde des croyances ancestrales, mais auquel les convertis s'avèrent relativement fidèles dans la mesure où ils sont peu nombreux à l'abandonner pour le protestantisme.

La concurrence du protestantisme est pourtant alors considérée par les prêtres catholiques comme une menace à laquelle ils sont aussi sensibles qu'à celle des hommes-médecine. Aux États-Unis, nation protestante qui attendit la deuxième moitié du xxe siècle pour élire un président catholique, les Pueblos demeurent pour la plupart doublement minoritaires, en tant qu'Indiens et en tant que convertis au « papisme ». Une fraction d'entre eux, pourtant, s'est laissé séduire par le protestantisme, notamment dans les pueblos de Zia et de Jemez, d'Isleta et de Santa Clara, sans compter les Pueblos citadins. Mais la cohabitation avec le protestantisme ne s'est pas avérée plus facile qu'avec le catholicisme. Car les protestants, moins informés des modes de résistance spirituelle des Pueblos, ne respectaient pas toujours le pacte tacite de coexistence que les prêtres catholiques avaient appris à ne pas remettre en cause. Trop influents, les convertis protestants furent purement et simplement expulsés de Jemez et de Zia. En revanche, à Santa Clara, un certain renforcement du traditionalisme se produisit dans les années 1930 et le nombre des convertis par des dénominations protestantes augmenta, mais la tolérance s'y révéla plus grande et on n'y signala aucune expulsion. Comme par le passé, les Pueblos conservèrent leur intégrité en rejetant ceux qui ne voulaient pas se conformer au consensus spirituel et social qui prévalait dans le village. Les prêtres catholiques le savaient bien car ils avaient pu mesurer au fil des siècles l'étroite marge qui leur était concédée et qui leur permettait de subsister.

Une composante supplémentaire intervint dans l'univers spirituel des Taos, qui avaient tissé de nombreux liens avec les Indiens nomades au cours de l'histoire. En effet, cette communauté — elle constitue à cet égard une exception parmi les Pueblos — fut touchée par l'influence de l'Église des Premiers Américains. Cette Église « autochtone », qui fit tache d'huile au sein de communautés très diverses, suscita des controverses très vives car ses rites reposent sur la consommation sacramentelle du bouton de peyotl, considéré comme un hallucinogène et auquel sont attribuées des vertus thérapeutiques. À Taos, les cérémonies, associées aux rites curatifs, s'organisèrent dans des tipis (ce qui dénotait l'influence des Plaines) ou dans les maisons d'adobe.

Le catholicisme demeura la seule forme de christianisme fortement ancrée dans l'espace pueblo. En dépit du renforcement des droits territoriaux des autochtones, l'espace catholique ne fut pas fondamentalement remis en cause au cours des années 1930, pourtant marquées par la réhabilitation de la culture traditionnelle. Alors que les intellectuels et les ethnologues soulignent volontiers l'incompatibilité des deux visions du monde — traditionnelle et chrétienne —, les Indiens eux-mêmes continuèrent, dans l'ensemble, de respecter les lieux de culte catholiques. Ceux qui étaient indifférents au message chrétien se contentaient d'ignorer les églises. Toutefois, les Pueblos convertis au catholicisme exercèrent un certain contrôle sur les prêtres en exercice, n'hésitant pas à expulser ceux qui ne leur convenaient pas ou qui abusaient de leur autorité. Les convertis participaient aux cérémonies traditionnelles, cumulant les formes d'expression de la foi chrétienne et celles de leurs croyances ancestrales. Dans le cadre de cette compartimentation des rites, deux systèmes socio-cérémoniels distincts se perpétuaient parallèlement. Deux calendriers, traditionnel et chrétien, étaient respectés et la vie demeurait ponctuée par les rites de passage ancestraux, auxquels s'ajoutait l'administration des sacrements chrétiens.

Les limites du catholicisme

La coexistence du catholicisme et des religions traditionnelles s'est stabilisée au fil des siècles. Elle n'est pas exempte de tensions,

255

mais elle repose sur un partage de l'espace et du temps assez strictement ordonné et sa qualité diffère en fonction de la personnalité des missionnaires et des hommes-médecine. On constate toutefois que la hiérarchie catholique n'a pas su — ou n'a pas voulu — intégrer les Indiens eux-mêmes à l'exercice du culte. Il fallut attendre la deuxième moitié du xxᵉ siècle pour trouver — et ce en dehors des pueblos — quelques diacres, les premiers prêtres et les premiers évêques.

Religion traditionnelle et catholicisme demeurèrent les deux principaux vecteurs du sentiment religieux. Dépossédés de leur pouvoir de contrainte, revenus de leurs ambitions d'exclusivité, les missionnaires, tolérés par les hommes-médecine, furent intégrés dans le paysage naturel et spirituel des communautés pueblos où ils étaient parvenus à s'implanter. Ils demeurèrent puissants par leur rôle pédagogique, par l'intervention dans le calendrier de la fête du saint patron du village, indissociablement liée à son identité. Ils continuèrent à proposer des services que les Pueblos se sentaient libres d'accepter ou de refuser et qu'ils assimilaient sans révéler la part que les croyances traditionnelles continuaient à occuper dans leur vision du monde.

La subsistance d'une vision cosmique

Le catholicisme a été contraint d'accepter la résistance de la spiritualité indienne. La voix du Dieu chrétien n'a pu faire taire le cosmos. Les Pueblos demeurent animés par une vision holiste, qui intègre toute créature — humaine, animale ou végétale — à la trame sacrée de l'univers. L'homme n'est pas seul face à Dieu, isolé par son intelligence et par la foi, libre de modeler et de dominer le reste du monde comme il l'entend. Toute altération de l'équilibre naturel menace de rompre l'harmonie universelle. Il faut rendre compte de tout arbre arraché, de tout animal tué, de toute exploitation de la Terre. L'harmonie de l'univers suscite la révérence et doit être préservée grâce à des rites scrupuleusement respectés.

Le centre du cosmos demeure pour les Pueblos le lieu d'émergence, ou sibapu, qui conserve une valeur symbolique particulièrement forte et dont la localisation identifie chaque village. Pour les Zunis, il se trouve à la limite de leur ancien pueblo. Pour les Taos, c'est le lac Bleu, d'ailleurs abusivement incorporé à un parc national au début du siècle, qu'ils se montrèrent absolument résolus à récupérer, et qui leur fut restitué à l'issue d'un célèbre procès, au cours duquel ils firent valoir des arguments religieux jusque-là étrangers au système juridique américain*.

Dans le cadre naturel où la hiérophanie l'emporte sur la géographie, les sociétés religieuses sont gardiennes de la dimension sacrée de l'espace tribal. Tous les villageois sont attachés au site d'émergence et ils aiment à se recueillir et se rassembler dans ces endroits de prédilection ou dans les kivas pour perpétuer les rites de purification, d'initiation, les cérémonies curatives et participer à des danses destinées à faire tomber la pluie ou pousser les récoltes.

Ces rites collectifs, qui visent à assurer la perpétuation du groupe en se conciliant les forces de l'univers, ont une valeur encore plus grande que les rites de passage qui marquent la naissance, la puberté, le mariage et le décès. Certains sont accomplis dans le plus grand secret et soustraits au regard des non-Indiens. Le degré d'opacité et de transparence des rites collectifs diffère selon les groupes, en fonction de leur histoire et de la personnalité de leurs hommes-médecine. Les rites individuels de passage, plus souvent teintés d'influence chrétienne, demeurent pour la plupart dissociés des sacrements catholiques (cérémonie d'attribution du nom précédant le baptême, bénédiction chrétienne distincte du rite de purification traditionnel lors du décès, etc.).

Dans ces terres arides où une pluie trop rare peut provoquer la famine, les rythmes fluctuants des saisons continuent de régler l'existence. Même lorsqu'ils ont accepté le message chrétien, les Pueblos n'ont pas voulu cesser de prêter l'oreille aux manifestations multiples du sacré dans l'univers et la religion est demeurée une religion de la nature.

---

* C'est en 1971, après un demi-siècle de contestation, qu'ils se virent restituer le lac Bleu. Voir développement p. 278-279.

257

La force du surnaturel

La plupart des Pueblos continuent de croire aux kachinas, et si les Hopis — particulièrement rebelles au christianisme — sont la communauté qui possède le panthéon le plus important, quelque deux cent cinquante personnages différents. Les kachinas ont une triple signification : ils désignent à la fois l'esprit des ancêtres, les danseurs qui les incarnent et les personnifient, ainsi que les poupées ou figurines peintes qui les représentent. Ce sont les esprits vivants des morts mais aussi de toutes les forces mystérieuses de la nature. Les garçons et les filles sont initiés très jeunes au culte des kachinas — entre sept et dix ans — et par là même à la notion du surnaturel dans le quotidien. Ils apprennent que les kachinas quittent les lieux sacrés pour rendre visite aux villages, en empruntant des corps d'hommes, et qu'ils apportent avec eux la pluie et la fertilité, des cadeaux ou des récompenses, mais aussi qu'ils viennent pour rétablir l'ordre. Les villageois sont parfaitement conscients que les prêtres du culte des kachinas, dissimulés par des masques, incarnent l'esprit des ancêtres ; mais, dans la conception pueblo, celui qui revêt un masque perd son identité propre et devient réellement l'esprit qu'il représente. Des bâtons de prière ornés de plumes sont plantés dans les lieux sacrés pour favoriser les récoltes et pour que s'élèvent à travers eux les prières adressées aux esprits qui font palpiter la création tout entière. Des fèves sont cultivées à l'intérieur même des kivas, symbolisant la puissance des kachinas et la fertilité de la nature.

Longtemps dénoncées comme des superstitions par les prêtres, ces pratiques ont perduré parallèlement à la conversion au christianisme. Les danses des kachinas, interdites par les premiers missionnaires, continuent de marquer le déroulement des saisons et s'intègrent désormais au calendrier chrétien. Le catholicisme, pour préserver son existence, a accepté de cohabiter avec les rituels périodiques de réactualisation de la cosmogonie. Il lui a fallu s'adapter à la pensée symbolique et magique qui accompagne l'orchestration rituelle du sacré et du surnaturel dans le quotidien.

DOCUMENT

La dame d'hiver de Santa Clara

Témoignage de Luisita Warren, pueblo de Santa Clara, recueilli à son domicile, en août 1987

Le riche symbolisme des Pueblos de langue tewa (Santa Clara, San Juan, San Ildefonso, Nambe, Tesuque et Pojoaque) a été analysé par l'ethnologue Alfonso Ortiz, originaire de San Juan. Il a mis en évidence la division en deux « moitiés cérémonielles », chargées alternativement de la perpétuation du calendrier rituel. La complémentarité des familles de l'hiver et de celles de l'été, cette cosmologie duelle, et les sociétés religieuses qui en dépendent permettent d'harmoniser les relations de l'homme avec les esprits et de s'assurer que les transformations cycliques souhaitées continueront de s'opérer dans la nature.

Dans ce témoignage, Luisita Warren souligne l'importance de cette dualité dans l'identité des Indiens Pueblos. Elle évoque les raisons de sa résistance personnelle à la conversion et les clivages spirituels qui ont résulté de l'évangélisation au sein des familles, partagées qu'elles sont entre traditionalistes, catholiques et protestants. Depuis sa disparition, son petit-fils, diplômé de Dartmouth, a été initié à la religion traditionnelle.

Je ne parle qu'en mon propre nom et nombreux sont les autres Indiens dont l'expérience diffère sans doute considérablement de la mienne. Mais si je plonge mon regard vers le passé, si je laisse resurgir les échos de la mémoire, en cet après-midi ensoleillé, en cette année de mes soixante-dix-sept ans, certaines images me reviennent avec une acuité extraordinaire. J'appartiens à la communauté de Santa Clara et la mémoire de ce pueblo revient toujours à l'arrivée des Espagnols. C'est un événement historique mais, pour nous, c'est avant tout une image, celle des hommes qui sont arrivés une croix à la main, le heaume sur la tête, armés de fusils.

Les Indiens de Santa Clara — comme ceux des autres pueblos — ne sont pas un peuple de guerriers au sens où on l'entend des Indiens des Plaines. Pour les communautés pueblos, sédentaires et pacifiques, fondées sur la stabilité des fortes structures familiales, l'arrivée des Espagnols, le glaive à la main, marqua la fin d'un monde. Ma mémoire a certainement été modelée par l'influence de mon oncle — celui que j'appelle en moi-même avec beaucoup de

259

tendresse le « vieil homme » — qui était un chef religieux. Il m'a raconté que nos ancêtres ont dû courber la tête devant la Croix. Ceux qui refusaient étaient tout simplement décapités. Cette image de notre communauté inclinée devant la Croix, mon oncle me l'a irrémédiablement communiquée, et je tiens à dire que ma vision m'est tout à fait personnelle, que la révolte que j'ai ressentie dans mon enfance n'était pas partagée par tous. Le village de Santa Clara n'est pas uni autour d'une vision unique mais animé par des opinions diverses.

L'adoption du christianisme fut d'abord le seul mode de protection contre l'envahisseur. Mon oncle disait que ces croyances venues d'ailleurs devaient constituer un écran, qu'il fallait s'en recouvrir comme d'un manteau, d'une couverture, pour dissimuler la perpétuation de nos croyances traditionnelles. Ainsi il nous serait possible de glisser d'un univers à l'autre sans risquer d'être inquiétés, d'être percés à jour.

Tel fut l'enseignement de mon oncle, qui vécut jusqu'à quatre-vingt-seize ans et qui exprimait la mémoire collective de Santa Clara, teintée d'une expérience personnelle portant sur près d'un siècle. En ce qui me concerne, je suis née en 1910 et j'ai encore un souvenir assez clair des premières décennies de ce siècle.

Nous comptons parmi les familles de l'hiver. La communauté de Santa Clara comprend les gens de l'hiver et ceux de l'été, qui alternaient autrefois à la tête du village selon les saisons. Les familles de l'hiver géraient la communauté à partir de la fin des moissons, jusqu'au printemps. Cette alternance, que l'on peut vaguement rapprocher de l'alternance des administrations démocrates et républicaines, permettait un équilibre des centres de pouvoir sans trop de frictions.

J'étais une enfant rebelle, en révolte contre l'Église catholique. Je me souviens encore des jours où je devais aller à l'église, car mes chaussures me faisaient mal aux pieds. Ces journées demeurent toujours dans mon esprit associées à ce malaise. Mais elles évoquent de façon plus saisissante encore la colère du prêtre, qui criait en espagnol en me montrant du doigt. J'avais toujours l'impression que c'était moi qu'il visait ainsi et je revois aujourd'hui encore son doigt dressé et les veines de son cou qui étaient gonflées de colère par ses constantes et vigoureuses mises en garde. J'avais l'impression qu'il était tendu comme un ressort. Je demandais à mon père de m'expliquer les raisons de sa colère et il me rassurait en me convainquant que cela n'avait rien à voir avec moi. Il me disait que le prêtre était en colère contre nous tous, qu'il voulait nous faire comprendre que nous risquions tous d'aller en enfer. Pendant la messe, qui était dite en espagnol, je me dressais sur le prie-Dieu. Je me souviens, j'étais la plus grande. Je voulais montrer que je connaissais bien les prières, les dire très fort mais ma mère me disait de me tenir tranquille.

Après la mort de mes parents je quittai notre village pour Santa Fe et j'aban-

260

donnai aussi l'Église catholique. Je suis d'ailleurs une exception dans ma famille. Presque tous les autres sont des catholiques fervents et pratiquants. Ils y ont trouvé leur place, contrairement à moi. Peut-être, après tout, est-ce l'influence de mon oncle, le cher vieil homme, qui m'a conditionnée dès le plus jeune âge. Peut-être aurais-je voulu une église idéale.

Certains de mes proches, parmi lesquels quelques-uns n'ont pas suivi la voie du catholicisme, se sont tournés vers le protestantisme. Mais y sont-ils vraiment acceptés ? Une de mes cousines protestantes n'a pu être enterrée dans le cimetière de son Église. En ce qui me concerne, j'ai soixante-dix-sept ans et je ne souhaite pas être inhumée dans le cimetière catholique. Ce n'est pas d'ailleurs en raison de ma révolte, mais parce que j'ai d'autres projets. Nous avons un très joli lopin de terre à flanc de coteau, à Santa Clara. Je voudrais être incinérée et j'aimerais que mes cendres soient placées dans une belle poterie du village et qu'elles soient enterrées là, sur une petite butte, à un endroit où l'on peut penser qu'en creusant on trouverait beaucoup d'autres pots, beaucoup d'autres cendres.

Le pot, entouré d'un morceau de tissu brodé, sera placé à un endroit où ma famille pourra me retrouver mais il n'y aura aucune dalle, aucune construction particulière. Ce n'est pas la peine que les membres de ma famille m'y apportent des fleurs, mais plutôt des graines qu'ils pourraient y planter pour en faire bientôt un jardin de fleurs. Tel serait le souvenir que je voudrais qu'ils gardent de moi, en souhaitant qu'ils retiendront le meilleur de moi-même et en espérant qu'ils oublieront mes faiblesses. Les animaux viendront me rendre visite, goûteront aux fleurs et j'entendrai la pluie et la musique du vent. Je suis convaincue que je les entendrai. Tel est mon rêve. Je crois profondément qu'il existe une vie après la mort, un autre monde où nos problèmes n'existent plus. Je crois en un Être Suprême, sous quelque forme que ce soit. J'ai cette foi.

Un jour, j'aurai le sentiment que ma vie est accomplie et je ne serai pas triste de quitter ce monde. J'ai mes petits-enfants et je conserve les valeurs de mon village indien, même en vivant ici, à Santa Fe. Mon existence, comme une tapisserie, est plus belle et plus colorée en certains endroits et elle est plus fade en d'autres. J'arrive maintenant à la bordure. Comme me le disait mon oncle, la mort est un beau jeune homme. A son heure, il viendra.

Aujourd'hui, quand je fais le bilan de ma vie et de mes convictions, je sais que l'univers entier est mon église, que les oiseaux en sont le chœur et que ma religion est demeurée telle. Je sais aussi que si je devais naître une nouvelle fois et que je doive choisir sous quelle forme, je choisirais d'être à nouveau indienne. C'était une belle expérience*.

---

* Publié *in* Joëlle Rostkowski, éd., « Indianité, contextes et perspectives », *Revue française d'études américaines*, Presses universitaires de Nancy, n° 38.

La spiritualité pueblo
dans la société contemporaine

> *Quand j'étais jeune et que je vivais au pueblo de Jemez,*
> *au Nouveau-Mexique, je pénétrais dans le courant de la*
> *vie, je percevais les grands flots de spiritualité qui défer-*
> *lent sur le monde et déterminent tout ce qui le compose.*
> *J'ai vu les anciennes courses que l'on pratique à l'aube,*
> *la descente des collines, aux premières lueurs du jour,*
> *l'apparition d'hommes qui sont cerfs et bisons, les danses*
> *des moissons, où tous les bruits, tous les mouvements de*
> *l'univers composent l'unique dimension de la musique et*
> *de la danse.*
>
> SCOTT MOMADAY [1]

Le respect du pluralisme culturel continua de prévaloir quand Collier eut abandonné l'exercice de ses fonctions, en 1945, après douze ans passés à la tête du Bureau des Affaires indiennes. Alors que, jusqu'à la fin des années 1920, le directeur du Bureau avait pour mission de transformer les communautés pueblos en microcosmes de la société américaine, l'autonomie de chaque pueblo semblait désormais respectée. Il n'était plus question, comme l'avait fait le commissaire aux Affaires indiennes, Leo Crane, au cours des années 1920, de favoriser les pueblos « progressifs » tels que Isleta, par opposition aux pueblos conservateurs, tels que Santo Domingo.

Et pourtant John Collier, qui était convaincu que les Pueblos pouvaient constituer pour les sociétés industrialisées des exemples d'harmonie sociale et de sérénité collective, n'avait sans doute pas mesuré la force du conservatisme qui allait empêcher nombre de ces communautés d'accepter sa loi de réorganisation des Affaires indiennes de 1934 (IRA). Certains pueblos tels que Santa Clara, qui avaient déjà pris quelques libertés par rapport aux règles strictes de leur gouvernement traditionnel, adoptèrent les principes d'un gouvernement tribal électif, dès 1934. Ce fut aussi le cas d'Isleta, en 1947. Cette réforme avait pour conséquence non seulement de faire prévaloir le principe d'un gouvernement élu à la majorité mais aussi d'opérer un clivage entre le politique et le religieux, ce qui constituait une déviation par rapport aux règles ancestrales. Les Hopis adoptèrent la réforme de Collier dans des conditions particulièrement houleuses et les traditionalistes ont fait valoir devant les Nations unies que cette réforme leur fut abusivement appliquée[2].

L'acceptation de l'IRA se fit tardivement (en 1974) dans d'autres pueblos tels que Pojoaque et San Ildefonso. Elle ne se fit jamais dans beaucoup d'autres communautés. La force de résistance pacifique et conservatrice de l'ensemble des pueblos du Rio Grande est considérable, sur le plan spirituel comme sur le plan politique, et n'a fait que se renforcer au cours de ces cinquante dernières années. Les Pueblos perpétuent leurs traditions et leurs cérémonies traditionnelles, qui demeurent en partie secrètes, en dépit du climat de plus grande tolérance qui prévaut aujourd'hui. Soustraits aux regards des curieux, dans l'isolement des kivas, les rites ancestraux continuent de rythmer le calendrier. Parallèlement, les rites catholiques qui ont été acceptés au cours des siècles, et qui sont contrôlés par les gouverneurs du village, sous la supervision des caciques religieux, sont organisés selon des règles strictes que les prêtres en exercice doivent respecter.

Le poids de cette autorité autocratique, traditionnelle, voire gérontocratique a été souligné par de nombreux ethnologues, même s'ils s'accordent à reconnaître l'efficacité de la résistance culturelle à la société majoritaire qu'il implique : « Aujourd'hui, les individus et les familles qui ne sont pas satisfaits de la vie dans les pueblos émigrent dans les villes du Sud-Ouest. Les pueblos conservateurs expulsent encore les individus et les familles qui refusent de se conformer aux coutumes et aux pratiques traditionnelles. Ce n'est que dans les pueblos où la règle des caciques a été remplacée par un système de gouvernement électif ou représentatif que ceux qui refusent de participer aux cérémonies traditionnelles peuvent rester dans le village.

Santa Clara, Isleta et peut-être Nambe sont les seuls pueblos où les chefs traditionnels n'exercent pas un contrôle religieux sur leurs membres. Dans d'autres pueblos tels que Taos, Cochiti et San Ilde-fonso, une faction progressiste conteste aux chefs traditionnels le droit d'exercer une autorité politique sur le pueblo tout entier et de contraindre tous les villageois à participer aux cérémonies[3]. »

Les traumatismes d'une histoire marquée par l'invasion et la contrainte mais aussi la stabilité territoriale des Pueblos expliquent en partie cette fermeture aux influences extérieures, ce puissant désir d'autonomie et cette capacité d'isolement. Pendant longtemps, l'endogamie a prévalu et il arrivait qu'un Pueblo qui avait épousé un non-Pueblo ou un Blanc subisse la confiscation de ses terres et soit obligé de quitter la communauté.

On oppose les conformistes (conservateurs) et les non-conformis-tes. Ces derniers, qui furent pendant longtemps ceux qui étaient influencés par les Espagnols et l'Église catholique, sont plutôt aujour-d'hui ceux qui sont attirés par la culture américaine, voire par le protestantisme. Pourtant les Églises protestantes n'ont acquis qu'un rôle marginal parmi les communautés pueblos. L'extrême résistance spirituelle au catholicisme est représentée par les Hopis qui, jusqu'à aujourd'hui, ont pu rejeter presque complètement son influence. En dépit de quelques incursions marginales (sous l'influence d'un mis-sionnaire obstiné, Jacob Hamblin, qui leur ouvrit la voie dans les années 1860, les mormons ont su se faire tolérer et laisser quelques adeptes et les mennonites ont converti quelques familles), ils ont su récuser toute atteinte au pouvoir des chefs religieux traditionnels[*]. En revanche, on peut penser que, dans une grande partie des autres pueblos, l'ouverture au monde extérieur, inévitable au sein des famil-les qui participent à l'économie régionale du Sud-Ouest, en tant qu'artistes, artisans mais aussi employés, fonctionnaires et commer-

---

[*] A propos des mennonites, Chantal Gérard-Landry souligne qu'au début du siè-cle, H. R. Voth, qui était à la tête de la mission mennonite, se passionna pour les rites secrets hopis et tenta d'en percer l'ésotérisme : « Ses descriptions sont les premières et les meilleures études ethnologiques du cérémonial de la Troisième Mesa. Mais il divulgue les croyances et les coutumes les plus sacrées des Hopis, livre leurs autels et leurs objets rituels à des musées, dévoile leur structure reli-gieuse... Perfide ou inconscient, il participe à leur déstructuration sociale et reli-gieuse » *(Hopi, peuple de paix et d'harmonie*, Albin Michel, 1995, p. 101).

çants, aboutira à la multiplication des mariages mixtes et au renforcement du métissage spirituel.

En cette fin du XXe siècle, l'essentiel de la spiritualité pueblo s'exprime encore à travers la religion traditionnelle et un vernis de catholicisme, à la fois fortement ancré dans l'histoire et simplement complémentaire, fragile greffe chrétienne souvent réduite à un simple folklore. Les ambitions d'exclusivité et surtout d'exclusion de l'Église sont restées lettre morte, à quelques rares exceptions près.

Les deux voies

Les Pueblos n'ont pas de mots dont la traduction exacte corresponde à notre notion de « religion ». La spiritualité marque de son empreinte l'appréhension du monde de façon diffuse et permanente. D'un passé de persécutions religieuses, qui a abouti à la dissimulation des rites traditionnels, subsistent le sens et le goût du secret. Si quelques prêtres catholiques avouent, après bien des hésitations, avoir été autorisés à danser dans les kivas[4], la majorité d'entre eux ignore presque tout des rites traditionnels et en est soigneusement écartée. Les chefs religieux traditionnels contrôlent le champ d'action du christianisme, qui constitue une voie spirituelle parallèle.

L'histoire de la Conquête et la conversion — souvent forcée — au catholicisme ont conduit à ce que les anthropologues pueblos, Edward Dozier et Alfonso Ortiz, appellent la compartimentation. A cette appellation, satisfaisante sur le plan strictement intellectuel mais quelque peu théorique, car elle semble pointer vers une sorte de schizophrénie collective, on peut ajouter la notion de cohabitation, qui rend compte des tiraillements qui sous-tendent cette coexistence souvent difficile. Les deux systèmes socio-cérémoniels coexistent, mais il y a aussi, au niveau individuel, convergence des deux systèmes de valeurs : « S'il existe une séparation des traditions espagnoles et indiennes dans le système socio-cérémoniel des Pueblos, rien n'indique qu'il existe une dichotomie du même ordre dans les croyances, valeurs et concepts moraux des Indiens. Les Indiens Pueblos "expliquent" et "interprètent" les objectifs du système autochtone et du système hispano-catholique de la même façon. Si les rites sont respectés correctement mais séparément, on est convaincu qu'ils ont la même finalité : la santé et le bien-être pour toute l'humanité[5]. »

Un certain nombre de rites chrétiens ont été acceptés, notamment la messe, et certains sacrements tels le baptême et la confirmation, plus rarement le mariage. A propos du mariage, un prêtre catholique d'Isleta, le père Loughrey, d'origine irlandaise, faisait remarquer en 1990 que la beauté de la cérémonie à l'église attirait encore les fidèles mais que l'idée même du mariage religieux perdait de l'importance[6]. Quand il y a mariage catholique, c'est en général le lendemain du mariage traditionnel. Le costume de la mariée, haut en couleur, est offert par le futur époux ; la mariée porte un châle multicolore et souvent une mantille blanche. Le marié porte des mocassins, une tunique blanche et une large ceinture rouge ; il a une couverture sur l'épaule. Le mariage religieux, comme le baptême, se fait en présence de deux parrains, considérés comme des guides spirituels. Après la messe de mariage, les participants se réunissent dans un bâtiment officiel du village où ils écoutent les conseils donnés par les anciens.

Se faisant l'écho de la tradition catholique du baptême ouvert à tous, le père Loughrey déclarait : « Je baptise tout ce qui gigote », et, saluant la beauté des cérémonies indiennes, il ajoutait : « Les Indiens savent vraiment ce qu'est une belle fête. » C'est en se conformant à la dimension festive de la vie des Pueblos et à leur désir de réconcilier l'éthique sur laquelle sont fondés les deux systèmes cérémoniels que l'Église catholique a maintenu une certaine audience auprès de ses paroissiens indiens.

D'après les prêtres catholiques présents dans les villages, qui sont encore des franciscains, l'enterrement chrétien, mais aussi la veille, dite *velorio*, à l'espagnole, sont considérés comme très importants par la plupart des Pueblos. C'est le moment où ils sont le plus sollicités, à tel point que certains surnomment les missions catholiques entreprises funéraires. Le cumul des cérémonies est courant, avec intervention successive de l'homme-médecine et du prêtre. Les prêtres savent que les Pueblos sont enterrés en costume traditionnel, un coussin sous la tête et souvent avec un peu d'eau et de nourriture. La coexistence des deux cérémonies, pourtant distinctes, est souvent une occasion de friction entre prêtres et hommes-médecine et peut donner lieu à des confrontations. Les manifestations mêmes du recueillement qui accompagne les obsèques laissent filtrer des divergences dans les croyances les plus profondes. La plupart des prêtres soulignent que les Indiens ne paraissent pas préoccupés par la vie après la mort et que la notion d'enfer ne les touche pas. Les Pueblos leur disent souvent n'avoir aucune part dans le péché originel.

Les paroissiens les plus assidus confient aux prêtres qu'il leur paraît essentiel d'adhérer aux deux systèmes religieux, qui constituent deux voies spirituelles parallèles. Même s'ils ont des doutes sur certains aspects d'un système religieux, ils font le pari de Pascal et, avec pragmatisme, choisissent de ne négliger aucune voie. Ils ont coutume de dire que, sur le chemin de la vie, il vaut mieux avoir deux équipages pour être sûr d'être mené à bon port. C'est pourquoi se perpétuent les rituels qui sont associés aux deux voies religieuses parallèles qui animent les villages.

Certains symboles chrétiens ont été intégrés ou adaptés aux cérémonies locales ; c'est ainsi que des branches de sapin sont couramment utilisées pour parer les danseurs ou pour décorer l'autel du saint patron du village. Mais, contrairement aux habitudes qui prévalent parmi les non-Indiens, on évite de couper un arbre tout entier ou même de le déraciner. Laisser un sapin invendu devant un magasin est considéré comme sacrilège. En général, on se contente de couper une seule branche, afin d'informer le Créateur que l'objectif n'est pas de mutiler l'arbre mais simplement de parer un danseur qui va participer à un rite sacré. De petits autels en plein air, couverts de ces branchages, sont dressés le jour de la fête du village pour abriter l'image du Christ, des *santos*, et la statue du saint patron. On peut voir, notamment lors de la fête annuelle du village de Santa Clara, le 12 août, défiler des danseurs en costume traditionnel, qui forment un cortège discret pour aller s'agenouiller devant des images pieuses et la statuette de sainte Claire, avant de participer à la danse du maïs [*].

---

[*] Le pueblo de Santa Clara, proche d'Albuquerque et qui a la réputation d'être ouvert aux courants d'influence extérieurs, a récemment durci sa réglementation concernant l'assistance aux rituels traditionnels. Désormais, toutes les photographies sont interdites lors de la fête annuelle de sainte Claire.

267

On a souvent dit que les Pueblos dansent toute l'année. Sans la danse et la musique, qui rythment le déroulement du temps, l'année perdrait sa dimension sacrée et l'homme et la nature, séparés l'un de l'autre, rompraient l'harmonie essentielle qui préserve la vie et lui donne sa véritable valeur. Au cours de ces instants qui paraissent se situer hors du temps, pendant que les pieds des danseurs martèlent la terre sous le soleil cuisant, les Pueblos saisissent pleinement le sens religieux de leur existence.

La participation à la danse affirme l'appartenance à la communauté. Ceux qui veulent s'initier aux danses rituelles, publiques, mais surtout secrètes, suivent une initiation assidue auprès des hommes-médecine. Les premières sont connues, répertoriées, voire touristiques et se déroulent en présence de personnes étrangères à la communauté. Les secondes sont préservées de la curiosité de tous ceux qui n'appartiennent pas aux sociétés religieuses. Il arrive qu'un étudiant pueblo accepté dans une université de la côte est, désireux de redécouvrir ses traditions, s'absente du campus pour suivre une initiation intensive, sur laquelle il est tenu de garder le secret absolu[7]. La société pueblo demeure ainsi opaque et mystérieuse, apparemment tranquille et acculturée, ouverte sur les activités régionales, mais fermée à la curiosité des intrus.

Le poète kiowa Scott Momaday, qui passa une partie de son enfance dans les pueblos, en percevant intimement l'intensité rituelle, évoqua les fêtes de Jemez, les moments où la population s'en allait planter les champs du cacique, réservés au chef du village mais ensemencés par les villageois : « J'eus l'impression de faire partie de quelque migration primordiale de l'Homme dans le temps. Je sentais les graines dans la terre et me repaissais de leurs fruits, tout ceci culminant dans la réalité profonde de l'affirmation et de la communion spirituelle[8]. »

Tous les pueblos du Rio Grande ont une danse du maïs, symbole d'abondance, qui a lieu à l'arrivée du printemps ou lors de la fête du saint patron du village. La messe, de très bon matin, précède les rituels traditionnels, auxquels les prêtres n'assistent pas souvent, comme s'ils n'étaient que trop conscients qu'il ne faut pas imposer leur présence.

A Santa Clara, la fête du maïs a lieu le jour de la fête de sainte Claire. Ce sont les familles de l'hiver qui organisent cette danse, souvent précédée, la veille au soir, par une course-relais. La course est importante dans les pueblos du Sud-Ouest. Les Pueblos sont convaincus que le rythme de la course contribue à alimenter l'énergie du soleil et permet aussi d'assurer des pluies régulières, pas trop violentes. La danse du maïs de Santa Clara ressemble à celles d'autres pueblos mais les costumes, dont certains éléments portent des noms espagnols comme dans les autres villages *(mantas* pour robe et *tablitas* pour tiare), se singularisent par leurs couleurs : *mantas* souvent blanches ornées de broderies vertes, noires et rouges, tablier rejeté sur les épaules, *tablitas* aux couleurs de soleil sur fond blanc. Les hommes portent de hauts mocassins blancs, des clochettes aux genoux et des plumes d'aigles sur la tête.

A San Ildefonso, la fête du printemps est organisée rituellement pour que tombe la pluie. Les danseurs, couronnés de plumes de perroquets et portant des colliers de coquillages, tapent du pied pour éveiller les esprits. Ils portent à la main des branches de sapin, qui leur ceignent aussi les hanches. En un point central, un poteau décoré symbolise le sapin sur lequel grimpèrent les premiers hommes qui surgirent du monde souterrain, au lieu d'émergence mythique.

A Taos, qui avec Santo Domingo est l'un des pueblos les plus conservateurs, gouverné par le Conseil religieux des anciens, lequel a interdit l'installation de l'électricité et du téléphone, il semble que le temps se soit arrêté. Au petit matin, le crieur du village annonce les ordres du gouverneur pour la journée. C'est l'heure de la prière au soleil levant. Au fil du jour, le village commence à embaumer le pain au maïs et les feux de bois de cèdre. Des silhouettes surgissent des maisons d'adobe à plusieurs étages. Fidèles au rythme séculaire d'une existence qu'ils poursuivent à l'écart du reste du monde, en dépit de la curiosité des touristes, les villageois et ceux qu'ils accueillent se sentent « proches du rythme et de la nature même du cosmos[9] ». Les anciens de Taos sont convaincus que « certaines choses ne changeront jamais, ne devront jamais changer[10] ». Les villageois disent qu'ils habitent sur le toit du monde, ce haut plateau de Taos, situé à deux mille mètres, d'où l'on balaye du regard de vastes horizons d'armoise et de tournesols, jusqu'au lac Bleu, lieu d'émergence mythique, par lequel, selon la légende, leurs ancêtres auraient quitté l'autre monde.

269

Si l'on en croit une prophétie populaire, le monde disparaîtra quand le peuple de Taos cessera d'exister. Les anciens déclarent : « Nous constituons un peuple qui vit sur le toit du monde ; nous sommes les fils de notre père le Soleil et, grâce à notre religion, nous aidons tous les jours notre père à traverser le ciel. Nous faisons cela pour nous, mais aussi pour le monde entier[11]. »

Les Taos font figure d'exception parmi les autres villages du Rio Grande dans la mesure où ils commerçaient activement avec les Indiens des Plaines et ont été influencés par leurs danses, leurs coutumes et leurs costumes. Taos compte des adeptes de la Native American Church, dont les rituels ont été adaptés aux préférences locales. L'Église des Premiers Américains, introduite dès le début du siècle (1907) sous l'influence des Indiens d'Oklahoma, s'est maintenue malgré un climat de controverse et l'opposition initiale du Conseil des anciens. On signalait un déclin d'enthousiasme à l'égard du peyotl au cours des années 1970, mais il demeure que Taos est le seul pueblo qui ait manifesté un intérêt notable pour cette religion. D'aucuns ont fait valoir qu'elle attirait ceux qui ne pratiquaient aucune religion assidûment[12]. Mais elle trouve aussi des adeptes parmi ceux qui sont à la fois fervents traditionalistes ou catholiques. D'après l'anthropologue pueblo James Bodine, il n'y a pas antinomie entre catholicisme et Église des Premiers Américains : « Le catholicisme et le peyotlisme fonctionnent comme des alternatives légitimes devant les problèmes à résoudre et, de ce fait, ne sont pas plus antinomiques dans l'ensemble du système de croyances et de rites que les six kivas avec leurs sociétés religieuses fonctionnant séparément[13]. »

Quelques Taos ont été tentés par le protestantisme mais la majorité de la population et l'Église catholique s'est opposée aux tentatives de conversion. Dans le village de Taos, ce sont les *fiscales* qui sont responsables des affaires concernant la mission catholique ; ils sont eux-mêmes placés sous l'autorité du Conseil des anciens. Il y a donc concertation entre les deux principaux pôles de pouvoir religieux.

Les rituels qui entourent la naissance, le mariage et la mort sont influencés par le christianisme. Le baptême est suivi d'une cérémonie traditionnelle d'attribution du nom. Certains rites de passage, comme les rites de la puberté, pour les filles comme pour les garçons, sont tombés en désuétude. Le mariage est tantôt purement laïque ou marqué par une cérémonie catholique. Dans les familles catholiques, il y a échange de chapelets la veille du mariage. Le jour de la cérémonie, le cacique fait un long discours et la réception qui suit a lieu parfois en présence du prêtre et du cacique[14]. Beaucoup de villageois sont enterrés dans le cimetière de l'ancienne église détruite en 1847 lors de la révolte contre l'administration américaine. Des pierres tombales commencent à y remplacer les simples croix de bois qui ornaient autrefois les sépultures[15].

Le père Schneider, qui était le prêtre catholique du village de Taos pendant huit ans, au cours des années 1980, vivait dans le presbytère de la paroisse de Ranchos de Taos, en contrebas, dont il était aussi responsable*. Il évoquait la coexistence des rites traditionnels et chrétiens lors des funérailles dans les termes suivants : « Les Taos veulent être enterrés avant midi, le jour qui suit le décès ; certains prêtres, irrités par leurs pratiques païennes, les tourmentaient en attendant le dernier moment. Aujourd'hui, nous respectons leur volonté. Le corps est posé sur le sol, enveloppé dans une couverture. La pelle utilisée pour recouvrir le corps décrit un carré autour du trou et le signe de croix est fait avec cette pelle, un verre d'eau est versé sur le corps. Ensuite, il y a quatre jours de deuil, à la façon indienne, jusqu'à ce que l'esprit se soit évaporé[16]. »

Lors de la fête du village, au mois de septembre, une messe précède de très bon matin les célébrations traditionnelles auxquelles le prêtre catholique assiste rarement. On s'achemine ensuite vers le site sacré qu'est le lac Bleu. Au moment de Noël, lors de la fête de saint Geronimo, une majestueuse procession est organisée, qui mêle les symboles traditionnels et chrétiens.

Dans tous les pueblos, les danses et rituels de l'abondance sont adaptés à un environnement désertique ; ici et là, des bâtons de prière sont plantés dans les endroits considérés comme sacrés, afin que les vœux des vivants s'élèvent vers les esprits. Les rituels de chasse, qui s'apparentent à une véritable mystique, comportent l'apparition d'hommes-cerfs qui s'appuient sur des cannes de saule. Les femmes les poursuivent et les font prisonniers. On aime à dire que

---

* La paroisse de Ranchos de Taos est aujourd'hui sous la responsabilité du père Sevilla, l'un rares prêtres indiens de la région.

271

tous ceux qui n'ont pas été attrapés au coucher du soleil se transforment en véritables cerfs. Parfois des danseurs-cerfs font irruption dans l'église, secouant leurs hochets. Le rythme de la musique indienne se mêle alors, l'espace d'un instant, à l'hymne chrétien. Cette mystique de la chasse illustre une relation de révérence à l'égard de la Terre-Mère, face à une nature à la fois bienfaisante et menaçante. Elle implique un véritable respect de l'animal tué, car toute création a sa place dans le cosmos. L'homme ne peut exploiter sans frein les fruits de la terre : « Même de nos jours, la chasse possède sa propre mystique. Enveloppé dans une couverture brodée et orné de rangs de perles, l'animal mort devient un hôte honoré dans la maison du chasseur. Les andouillers des cerfs sont exposés sur le toit, bénis au cours des repas et décorés de plumes sacrées. Les chiens du village attendent en vain les os, qui sont rituellement jetés dans le Rio Grande pour ne pas offenser l'animal [17]. »

Illustrant l'importance de l'hommage rendu à l'animal qui perd sa vie en l'abandonnant au chasseur, l'anthropologue Frank Waters, qui vivait à Taos, écrivit *L'homme qui a tué le cerf* [18]. Dans ce récit, il évoquait le destin d'un jeune Indien originaire de Taos qui a été envoyé loin de chez lui dans une école de Blancs où il a perdu tout contact avec les traditions de son peuple. Au retour, devenu un étranger, marginalisé, il ne cesse de violer les coutumes locales. Il finit par tuer un cerf hors saison dans la Carson National Forest. Arrêté et contraint de payer une amende, il est assailli par le remords car il n'a pas obtenu le consentement rituel du cerf avant de l'abattre. L'animal continue à le hanter, car, en l'offensant, il a blessé la Terre-Mère et son peuple tout entier.

Les rituels traditionnels pueblos ont une finalité précise, celle de maintenir l'harmonie entre l'homme et l'environnement. A côté de cette vision pragmatique, mais empreinte de magie et constamment à l'écoute d'un monde surnaturel, d'un sens du sacré qui impose à l'homme le respect de l'univers tout entier, la religion chrétienne, venue d'ailleurs, fondée sur l'image d'un Dieu anthropomorphique aux traits étrangers, est toujours mal intériorisée, et ne peut se substituer aux esprits éternels des lieux. Mais la religion est aussi indissociable du pouvoir et de l'histoire. Le Dieu chrétien, qui s'est imposé à travers la Conquête, est une clef dans la compréhension de l'univers des Blancs. La révélation d'une autre vision du monde n'est pas tenue pour négligeable par les Pueblos, qui ont accès à cette clef par l'adhésion, aussi superficielle qu'elle soit, à l'univers spirituel de la société non indienne. La clef de leur propre univers spirituel demeure inaccessible aux missionnaires et toutes les discussions la concernant sont menées dans la langue locale, qu'ils ne comprennent pas.

Les Pueblos chrétiens ont intégré à leur vie religieuse l'image du Christ, la figure féminine, souvent indianisée, de la Vierge Marie et les saints catholiques. Le christianisme peut apparaître comme une voie d'accès à la modernité et à la vie citadine. Les Pueblos urbanisés et surtout ceux qui sont métissés avec des hispanophones participent souvent activement à la vie d'une paroisse de proximité. Parallèlement, les fêtes annuelles du village constituent des grands rassemblements au cours desquels on renoue avec les rites de la religion traditionnelle.

Cohabitation et protestantisme

On aurait pu penser que la religion anglo-saxonne majoritaire, le protestantisme, pouvait supplanter le catholicisme parmi les Pueblos ouverts aux idées chrétiennes. Les protestants, dès leur implantation dans la région, mirent l'accent sur les faiblesses du catholicisme et ne manquèrent pas d'affirmer leur détermination prosélyte dès le début du siècle. D'abord discrets et prudents, ils furent pourtant associés aux mesures de répression des années 1920. Il apparut rapidement aux Pueblos que le sectarisme propre au christianisme ne valait pas de grands bouleversements dans des villages où les chapelles catholiques étaient implantées depuis des siècles.

Une certaine influence protestante se manifesta dans quelques pueblos à la suite de brassages de population. C'est ainsi que le village de Laguna, qui avait au cours des siècles accueilli les transfuges « progressistes » et dissidents du pueblo très conservateur d'Acoma, accueillit à partir de la seconde moitié du XIXe siècle des « Anglos » (notamment certains employés ou responsables du chemin de fer) qui se marièrent au sein de la population locale, prirent le contrôle des écoles et devinrent gouverneurs. Dans un mouvement de reflux et de rébellion, des habitants de Laguna quittèrent leur pueblo pour celui d'Isleta, emportant avec eux leurs sociétés religieuses et leurs danses rituelles [19]. Le protestantisme tenta de s'imposer dans les pueblos de Jemez et de Zia, qui réagirent en expulsant les convertis [20]. Quant aux pueblos d'Isleta et de Santa Clara, qui pratiquent la séparation du religieux et du politique, ils illustrent une orientation vers le modernisme et un certain pluralisme. Les convertis au protestantisme sont autorisés à demeurer dans le village.

Une étude réalisée en 1983 dans l'État du Nouveau-Mexique donnait, à propos des Pueblos, des informations intéressantes sur les affiliations religieuses. Le pourcentage de catholiques était de 73 %, de protestants 7,7 % et les adhérents à la Native American Church (surtout Taos) représentaient 1,1 % — ces derniers se déclarant aussi catholiques ou protestants dans certains cas [21]. Trois quarts des Pueblos interrogés se déclaraient désireux de voir préserver les coutumes traditionnelles et 60 % d'entre eux participaient aux cérémonies religieuses tribales. Il y avait une certaine corrélation entre affiliation religieuse et convictions politiques : alors que 47,5 % des Pueblos se déclaraient démocrates et 8,8 % républicains (avec 27 % d'indépendants et 16 % d'indifférents), il ressortait du sondage que les catholiques étaient plus souvent démocrates que les protestants. Le plus fort pourcentage était représenté par les Pueblos catholiques et démocrates [22].

Un clergé furtif et mobile

Les franciscains ne sont pas aussi facilement portés aux spéculations théologiques que les jésuites. Face à des Indiens sédentaires, aux traditions religieuses complexes et hermétiques, les franciscains, tenants d'une foi catholique fervente mais fermée aux influences extérieures, sont presque aussi repliés sur leurs convictions essentielles que le sont les Pueblos eux-mêmes. Ils sont encore nombreux à officier dans leurs petites églises blanchies à la chaux, cernées par les maisons plates en pisé de leurs « paroissiens », qui se rendent sans eux au lac sacré ou dans les kivas le jour même de la fête du saint patron.

C'est au sommet de la hiérarchie que le dialogue s'avère plus facile, comme si la distance avec le terrain conférait une aisance propice à l'échange d'idées. C'est ainsi que le provincial de la région d'Albuquerque faisait, dans la deuxième partie des années 1980[23], un bilan nuancé, quoique partisan, de l'action franciscaine. Maldon Hickey, qui dirigeait la province dans les années 1980, après avoir vécu dans les pueblos de Jemez et de Zuni, concédait avec réalisme que le degré d'influence du catholicisme est très variable selon les groupes et qu'il est notamment bien moindre à Taos qu'à San Juan ou à Zia. Il rappelait qu'à Zia on avait pu voir un cacique servant la messe. Selon lui les franciscains, fidèles à leur idéal, se seraient avant tout consacrés aux humbles et ils seraient parvenus, malgré un passé orageux, à maintenir leur présence en dépit de l'assaut prosélyte des protestants, qui s'étaient moins facilement adaptés aux conditions locales. Pourtant, il lui fallait bien reconnaître l'absence de prêtre indien dans les villages pueblos, où les autochtones sont — dans le meilleur des cas — confinés aux activités de diacre. Selon lui, les difficultés d'adaptation au séminaire lointain de Cincinnati expliqualent le manque de motivation des Pueblos, qui demeurent très orientés sur l'appartenance au village et à la famille. Le 3 février 1985, fut pourtant créée une unité provinciale spécifiquement chargée de la formation de prêtres indiens. Mais, en attendant l'éveil des vocations, on notait surtout la nomination, dans le diocèse de Santa Fe, d'un premier évêque indien catholique, Donald Pelotte, venu de la côte est.

Le bilan d'une christianisation houleuse, aussi ancienne que la Conquête elle-même, est mince et s'inscrit surtout dans le paysage, au niveau de la culture matérielle. La beauté des églises indiennes, ornées de poteries, souvent peintes par les villageois eux-mêmes, constituait un grand sujet de satisfaction et d'émerveillement pour Maldon Hickey, et lui paraissait un signe incontestable et incontesté de la rencontre des cultures, de l'infléchissement des deux spiritualités, chrétienne et traditionnelle. Il évoquait l'habitude des femmes pueblos, qui enlèvent leurs châles brodés lors du passage de l'évêque pour lui en faire un tapis, le cadeau qui lui fut fait d'une soutane aux motifs turquoise sur fond beige par des villageoises lorsqu'il fut nommé à la tête de la province. Christianisme coloré, personnalisé, d'une ferveur parfois étonnante qu'essaye d'encourager le diocèse en organisant tous les ans le 15 août une messe indienne dans la cathédrale de Santa Fe. Les couleurs du catholicisme, ce qu'il laisse subsister de merveilleux et d'indicible dans sa liturgie, le sentiment de réjouissance et de célébration, la beauté des étoffes brodées par les Indiens eux-mêmes, l'harmonie des chants aux tonalités autochtones sont le terrain ultime des convergences entre spiritualité indienne et chrétienne.

A Santo Domingo, où sont conservées les archives des pueblos environnants, les femmes ont repeint, au début des années 1990, l'église catholique avec un soin et un talent remarquables, unissant les symboles chrétiens (croix et chemin de croix, image de la Vierge) aux symboles de l'indianité que sont les oiseaux et les plantes. « L'église appartient aux gens du village, explique le sacristain, ce sont les femmes qui ont décoré l'église. Le prêtre n'habite pas sur place, ajoute-t-il avec un geste qui semble le tenir à distance, mais dans le village voisin de Peña Blanca. Il vient pour la messe et les sacrements[24]. » Cependant le sacristain ne fait aucune allusion aux graves confrontations du passé.

Cette distance à l'égard des prêtres non indiens est imposée par les villageois eux-mêmes et met les hommes de Dieu mal à l'aise, confinés qu'ils sont à un rôle d'administration des sacrements, invités par un mutisme éloquent à quitter les lieux dès qu'ils ont accompli leur tâche, alors que les rites traditionnels, dont ils sont écartés, prennent le relais. Le père Kleber en sait quelque chose, qui, de Santa Fe, où il vit, évoque les paroisses de Santa Clara, San Ildefonso et Tesuque, où il a exercé son ministère. Cet homme austère, peu enclin aux confidences et même aux spéculations spirituelles, a le parler direct et tient un discours sans illusions. « Les Indiens Pueblos sont très fermés pour ce qui est de leur religion traditionnelle, déclarait-il en 1990. Voilà cinq ans que je travaille parmi eux et ils ne me laissent pas partager leurs pratiques et leurs rites. Pour eux, la religion catholique est la religion des conquérants ; s'ils acceptent certains éléments du catholicisme, c'est parce qu'ils considèrent, comme ils me l'ont dit maintes fois, que nous cheminons sur des voies parallèles qui, au bout du compte, convergent et se rejoignent. Un certain nombre de sacrements sont importants pour eux, en particulier le baptême et, dans une certaine mesure, la confirmation et la communion. Il arrive qu'ils veuillent être mariés à l'église et, d'ailleurs, une certaine pression s'exerce au sein des communautés pueblos qui souhaitent que les jeunes ne négligent pas le mariage. Mais ils ne se confessent pas ; ils considèrent qu'ils n'en ont pas besoin, du fait qu'ils n'ont aucune part dans le péché originel. »

Selon le père Kleber, la plupart des Pueblos tiennent à avoir un enterrement chrétien, combiné avec l'enterrement traditionnel. Il lui semble que ses mystérieux paroissiens, si difficiles à cerner, se posent peu de questions sur la vie après la mort ou plutôt qu'ils lui en posent rarement car ils ont leur propre vision de l'au-delà. Il leur est difficile de s'identifier avec le Christ, mort si loin de leurs terres d'émergence pour des péchés qu'ils n'ont pas commis. Ce père sévère, d'origine prussienne, dont la famille a émigré aux États-Unis dans les années 1880, avait une vocation qui l'attirait vers les communautés indiennes. Mais il avoue que, pour un prêtre, être nommé parmi les Pueblos est « un défi », « une leçon de patience », qu'il ne parvient à affronter qu'en se considérant avant tout comme un « administrateur ». « Bien des choses dépendent en fait des hommes-médecine, déclare-t-il. D'ailleurs, il me semble qu'il vaut mieux renoncer à essayer de comprendre leur foi. »

D'autres prêtres ont été mieux intégrés à la vie des pueblos mais rares sont ceux dont la participation aux danses rituelles secrètes est acceptée. Le père Conrad, qui avoue, au détour d'une phrase, avoir dansé dans les kivas, qui a été « initié » à la religion traditionnelle et a des parrains indiens, fait figure d'exception ; il manifeste son enthousiasme devant cette ouverture vers un autre univers spirituel, mais il sait pourtant qu'il ne pourra en faire le récit à quiconque ni même rester dans le pueblo où il a été si bien accepté. Ces transferts multiples, auxquels il doit de plier, mettent à l'épreuve son devoir d'« obéissance ». Car la hiérarchie catholique prône la rotation assez rapide de ses prêtres qui ne doivent pas trop s'attacher à une seule communauté. La plupart s'en félicitent, qui sont ensuite affectés dans un village non indien où des hispanophones les attendent avec plus d'enthousiasme. Ceux qui regrettent de ne pouvoir vivre plus longtemps le « défi » qui leur est lancé n'ont pas le pouvoir de prolonger leur affectation. Parfois, ce sont les Pueblos eux-mêmes qui mettent fin à leurs fonctions. On cite souvent à cet égard le cas du père Stadmueller, chassé du pueblo d'Isleta par le gouverneur

Andy Abeita, qui le conduisit menottes aux mains aux frontières du village. On l'accusait notamment d'être collectionneur d'armes et de réclamer trop d'argent à la quête, mais surtout d'être hostile aux danses traditionnelles. Dans les pueblos, les hommes-médecine savent défendre leur pouvoir. Religion annexe et annexée, le catholicisme y est en liberté très surveillée.

A Zuni, où les Blancs ne sont pas les bienvenus à la fête de Shalako, on considère que l'enfant Christ fut engendré par une fille du Soleil. Une statuette, qui représente le Christ de Notre-Dame d'Atocha, est conservée dans une châsse auprès de l'autel du Shalako : « La châsse est surmontée d'une croix. La statuette, dont le vêtement est couvert d'offrandes votives, est nourrie tous les jours comme les autres fétiches (...). A chaque automne, une danse est célébrée en l'honneur de ce *santo* censé fournir la fertilité pour les hommes, les animaux et les champs[25]. » A Zuni plus qu'ailleurs, les symboles chrétiens ont été annexés par la religion traditionnelle. Le prêtre « dit l'office devant un autel orné d'une Vierge noire de Guadalupe, de deux têtes de bison, de couvertures navajos et de plantes sauvages[26] ». Depuis le début des années 1960 la reconstruction de la vieille mission longtemps abandonnée a été entreprise conjointement par les villageois et le National Park Service. Remplaçant le chemin de croix, des kachinas dansent les rituels des quatre saisons sur les peintures murales réalisées par l'artiste zuni Alex Seowtewa. L'ancienne bâtisse, qui fut le théâtre de tant de conflits, est devenue l'expression d'une spécificité spirituelle fièrement assumée.

Entre tradition et modernité : Taos et son lac sacré

> *Le petit lac bleu de la vie, d'un bleu turquoise limpide*
> *comme le ciel, et d'un bleu violacé comme les profondeurs de la forêt alentour. Lac antique, lieu d'émergence.*
> FRANK WATERS[27].

La restitution du lac sacré des Indiens Taos, le 15 décembre 1970, est une date historique dans la jurisprudence relative aux Affaires indiennes. La ténacité des Taos, qui défendirent leurs droits territoriaux en invoquant leur tradition spirituelle mais avec une efficacité à la hauteur des grandes batailles juridiques contemporaines, souligne à la fois leur traditionalisme et leur capacité d'adaptation à la modernité. C'est le premier règlement territorial favorable aux Premiers Américains qui ait été gagné sur la base d'arguments religieux. Le conflit remontait à 1906, date à laquelle quelque 70 000 hectares des terres appartenant aux Taos avaient été placés sous l'autorité des services forestiers des États-Unis, puis incorporés à un parc national dit Carson National Forest. Ces terres englobaient une montagne et le mystérieux lac Bleu qui, au pied de la chaîne de Sangre del Cristo, était considéré par les Taos comme le berceau de leur peuple, lieu d'émergence, site sacré où, depuis des siècles, ils avaient coutume d'organiser leurs fêtes rituelles. Ils se trouvèrent bientôt obligés d'obtenir l'autorisation du service des forêts pour organiser leurs cérémonies religieuses.

Un mouvement de protestation se constitua bientôt contre ces contraintes et, quand fut créée la Commission des revendications territoriales, en 1946, les Taos réclamèrent la restitution de leur montagne et de leur lac, en faisant valoir qu'il s'agissait de lieux de culte, irremplaçables pour leur communauté. Mais, à cette époque, le Nouveau-Mexique n'était pas du tout favorable à la défense des Indiens. Au début des années 1950, le représentant du Nouveau-Mexique au Congrès, A.M. Fernandez, proposa un projet de loi dirigé contre le Conseil tribal de Taos, dans lequel ce dernier était présenté comme encourageant l'absentéisme scolaire des enfants sous des prétextes religieux, s'opposant à la liberté de religion et à la modernisation de l'agriculture. Ce projet de loi réclamait la reconsidération de l'autonomie du gouvernement tribal. Il ne fut finalement jamais mis au point mais un fort courant d'opposition se constitua au niveau régional contre la restitution du lac Bleu.

Parmi les opposants à la restitution du lac sacré des Taos figuraient le responsable de la Carson National Forest, George Proctor, qui s'érigeait en défenseur des services forestiers, et surtout le sénateur du Nouveau-Mexique, Clinton Anderson. Pour se replacer dans l'esprit de la controverse de l'époque, il faut tenir compte des sentiments anti-indiens qui, en raison des intérêts en jeu, prévalaient dans cet État où, comme en Arizona, le droit de vote ne fut vraiment reconnu aux Indiens qu'en 1948. Clinton Anderson s'élevait avec indignation contre les revendications des Taos, qui risquaient de créer un précédent parmi les dix-neuf pueblos indiens du Nouveau-Mexique. La presse locale, à travers le journal *Taos News*, qui brandissait la menace d'une appropriation abusive de l'eau par les Taos, s'associait aux voix de protestation des lobbies anti-indiens.

Dans le camp adverse se regroupaient les intellectuels, réformateurs et anthropologues favorables aux Indiens, notamment l'écrivain Olivier La Farge, le réformateur John Collier et l'anthropologue Frank Waters, spécialiste des Hopis, résident de Taos, qui célébrait l'harmonie de l'ancienne perception du monde des Indiens Pueblos. Ces engagés volontaires se réunissaient dans les maisons d'adobe des environs de Taos pour élaborer leur stratégie de soutien et orchestrer la contre-offensive. Comme dans les années 1920, ces groupes surent transformer leurs bonnes intentions en conseils utiles et en appui concret.

Source de vie, tant spirituelle que physique, le lac alimente la rivière dont l'eau est indispensable à la communauté ; il accueille les âmes des défunts. C'est un lieu de culte où les Taos avaient coutume de se rassembler pour leurs célébrations rituelles de la nature. L'écrivain Mabel Dodge Luhan, qui assista à certaines célébrations, a évoqué la communion de tout le pueblo devant les profondeurs limpides et mystérieuses du lac sacré, dont ils s'approchent avec recueillement, en psalmodiant à voix douce, puis à haute voix, le regard perdu dans l'onde du site d'émergence, exprimant « une révérence pour la terre vivante », un recueillement que les chrétiens ne sont « appelés à ressentir que dans les sombres profondeurs des vastes cathédrales [28] ». Ce lac est considéré par les Taos comme la garantie matérielle et symbolique de la continuité de leur peuple. L'anthropologue Frank Waters a décrit les pèlerinages des jeunes filles et des femmes, qui en revenaient rituellement chargées des sombres corolles des « fleurs de la nuit » et des guirlandes d'or des « fleurs du soleil » [29].

La défense juridique des Taos s'orchestra bientôt autour de la notion de site sacré, de sanctuaire naturel, de réceptacle de la mémoire d'un peuple. Habilement, l'accent fut mis sur des notions qui pouvaient trouver des échos dans des esprits chrétiens : ce lac était leur église, ces pins leurs saints. Mais Clinton Anderson soutenait les intérêts du lobby du bois et soulignait le manque à gagner qui résulterait de la restitution du lac et de ses environs. Il fallut beaucoup de persévérance avant que la Commission des revendications indiennes, dans un meilleur climat politique, ne reconnaisse, en 1965, que le lac Bleu et ses environs avaient été abusivement incorporés à un parc naturel. Le National Congress of American Indians (Congrès national des Indiens d'Amérique) se mobilisa pour que le lac sacré soit rendu aux Indiens. Le 15 décembre 1970, le président Richard Nixon en approuvait la restitution. Cette victoire historique ouvrait la voie à la reconnaissance juridique progressive des lieux de culte ancestraux et de la géographie sacrée des Premiers Américains.

La résistance spirituelle obstinée et tranquille des Pueblos est bien différente de celle des Indiens des Plaines. Fondée sur le secret et la perpétuation d'un code spirituel ancré dans la stabilité spatiale, la résistance de ces populations autrefois largement agraires, attachées à leurs territoires depuis des siècles, s'est dessinée au fil du temps par l'alternance de longues périodes de latence et de soudains déchaînements de révolte.

La défense des traditions au sein des pueblos passe par la volonté de continuité sans exclure complètement l'innovation, mais surtout en acceptant l'adjonction d'éléments nouveaux qui ne remettent pas en cause la perception traditionnelle du monde. Le processus d'acculturation a été de caractère additif plutôt que substitutif. Si l'évolution de la tradition prend des formes assez différentes selon les villages, selon que le métissage ethnique et spirituel est plus ou moins accentué, il semble que la tendance générale gravite autour d'un traditionalisme bien scellé, relativement figé, tandis que les Indiens des Plaines, plus ouverts, moins conservateurs, mais aussi plus individualistes, n'ont cessé d'opérer des mutations spirituelles en incorporant des éléments venus de l'extérieur. Mais les Taos, comme les Indiens des Plaines, n'ont manifesté qu'un intérêt relatif pour le peyotlisme qui a séduit à peine 10 à 15 % d'entre eux.

La voie du secret

L'adjonction du christianisme, qui se perpétue dans les pueblos en dépit du renouveau des religions traditionnelles, s'est faite d'abord par la contrainte et s'est stabilisée dans la défiance réciproque. Le christianisme s'est lentement diversifié, du fait de l'influence anglo-saxonne et protestante, mais n'est pas associé à une interaction intense entre les différentes voies spirituelles. Le dialogue avec les prêtres, presque tous non indiens, ne conduit qu'à l'entrelacement prudent des rites les moins protégés par un long héritage de clandestinité. La voie du secret l'emporte sur la voie du dialogue*.

La cohabitation de la religion traditionnelle et de la religion chrétienne n'est pas exempte de tensions. En revanche, le catholicisme est fortement ancré dans la géographie et dans le calendrier pueblos, comme si l'apport d'une autre conception de l'espace et du temps, étrangère à la tradition, s'était progressivement esquissée en surimpression sur la trame des croyances traditionnelles et avait creusé une voie d'accès à l'univers non indien. La réconciliation des univers spirituels, qui ne sont pas perçus comme irrémédiablement divergents, se fait au niveau individuel et familial plutôt que des systèmes religieux.

L'équilibre est fragile entre deux pôles religieux distincts mais auxquels les Pueblos peuvent être simultanément rattachés sans pour autant voir dans cette double appartenance une contradiction. Le

---

* Les Hopis constituent à cet égard un cas particulier car les traditionalistes ont pris le parti de révéler certains aspects fondamentaux de leur religion. Les prophéties hopis, sans équivalents dans les autres pueblos, qui ont été évoquées jusque dans les forums internationaux (ONU), ont fait l'objet d'un processus de réinvention et de réinterprétation. Elles sont utilisées dans le cadre d'une stratégie de reconquête du pouvoir social et politique par les traditionalistes et sont par ailleurs mises en parallèle avec certaines prophéties bibliques. Il est suggéré que les hommes de toutes les races pourraient bien avoir reçu un message religieux du même Dieu mais adapté à chaque culture spécifique. La religion hopi se trouve donc placée par là même sur un pied d'égalité avec les principales religions du monde. Voir à cet égard l'excellente analyse d'Armin Geertz dans l'ouvrage intitulé *The Invention of Prophecy, Continuity and Meaning in Hopi Indian Religion*, université d'Aarhus, Danemark, 1992, et *Report of the Third Hopi Mental Health Conference*, « *Prophecies in Motion* », Kykotsmovi : Hopi Health Department, The Hopi Tribe.

traditionalisme n'est d'ailleurs pas toujours associé à la tolérance. Dans des sociétés « apolliniennes » où, comme l'a souligné l'anthropologue Ruth Benedict *, l'accent est mis sur la collectivité plutôt que sur l'individu, où chacun doit s'effacer derrière le rouage complexe des rites, la pression qui s'exerce sur ceux qui veulent s'écarter du modèle traditionnel (par un mariage mixte, en s'abstenant de participer aux cérémonies, voire par une réussite dans la société non indienne...) est si forte que l'on assiste à la formation de factions ou à l'éloignement du déviant.

Un christianisme annexé

Les deux voies spirituelles, traditionnelle et chrétienne, sont perçues comme parallèles. Le christianisme est accepté, toléré, tant qu'il ne menace pas la perpétuation des centres de pouvoir traditionnels. Dans ces sociétés où il y a interpénétration du quotidien et du religieux, où la notion même de laïcité est difficilement compréhensible, croyances spirituelles et pouvoirs temporels sont intimement liés. Or, la souveraineté territoriale des pueblos, qui va de pair avec une adaptation pragmatique au monde moderne (acceptation d'un tourisme bien surveillé, fabrication de bijoux de qualité, obtention de postes de bon niveau en dehors des réserves), leur confère une autonomie réelle. Même si plus de la moitié des Pueblos travaillent en dehors de leurs territoires, ils considèrent leurs villages et leurs terres comme le réceptacle de la mémoire tribale. Les Églises n'exercent pas dans les pueblos indiens une fonction sociale et humanitaire comme parmi d'autres communautés indiennes plus démunies. Une autodétermination effective sur les réserves permet au Conseil tribal de contrôler la religion chrétienne, qui se trouve confinée à un

---

* « Ruth Benedict a décrit les Zunis comme des sociétés apolliniennes au sens nietzschéen, c'est-à-dire ayant une foi solennelle en la tradition et minimisant leurs expériences personnelles. Le portrait que fait Benedict d'un être modeste, sans prétention, a été remis en question, mais n'est pas sans un certain bien-fondé » (Ake Hultkrantz, *Religions des Indiens d'Amérique du Nord, op. cit.*, p. 157).

rôle bien balisé, en quelque sorte accessoire et complémentaire. Elle ne prend une importance primordiale que pour les individus « progressistes » qui veulent s'éloigner géographiquement ou spirituellement du conformisme tribal.

Historiquement, l'intégration du Nouveau-Mexique aux États-Unis n'a pas conduit à des mutations religieuses importantes. La majorité des Pueblos sont demeurés fidèles à leur traditionalisme et les Indiens catholiques ne se sont pas massivement convertis au protestantisme. Au début du XXᵉ siècle, des attaques répétées de la part du Bureau des Affaires indiennes à l'encontre des religions traditionnelles se sont heurtées à une contre-offensive concertée et efficace de l'ensemble des Pueblos.

L'anthropologue suédois Ake Hulkrantz a bien mis en lumière l'unité et la diversité des religions indiennes. En prenant deux exemples très contrastés, les Zunis et les Shoshones, il est parvenu à démontrer que ces deux « modèles » culturels, l'un représentant originellement les « cultivateurs du désert » et l'autre les « chasseurs », présentaient certains points communs sur le plan religieux et notamment une conception cyclique du temps, le cérémonialisme animal et végétal et la notion d'harmonie cosmique, dans laquelle les hommes, les animaux, les plantes, la nature tout entière et même les êtres surnaturels coopèrent afin de faire naître un univers équilibré. L'inférence du symbolisme des rites est claire : « Le cosmos forme un tout harmonieux, un ordre spirituel, qui inclut également les hommes [30]. » Mais les différences sont notables entre les deux groupes dont les modes de vie nomade et sédentaire ont généré des moyens divergents d'entrer en contact avec le divin.

Des éléments de convergence et de divergence du même ordre ressortent d'une mise en parallèle des Sioux et de l'ensemble des Pueblos. D'une façon générale, pour les Indiens des Plaines, le « cosmos est reconstitué dans la loge de la Danse du Soleil, ouverte au soleil et aux éléments [31] », dont le site peut varier. En revanche, pour les Indiens du Nouveau-Mexique, le cosmos est reproduit dans la kiva et la naissance au monde est symbolisée par le sibapu (site d'émergence). Par ailleurs, la quête de vision, solitaire, mystique et exaltée des chasseurs des Plaines n'a pas son équivalent parmi les Zunis et les Pueblos, dont le traditionalisme est plutôt fondé sur un cérémonialisme collectif fixe et bien défini, ancré sur la plaza et la kiva. Encore aujourd'hui, les différences issues de ces deux catégories culturelles peuvent constituer un obstacle aux velléités de panindianisme spirituel.

Pourtant la spiritualité intertribale est perçue par les Indiens comme un lien privilégié avec le continent américain, qui s'exprime différemment selon les groupes mais repose sur une hiérophanie mystico-symbolique, une géographie sacrée. Religions de la nature, au sens d'une spiritualité ancrée dans la notion d'harmonie cosmique, d'alliance avec un univers palpitant de manifestations du surnaturel, d'expériences spontanées du miraculeux, elles sont fondées sur la notion du respect dû à toute forme de vie et sous-tendues par un cérémonialisme qui permet de franchir les frontières entre les univers humain, végétal et animal. Les Indiens « observent avec attention les "esprits naturels" ou esprits de la nature, à la recherche d'un pouvoir ou d'une révélation [32] ».

L'apport du christianisme, qui a constitué initialement une fracture dans la trame sociale, a pourtant été habilement circonscrit. Dans le cas des Pueblos, portés vers l'hermétisme, confrontés à des franciscains peu enclins aux concessions théologiques, au dialogue spirituel, les représentants de l'Église ont été confinés à la périphérie des villages ou contraints de renoncer à leurs ambitions d'exclusivité. Mais le message chrétien, filtré par les Indiens eux-mêmes, considéré comme une autre voie, un autre pouvoir, porteur d'une éthique souvent compatible avec l'éthique traditionnelle, a été assimilé, soupesé, évalué, toléré. La population évolue entre kivas et missions, mesas et centres urbains. Et les églises font partie intégrante du paysage pueblo contemporain.

La force de fascination des villages pueblos est légendaire. Depuis des décennies, écrivains et artistes, attirés par le « mystérieux soleil intérieur » que D.H. Lawrence percevait au sein de ces populations tranquilles, par ces réceptacles d'un mode de vie traditionnel non corrompu par la modernité, par le rêve d'une « conscience holiste » dont les Indiens leur semblent détenir la clef, cherchent, comme le fit le réformateur John Collier au cours des années 1920, à percevoir le message d'une spiritualité dont les secrets ne font qu'accroître l'attraction. Mary Austin exalta la culture pueblo en la présentant comme une échappée libératrice, un idéal supérieur. D.H. Lawrence s'installa près du pueblo de Taos où il sentit vibrer « une autre partie de son âme » dans un univers empreint de la présence indienne. Aujourd'hui, poussés par la fièvre du New Age, des curieux en quête de spiritualité viennent perturber la quiétude des pueblos en essayant d'y organiser des manifestations de masse. Les plus sages se contentent, comme le fit Georgia O'Keefe, dans le village métis d'Abiquiu, de se laisser porter par la magie d'une région où il lui sembla trouver son inspiration aux sources de l'Amérique, et qui lui donna, à travers la vision de crânes fantomatiques de bisons disparus, une autre perception de l'équilibre entre ciel et terre.

C'est aussi cette région qui a inspiré à Scott Momaday la « maison faite d'aube, de pollen et de pluie ». Il en a célébré « les collines multicolores et la plaine resplendissant d'argile et de sables bariolés, la sombre immensité sauvage des montagnes », l'impression fugace de voir « jusqu'au centre de l'être du monde[33] ». Yves Berger a pu y contempler une « indianité religieuse, dévote, superstitieuse, à l'aise dans un monde qui fourmille de signes, de sons, de messages, de symboles, d'avertissements et de magie (...), l'indianité qui juxtapose l'animal païen et la vierge chrétienne[34] ». Michel Butor, au début des année 1970, s'émerveilla devant les villages pueblos, avec leurs échelles « pour escalader le ciel » et dont, au loin, il aimait à percevoir « la découpure des terrasses, comme des lingots d'or dans le soir, avec le hennissement des chevaux et la cloche du cimetière, l'horizon limpide[35] ».

Il semble bien que ce soient les poètes et les peintres qui aient le mieux perçu l'intégrité de l'espace préservé par les Indiens Pueblos, la qualité du temps et la beauté mystérieuse des rituels qui font des pueblos des lieux d'apaisement et d'inspiration. La préservation de la qualité poétique de leur espace vital, telle est sans doute aussi ce que l'on doit à ces communautés pueblos, qui apparaissent comme les « gardiens du temple » et dont l'exigence spirituelle semble avoir préservé une fraction d'Amérique du désenchantement du monde.

II

Les Sioux :
entre dialogue spirituel
et repli identitaire

1

La légalisation des religions indiennes, renouveau et diversification de la tradition lakota

> En 1934, avec l'Indian Reorganization Act, les Indiens se virent finalement octroyer la liberté religieuse. Les missionnaires s'indignèrent, mais l'interdiction des rites traditionnels était levée. Les traditionalistes ne pouvaient plus être mis en prison pour avoir participé aux anciens rituels. Les cérémonies commencèrent à être organisées ouvertement (...). Le grand Black Elk, peut-être le plus célèbre des hommes-médecine sioux, était encore vivant en 1934 et on dit qu'il eut de nombreuses réunions avec les hommes-médecine de branches de la tribu établies sur d'autres réserves.
>
> Vine Deloria Jr [1].

Selon la loi de réorganisation des Affaires indiennes (IRA), les nouvelles modalités d'administration des affaires tribales devaient être précisées par des Constitutions élaborées dans les différentes communautés. La réforme, qui devait mettre fin aux méthodes traditionnelles de sélection par consensus ou hérédité, suscitait de fortes réticences. Il fut donc assuré que le nouveau statut ne s'appliquerait qu'à l'issue d'un référendum, dans les tribus au sein desquelles une majorité se serait prononcée en sa faveur.

John Collier, qui avait procédé à une inspection générale des réserves indiennes mais ne connaissait pas très bien les Sioux, se rendit sur les réserves de Rosebud et de Pine Ridge en novembre 1935 pour évaluer la situation locale et défendre son projet. Il fut accueilli par des danses traditionnelles mais aussi par des délégations de leaders bien déterminés à parlementer longuement du bien-fondé de la nouvelle législation. C'est après des discussions serrées et de nombreuses tergiversations que la majorité de la population accepta la réforme.

Sur le terrain, les conditions d'application de l'IRA firent l'objet de vives controverses. Un mouvement de contestation dénonça assez rapidement les contraintes ou les manipulations qui auraient été utilisées pour forcer la main aux tribus. Par la suite, le bien-fondé d'une loi qui modifiait les assises des gouvernements traditionnels fut contesté. On fit valoir que les nouveaux gouvernements tribaux étaient placés sous l'étroite dépendance du ministère de l'Intérieur. Le dogmatisme de Collier, sa vision de l'« Atlantide rouge », son idéalisation d'un univers indien mythique, fondée sur la spécificité des Pueblos et l'idée même d'une réforme uniformément appliquée dans le pays tout entier furent remis en cause. Habité par une vision réformatrice, supportant mal la contradiction, Collier prêta le flanc aux critiques de ses détracteurs. Celui qui, selon la boutade de l'écrivain sioux Vine Deloria, « croyait plus en la cause indienne que les Indiens eux-mêmes » et prétendait « savoir mieux qu'eux ce qui pouvait les sauver[2] », fut dénoncé avec une particulière virulence par les militants du Red Power au cours des années 1970 sur la réserve de Pine Ridge. Rétrospectivement, il demeure pourtant que l'IRA était la première réforme qui n'était pas inspirée par des visées sur les terres indiennes. Il est incontestable que John Collier, déterminé qu'il était à défendre l'« Indien tribal », eut plus d'influence sur la condition autochtone aux États-Unis qu'aucun autre réformateur.

Les prémices de la liberté religieuse

La nouvelle donne de Collier était assortie de garanties concernant la protection des religions traditionnelles. Un arrêté sur la liberté religieuse fut communiqué à toutes les tribus. Les nouveaux gouvernements tribaux se trouvaient dotés de pouvoirs de décision en matière religieuse autant qu'administrative et politique. Il appartenait au Conseil tribal d'ordonner — sous la supervision du ministère de l'Intérieur — la coexistence entre les différentes religions pratiquées sur leur territoire, à savoir la religion traditionnelle, la Native American Church et les différentes dénominations chrétiennes.

La lente renaissance du traditionalisme lakota

La Danse du Soleil pouvait donc en principe réapparaître au grand jour, libérée des subterfuges qui avaient accompagné sa perpétuation plus ou moins discontinue et secrète depuis un demi-siècle. Comme elle est devenue aujourd'hui emblématique du traditionalisme lakota et même du renouveau de l'ensemble des religions traditionnelles, on pourrait supposer que, tel le Phénix, elle surgit de ses cendres après l'adoption de la loi de 1934. Or, le processus de sa renaissance fut beaucoup plus progressif. Dès la fin des années 1920, elle reprit une certaine importance, en raison d'une libéralisation de la politique fédérale, sous l'administration Hoover, qui précéda la loi de John Collier. A partir de 1928 elle fut à nouveau pratiquée officiellement, mais toujours sans percement des chairs. Un jeune chaman nommé Frank Fools Crow devint responsable de l'encadrement du rituel, qu'il dirigea à partir de 1929[3].

Pendant les années qui suivirent l'adoption de la loi de 1934, la Danse du Soleil se réorganisa lentement, sans pour autant retrouver la splendeur ni la signification profonde des cérémonies d'antan. Elle n'était plus associée à la chasse, à la guerre, ni aux grands rassemblements des peuples des Plaines. Allait-elle renaître aux sources mêmes de la cosmogonie lakota, telle qu'elle était avant d'accompagner les combattants dans la préparation des grands affrontements des guerres indiennes ?

Le fait même que la Danse du Soleil soit désormais tolérée risquait paradoxalement de lui faire perdre de sa qualité mystérieuse et de son intensité rituelle. Pendant un certain temps, elle demeura associée aux pow-wows et aux danses de caractère profane qui étaient les seules dont la pratique avait été autorisée pendant des années. Elle connut même un déclin au cours des années 1940, à tel point que des soldats qui, au retour de la Seconde Guerre mondiale, voulurent accomplir ce rituel durent se rendre chez les Cheyennes.

291

Dans cette phase de transition, il fallait donc que la Danse du Soleil fût repensée. La libéralisation du cadre juridique constitua le point de départ d'une réorganisation du pouvoir des hommes-médecine, désormais autorisés à proclamer au grand jour leur rôle occulte et leur autorité longtemps réprimée. Elle permit une restructuration de l'ensemble de la vie cérémonielle, qui n'était pas centrée uniquement sur la Danse du Soleil mais qui était aussi fondée sur les rites de purification, les give-away (distributions rituelles de cadeaux), la quête de vision et les yuwipis (rites curatifs), longtemps dénigrés par les missionnaires.

Les yuwipis, que la mémoire indienne fait remonter au temps où les Sioux étaient encore sur la côte est[4], sont peut-être le seul rituel de la religion lakota qui se serait perpétué de façon continue depuis la Conquête[5]. Ces rites, mal documentés par les ethnologues jusqu'au milieu des années 1940 parce qu'ils se déroulaient en secret, sont tout simplement perçus par la plupart des Lakotas comme « très anciens ». Au cours des yuwipis, les hommes-médecine invoquent les pouvoirs surnaturels pour soigner les malades et parfois pour retrouver des objets ou des individus perdus. Un yuwipi peut aussi constituer une sorte d'action de grâces, quand une personne guérit d'une maladie très grave. Les chants sont des prières adressées aux forces surnaturelles. La sauge, plante sacrée, fait fuir les esprits malfaisants tandis que la crécelle et le tambour suscitent une atmosphère favorable à l'intervention des esprits. L'homme-médecine qui dirige la cérémonie entretient son pouvoir spirituel par le jeûne et la quête de vision. Pendant le déroulement du rituel, qui se passe dans l'obscurité, et au cours duquel il est enveloppé dans une couverture (yuwipi signifie « on l'attache »), il mobilise les forces spirituelles. L'esprit peut se manifester sous forme d'une pierre ronde empreinte d'une force bénéfique. Les soins administrés sont à base d'une multiplicité de plantes ou d'herbes.

Évoquant ces anciennes pratiques, l'anthropologue Royal B. Hassrick a souligné leur spécificité et ce qui les faisait redouter des non-Indiens, en particulier des missionnaires, qui, pendant longtemps, ne virent là que sorcellerie et maléfices. En fait, les Sioux étaient persuadés que la maladie résultait de l'entrée d'esprits malins et de corps étrangers dans l'individu. Lorsqu'on pensait « guérison de la maladie, on pensait surtout suppression de la cause de celle-ci (...), faire sortir les esprits du mal n'était pas une tâche facile. Cela impliquait d'abord que le patient ait une foi absolue dans le rapport entretenu avec les forces surnaturelles. La maladie était une affaire d'ordre spirituel qui affectait le physique. Le remède approprié était donc d'ordre psychothérapeutique. Les incantations du chaman étaient destinées à faire, littéralement, une "peur bleue" aux forces du mal, de telle sorte qu'elles s'enfuient du corps de la victime[6] ».

Cette mobilisation des forces surnaturelles, les chants psalmodiés la nuit dans des pièces obscures et adressés notamment aux « pierres sacrées » étaient considérés comme des superstitions suspectes par les missionnaires qui voyaient là des tentatives de communication avec les mauvais esprits pour « jeter des sorts », ainsi que le refus de s'adapter à la médecine moderne. Il fallut beaucoup de temps pour qu'un partage s'effectue entre soins curatifs traditionnels et médecine américaine. L'homme-médecine professe un pouvoir transmis par les rêves, la quête de vision, les rites de purification et la prière. Il se présente avec humilité, au service de forces qui le dépassent mais affirme son pouvoir du fait de sa capacité à entrer en contact avec elles. C'est justement ce pouvoir, parfois démontré en retrouvant des objets ou des êtres perdus, mais qui vise surtout à soigner et à conseiller, à orienter ou à réorienter l'existence du malade, qui s'affirme progressivement après la libéralisation juridique instaurée par la réforme de 1934.

Cette affirmation des anciennes croyances poussa les prêtres, devant la concurrence qui leur était faite, à une nouvelle tolérance, à des tentatives de compréhension. Un prêtre épiscopalien, notamment, en faisant allusion au renouveau que connurent ces rites après l'IRA, laissa transparaître la perplexité des « hommes de Dieu » devant la participation des Lakotas aux rites traditionnels aussi bien qu'aux cérémonies chrétiennes. Il avoua combien demeurait floue la perception que les missionnaires se faisaient des rites curatifs : « J'ai essayé en chrétien de trouver l'attitude qu'il convenait d'adopter devant ce problème (le yuwipi). Ce que j'avais entendu dire de la participation au yuwipi par Clayton High Wolf (un homme-médecine) me conduisit à la conclusion que le yuwipi touchait à la question des anges et des diables, des bons et des mauvais esprits, des maladies physiques et mentales, de la tentation, et de phénomènes sociaux tels que l'astrologie, les médiums et les revendications de possession spirituelle (...). Pendant la période qui suivit la loi de réorganisation des Affaires indiennes, avec le renouveau de ces pratiques (yuwipis et peyotlisme) qui se déroulaient désormais ouvertement, des familles indiennes chrétiennes me demandèrent d'exorciser leurs maisons pour en chasser les mauvais esprits[7]. »

Le manque de documentation précise sur les yuwipis antérieurs à la deuxième partie des années 1940 atteste de la lenteur avec laquelle s'établit la remontée à la surface de ces rites traditionnels longtemps réprimés. Pendant longtemps, les cérémonies curatives demeurèrent secrètes, mystérieuses, mais les hommes-médecine les présentèrent avec de plus en plus d'autorité comme constitutives de l'identité indienne.

L'implantation marginale de la Native American Church

A l'issue de l'adoption de l'IRA, les Lakotas étaient appelés à réglementer de façon autonome les différentes pratiques religieuses sur leur territoire. Les responsables des Conseils tribaux devaient donc se prononcer officiellement vis-à-vis de la Native American Church. Mais les tractations qui précédèrent leur prise de position reflète à quel point tout Conseil tribal « autonome » continuait à faire l'objet de pressions extérieures. En 1937, les Sioux de Pine Ridge rencontrèrent le juge Randall, leur conseiller juridique dans le cadre du Conseil tribal, pour discuter le peyotlisme. Randall voulait les pousser à se prononcer en faveur de l'interdiction du peyotl. Il y avait d'ailleurs de fortes divergences d'opinion au sein du Conseil concernant cette religion. Mais c'est la propension à l'ouverture, et non à la répression, qui l'emporta, et on n'a plus jamais signalé sur la réserve de tentatives d'interdire cette religion. Parallèlement, des discussions du même ordre se tenaient à Rosebud. Le Conseil tribal envisageait de réglementer la consommation du peyotl, en la limitant à un seul bouton ou à un verre d'infusion au cours de chaque cérémonie. C'est sur le conseil du commissaire aux Affaires indiennes lui-même, John Collier, qu'ils abandonnèrent ce projet de réglementation. Les Églises ayant adopté, après maintes tergiversations, une attitude de relative tolérance à l'égard du peyotlisme (la menace d'excommunication était levée), les adeptes de l'Église des Premiers Américains, qui se recrutaient tant parmi les Indiens chrétiens que parmi les traditiona-listes, n'avaient plus qu'à définir leur ligne de conduite personnelle. Le clivage entre deux groupes distincts — le Cross Fire, plus proche du christianisme, qui intègre la Bible, et le Half Moon, qui rejette tout lien avec les Églises en tant qu'institutions —, se fit jour tandis que les peyotlistes affirmaient leur droit de participation à des cérémo-nies d'obédiences diverses, traditionnelles ou chrétiennes.

Il est intéressant à cet égard de suivre le parcours d'Emerson Spi-der, représentant renommé de l'Église des Premiers Américains parmi les Sioux. Issu d'une famille épiscopalienne, il dut s'opposer à ses parents pour rejoindre les rangs des adeptes du peyotl. Le témoignage de sa conversion, sa guérison « miraculeuse » après l'in-gestion de la plante divine, sa « vision » de Dieu et l'appel du Christ au moment de sa guérison mêlent des éléments propres au christia-nisme et au traditionalisme : « C'est le Christ qui m'a guéri. (...) Cha-que jour je loue le Seigneur (...). Après ma maladie des chrétiens me dirent : "Venez dans notre église, on vous écoutera." Mais Dieu vou-lait que j'aille là où l'Église ne faisait pas ce qu'il fallait, pour leur parler de la deuxième venue du Christ. C'est Dieu qui m'a guidé vers la Native American Church[8]. »

Emerson Spider est le tenant d'une version du peyotlisme qui demeure très proche du christianisme tout en affirmant sa spécificité autochtone et son traditionalisme. Il décrit son évolution personnelle de la tendance Half Moon, avec prières au calumet, à la tendance Cross Fire, qui remplace le calumet par la Bible : « Certains d'entre nous sont chrétiens — disons chrétiens "nés à nouveau". Autrefois nous suivions les rites Half Moon et utilisions le calumet conformément aux prati-ques traditionnelles de notre peuple. Nous avons progressivement abandonné le calumet et nous utilisons la Bible à sa place, afin d'être sauvés (...). Dieu nous a donné le peyotl pour qu'à travers lui les Indiens découvrent le Christ[9]. »

Les Églises chrétiennes face à la diversification des appartenances religieuses

Devant ce surgissement d'anciens rituels longtemps occultés et l'apparition d'une Église « autochtone » à la fois inspirée par le christianisme et en réaction contre lui, les Églises épiscopalienne et catholique durent reconsidérer leur mission auprès des Indiens. Depuis les événements tragiques de Wounded Knee, elles se présentaient volontiers comme porteuses d'espoir, apportant des chances de salut à des communautés démantelées ayant perdu leur raison d'être et leurs valeurs essentielles. Elles se retrouvaient en présence de populations étonnamment promptes à renouer avec leurs anciennes pratiques mais qui n'étaient pas toujours absolument déterminées à renier l'influence chrétienne. En effet, de nombreux Indiens ne voyaient pas de contradiction entre le fait d'être chrétiens baptisés et d'assister aux cérémonies de la Native American Church ou aux rituels curatifs traditionnels du yuwipi. Le passage d'une religion à une autre devient plus facilement compréhensible quand on prend conscience « qu'il existe certains éléments fondamentaux dans les religions autochtones préchrétiennes qui ont été transmis dans les religions contemporaines. Le premier est la recherche d'un pouvoir divin conférant de la force et de l'aide face aux problèmes de la vie quotidienne. Le second est la recherche d'une interaction et d'une participation sociales donnant à l'individu un sentiment de sécurité et d'appartenance au sein d'un groupe plus large[10] ». Les Églises étaient bien forcées de constater que les hommes-médecine se trouvaient renforcés dans leur position de chefs spirituels et parfois désireux de régler leurs vieilles querelles avec les missionnaires. Cet antagonisme historique reposait d'ailleurs sur un conflit de pouvoir en même temps que sur des principes religieux. Dans l'ensemble, les prêtres, prêts à reconnaître que les hommes-médecine connaissaient les plantes, étaient pourtant convaincus que le pouvoir de ces hommes reposait sur des subterfuges et entretenait des superstitions primitives[11].

Sur la réserve de Pine Ridge, des haines tenaces opposent, depuis des générations, convertis et traditionalistes. Les antagonismes sont cristallisés par l'opposition de certaines familles connues, comme celle des Crow Dog qui incarne l'opposition à toute concession à l'acculturation. Un règlement de compte envenima, il y a un siècle, la lutte des clans. En effet, un membre de la famille Crow Dog tua Spotted Tail, chef modéré et converti. Depuis lors, mise à l'écart puis se figeant dans son isolement, s'identifiant par son hostilité à l'égard des Indiens acculturés, la famille Crow Dog transmet de père en fils le savoir de l'homme-médecine, s'emploie à faire revivre la Danse du Soleil et à entretenir une opposition virulente à l'égard des missionnaires.

Plus paradoxalement, les prêtres constataient que c'était aussi parmi les Indiens convertis au christianisme qu'apparaissaient les nouveaux leaders traditionalistes. Frank Fools Crow, notamment, l'un des leaders de la Danse du Soleil les plus connus à Pine Ridge, qui fut chargé de la réorganiser au début des années 1930, déclara à cet égard sans ambages que les Sioux ont toujours cru en un Pouvoir suprême semblable au Dieu de la Bible[12]. Il s'opposait ainsi aux anthropologues qui voient dans la référence au « Grand Esprit » une expression de l'acculturation que les Sioux ont subie. Les prêtres se trouvaient conduits à redéfinir leur attitude face à un homme-médecine qui professait une acceptation du Dieu chrétien et parlait librement de son amour pour toutes les races de l'humanité, tout en s'employant à faire renaître des cultes hautement symboliques d'un passé longtemps défini comme païen. La remontée à la surface des cultes autochtones obligea les Églises à se remettre en cause et à abandonner leur prétention d'exclusivité. Devant l'affirmation encore confuse, mais désormais irrépressible, d'une spiritualité indienne que ne pouvait canaliser la foi chrétienne, la stratégie de substitution dut faire place à un programme de coexistence.

Du côté de l'Église épiscopalienne, qui avait formé un clergé autochtone, mais n'avait plus d'école missionnaire sur les réserves, le risque apparaissait d'un tarissement des vocations et d'un effritement de l'éducation religieuse des enfants par manque d'encadrement. Les prêtres autochtones déjà ordonnés pouvaient être tentés de renouer avec leurs anciennes croyances, plus ou moins profondément occultées tant que leur expression publique était interdite.

La force de l'Église protestante, solidement établie grâce à l'autorité de Mgr Hare, reposait sur l'organisation efficace d'un clergé autochtone bien formé, qui constituait désormais une élite acculturée et incarnait l'idéal d'un métissage ethnique et spirituel. L'enseignement de l'Ancien et du Nouveau Testament, un manuel de gestion des paroisses, tels étaient les fondements d'un enseignement modeste, qui avait vocation de couvrir les disciplines essentielles : histoire, poésie, problèmes économiques et sociaux. Ainsi de jeunes prêtres qui n'avaient presque aucune formation scolaire acquéraientils un apprentissage de base « simple, efficace, stimulant et stabilisant[13] ». On est loin des exigences ambitieuses des jésuites qui souhaitaient envoyer dans des séminaires éloignés les rares jeunes gens attirés par le sacerdoce, leur proposant un enseignement de haut niveau en grec et en latin.

L'Église épiscopalienne vit son réseau d'implantation quelque peu ébranlé en raison de la crise des années 1930 qui conduisit à une diminution importante de son budget et à une réduction du nombre des prêtres. Au début des années 1940, beaucoup de jeunes Sioux durent quitter les réserves pour trouver un emploi, furent mobilisés et associés à l'effort de guerre déployé par l'armée dans les villes avoisinantes. L'Église épiscopalienne les y suivit et implanta des structures transitoires pour répondre « aux besoins spirituels et sociaux » des Indiens récemment urbanisés ou en partance pour le front. Dès l'après-guerre, des prêtres furent chargés du travail missionnaire auprès des Sioux établis en dehors des réserves, dans les villes de Rapid City et Sioux Falls.

La dynastie Deloria : conversions, convictions et militantisme

La trajectoire de l'une des familles sioux qui s'est le plus illustrée au XXᵉ siècle, les Deloria, offre un raccourci saisissant de l'histoire lakota et des fluctuations spirituelles qui, à travers l'action de l'Église épiscopalienne, animèrent ses générations successives. Elle est aussi un démenti aux simplifications qui tendent à opposer en bloc les Indiens convertis aux traditionalistes. A la source de son arbre généalogique, on trouve un Français, Philippe des Lauriers, qui, comme beaucoup d'autres, prit femme parmi les Sioux. Son fils, Francis Deloria, devint un leader des Sioux Yanktons et un homme-médecine renommé. Traditionaliste, il accueillit pourtant les missionnaires dans un esprit d'ouverture et envoya ses enfants à l'école de la mission, les fit baptiser, tout en se tenant longtemps à l'écart de toute velléité de conversion. Peu désireux de renoncer à la polygamie, il attendit longtemps pour demander le baptême. Un jour il connut la révélation de la musique religieuse chrétienne et s'abandonna à l'enchantement des hymnes,

298

musique céleste qui, selon ses propres termes, « l'enchaîna aussi étroitement que le lasso étreint le cheval sauvage ». Finalement, il décida solennellement de devenir chrétien, en 1871, déclarant alors au révérend Cook, avec ce sens de la dérision qui est fréquent chez les Sioux : « Mon ami, quand vous baptisez les gens, vous avez l'habitude de verser sur eux quelques gouttes d'eau. J'ai été un pêcheur si impénitent qu'il vous en faudra bien cinq ou six tonneaux pour laver mes fautes[14]. »

Il mourut cinq ans plus tard et fut enterré dans le cimetière épiscopalien de Greenwood.

Son fils Philip était déjà diacre et fut ordonné en 1892. Il s'illustra à maints égards dans sa carrière de pasteur et on rappelle volontiers qu'il eut l'honneur de convertir le célèbre chef Gall[*]. Après avoir officié pendant quarante ans sur la réserve de Standing Rock, il revint à Yankton en 1925. En reconnaissance de sa dévotion, son portrait fut inclus dans la représentation des quatre-vingt-dix-huit « saints de tous les âges » sur l'autel de la National Cathedral, à Washington. Il compte parmi les trois Américains qui y sont représentés. La fille de cet éminent personnage, Ella Deloria, devint anthropologue et travailla avec Franz Boas. Son fils, le révérend Vine Deloria Sr, exerça des responsabilités importantes au sein de l'Église jusqu'aux années 1950. C'est alors qu'il s'opposa à la politique gouvernementale du moment. Fidèle à son suivisme à l'égard des autorités gouvernementales, l'Église épiscopalienne n'accepta pas ces velléités de révolte, le désavoua et mit un terme à sa carrière. Mais il ne renia jamais ce qui avait été et demeura sa foi et déclara : « Pendant ma carrière de missionnaire, je n'ai jamais remis en cause la religion chrétienne telle qu'elle s'exprime dans l'Église épiscopalienne. J'étais un prêtre épiscopalien orthodoxe travaillant au sein de mon peuple[15]. »

Ses deux fils, l'écrivain Vine Deloria Jr et le juriste Philip S. Deloria, étaient adolescents au moment de cette traversée du désert. Ce dernier se souvient encore des paroles qu'il lui confia à cet égard : « On ne quitte pas son équipe, même quand elle a commis une erreur[16]. » En 1987, participant à une conférence sur la spiritualité sioux, le vieux révérend Vine Deloria déclara : « Les Sioux sont un peuple très

---

* Voir document p. 306.

épris de spiritualité. Ils avaient une force spirituelle avant que l'homme blanc leur apporte le christianisme. Nous autres chrétiens devons nous reprendre et penser à définir nos objectifs si nous voulons que les Indiens demeurent au sein de l'Église. Quant à moi, je ne connais que la parole de Jésus. C'est là, dans les paroles du Christ, que se trouvent les réponses aux questions éternelles de l'humanité, ce qu'est le sens de la vie, et comment la vivre[17]. » A propos de l'opposition irréductible entre paganisme et christianisme, il évoqua la fonction des « pierres sacrées » : « Quand un Indien prie devant une pierre et dit qu'il l'a rendue sacrée, on parle de superstition et de magie. Pourquoi n'est-ce pas de la superstition quand nous prions sur l'eau du baptême et que l'eau est soudain investie de certaines qualités ? C'est exactement la même chose. L'Église appelle ces pratiques sacrements. Pour les Indiens ce ne sont que des symboles[18]. »

L'intellectualisme jésuite : adaptation et enseignement

Cette capacité à réduire l'importance des différences entre foi traditionnelle et foi chrétienne a sans doute compté dans la réticence de l'Église catholique à former des prêtres autochtones. Le parti fut pris de former des catéchistes mais de laisser aux prêtres non indiens les postes clefs, définissant ainsi les infléchissements éventuels de l'évangélisation. A l'issue de la libéralisation religieuse des années 1930, l'Église catholique, comme l'Église épiscopalienne, composa avec l'essor des nouvelles expressions de spiritualité. Elle n'avait pas de prêtres autochtones mais elle pouvait encore s'appuyer sur les écoles de ses missions. A cet égard, le bastion du catholicisme que constituaient les écoles des missions de Saint Francis (Rosebud) et de Holy Rosary (Pine Ridge) était un avantage pour les jésuites.

C'est en mai 1936 que l'école catholique de la réserve de Pine Ridge fêta son cinquantième anniversaire. A cette occasion, elle proclama non sans fierté qu'elle était devenue l'établissement catholique indien le plus important du pays, avec 479 élèves[19]. Elle possédait désormais un jardin d'enfants et un collège d'enseigne-

Le père Antonio Jose Martinez incarna la force du christianisme hispanophone au Nouveau-Mexique. Homme d'influence, il joua un rôle social et politique considérable pendant la période mexicaine, avant l'annexion du Nouveau-Mexique par les Etats-Unis en 1848 (traité de Gualalupe Hidalgo).

Le Maure nommé Esteban découvrit l'actuel Nouveau-Mexique en précédant sur le terrain son compagnon de route le fransiscainh Marcos de Niza. Ce musulman fut le premier à porter la Croix chrétienne en terre indienne dans l'actuel sud-ouest des Etats-Unis. Il fut tué par les Indiens Zunis.

Jean-Baptiste Lamy, originaire d'Auvergne, incarna la présence spirituelle française au Nouveau-Mexique pendant la deuxième moitié du dix-neuvième siècle.
Il devint le premier évêque de Santa Fe (1853) et son premier archevêque (1875). Dans son sillage, l'enthousiasme missionnaire gagna les religieux français qui affluèrent dans la région. On trouve des représentants de cette lignée française jusqu'aux années 1920.

La cathédrale que Jean-Baptiste Lamy fit construire à Santa Fe se situe au cœur de la ville. Elle fut inaugurée en 1886. Conçue dans la tradition architecturale française, elle rappelle les cathédrales romanes d'Auvergne, mais un grès choisi dans la région lui donne un ton ocre en harmonie avec les constructions d'adobe de la région.

Les Pénitents, Talpa,
Nouveau-Mexique, vers 1915.
Les Pénitents pratiquaient
la mortification, la flagellation
et célébraient solennellement
le calvaire et la crucifixion.
Des Indiens christianisés furent
absorbés dans la mouvance
de ces exaltés de la foi.

© B. G. Randall

Les Indiens de Taos
ont été en contact avec les
Indiens des Plaines
et des courants d'influence
mutuels ont transformé
leurs cultures. On voit ici,
vers 1905,
des habitants du village de
Taos se livrant
à une danse dite «des Plaines».

L'église du pueblo de San Ildefonso,
Nouveau-Mexique,
entourée par le cimetière chrétien.

Photos : Nicolas Rostkowski, 1997

Située à quelques mètres de l'église,
la *kiva* du pueblo de San Ildefonso,
qui a la particularité de dépasser le niveau du sol
en formant un léger promontoire.
Une échelle permet d'accéder à la chambre
cérémonielle souterraine.

Croix indienne,
mission de Laguna.

Le pueblo de Laguna, Nouveau-Mexique, a connu
de nombreux brassages ethniques et culturels. Son église
est un bel exemple de l'architecture missionnaire du dix-huitième
siècle. Son plafond de poutres peintes, ses murs intérieurs
richement ornés de motifs indiens stylisés illustrent la rencontre
des traditions indiennes et chrétiennes.

Danses traditionnelles organisées dans le pueblo de Santa Clara lors de la fête annuelle (fête du maïs, symbole d'abondance) du 12 août. Certains éléments des costumes portent des noms espagnols, notamment les *mantas* (robes), souvent

blanches, ornées de broderies vertes, noires et rouges et les *tablitas* (tiares) portées par les danseuses. Les hommes, drapés dans des pagnes beiges, portent des hauts mocassins blancs, des clochettes aux genoux et des plumes d'aigle sur la tête.

Le village de Taos, préservé du temps qui passe, vestige architectural de l'harmonie des constructions d'adobe à terrasses.
«Taos, au loin, la découpure des terrasses, comme des lingots d'or dans le soir, avec le hennissement des chevaux et la cloche du cimetière, l'horizon limpide.» (Michel Butor)

A Santa Clara, peu après la messe, qui a lieu de bon matin, commence la procession vers la chapelle de la sainte patronne du village. L'autel, recouvert de branchages et orné de trois têtes de cerfs, est dressé à proximité de la *plaza* où ont lieu les danses rituelles. Les villageois défilent pour prier devant la statuette.

© *Nicolas Rostkowski 1996*

© *Nicolas Rostkowski, 1994*

La vieille mission de Zuni, longtemps abandonnée par les villageois peu réceptifs au christianisme, est en cours de restauration depuis le début des années 1960. Des peintures murales ornées de kachinas ont été réalisées par un artiste zuni.

ment secondaire. La réforme de 1934 était saluée comme une étape déterminante dans le sens du renforcement de l'identité indienne. Les give-away, longtemps dénoncés par les prêtres, étaient désormais tolérés ; on parlait avec plus de compréhension de l'hospitalité indienne et des fêtes traditionnelles permettant de venir en aide aux plus démunis.

Et pourtant le temps n'était pas si loin où les missions définissaient strictement leur discipline en termes moins tolérants à l'égard des danses rituelles et des partages de biens inconsidérés. Dans son autobiographie, intitulée *Lakota Woman*[20], Mary Crow Dog, qui suivit ses études à l'école de la mission de Saint Francis, présente une affiche trouvée dans les affaires de son grand-père, qui énonce le code de conduite qui prévalait encore à l'école de la mission catholique peu de temps avant l'adoption de la réforme de John Collier :

1 *Laisse Jésus te sauver.*
2 *Sors de sous ta couverture, coupe-toi les cheveux et habille-toi comme un homme blanc.*
3 *Fonde une famille chrétienne avec une seule épouse pour toute la vie.*
4 *Vis dans une maison comme ton frère blanc. Travaille dur et lave-toi souvent.*
5 *Apprends la valeur d'un dollar durement gagné, ne gaspille pas ton argent. Sois ponctuel.*
6 *Dis-toi bien que la propriété et la richesse sont des signes de l'approbation divine.*
7 *Tiens-toi à l'écart des saloons et ne bois pas d'alcool fort.*
8 *Parle la langue de ton frère blanc. Envoie tes enfants à l'école afin qu'ils fassent de même.*
9 *Va à l'église souvent et régulièrement.*
10 *Ne participe pas à des danses indiennes et ne consulte pas les hommes-médecine.*

La libéralisation religieuse conduisit les Églises à adopter une autre stratégie et à s'adapter au foisonnement des nouvelles expressions de spiritualité. Les catholiques, qui avaient su garder leurs distances vis-à-vis de la politique du gouvernement fédéral et avaient souvent fait valoir que les Indiens devaient être autorisés à faire entendre leur voix, étaient moins directement associés à certaines erreurs de la politique indienne, telles que le morcellement expéditif des terres du début du siècle. Mais les missionnaires des réserves de Rosebud et de Pine Ridge, qui avaient formé des catéchistes et pas de prêtres indiens, constituaient, comme se plaisaient à le répéter les protestants, une Église éminemment coloniale. Seuls les non-Indiens y détenaient quelque autorité. Ils se trouvaient donc menacés de perdre du terrain devant les nouvelles manifestations d'indianité.

L'éventail des croyances

A partir de la libéralisation religieuse des années 1930, indianité et christianisation se combinent ou s'opposent, constituant un univers spirituel complexe et mouvant. Paradoxalement, de ce riche terreau d'expériences multiples et fluctuantes, on a surtout retenu le mythe de l'Indien hiératique et figé, résistant farouchement à l'acculturation, miraculeusement préservé des métissages spirituels, étranger aux courants de l'histoire. Les anthropologues et de nombreux écrivains non indiens ont contribué à forger ce mythe, car, pour eux, l'Indien acculturé n'existe pas. Ils recherchent donc désespérément le vestige d'un passé « qui ne veut pas passer », l'incarnation de l'Indien idéal, qui aurait survécu hors l'histoire. A cet égard, la vie pleine de rebondissements du Sioux Black Elk, célèbre homme-médecine, est une illustration des multiples facettes d'une indianité dont la richesse demeura longtemps occultée par la force du mythe.

Black Elk : l'homme et le mythe

L'histoire de Black Elk a fait l'objet d'une « autobiographie » rédigée par John Neihardt[21], considérée comme un texte de référence sur le traditionalisme lakota. C'est au cours d'un assez bref séjour sur la réserve de Pine Ridge, du 10 au 28 mai 1931, que John Neihardt recueillit les souvenirs de ce vieux sage sioux qui fut témoin de la bataille de Little Big Horn (1876) à douze ans et vit progressivement décliner la culture des Plaines, jusqu'à Wounded Knee. Au cours de son enfance (à neuf ans) et de son adolescence (à dix-huit ans), Black Elk eut deux visions, fondues en un seul appel qui détermina le reste de son existence et fit naître en lui la résolution de perpétuer la mémoire de son peuple. Surnommé *Kahachnigapi* (l'élu), il devint un homme-médecine respecté, un voyant-guérisseur. L'ouvrage de Neihardt est le fruit de la rencontre de ce visionnaire indien et du poète mystique euro-américain[22] qui lui prête sa plume pour recueillir sa mémoire. Récit saisissant, il fait revivre l'histoire des Sioux à travers l'éducation de son héros, met l'accent sur la quête de vision et présente avec lyrisme les fondements du traditionalisme sioux.

C'est ainsi que, d'un environnement spirituel complexe et fluctuant, le message émouvant d'un homme-médecine se fait entendre, considéré aujourd'hui, bien au-delà de la réserve de Pine Ridge, où Black Elk passa sa vie, comme le testament d'un traditionaliste étranger à l'acculturation. Publié sans grand retentissement en 1932, l'ouvrage devint au cours des années 1960 un livre-culte, considéré par de nombreux lecteurs comme la « Bible » non seulement des Sioux mais de l'ensemble des Indiens d'Amérique du Nord. Or, la vie de Black Elk fut encore plus extraordinaire et ses dons plus étonnants qu'il ne ressort de l'ouvrage de Neihardt. En effet, si le récit constitue un témoignage inestimable sur la force de l'adhésion aux valeurs traditionnelles, il passe sous silence les capacités d'adaptation de son héros au monde extérieur, ses capacités de réussite au sein de l'univers non indien. En épurant la mémoire de Black Elk, en taisant sa conversion au christianisme, le récit de Neihardt se disqualifie en tant qu'autobiographie et fait peu de cas des interactions multiples entre univers spirituel indien et monde non indien.

Black Elk fut un homme de foi, un croyant emporté dans les tourbillons d'une histoire tragique. Probablement né aux environs de 1863, sa trajectoire couvre presque un siècle de bouleversements, de révoltes et de défaites, de chaos et de résistance. Il mourut au début des années 1950, alors que la politique indienne du gouvernement fédéral, dans un renversement brutal de la politique de John Collier, renouait avec les courants les plus durs du début du siècle.

Homme-médecine, Black Elk dirigea de nombreux rites curatifs. Il fut aussi un Sioux très acculturé, décidé à s'adapter au monde exté-

303

rieur, puisqu'il fallait bien que ses enfants « vivent dans ce monde * ». Converti par les épiscopaliens dans le courant des années 1880, il joua un rôle actif au sein de cette Église. De 1886 à 1889, il n'hésita pas à s'expatrier en s'engageant dans le *Wild West Show* de Buffalo Bill[23]. Tous les participants indiens à ce spectacle étaient tenus d'être chrétiens, et cette condition n'a pas été étrangère à cette première conversion. Mais, accomplissant sa mission avec son perfectionnisme habituel, il envoya d'Europe de nombreuses lettres dans lesquelles il cite la Bible. De retour à Pine Ridge, il fut séduit par la Danse des Esprits, à laquelle il participa, mais dont il donnait des interprétations empreintes de christianisme.

Pendant les années qui suivirent, Black Elk continua à diriger des yuwipis et à être considéré comme un homme-médecine. Il était capable de passer d'un système religieux à l'autre en fonction des circonstances. En 1904, il se convertit au catholicisme et devint, au cours des décennies qui suivirent, un catéchiste renommé, très apprécié des jésuites. Ses enfants furent baptisés et tous élevés dans la religion catholique **. Bon prédicateur, il était très sollicité pour les baptêmes et c'était un honneur que de l'avoir pour parrain. A la fin de sa vie, il avait une cinquantaine de filleuls. En 1934, il écrivit une lettre solennelle dénonçant le livre de Neihardt, dans laquelle il déclarait : « Écoutez-moi, car je vais vous parler le langage de la vérité. J'ai parlé de la tradition de mon peuple il y a longtemps à un homme blanc qui en a fait un livre mais il n'a pas parlé de ma situation actuelle. Au cours de ces trente dernières années, j'ai vécu bien différemment de ce qu'a dit à mon sujet cet homme blanc. Le prêtre catholique "Short Father" m'a baptisé il y a une trentaine d'années. Depuis lors on m'appelle Nick Black Elk. Toute ma famille est baptisée et mes enfants et mes petits-enfants appartiennent à l'Église catholique (...) Il y a trente ans je savais peu de choses de celui que nous appelons Dieu. A cette époque, j'étais un très bon danseur. En

---

* D'après certains témoignages, Black Elk aurait peu parlé à Neihardt de ses activités de catéchiste, mais il aurait dit, pour répondre à une question concernant les raisons pour lesquelles il s'était éloigné de sa foi traditionnelle : « Il fallait bien que mes enfants vivent dans ce monde. » Voir à cet égard *The Sixth Grandfather*, Raymond J. DeMallie, éd., University of Nebraska Press, Lincoln, 1984, p. 47.

** Voir document p. 307.

Angleterre, j'ai dansé devant notre Grand-Mère, la reine Victoria. A cette époque, j'étais un guérisseur, peut-être étais-je orgueilleux, je me considérais comme un brave et je pensais que j'étais un bon Indien. Mais je crois que je suis meilleur aujourd'hui[24]. »

Cette lettre est signée conjointement Nick Black Elk et père Zimmermann ; on peut légitimement penser que le bon père n'a pas été étranger à sa rédaction. En effet, quelle ne fut pas la surprise des jésuites quand l'un de leurs catéchistes les plus remarquables devint célèbre au point d'incarner la quintessence du traditionalisme ! Aujourd'hui, on ne peut que s'interroger sur les pressions qui pesèrent sur cet homme qui s'illustra dans deux cadres spirituels différents, qu'il ne percevait pas comme antinomiques, et qui fut poussé, tantôt par son biographe, tantôt par les missionnaires, à affirmer son adhésion exclusive à une seule religion.

DOCUMENTS

Les chrétiens de la première génération
(la conversion du chef Gall)

L'ethnologue Ella Deloria relate ici les propos du chef Gall, Sioux Hunk-papa, guerrier redouté, négociateur avisé, compagnon de Sitting Bull, converti par le pasteur Philip Deloria. Elle-même fervente épiscopalienne, Ella Deloria considérait qu'avec la christianisation « les Sioux [avaient abandonné] instinctivement ce qui aurait pu entrer en conflit entre les deux religions et [avaient conservé] les éléments harmonieux du passé qui constituaient de bons fondements du christianisme ».

Mon jeune frère, voici bien des lunes que je suis assis à votre porte (...) et maintenant je suis parvenu à certaines conclusions. Vous nous expliquez comment cet homme Jésus (Jez-zoos) dit que nous devons nous comporter vis-à-vis des autres. Je le sais déjà. Soyez bon envers votre voisin ; nourrissez-le, soyez meilleur envers lui qu'envers vous-même, voilà ce qu'il dit. Nous sommes tous frères. Mais pour moi, c'est une vieille histoire. Bien sûr ne sommes-nous pas tous des Dakotas ? Si quelqu'un désire être accompagné, condui-sez-le jusqu'à la porte de son tipi. S'il veut votre chemise, donnez-lui aussi votre couverture, voilà ce qu'il dit. Eh bien tout cela je l'ai fait et je sais que c'est bien. Mais voilà qu'il dit aussi ; aimez vos ennemis, car ils sont vos frères et il ajoute, si quelqu'un vous frappe la joue, tendez-lui l'autre joue. Cela je ne l'ai jamais fait. Il me faut l'apprendre, aussi difficile que cela soit.

Ce qui est entièrement nouveau pour moi c'est que ce Wakan est en fait le père de tous les hommes et qu'il m'aime aussi et veut me protéger. Cet homme dont vous parlez a rendu la notion de Wakan Tanka très claire pour moi. Jusque-là, je ne l'avais vraiment appréhendée qu'une seule fois, dans la peur.

Alors que je regardais autour de moi à mon niveau et ne voyais que mes compagnons pour faire le bien, maintenant je peux regarder vers le haut et voir Dieu, mon Père, aussi. C'est waste *(bien)* *.

---

* « Christians of the First Generation », Dakota Books, 1944, réimprimé par Dakota Books, University of South Dakota Press, Vermillion, Dakota du Sud, 1992, p. 59 et suivantes.

LA CONVERSION INACHEVÉE

Ben Black Elk

Ben Black Elk est le fils de Nick Black Elk, dont l'« autobiographie » est devenue un livre de référence sur le traditionalisme lakota. Lors des entretiens entre Neihardt et son père, Ben servit d'interprète. Baptisé, catholique, mais fidèle à son héritage spirituel traditionnel, il explique ici comment il a réconcilié les deux systèmes religieux.

Autrefois les Indiens apprenaient qu'il faut s'aimer les uns les autres (...). Nous sommes convaincus que cet amour a été créé ici sur la terre par le Grand Esprit. Cela nous donnait un sentiment d'unité et cette unité nous conférait la fraternité. Nous ne savions pas ce qu'était un dollar. Mais nous savions qu'il existe un Dieu et pour nous c'était sacré. Mon père disait : il faut préserver ce qui est sacré.

Nous sommes devenus chrétiens. La religion indienne et la religion chrétienne vont bien ensemble. Nous voulions garder certaines de nos anciennes coutumes. (...) Mais le gouvernement a interdit certains de nos anciens rites, en particulier la Danse du Soleil. Nous devions donc organiser nos cérémonies secrètement, loin dans les collines, là où personne ne pouvait nous surprendre. C'était pénible. C'était comme les premiers chrétiens qui devaient adorer Dieu en silence.

C'est pourquoi je vivais deux vies ; dans l'une j'avais la religion indienne, dans l'autre la religion chrétienne. Pour nous le calumet est sacré. Cela a pour nous une signification profonde. Autrefois, quand je parlais du calumet, on me disait que c'était en contradiction avec le christianisme. Mais maintenant je sais que les deux voies se rejoignent. Dans notre église, derrière l'autel, il y a une image de tipi. Au cours de nos cérémonies chrétiennes, nous utilisons le calumet. Nous voyons bien qu'il n'y a pas de conflit entre les deux. Mais maintenant j'ai seulement une voie. Je suis libre de dire et de faire ce que je veux, et c'est juste [*].

---

[*] Archives de Holy Rosary Mission, *History of the Red Cloud Indian School, Pine Ridge*.

2

La confusion de l'après-guerre
et le choc en retour des années 1950

En 1941, je travaillais pour un fermier du Nebraska, un gars gentil, très sociable, avec une femme et beaucoup d'enfants. Il y avait une réelle affection entre moi et cette famille blanche. Un jour me parvint un message du gouvernement, du Grand Esprit blanc lui-même, qui m'adressait ses salutations. On voulait que je tue des hommes blancs. Tout d'un coup, c'était admis, toléré. Incroyable !

TAHCA USHTE [1].

Au déclenchement de la Seconde Guerre mondiale, tous les Premiers Américains étaient déjà citoyens depuis deux décennies. Environ 25 000 Indiens participèrent au conflit. À cette occasion, beaucoup d'entre eux se distinguèrent une fois encore, notamment les Navajos, qui s'illustrèrent dans la lutte contre le Japon en utilisant leur langue comme code secret. Fidèles à l'idéal du guerrier, les Sioux furent nombreux à partir pour le front ou à quitter la réserve pour travailler aux alentours, dans le cadre de l'effort de guerre.

L'éloignement de leur cadre de vie habituel, les rencontres qu'ils firent avec des Indiens d'autres tribus contribuèrent à renforcer les liens de caractère intertribal qui s'étaient ébauchés dans le cadre du développement de l'Église des Premiers Américains. L'expérience traumatisante de la guerre les conduisit à chercher à leur retour des réponses à leurs interrogations nouvelles en se replongeant aux sources de leurs croyances. Mais ils revinrent sur des réserves où l'ancien tissu cérémoniel n'était pas encore tout à fait reconstitué. Certains Sioux de Pine Ridge et de Rosebud, désireux de participer à la Danse du Soleil, furent déçus de n'en pas trouver qui soient conformes à leur attente et se rendirent sur des réserves voisines. La solidarité intertribale qui anima cette quête encore discrète et incertaine constitua l'ébauche de la renaissance du traditionalisme qui marqua les années 1960 et 1970.

Parallèlement, l'après-guerre était marqué par la remise en cause de la politique de réforme de John Collier. Dès 1944, un comité préconisa un retour à la politique antérieure au New Deal en précisant qu'il convenait de faire des enfants indiens « de meilleurs Américains » plutôt que de les préparer simplement à devenir « de meilleurs Indiens ». Un climat d'opposition au New Deal se développa au sein du Congrès, où l'assistance aux tribus indiennes était considérée comme un lourd fardeau pour le gouvernement. Collier, qui était commissaire aux Affaires indiennes depuis 1933, démissionna en 1945. En 1949, la commission Hoover présenta un rapport sur les Affaires indiennes qui recommandait l'assimilation complète des Indiens. Il fallait désormais les intégrer le plus vite possible dans l'ensemble de la population en tant que citoyens et contribuables à part entière.

Dans ce climat de retournement politique, dans l'environnement précaire des réserves, alors qu'il apparaît de plus en plus nettement que la libéralisation juridique ne suffit pas à faire renaître la cohérence de l'ancien système de croyances, à favoriser un nouvel enracinement des rites traditionnels, l'éventail des pratiques religieuses est très large. Il s'ordonne autour des personnalités fortes qui parviennent à constituer des pôles de rassemblement spirituel. A l'extrême, on trouve un traditionalisme intransigeant, hostile aux Blancs, aux missionnaires et à tout métissage spirituel. Cette tendance, dont les adeptes ne sont pas très nombreux, ne s'affiche pas au grand jour car elle ne s'appuie pas encore sur un courant de contestation politique très structuré. Plus modérés, les tenants d'un traditionalisme bien tempéré, qui ne sont pas systématiquement opposés au christianisme et peuvent même participer aux rites traditionnels comme aux fêtes chrétiennes, sont assez nombreux. Mais il existe aussi certains Sioux convertis qui s'abstiennent de participer aux rites traditionnels, convaincus qu'ils sont, sous l'influence des missionnaires, qu'il s'agit de superstitions païennes. Dans ce dernier groupe, rares sont les familles qui n'adhèrent pas un peu indifféremment au catholicisme ou au protestantisme, car les mariages viennent opérer un métissage spirituel inévitable au sein de l'Église. Le sectarisme historique des différentes dénominations autant que les prétentions d'exclusivité du christianisme semblent s'être noyés dans l'infinie complexité des fluctuations et des aspirations spirituelles des Lakotas, à la fois ouverts aux apports extérieurs et irréductiblement attachés à leurs traditions. Quant aux adeptes du « divin cactus », les peyotlistes de l'Église des Premiers Américains, ils représentent une option spirituelle assez marginale (5 à 10 %) et plutôt complémentaire qu'exclusive. Mais ils incarnent un véritable syncrétisme religieux et prônent la défense d'une Église autochtone. Parmi les Sioux, ils se réclament d'un peyotlisme spécifiquement lakota mais sont eux-mêmes divisés entre deux tendances plus ou moins démarquées du christianisme.

Dans ce kaléidoscope de croyances, souvent discrètes, parfois encore secrètes, ne se dessinent que des tendances assez floues. Les clivages ne sont pas hermétiques et laissent la place à des mouvements d'allées et venues, des abandons, des adhésions et des ruptures, qui sont associées à l'évolution sociale et politique et fluctuent en fonction du charisme des religieux. Autant l'aspiration spirituelle est forte, autant s'affirme le refus d'exclusivité et la liberté de choix des fidèles, qui jugent les religieux comme ces derniers les jugent.

C'est dans ce contexte que des bouleversements politiques et de profondes mutations religieuses accélèrent l'évolution des principales composantes de cet univers spirituel.

Le choc en retour des années 1950

> *A la fin des années 1950, il y eut un renouveau d'enthousiasme pour la Danse du Soleil et les traditionalistes recommencèrent à pratiquer le percement des chairs en public.*
>
> THOMAS MAILS[2].

La politique des années 1950 fut l'aboutissement du courant d'opposition au New Deal qui s'ébaucha après la guerre. Fondée sur un bilan pessimiste des perspectives de développement des réserves, elle visait à réduire le poids de l'assistance fédérale aux territoires indiens, considérés comme un lourd fardeau pour le gouvernement. Loin d'être présentée comme un retour en arrière, elle fut au contraire lancée comme une politique de conception nouvelle, susceptible d'apporter « une solution définitive » au problème indien. Elle constituait en fait un véritable retournement de la politique qui avait marqué les deux décennies précédentes. On voulait mettre un terme à la spécificité indienne en abolissant le statut fédéral des réserves. Les Indiens étaient appelés à devenir pleinement américains, à se fondre dans le melting-pot plutôt qu'à maintenir leur identité tribale.

Les arguments habilement invoqués en faveur de cette nouvelle orientation ne manquaient pas. Il apparaissait de plus en plus clairement que les réserves, à quelques exceptions près, ne devenaient pas des unités économiques viables sans l'aide fédérale et constituaient plutôt des foyers de perpétuation de l'identité indienne, des réceptacles de la mémoire tribale. En tant que tels, elles constituaient un poids pour le gouvernement tout en conférant une visibilité incontestable à la « différence » indienne. Les motivations qui étaient le ressort de la *Termination Policy* étaient simples : transférer la responsabilité des services destinés aux Indiens du gouvernement central aux gouvernements locaux et inciter les Indiens à quitter les réserves. Pour ce faire, la nouvelle politique s'accompagnait de mesures d'intégration urbaine.

La nouvelle législation, qui conférait aux États le pouvoir de mettre fin à l'autonomie judiciaire des réserves, souleva un courant de protestation qui ne put toutefois briser la détermination des partisans de la réforme. Dans le domaine religieux, on pouvait craindre qu'elle ne porte atteinte à la liberté récemment acquise et encore fragile. Historiquement, les conflits, religieux comme politiques, ont toujours été plus virulents au niveau local. La consommation du peyotl et la Danse du Soleil n'ont cessé de susciter des conflits avec les autorités des États et, dans les territoires mitoyens des réserves, les Blancs ont longtemps dénoncé les rituels traditionnels indiens comme des pratiques primitives, diaboliques et sauvages*.

---

* Bien que le Congrès n'ait jamais adopté de loi interdisant le peyotl, on ne peut en dire de même d'un certain nombre d'États. A Pine Ridge, en 1937, un dénommé John Deckert fut arrêté et condamné à 30 ans de prison.

Entourant les nouvelles mesures d'une campagne de communication bien orchestrée, le Congrès soulignait qu'elles visaient à assurer une pleine émancipation des Premiers Américains. Il s'agissait de « conférer aux Indiens, le plus rapidement possible, les mêmes privilèges et les mêmes responsabilités qu'aux autres citoyens des États-Unis, de mettre fin à leur statut de pupilles du gouvernement[3] ». Mais en prévoyant d'abolir les gouvernements indiens, la liquidation des réserves remettait en cause l'autonomie religieuse qui avait été conférée aux tribus en 1934.

On trouve dans les archives de la mission catholique de Holy Rosary un jugement très sévère sur la politique des années 1950. Une chronologie, établie en 1968, la résume dans les termes suivants : « En 1953, le Congrès adopta une résolution énonçant une politique de suppression du statut fédéral des tribus indiennes. Adoptée sans la participation ni le consentement des intéressés, ses résultats furent désastreux pour les réserves auxquelles elle s'appliqua ; elle provoqua la confusion et une attitude de défiance[4]. »

La géographie sacrée

La préservation ou la liquidation des réserves pose le problème du lien étroit entre espace tribal et espace sacré. Les religions indiennes sont inscrites dans l'espace tribal et les lieux sacrés sont intimement liés à la perpétuation des rites. Or, les aléas de l'histoire ont repoussé les Indiens d'une région à l'autre, les conduisant, à chaque migration, à reconstituer la trame sacrée d'un univers nouveau, rapidement investi par la mémoire collective.

La compétition pour les vastes terres du continent américain eut pour conséquence l'appropriation d'un espace nouveau par l'imaginaire collectif. A mesure que l'immigrant européen s'inventait des racines et établissait ses droits sur les terres nouvellement conquises, l'Indien, porté par ses migrations, déraciné par les transferts de population ou par sa fuite vers l'ouest, s'inventait des origines sur les lieux de ses déplacements et établissements successifs. Les Lakotas, en passant du Minnesota à la région des Grandes Plaines au

312

XVIIIe siècle, s'identifièrent à leur environnement nouveau et en vinrent à percevoir les Black Hills comme le réceptacle immémorial du sentiment d'appartenance tribal. Celles-ci furent envahies par les chercheurs d'or, dans les années 1870, et ils en réclament encorc la restitution aujourd'hui.

La géographie sacrée est le rempart de l'identité indienne dans la mesure où nature et religion traditionnelle sont indissociables. En perdant leur autonomie territoriale dans le cadre de la politique des années 1950, les Indiens risquaient de se voir privés de leurs lieux de culte et de la liberté d'accès à leurs lieux de mémoire les plus précieux. Or, c'est dans l'espace sacré que se perpétue et se préserve le temps sacré. Le premier renvoie au second dont il est en quelque sort le garant. L'accès à certains points dans l'espace détermine la préservation de certains points dans le temps, des moments privilégiés, tels que le lever du jour ou le crépuscule, l'équinoxe ou les solstices. Dans le cas des Lakotas, la Danse du Soleil, dont les prières à l'aurore sont l'un des moments de recueillement les plus intenses, est étroitement associée au solstice d'été.

Le temps sacré que les Indiens parviennent à préserver dans un environnement tribal où sa valeur est reconnue risque d'être menacé à partir du moment où leur autonomie territoriale est remise en cause. A l'époque de la mise en place de la politique de liquidation des réserves, la notion d'espace spirituel n'a pas de véritable reconnaissance juridique. Il fallut attendre les années 1970, et le succès des Taos, dans l'affaire de leur lac sacré, pour que les tribunaux soient réceptifs à des arguments fondés sur la préservation d'un espace spirituel lié à la mémoire tribale. Mais la controverse que suscita la politique des années 1950 tenait en particulier à la confrontation de conceptions opposées de l'espace et du temps. Du côté du gouvernement, l'analyse de cette nouvelle orientation de la politique indienne était presque exclusivement économique. Espace misère, espace chômage, telle était la perception des réserves par les Blancs qui prônaient leur liquidation. Du côté des Indiens qui s'y opposaient, la remise en cause de l'existence même des réserves suscita une levée de boucliers inattendue car ils entendaient défendre leur identité tribale, leur statut de minorité territoriale et conserver quelques vestiges du continent américain. Ils voulaient maintenir la spé-

313

cificité de leur statut, demeurer différents, continuer à évoluer entre deux mondes, pour préserver l'ancien.

Ainsi les réserves sont-elles perçues par les Indiens qui veulent les préserver comme l'espace de la mémoire, l'espace sacré, l'espace autonome où se perpétue sans trop d'interférences la mémoire indienne. Telles sont les raisons qui, outre les difficultés économiques auxquelles conduisait la réduction de l'aide fédérale, contribuèrent à l'opposition que suscita la politique de liquidation des réserves, jusqu'à sa suspension au début des années 1960.

Parmi les Sioux, qui craignirent pendant des années qu'elle ne leur soit appliquée, elle fut dénoncée avec une vigueur particulière comme une menace visant à réduire à néant une autonomie territoriale et une liberté religieuse maintes fois menacées, à anéantir un espace tribal déjà tronqué par la confiscation des Black Hills, une mesure abusivement imposée par Washington. A Pine Ridge et à Rosebud comme sur beaucoup d'autres réserves, tout au long des années 1960, l'épée de Damoclès qu'elle constitua, jusqu'à son abandon officiel sous l'administration Nixon, contribua à alimenter la résistance indienne et à faire éclore un nouveau militantisme empreint de traditionalisme.

Le nouveau traditionalisme

Le choc en retour du début des années 1950 ébranla les communautés indiennes qui prirent soudain conscience du fait qu'à tout moment le Congrès pouvait remettre en cause leurs droits et leur statut. La politique indienne des États-Unis, marquée par des revirements spectaculaires, élaborée à Washington au gré de la succession des administrations, semblait plus que jamais fluctuante, sujette à des changements de cap soudains, pour lesquels l'avis des intéressés était considéré comme secondaire. Avec le New Deal de l'administration Roosevelt, l'autonomie et l'identité tribales s'étaient trouvées renforcées tandis que l'on mettait l'accent sur la liberté de religion. Ses défauts — le renforcement du Bureau des Affaires indiennes aux dépens de gouvernements tribaux dénués de liberté

314

d'action — avaient été dénoncés, souvent à juste titre. Mais le retour de bâton qui lui fit suite était trop brutal pour être paisiblement absorbé dans le sillage d'une habile campagne de communication.

Comme l'a souligné Vine Deloria Jr, le réformateur John Collier, « en avance d'une génération, entrevit la renaissance de cultures indigènes, chez des peuples qui avaient été réduits à de simples activités de survie. (...) Des réformes aussi radicales allaient beaucoup trop loin pour les membres du Congrès mais aussi pour un grand nombre d'Indiens (...), sa réforme (IRA) ne suffit pas pour doter les tribus de gouvernements efficaces[5] ». Mais l'IRA avait contribué à renforcer les aspirations à l'autodétermination des communautés indiennes et, au moment de sa remise en cause, au cours des années 1950, un nouvel esprit de révolte se manifesta, que n'avaient pas prévu les autorités fédérales.

Les milliers d'Indiens dont Pearl Harbor avait réveillé l'esprit guerrier revinrent du front avec des perspectives nouvelles. Certains, qui s'étaient distingués au combat, avaient reçu les honneurs militaires, voire la médaille d'honneur du Congrès. Citoyens méritants aux yeux de la nation américaine, ils ne se sentaient plus disposés à voir contester leurs droits. D'autres, au retour de la guerre, ne purent supporter la vie sur les réserves et, spontanément ou dans le cadre des programmes d'urbanisation du début des années 1950, choisirent de chercher un emploi dans une grande métropole.

Paradoxalement, le lien ne fut pas rompu entre les Indiens des villes et ceux des réserves. Les hommes-médecine furent souvent les instruments de cette nouvelle alliance entre Indiens d'horizons différents qui se retrouvèrent à l'occasion de fêtes traditionnelles. Des cérémonies avaient été organisées sur les réserves à l'occasion du départ des soldats. Au retour des combattants, des rites purificateurs accompagnèrent leur réintégration au sein de la communauté, pour mieux leur faire oublier la mauvaise guerre des Blancs, « leur mode de vie et leur façon de mourir ».

Par la suite on constata que les Indiens urbanisés aimaient à revenir sur les réserves pour des raisons familiales ou religieuses ; ils participaient aux cérémonies d'attribution du nom, aux rites de purification ou à la Danse du Soleil. Sur les réserves de Pine Ridge et de Rosebud, les allées et venues entre l'espace tribal et le milieu urbain renforcèrent le traditionalisme et le firent évoluer, sous l'influence

315

des jeunes citadins contestataires qui voulaient réapprendre leurs traditions auprès des hommes-médecine.

Dès le début des années 1950, les Sioux réclamèrent à l'agent des Affaires indiennes l'autorisation d'organiser la Danse du Soleil à l'ancienne, sans interdire les mortifications qui y étaient associées. Le Bureau des Affaires indiennes finit par accéder à cette demande, à la condition qu'un homme-médecine soit responsable dans le cas où l'un des danseurs souffrirait d'une infection de ses blessures. A la fin des années 1950, les traditionalistes commencèrent à réintégrer ouvertement le percement des chairs dans la Danse du Soleil.

Progressivement celle-ci, avec le sacrifice rédempteur des participants, est à nouveau perçue comme constitutive de l'identité sioux. Les Sioux convertis au christianisme sont partagés entre leur allégeance à l'égard des deux systèmes de croyance. Du côté des prêtres, qui assistent non sans réticences à ces nouvelles manifestations d'indianité, on observe une sorte de statu quo devant la résurgence encore fragile, mais désormais légale, des anciennes croyances. Quelques jeunes jésuites, impressionnés par le renouveau des anciens rites, s'efforcent de l'analyser et de le comprendre et s'orientent vers un infléchissement de l'évangélisation. Mais ce n'est qu'au cours des années 1960 que la renaissance du traditionalisme lakota, stimulée par la résistance à la politique fédérale, s'amplifie pour faire place à un traditionalisme militant.

Entretien avec le père Jordan (Red Hawk),
réserve de Rosebud, août 1991

Le père Jordan est le premier prêtre catholique indien du diocèse de Rapid City. Il a été envoyé par Charles Chaput, alors évêque, à la mission de Rosebud pour y enseigner l'éducation physique et la langue lakota. Red Hawk se souvient bien du débarquement en France et du temps qu'il a passé à Cherbourg en 1944, quand il avait vingt ans. Il aime à se définir comme un ancien athlète et précise qu'il n'a décidé de devenir prêtre qu'à un âge assez avancé, après avoir perdu sa femme. Personnage truculent, il tient à mêler boutades et réflexions sincères et à souligner qu'il est homme autant que prêtre.

Êtes-vous de formation jésuite ?
Non, je suis un prêtre diocésain, mais je peux dire la messe en latin. Au cours de ma formation théologique j'ai dû apprendre le grec et le latin [et ne résistant pas devant la boutade :] si les jésuites étudient plus longtemps que les autres, c'est qu'ils sont moins doués.

Vous sentez-vous à l'aise dans votre rôle de prêtre indien ?
Tout à fait, mais il arrive que l'on me prenne pour ce que je ne suis pas. On m'a par exemple demandé d'interpréter le rôle d'un homme-médecine dans un film. J'ai refusé mais mon évêque m'a dit que j'aurais dû accepter.

Comment réconciliez-vous christianisme et indianité ?
Je suis pour ainsi dire le seul prêtre qui n'a pas subi un lavage de cerveau. Je suis ici pour défendre la langue lakota, qui se perd, parce que aujourd'hui les enfants passent leur temps à regarder la télévision en anglais. En fait, selon moi, le christianisme indien s'articule surtout autour du baptême et de l'idée d'une éthique, d'une bonne éducation. Les mariages religieux ne sont pas très fréquents. Mais la plupart des Lakotas tiennent à avoir un enterrement chrétien.
La religion indienne est proche du panthéisme, mais elle comprend la croyance en un Grand Esprit et là elle rejoint le christianisme. En ce qui me concerne, j'aime aider les autres, rendre service. C'est l'idée de la solidarité

qui m'anime et me plaît dans la religion. Quand nous avons nos réunions annuelles entre prêtres catholiques lors des conférences de Tekakwitha, nous organisons cette solidarité.

En lakota, il n'y a qu'un mot pour louer la valeur d'un homme : on dit qu'il est waste *(un type bien) ; ça me suffit, je ne suis pas un petit saint.*

Entretien avec Charles Chaput,
archevêque catholique d'origine indienne (potawatomi),
diocèse de Rapid City, le 16 août 1994

Charles Chaput est le descendant d'une famille française, originaire de Besançon, qui émigra de France au Québec, puis de Montréal jusqu'au Kansas. Des mariages entre Français depuis le XVIIe siècle et deux unions avec des Indiennes, une Huronne au XVIIIe siècle, puis une jeune Potawatomi au début du XIXe siècle font de lui un Américain qui n'a presque rien d'anglo-saxon. C'est du côté de sa mère qu'il descend des Potawatomis qui, en 1838, furent chassés de leurs terres et déplacés vers l'ouest, jusqu'au Kansas et en Oklahoma.

Il aime à rappeler son nom indien Piettasin (Le vent se lève) et se sent chargé de faire souffler un air de renouveau sur un catholicisme qui se sait pluriethnique et voudrait rénover son image. Quadragénaire, d'aspect juvénile, il fut le deuxième évêque catholique d'origine indienne aux États-Unis, nommé peu après Donald Pelotte (Mohawk) de la même génération, qui dirige le diocèse de Santa Fe. Charles Chaput est archevêque depuis février 1997.

Votre nomination à la tête du diocèse de Rapid City a constitué un événement, du fait de votre jeunesse et parce que vous êtes en partie indien. Votre identité indienne a-t-elle une importance pour vous, à titre individuel et en tant qu'évêque ?

En tant qu'évêque d'origine indienne, j'assume une responsabilité importante et j'ai constamment des témoignages de sympathie et d'encouragement de mes paroissiens qui se rendent compte que c'est un nouveau pas franchi par l'église. Mais il faut que je sache aussi reconnaître que je ne suis que partiellement indien. Je dois exercer mes fonctions en pensant à mes paroissiens indiens comme à ceux qui ne le sont pas.

Personnellement, j'accorde de l'importance à mes deux lignées familiales, française et indienne. Ma mère fait partie de la tribu potawatomi et a toujours été inscrite sur ses registres. Elle a tenu à ce que ses enfants y soient aussi. Nous rendions visite à la communauté, mais nous n'avons pas été élevés en milieu tribal.

Je me souviens que ma mère était un peu gênée d'être indienne, mais aussi attachée à ses origines. Nous, ses enfants, avons ranimé son désir de contacts avec sa communauté. Chez moi j'ai une Vierge potawatomi, de la sauge et une croix ornée de perles. Les Potawatomis sont catholiques depuis des siècles. Dans le cas des Sioux qui sont mes paroissiens dans le diocèse de Rapid City, la christianisation est plus récente et le mode d'évangélisation a été différent ; elle est aussi le reflet de la personnalité des missionnaires et de l'histoire de chaque groupe tribal. Je dois tenir compte de ces différences historiques.

Comment pourriez-vous définir votre vocation ?

Elle s'imposa à moi de façon évidente. J'ai toujours voulu être prêtre. Je ne peux même pas dire que mes parents m'ont poussé dans cette voie. Ils étaient contents, une fois la décision prise, mais ils ne m'ont pas influencé. Je me souviens, vers l'âge de quatre ans, assis à l'église, d'un sentiment de certitude que c'était là mon destin.

Mon ordination remonte à 1970. Je suis le deuxième évêque d'origine indienne et je pense que c'est lié, dans une large mesure, à l'influence personnelle de Jean-Paul II, qui a voulu renforcer symboliquement le rôle des Indiens dans l'Église. Le fait qu'il soit lui même originaire d'un pays dont la culture a été malmenée, menacée de destruction, a sans doute compté dans cette détermination. Bien qu'il soit considéré comme un conservateur, ses idées sont très progressistes sur ce plan.

L'histoire de l'évangélisation des Indiens a été marquée par l'intolérance et les confrontations. Quelle est votre position vis-à-vis des religions indiennes traditionnelles ?

Il faut qu'elles soient respectées, contrairement à ce qui a été le cas par le passé. Le respect de la diversité des cultures et des religions est essentiel. Par ailleurs, je sais, pour en avoir fait l'expérience parmi ma propre communauté, les Potawatomis, que ces religions sont intimement liées à un lieu, à une culture. Ce sont des religions profondément tribales. Dans la conception tribale du monde il y a nous, Le peuple, et les autres. Ce que peut ajouter le christianisme, c'est l'universalité du message du Christ. Le royaume de Dieu est ouvert à tous.

Que pensez-vous de Vatican II et des réformes qui en ont résulté au sein de l'église ? Comment réagissez-vous aux démarches d'inculturation qui en

319

ont découlé et aux velléités récentes de syncrétisme ou de rapprochement encouragées par certaines expériences jésuites à Pine Ridge ?

Vatican II a représenté un grand tournant pour l'église catholique et le nouvel esprit d'œcuménisme qui en a résulté, de même que les objectifs d'inculturation qui y ont été associés ont été très bénéfiques. Mais un certain nombre d'excès ou de dérives y ont fait suite. On ne peut diluer excessivement le message chrétien et tout réduire à des préceptes flous en se contentant de parler vaguement d'amour.

Les tentatives de rapprochement des traditions religieuses indiennes et chrétiennes me paraissent satisfaisantes pour l'esprit et même passionnantes. Mais il faut bien se rendre compte que les Indiens ne sont pas toujours favorables à la fusion des croyances. Ils préfèrent que les deux traditions religieuses demeurent distinctes. Cela n'exclut pas le dialogue entre prêtres et hommes-médecine. A cet égard, nous avons un problème d'identification de nos interlocuteurs car, dans la tradition lakota, il n'y a pas de véritable hiérarchie religieuse et il est difficile de savoir à qui s'adresser. Le grand homme-médecine Frank Fools Crow, qui était ouvert au dialogue, n'est plus et on observe aujourd'hui une nébuleuse d'initiatives individuelles.

L'Église catholique a un nombre très limité de prêtres indiens ?

Il y a environ une trentaine de prêtres indiens catholiques aux États-Unis. Le célibat pose problème et il est difficile de susciter des vocations, de trouver des jeunes qui aiment assez l'Église pour y consacrer leur vie. L'Église épiscopalienne a beaucoup de prêtres autochtones et le parti a été pris d'accepter des formations très courtes, presque sommaires, qui nous paraissent à nous un peu insuffisantes sur le plan théologique.

Comment concevez-vous votre mission sur le plan de l'action quotidienne ?

Nous organisons des retraites spirituelles pour nos paroissiens indiens. Nous avons de multiples activités pour les jeunes qui habitent à Rapid City et qui ont parfois des difficultés d'adaptation en milieu urbain. Toutes ces activités, auxquelles participent Indiens et non-Indiens, sont très suivies et représentent un grand succès dans la mesure où elles permettent un brassage ethnique et donnent l'occasion aux jeunes de tisser des amitiés. C'est un de nos objectifs les plus nobles et aussi les plus satisfaisants sur le plan de l'action quotidienne. On parle beaucoup de spiritualité indienne mais il ne faut pas oublier qu'elle est menacée, parmi les Indiens comme parmi les autres, par le consumérisme et le matérialisme, surtout avec l'isolement et la fragmentation sociale de la vie citadine.

Dans mon diocèse, du point de vue de l'action quotidienne, j'aime être proche de mes paroissiens, les croiser en ville, communiquer avec eux personnellement et ils me témoignent en retour leur sympathie par des manifestations multiples d'amitié. Tout cela renforce mon sens de la responsabilité vis-à-vis de la mission qui m'incombe et la satisfaction profonde qu'elle m'apporte. J'aime être prêtre et être indien.

3

Pouvoir rouge et spiritualité indienne :
le nouveau traditionalisme
face au nouveau christianisme

*Dès le début du mouvement indien, un intérêt prodigieux
se manifesta parmi les militants en faveur des religions
tribales. Assister aux cérémonies devint presque aussi
nécessaire que d'assister aux manifestations*[1].

VINE DELORIA JR.

*Depuis Vatican II, de nombreux prêtres de la réserve
expriment du respect à l'égard des rituels lakotas et même
y participent, et le symbolisme lakota est incorporé dans
les offices religieux catholiques.*

PÈRE WILLIAM STOLTZMAN[2].

La montée du pouvoir rouge

Au début des années 1960, le malaise et l'indignation suscités par
la politique de suppression du statut fédéral des réserves continuaient d'alimenter un sentiment d'insécurité qui aboutit à une solidarité intertribale. C'est en 1961 que fut créé le National Indian Youth
Council (Conseil national de la jeunesse indienne) qui se déclara
résolu à faire entendre la voix des Indiens les plus pauvres et les
plus fidèles à leurs traditions. Ce nouveau groupe, en se démarquant
du très modéré National Congress of American Indians (Congrès
national des Indiens d'Amérique), fondé en 1944, définissait les orientations d'un militantisme mené par la jeunesse et soucieux de s'identifier à un retour aux sources de l'identité indienne. Dans le sillage

de la lutte pour les droits civiques et de la défense des minorités des années 1960, à la fois stimulé par le Pouvoir Noir et tenant à s'en démarquer, le militantisme indien est ancré dans la jeunesse et fondé sur l'aspiration d'un retour aux traditions. Le slogan de Red Power (Pouvoir rouge) est indirectement inspiré du Black Power (Pouvoir noir) et, de même qu'on dénonce les « Oncles Tom », on ridiculise les « Oncles Tomahawks » (rouges de peau, blanc de cœur), qui trahissent leur identité raciale. Dans les villes, la dénonciation du racisme unit les Noirs et les Indiens ; de jeunes militants du Red Power se mettent à s'exprimer comme des militants noirs, à s'inspirer de leurs idées et à imiter leurs tactiques. Mais les différences historiques et juridiques entre les deux communautés sont trop grandes pour qu'il y ait fusion entre les deux mouvements. Les Indiens veulent lutter pour le développement de leur communauté sur la base de l'intégrité tribale. Leurs bases territoriales les empêchent d'adhérer totalement aux objectifs des militants noirs. En défendant le tribalisme, ils s'orientent vers une contestation, non seulement politique et économique, mais aussi culturelle et spirituelle.

C'est à la fin des années 1960, alors que la communauté indienne tend à se démarquer de la contestation des autres minorités, qu'une nouvelle organisation, l'American Indian Movement (AIM), oriente la résistance indienne vers un militantisme empreint d'intransigeance. Ce groupe, d'origine urbaine, est créé à Minneapolis en juillet 1968 par deux Indiens Chippewas, John Mitchell et Dennis Banks. John Mitchell, modéré, est bientôt éclipsé par Banks, et les membres les plus militants du groupe, parmi lesquels les Sioux, notamment Russell Means qui devient son porte-parole, acquièrent une visibilité croissante. Défenseur de l'indianité, l'AIM se veut le champion d'une contre-culture reposant sur les valeurs symbolisées par les anciens Indiens. Paradoxalement, ces jeunes citadins partiellement déculturés veulent incarner une identité ethnique salvatrice. Pour ce faire, ils se tournent vers les hommes-médecine, leur demandant de les initier aux rites traditionnels, de les aider à retrouver l'ancienne vision du monde.

De la culpabilité des Blancs et de l'indianité de Dieu

Parallèlement, en 1969, Vine Deloria (Sioux de Standing Rock), fils et petit-fils de pasteur, arrière-petit-fils d'homme médecine, publie *Custer Died For Your Sins*[3], pamphlet brillant et incisif, qui dénonce et démonte la version blanche de l'histoire américaine. Cet ouvrage, qui devient un best-seller, annonce une œuvre prolifique qui met l'accent sur le renouveau de l'identité culturelle et tribale. Se plaçant au-dessus et au-delà de l'adhésion aux groupes militants, Vine Deloria n'en devient pas moins le chroniqueur inspiré et passionné de l'ensemble du mouvement indien. Le désir d'affirmation de l'indianité s'est appuyé sur sa pensée, qui constituait un lien entre les différentes communautés et un trait d'union avec la société non indienne.

En 1973 paraît *God is Red*, ouvrage dans lequel Deloria remet en cause l'évolutionnisme dans le domaine spirituel et religieux : « La religion a souvent été perçue comme un processus évolutif par lequel l'humanité parvient à une conception monothéiste du divin à travers une réduction progressive du panthéon jusqu'à un Dieu unique (...). Pourtant nos expériences du surnaturel ne conduisent pas nécessairement à une conclusion monothéiste[4]. » Établissant un parallèle entre les religions tribales et le christianisme, Deloria met l'accent sur les points de convergence (dans les deux cas interrogations sur la Création, accord sur le rôle et l'activité d'un Créateur) et de divergences (la majorité des religions indiennes exclue les représentations anthropomorphiques du Créateur, et la notion de péché originel leur est étrangère). Il conteste aussi l'acceptation de la Genèse en tant que fait historique plutôt que de représentation mythologique.

S'efforçant de discerner les points communs des diverses religions tribales aux États-Unis, Vine Deloria oppose la conception holistique des religions amérindiennes, qui implique la reconnaissance de l'interdépendance des différentes formes de vie (humaines, animales, végétales) à la notion chrétienne de la supériorité de l'homme qui conduit à la prétention de l'exploiter complètement. Pour lui, « l'aliénation de l'homme dans la nature résulte de l'action de l'homme contre la nature[5] ».

L'une de ses réflexions les plus intéressantes, nourrie d'une excellente connaissance des deux univers spirituels, est consacrée aux concepts chrétiens de salut, de vie éternelle et de résurrection des corps. Faisant référence aux travaux du philosophe Oscar Cullman[6], Deloria établit une distinction claire entre la notion de l'immortalité de l'âme (ou des âmes) qui existe dans les religions tribales et la notion spécifiquement chrétienne de la résurrection des corps après le jugement dernier : « La grande innovation du christianisme consistait à prêcher un message de résurrection des corps dans lequel la totalité de la personnalité humaine devait être reconstituée (...). La distinction entre l'immortalité de l'âme et l'idéal chrétien de la résurrection des morts est fondamentale. Les religions tribales démontrent une absence presque totale de préoccupation quant à l'une ou l'autre de ces doctrines. Elles partent simplement du principe qu'il existe une forme quelconque de survie individuelle au-delà du tombeau. Comme l'a fait remarquer le chef Seattle, la mort est seulement un changement de monde[7]. »

La conception d'un paradis réservé aux croyants et l'idée d'un châtiment divin pouvant conduire à la damnation éternelle n'ont pas non plus leur équivalent dans les religions tribales : « La résurrection de Jésus signifiait que Dieu avait préparé une certaine existence pour ses disciples, qui apparemment n'était pas accessible à ceux qui n'avaient pas entendu son message ou à ceux qui l'avaient entendu mais n'y avaient pas cru[8]. » Deloria fait remarquer que « tout particulièrement dans les Églises fondamentalistes de droite, le paradis et la vie après la mort constituent une part très importante de la signification du christianisme[9*] ». Dans une analyse dont l'idéalisation des religions tribales n'est pas absente, Deloria brosse un tableau qui les représente comme relativement dénuées des peurs existentielles qui hantent le chrétien : « Dans les religions tribales indiennes, on trouve une absence notable de peur de la mort. (...) La tristesse naturelle provoquée par la mort d'un être cher se traduit rarement par les sentiments personnels de culpabilité, d'incapacité ou de faute qui semblent accabler l'homme occidental[10]. »

* En note, Vine Deloria fait allusion à l'évangéliste Billy Graham qui aurait déclaré : « Je crois en la résurrection des corps et je suis convaincu qu'au ciel nous serons semblables à nous-mêmes au mieux de notre forme » (Newsweek, 20 juillet 1970). Dans ce cas, ajoute Deloria, avec son goût habituel pour le sarcasme, on peut dire que Paul Newman est voué au succès ici-bas comme dans l'autre vie.

L'écrivain sioux donne l'exemple du chant de mort que l'on trouve dans beaucoup de religions tribales, notamment parmi les Lakotas : « Le chant de mort était un chant spécifique entonné par un individu dont la vie arrivait à sa fin (...), plutôt qu'une préparation fiévreuse à la mort, c'était une affirmation de la signification de son existence individuelle, qui glorifiait l'intégrité personnelle de l'individu[11]. » A propos des rites associés à la mort, il mentionne la cérémonie du calumet par laquelle, chez les Sioux, les âmes des disparus étaient conservées au sein de la communauté pour être apaisées puis libérées[12]. Il rappelle qu'au cours des années 1890 le gouvernement fédéral avait interdit cette cérémonie, créant par là même un profond traumatisme sur les réserves.

Issu d'une famille d'hommes-médecine convertis au christianisme, Deloria a une vision avertie et nuancée des contacts et confrontations entre les Indiens et les missionnaires, dont il dénonce ou salue l'action en donnant des exemples précis. Il perçoit le christianisme, au début des années 1970, comme miné par une crise profonde, qui lui fait perdre des adeptes en faveur des religions orientales. Sa réflexion religieuse, qui constitue un appel à la solidarité intertribale, est une exaltation des religions amérindiennes traditionnelles et une interrogation sur leur potentiel de diffusion et de renouveau. A cet égard, la préservation des sites sacrés, face à la poussée de l'Amérique industrielle, lui paraît aussi essentielle que problématique. Pourtant, l'ancrage de la spiritualité indienne dans l'espace américain est si fondamental que, dans une dernière phrase délibérément provocatrice, il affirme : « Quand les peuples longtemps oubliés sur leurs continents respectifs se dresseront et commenceront à revendiquer leur ancien héritage, ils découvriront la signification des territoires de leurs ancêtres. C'est alors que les envahisseurs du continent nord-américain découvriront que, sur ce continent, Dieu est rouge[13]. »

Militantisme et traditionalisme

De même que Vine Deloria, originaire de la réserve de Standing Rock, devint le maître à penser du mouvement indien et du retour

326

aux sources qui lui fut associé, de même les meneurs sioux jouèrent un rôle moteur dans l'escalade du pouvoir rouge. Russell Means (Sioux) fit preuve d'un don exceptionnel pour les relations publiques. S'appuyant sur la réflexion et les qualités d'organisateur de Dennis Banks (Chippewa), qui était le stratège du programme d'action de l'American Indian Movement, c'est Means, originaire de Pine Ridge, qui sut galvaniser les militants et surtout mobiliser les médias. L'AIM accéléra le rythme du mouvement indien en organisant des manifestations symboliques faisant écho à des événements historiques qui captivèrent les journalistes et l'opinion publique[14].

La stratégie des militants du Red Power se concrétisa par des actions spectaculaires bien orchestrées qui avaient l'ambition de réveiller la conscience américaine. En novembre 1969, des étudiants indiens envahirent l'île d'Alcatraz, dans la baie de San Francisco, et occupèrent l'ancienne prison désaffectée. Bientôt rejoints par de nombreux volontaires, représentants de quelque cinquante tribus, ils y restèrent plus d'un an. Cette île désolée et sans ressources constituait une métaphore saisissante des conditions de vie sur les réserves et son occupation suscita à ses débuts un fort courant de sympathie en faveur des Indiens. Elle appela l'attention sur la misère des réserves, tandis que les occupants proclamaient leur détermination de défendre leurs cultures et leurs traditions. Perçue comme une action essentiellement politique, l'occupation d'Alcatraz était confusément liée à une aspiration profonde : les militants souhaitaient y voir construit un centre culturel où les jeunes Indiens urbanisés et déculturés pourraient réapprendre leurs traditions et leurs religions sous la houlette de leurs chefs spirituels.

En novembre 1972, à la veille des élections opposant Nixon à MacGovern, un groupe d'Indiens occupa l'immeuble du Bureau des Affaires indiennes à Washington, à deux pas de la Maison-Blanche, pour dénoncer l'inefficacité des responsables de l'administration des Affaires indiennes. Un an plus tard, du 27 février au 8 mai 1973, deux cents Sioux, menés par un groupe de l'AIM et notamment par Russell Means et Dennis Banks, occupèrent le village de Wounded Knee, lieu de triste mémoire, associé au souvenir du massacre de décembre 1890.

La réserve de Pine Ridge devint le centre du militantisme indien. De même que l'anéantissement des Sioux, en décembre 1890, correspond chronologiquement à l'annonce de la fin de la Frontière, de même l'occupation de Wounded Knee, en 1973, est le point culminant de l'escalade du Red Power. Celle-ci mobilisa la presse internationale et les médias du monde entier. Pine Ridge devint dans les chroniques internationales l'archétype des réserves indiennes ; une fois encore les Sioux apparaissaient comme les éternels rebelles et semblaient incarner la résistance des derniers Peaux-Rouges.

Comme l'a démontré Vine Deloria, les relations entre les militants indiens et les Églises, tout au long de la montée du Red Power, furent complexes et déroutantes. Protestants et catholiques ne voulaient pas demeurer en reste devant l'éveil de la conscience américaine. Le sentiment de culpabilité sur lequel comptaient les Indiens pour amorcer une remise en cause de la politique fédérale trouvait un écho au sein des différentes dénominations qui soutinrent dans bien des cas les actions de protestation. C'est ainsi notamment que lorsque l'AIM occupa un dortoir d'Augustana College, à Sioux Falls (Dakota du Sud), et présenta un éventail de revendications mises au point avec l'aide de sympathisants proches de l'Église au cours de sessions secrètes, les Églises luthériennes emboîtèrent le pas avec enthousiasme. Et elles ne furent pas les seules. Comme le souligne sarcastiquement Deloria, l'idée du mea culpa, de la prise de conscience salvatrice de l'Amérique blanche trouvait une résonance particulière parmi les chrétiens : « Toutes [les Églises] furent désolées de s'entendre dire qu'elles étaient responsables de bon nombre des problèmes des Indiens et qu'elles pouvaient acheter des indulgences pour ces péchés en aidant financièrement les activistes à faire tout ce qu'ils jugeaient nécessaires pour rectifier la situation [15]. »

Mais la montée du Red Power et la quête du retour aux sources conduisirent à la recherche d'une nouvelle alliance entre militants politiques et chefs religieux traditionnels ; des hommes-médecine participèrent à l'occupation de Wounded Knee et les cérémonies traditionnelles se multiplièrent et ponctuèrent l'action politique. La présence d'hommes-médecine au sein du camp retranché de Wounded Knee, l'intensité de la vie cérémonielle qui accompagna l'occupation, le fait que le calumet sacré soit associé à l'action des militants déroutèrent et fascinèrent les observateurs. Un certain nombre de témoignages évoquent ou font revivre le renouveau des religions traditionnelles qui fut associé aux revendications politiques et territoriales exprimées dans le cadre du Red Power.

Le cas de Mary Crow Dog est significatif de la quête spirituelle et politique qui anima toute une génération. Jeune fille sioux élevée sur la réserve de Rosebud, dans une famille convertie, elle se révolta contre l'éducation qu'elle avait reçue à la mission catholique. Rebelle, en quête d'un défi, elle se lia aux militants de l'AIM dont le combat politique devint sa raison de vivre. Sa révolte, qui avait fait d'elle une fugueuse et une alcoolique, trouva une forme d'expression dans les objectifs politiques et le sens de la fraternité qu'elle découvrit dans le militantisme du Red Power. Peu à peu, elle l'orienta aussi vers la redécouverte de ses traditions, au gré du foisonnement des nouvelles manifestations de spiritualité indienne qui mêlaient l'ancien (Danse du Soleil), le nouveau (Église des Premiers Américains) et des formes rénovées de rituels depuis longtemps abandonnés tels que la Danse des Esprits.

Depuis son enfance, Mary aspirait à pénétrer le mystère d'un univers spirituel traditionnel qui lui échappait. Un jour, consciente d'être métis, de vivre entre deux mondes, de savoir peu de choses des rites traditionnels mais déterminée à aller vers ceux qui ont le « sang pur », elle dit à sa mère : « Je veux devenir indienne. » Et elle ajoute : « Cela lui a fait de la peine. Elle était bouleversée parce que, catholique, elle voulait m'élever dans sa foi. Elle m'avait même fait faire ma confirmation. Parfois, j'essaie d'imaginer à quoi je pouvais bien ressembler dans mon aube blanche, coiffée d'un voile, un cierge à la main. J'étais alors comme une pomme inversée, blanche à l'extérieur et rouge à l'intérieur[16]. »

Elle évoque ce qui fut, au cours de son enfance, avant même de quitter sa famille, l'initiation occasionnelle aux rites de l'Église des Premiers Américains, la consommation du bouton de peyotl, qui avait pour elle le goût du fruit défendu et devint un appel vers la redécouverte d'une mémoire enfouie, d'une indianité perdue : « Grand-Père Fool Bull m'a emmenée à mon premier peyotl et je suis restée assise près de lui toute la nuit. J'étais une petite fille, mais j'ai pris pas mal de médecine. J'ai eu de très belles visions, et subitement j'ai compris. J'ai compris la réalité contenue dans cette médecine, compris que cette herbe faisait partie de notre héritage, de nos traditions, qu'elle parlait notre langue. J'ai fait corps avec la terre, car le peyotl vient de la terre et en a parfois le goût. Et ainsi, la terre était en moi et j'étais en elle, la terre tribale me rendait plus indienne. Et pour moi, le peyotl était une présence vivante, le souvenir de choses depuis longtemps oubliées [17]. »

« *Rappelle-toi que l'Indien est tout près de Dieu* »

Telle fut la phrase que la mère de Mary prononça quand elle apprit que sa fille avait participé à une cérémonie de la Native American Church : « Je n'ai pas à te dicter ta conduite (...), rappelle-toi que l'Indien est tout près de Dieu. » Mais Mary Crow Dog avait déjà commencé à tourner le dos au catholicisme qui lui avait été imposé dans son enfance et à partir en quête de ses racines.

Après Wounded Knee, elle épousa un homme-médecine, Leonard Crow Dog, maître à penser des jeunes citadins militants et du Red Power auprès duquel, consciente de n'en savoir pas beaucoup plus que certains de ses amis blancs, elle s'initia au traditionalisme : « Mon cœur était encore aveugle quand je suis devenue la femme de Leonard. Je connaissais alors peu de choses des coutumes tradition-nelles. Certes, j'étais allée à quelques réunions du peyotl, j'avais assisté à une Danse du Soleil, et plus tard à la Danse des Esprits qui avait eu lieu à Wounded Knee. Mais j'y avais assisté en spectatrice. J'avais éprouvé de fortes émotions, peut-être, mais sans mieux comprendre la véritable signification symbolique de ces cérémonies que les amis blancs également présents. Beaucoup des anciens rituels de notre tribu nous étaient alors inconnus : par exemple le bain de vapeur, la quête de vision, le yuwipi, pour ne citer que ceux-là [18]. »

Son retour aux sources, au gré de son initiation aux yuwipis, y compris ceux qui, dans l'enthousiasme des années 1970, sont organi-sés jusqu'à New York, au son d'un magnétophone qui remplace les musiciens traditionnels, en compagnie de Mohawks (Iroquois), illus-tre les orientations d'un nouveau traditionalisme à vocation intertri-bale. Mary Crow Dog évoque aussi la Danse des Esprits, organisée en 1974 par son mari sur une colline de voyance chère à sa famille. Cette danse longtemps tombée en désuétude fut, après celle qui accompagna l'occupation de Wounded Knee en 1973, la deuxième à être célébrée au cours du xxe siècle. La Danse des Esprits, venue des Paiutes, adoptée par les Lakotas dans les circonstances dramatiques qui précédèrent le massacre de décembre 1890, est un exemple des courants d'influence qui font évoluer le traditionalisme et surtout des capacités d'intégration de nouveaux rituels par les Sioux. Mary Crow Dog évoque aussi son initiation à la Danse du Soleil, inhérente à la tradition lakota depuis des siècles. Elle souligne son évolution vers un sacrifice toujours plus héroïque à travers son point culminant, le percement des chairs : « Sous l'influence de Leonard et d'autres hommes-médecine comme Pete Catches, Fools Crow et Eagle Feathers, les douleurs qu'on s'infligeait sont devenues de plus en plus pénibles ; et aujourd'hui, la cérémonie ressemble tout à fait aux tableaux de Catlin et Bodmer qui dépeignaient ce rituel il y a un siècle et demi. Ce phénomène s'est répandu au-delà de la terre des Crow Dog à d'autres lieux de Danse et à d'autres réserves sioux[19]. »

Le parcours de Mary Crow Dog, émouvant, subjectif et partial, laisse entrevoir la complexité et les contradictions du nouveau traditionalisme. Le récit occulte les tiraillements qui accompagnèrent la tentative de prise de pouvoir sur les réserves par de jeunes militants modelés par la violence urbaine plutôt que par la sagesse traditionnelle. L'AIM eut un rôle d'entraînement au sein du mouvement indien, qu'il prétendit bientôt représenter dans sa totalité, provoquant par là même la confrontation avec d'autres courants. Les tensions entre réserves et pouvoir fédéral firent craindre à la population locale, surtout sur la réserve de Pine Ridge, désormais étroitement surveillée par le FBI, le retour de bâton provoqué par un militantisme exacerbé. Nombre de traditionalistes ne voulaient pas s'identifier trop systématiquement à un courant politique.

Vers les sources de l'indianité

Les années 1960 et 1970 ont incontestablement été marquées par une quête de l'indianité, étroitement associée à la redécouverte de la spiritualité traditionnelle. Une importance toute particulière fut attribuée à la Danse du Soleil, symbole de la spiritualité sioux, mais aussi, par sa force d'attraction intertribale, d'une forme de spiritualité panindienne encore mal définie, mais en laquelle s'investirent de nombreux Indiens déculturés à la recherche d'un ancrage spirituel.

Rituel de renaissance à travers lequel se cristallisa le désir de redécouverte de l'indianité, la Danse du Soleil entraîna dans son sillage et stimula d'autres rituels qui lui sont associés : bain de vapeur, quête de vision. Elle devint le premier maillon d'une tentative de restructuration spirituelle de la société lakota, en permettant aux jeunes de suivre auprès des anciens un apprentissage pour sauver de l'oubli non seulement le tissu cérémoniel mais aussi les fondements de l'éthique traditionnelle. A cet égard, le point de vue de Bea Medicine, anthropologue sioux, est précieux, car elle met en relief les aspects les moins souvent retenus de cette aspiration à une renaissance spirituelle. Elle évoque la réorientation de communautés privées de points de repères dans la société moderne, la restauration des valeurs lakotas : « Je crois que nous assistons actuellement au développement d'un système d'apprentissage parmi les Lakotas, par lequel une personne âgée accepte de former un jeune et de lui enseigner ce qu'il faut faire. C'est un moyen efficace de reconstruire le système d'enseignement traditionnel (...). Que nous soyons d'une famille métis ou à cent pour cent indienne, il nous faut comprendre ce qui nous pousse à nous impliquer dans la religion lakota. Nous devons réfléchir à la façon dont étaient transmises les valeurs qui constituent une part intégrante de notre religion. Le sens du partage et la générosité sont les premières choses qui viennent à l'esprit (...), les autres sont la force d'âme, la sagesse et la bravoure. Il nous faut incarner ces vertus dans nos vies individuelles d'hommes et de femmes [20]. »

De ce tissu spirituel et social que les Sioux s'attachent à reconstituer, dans l'effervescence qui accompagne la contestation politique des années 1960 et 1970 mais à la faveur d'une réflexion collective dont la profondeur les dépasse, émerge, spectaculaire et hautement symbolique, la renaissance de la Danse du Soleil. C'est à travers cette danse, à la fois réaction contre la déculturation résultant de son interdiction et volonté de réconciliation avec l'environnement spirituel ancestral, que s'exprime symboliquement le renouveau du traditionalisme.

Le début des années 1960 fut marqué sur la réserve de Pine Ridge par l'évolution résultant de l'autorisation officielle, par le Bureau des Affaires indiennes et le Conseil tribal, de l'autosacrifice des danseurs. Ils purent désormais, comme au siècle dernier, se percer la poitrine ou le dos lors de l'apogée de la danse. La réglementation générale du rituel fut ordonnée autour d'un comité spécial mis en place par le Conseil tribal[21]. Peu à peu, et surtout à partir du début des années 1970, la Danse du Soleil se dissocia des danses profanes associées aux pow-wows, fêtes traditionnelles de caractère plutôt folklorique. Elle fut réorganisée, repensée, et fit l'objet d'adaptations multiples, à tel point qu'il est possible de dire que chacune d'entre elles constitua une expérience nouvelle.

Les Danses du Soleil se multiplièrent. En 1969, il n'y en avait qu'une seule pour toutes les réserves sioux, celle de Pine Ridge[22]. A partir du début des années 1970 et surtout de l'occupation de Wounded Knee en 1973, qui associa étroitement rites traditionnels et revendications identitaires, elles furent organisées sur chaque réserve sioux. Le nombre des danseurs augmenta et la concurrence s'instaura entre hommes-médecine responsables de son organisation. Chacun d'entre eux lui conféra une tonalité particulière, depuis le rituel confidentiel, quasi secret, qui excluait presque tous les participants non indiens, jusqu'aux cérémonies assez libres d'accès — voire commerciales — associées à une volonté délibérée d'innovation.

Les réserves sioux, et celle de Pine Ridge en particulier, devinrent le creuset de multiples expériences sociales ou spirituelles dont le rayonnement dépassa largement leur importance objective. L'année y était ponctuée de pow-wows, fêtes traditionnelles d'une magnificence croissante, attirant de nombreuses communautés indiennes et non indiennes de tous les horizons. Comme l'a souligné Bea Medicine, la force de fascination des réserves sioux ne fit que se renforcer, au point de les étonner eux-mêmes : « Je me demande ce qui est tellement fascinant dans le mode de vie lakota (...). Nous devons détenir quelque chose d'important[23]. »

Les Danses du Soleil qui y furent organisées, qu'elles soient l'expression d'un traditionalisme conservateur ou novateur, donnèrent le ton dans l'évolution des nouvelles formes de spiritualité. Pendant les mois d'été, quelques tipis se mêlant aux maisons préfabriquées et aux caravanes, les loges à sudation émaillant la prairie, on voit passer les camions chargés de l'arbre solaire, peuplier bruissant qui sera placé au centre du cercle de la danse, et les rumeurs circulent sur les différents sites choisis, les différents hommes-médecine qui officient.

Fools Crow met l'accent sur les points de convergence avec le christianisme, le sacrifice du Christ se rapprochant de celui des danseurs qui, scrutant le soleil au mépris du jeûne et de la fatigue, tournent autour de l'arbre sacré qui symbolise l'axe du monde : « Les Sioux ont reçu la Danse du Soleil de Wakan Tanka, et nous l'honorons en la perpétuant selon sa volonté. Depuis que l'homme blanc est arrivé et nous a expliqué que Dieu a envoyé son propre fils pour être sacrifié, nous nous rendons compte que notre sacrifice est comparable, ou commémore celui de Jésus. (...) Les Sioux se sentent proches de Dieu pendant la danse et au moment du percement des chairs. Les danseurs du Soleil portent des couronnes de sauge comme le Christ porta une couronne d'épines [24]. »

D'autres hommes-médecine, tels que Leonard Crow Dog, s'inscrivent plutôt dans l'esprit d'un traditionalisme irréductiblement opposé au christianisme. Pour faire revivre une tradition épurée à l'écart de l'influence des Blancs, il orchestre des cérémonies assez fermées, plutôt mystérieuses, insistant sur l'ascèse et le sacrifice renforcé des participants. On y voit peu de Blancs et les femmes ne peuvent y assister en pantalon. Les danseurs, attachés à l'arbre sacré, traînent des crânes de bison et tirent sur la broche fixée sur leur poitrine au prix de l'épreuve la plus héroïque possible [25]. Parfois, c'est un cavalier à cheval, lancé au galop, qui arrache la broche de leur torse. Parmi les traditionalistes irréductibles, on attribue une valeur particulière à une épreuve difficile, qui, précédée par la méditation et la purification dans un bain de vapeur, peut constituer le fondement d'une régénération morale.

Les femmes ont toujours eu un certain rôle dans la Danse du Soleil ; autrefois, des jeunes vierges donnaient le premier coup de hache symbolique quand était coupé l'arbre solaire destiné à être placé au centre du cercle de la danse. C'était un honneur pour leurs familles que de les savoir sélectionnées pour cette tâche. Elles participaient à la préparation de la danse et des offrandes, défilaient en tête de la procession et chantaient en l'honneur de Maka (la Terre) et de Whope (l'Étoile filante) tandis que les hommes qui les suivaient chantaient à la gloire de Skan (le Ciel) et des vents. Depuis les années

1970, les femmes revendiquent le droit de participer à l'autosacrifice de la Danse du Soleil en prélevant sur leurs bras de petits morceaux de chair. Elles peuvent les placer dans un sachet qui est attaché à la pipe sacrée. Au cours de certaines Danses du Soleil peu conformistes, auxquelles assistent souvent des adeptes du New Age, des femmes symbolisent, à la périphérie du cercle sacré, les quatre directions[26]. D'autres pratiquent le percement des chairs, la broche étant alors introduite dans le dos et non sur la poitrine. Les femmes tiennent aussi à participer, dans les mêmes conditions que les hommes, à la quête de vision. Autrefois, en effet, des rites de passage parallèles ponctuaient la vie des garçons et des filles et la cérémonie du lancement de la balle était l'équivalent de la première quête de vision pour les garçons. Comme cette cérémonie était tombée en désuétude, certaines jeunes filles voulurent la réinventer ou la remplacer par une méditation et une quête de vision. Aujourd'hui, d'assez nombreuses femmes tiennent aussi à se préparer à la Danse du Soleil par un bain de vapeur.

Le jeune homme-médecine Florentine Blue Thunder, pour aller dans le sens de ces aspirations nouvelles, organise une Danse du Soleil au cours de la dernière semaine du mois de juillet, avec la participation des femmes, qu'il fait défiler en tête. Il accorde aussi une place particulière aux enfants[27]. Ces modulations nouvelles sont inscrites dans son parcours personnel, car c'est une femme — sa grand-mère — qui a eu un rôle déterminant dans son orientation spirituelle. Il a prié pour sa guérison lors d'une grave maladie et a été exaucé. C'est quelques années plus tard, quand elle a disparu, qu'il a décidé de devenir homme-médecine. Au cours de l'été 1994, son frère, chrétien pratiquant, qui avait jusque-là refusé d'assister aux rites traditionnels, participa pour la première fois à sa Danse du Soleil. Ce rapprochement familial reflète une acceptation réciproque, assez fréquente, dans le domaine spirituel.

Il faut replacer les initiatives en faveur du renforcement du rôle des femmes dans le contexte général de sociétés traditionnelles, où, contrairement au cliché de la squaw soumise propagé par les westerns mais aussi par certains auteurs, les femmes avaient un rôle considérable. L'ethnologue Marla Powers a mis en lumière la complémentarité des rôles féminins dans la société lakota et analysé son évolution dans la société contemporaine[28]. Aujourd'hui, au sein de communautés disloquées, alors que les familles sont souvent désertées par les pères, les femmes exercent un double rôle de chef de famille et d'agent économique. Mais, contrairement à certaines perspectives féministes de la société non indienne, les rôles traditionnels vis-à-vis de la famille et des enfants sont valorisés et rarement abandonnés. Sur le plan religieux, Marla Powers souligne la relation complexe entre christianisme et traditionalisme, « tous les Lakotas étant conceptuellement liés à une Église, par leurs parents ou par leur inscription dans des écoles paroissiales[29] », les femmes jouent souvent un rôle actif au sein des paroisses. Certaines fêtes religieuses chrétiennes (la fête de l'école, une sortie collective, un piquenique) remplacent parfois les anciens rites de puberté. Les mariages religieux en robe blanche ne sont pas rares et sont comparables à ceux de l'Amérique non indienne. Les femmes indiennes comme les hommes vivent dans deux univers religieux : « Il y a plusieurs raisons expliquant que les Oglalas peuvent passer d'une religion à l'autre, même aller à la messe le dimanche et assister à un rite traditionnel quelques jours plus tard. Historiquement, les Indiens de Pine Ridge devaient être affiliés à une Église pour obtenir des rations alimentaires. Pour que la famille ne meure pas de faim, il fallait être membre d'une Église ; en outre, il n'y avait pas de raison pour que ceux qui étaient membres d'une Église ne puissent pas continuer de prier Wakan Tanka. Cela voulait souvent dire qu'ils recevraient des vêtements et parfois un logement car les missionnaires étaient toujours généreux à l'égard de leurs convertis[30]. »

Pour les femmes comme pour les hommes, les rituels de guérison traditionnels occupent une place importante et complètent ou remplacent la médecine moderne pratiquée dans les hôpitaux des réserves. Même s'ils n'ont pas l'importance symbolique de cérémonies telles que la Danse du Soleil, les yuwipis ont été mieux préservés de la curiosité et de la commercialisation. Les capacités de guérison de l'homme-médecine s'appliquent tant aux maladies indiennes (celles qui existaient avant l'arrivée des Blancs) qu'aux maladies de Blancs (celles qu'ils ont introduites avec eux). Médecin, « psychothérapeute », l'homme-médecine « recrée l'espace et le temps indiens » : « Lors d'une réunion yuwipi, le rite fait d'une habitation profane un réceptacle de l'univers oglala tout entier. Aujourd'hui encore, les hommes-médecine prient dans les quatre directions dans l'ordre même où elles sont nées : ouest, nord, est et sud. Lorsqu'on met dans une pipe sacrée du tabac représentant les quatre vents, le zénith, le nadir et l'Aigle Tacheté, cette pipe acquiert par là même du pouvoir car elle contient dès lors tout l'univers. En l'allumant, on investit l'univers de vie et de souffle ; en la fumant, on fait passer l'univers à travers son corps, puis on le rend à Wakan Tanka [31]. »

On a assisté, depuis le milieu des années 1970, à l'apparition d'une nouvelle sorte d'homme-médecine, qui utilise les traditions de son peuple pour tenter de guérir ses patients indiens ou non des maladies dites « de Blancs » ; cela peut comprendre les maladies cardio-vasculaires, le diabète et même le cancer. Et cette thérapie — une autre forme de guérison — est perçue par de nombreux Lakotas comme efficace : « La guérison d'une maladie de Blanc par un homme-médecine d'aujourd'hui est une métaphore de la conquête de l'homme blanc lui-même, non pas de la maladie en tant que telle [32]. »

Le nouveau catholicisme : œcuménisme et inculturation

> *Je crois en une Amérique qui n'est officiellement ni catholique, ni protestante, ni juive (...) Finalement, je crois en une Amérique où l'intolérance religieuse prendra fin un jour.*
>
> JOHN F. KENNEDY, lors d'une campagne électorale [33].

Dans le domaine religieux, les années 1960 et 1970 furent marquées par l'esprit de changement et de renouveau insufflé par le pontificat de Jean XXIII et le concile Vatican II. L'épiscopat des États-Unis, renforcé par l'événement historique qu'avait constitué l'élection de John Kennedy, en 1960, premier (et unique) président catholique de l'histoire du pays, se rendit au concile avec la ferme détermination de revendiquer l'impartialité de l'État en matière religieuse, et en revint gagné par le nouvel esprit œcuménique*. « Actuellement,

---

* Rappelons qu'au moment de l'élection de Kennedy, la population catholique des États-Unis représentait un pourcentage de 26 % et que le catholicisme du candidat était considéré comme un handicap notable. Le cardinal Spellman lui-même,

l'Église considère que le pouvoir civil ne doit pas imposer à ses citoyens l'adhésion à une religion déterminée. (...) L'Église veut qu'en matière de religion, l'État soit impartialement bienveillant envers tous. (...) Ce qui est dit dans la présente déclaration servira la cause du vrai œcuménisme et sera d'un grande aide pour les fidèles et leurs pasteurs qui vivent dans des pays de pluralisme culturel et religieux[34]. » Au niveau des missions catholiques, désormais encouragées à utiliser les langues vernaculaires et à tenir compte des cultures locales, Vatican II, qui affirmait que « l'Église ne rejette rien de ce qui est vrai et saint dans les autres traditions religieuses[35] », se traduisit par l'intégration de certains aspects des religions traditionnelles (inculturation) dans la doctrine et la liturgie chrétiennes.

Sur les réserves sioux, l'esprit de réforme et les efforts d'inculturation furent amplifiés par le fait qu'un certain nombre de jésuites, qui s'étaient voués à l'étude de la religion lakota, amorcèrent un courant de rapprochement entre religion traditionnelle et religion chrétienne. Sous leur impulsion, et à travers l'ébauche d'un dialogue avec les hommes-médecine, l'interaction entre religion lakota et christianisme s'enrichit d'une véritable réflexion théologique qui suscita aussi de vives controverses.

La question épineuse de l'automortification associée à la Danse du Soleil, qui avait été l'un des prétextes de son interdiction par les autorités fédérales, avait déjà été progressivement reconsidérée par les missionnaires à la fin des années 1950. Un prêtre catholique, Peter Powel, qui avait étudié les cérémonies traditionnelles des Cheyennes, était parvenu à la conclusion que leurs rites sacrés étaient inspirés par Dieu lui-même. D'après lui, l'épreuve à laquelle se soumettaient volontairement les danseurs était une expression de leur amour pour le maître de l'univers et de leur désir de faire les sacrifices les plus élevés au nom des puissances spirituelles. Certains anthropologues avaient d'ailleurs souligné que les formes contemporaines de la Danse du Soleil pouvaient à certains égards être considérées comme des expressions de syncrétisme religieux. Selon des informateurs sioux, il y aurait une similarité entre le crucifix et l'arbre central de la Danse du Soleil, les souffrances des danseurs étant l'équivalent du concept chrétien de pénitence[36].

---

archevêque de New York, figure controversée, aurait formulé le vœu que jamais les vents conciliaires ne soufflent plus loin que la Statue de la Liberté.

Sur les réserves sioux, le prêtre catholique Paul Steinmetz, de l'église « Our Lady of the Sioux » de la localité d'Oglala (Pine Ridge), se plongea dans une étude approfondie des rituels lakotas et mit en lumière les points de convergence entre foi traditionnelle et foi chrétienne. A travers une analyse de l'importance mythique et symbolique du calumet parmi les Indiens en général et les Sioux en particulier, il souligne son rôle central de sacralisation du temps et de l'espace. Le calumet comprend l'univers tout entier et il est associé au temps sacré des origines qu'il fait revivre, constituant un symbole puissant de l'identité collective. Son utilisation est attachée à des règles très strictes. A la fois sacré et redouté, il est utilisé dans des circonstances particulièrement solennelles et on lui attribue un pouvoir dans les moments les plus dramatiques, notamment pour aider un individu à faire face à la mort. Il est aussi symbole de paix et de réconciliation, de l'alliance de l'homme avec l'univers. Comme le souligne Steinmetz, « les mythes associant le calumet à la nature en font l'expression sacramentelle de l'une des valeurs indiennes fondamentales, le maintien de l'harmonie avec celle-ci [37] ».

Mettant en parallèle le rôle du calumet, médiateur entre l'humain et le divin avec la figure du Christ dans la religion chrétienne, Paul Steinmetz signale qu'il (à la différence des « paquets-médecine ») ne figurait pas parmi les « objets diaboliques » que les premiers missionnaires voulaient détruire. A l'occasion d'une recherche ethnohistorique, il souligne que « la signification religieuse du calumet sacré, mais aussi d'autres éléments de la spiritualité lakota ont été beaucoup plus influencés par le christianisme que les anthropologues ne veulent l'admettre ». Il appuie son argumentation sur le fait que les informateurs les plus importants, John Sword et Black Elk, sur les témoignages desquels on a tenté de reconstituer les éléments fondamentaux de la religion lakota traditionnelle, étaient non seulement des Indiens déjà convertis mais aussi des catéchistes. En effet, ces deux Indiens remarquables, qui ont permis de procéder à une reconstitution savante de ce que l'on présente comme la religion lakota traditionnelle, ont eu une contribution qui fut par la suite occultée par la renommée des écrivains auxquels ils ont fourni la matière de leur recherche. On parle de l'œuvre de Walker, en mentionnant John Sword comme un informateur alors qu'il écrivit de nombreux textes en lakota dont fit largement usage le médecin-eth-

339

nographe avec lequel il collabora. De même, on parle du livre de John Neihardt, *Black Elk Speaks*, en négligeant le fait que Neihardt prit de nombreuses libertés avec la réalité biographique.

En mettant en lumière le rôle de catéchistes de John Sword (épiscopalien) et de Black Elk (catholique), le père Paul Steinmetz appelle l'attention sur les éléments de syncrétisme et de convergence entre foi traditionnelle et foi chrétienne. Il se démarque des anthropologues qui prétendent analyser un traditionalisme lakota étranger à la foi chrétienne et parfaitement préservé de celle-ci.

Paul Steinmetz mentionne un passage (supprimé dans la version définitive) du manuscrit de Black Elk concernant sa vision au cours de la Danse du Soleil de 1890 : « Il ne ressemblait pas au Christ. Il me semble qu'il ressemblait à un Indien mais je n'en suis pas sûr. (...) A l'époque je ne savais rien de la religion de l'homme blanc et je n'avais jamais vu de représentation du Christ. (...) Il me semble qu'il y avait des plaies dans la paume de ses mains (...). Il me semble en y repensant que j'ai vu le fils du Grand Esprit lui-même [38]. » L'identification du Messie de la Danse des Esprits par Black Elk se fait, comme Steinmetz prend soin de le souligner, après vingt-huit ans de réflexion en tant que catéchiste catholique.

Le père Steinmetz donne d'autres exemples plus récents de cette réinterprétation de la tradition lakota en fonction du christianisme. Il cite George Plenty Wolf, pour lequel l'effigie accrochée à l'arbre solaire de la Danse du Soleil peut évoquer le retour du Christ, tandis que le percement des chairs rappelle le sacrifice du Christ sur la croix. Évoquant une messe célébrée après une Danse du Soleil sur la réserve de Pine Ridge, il mentionne le rapprochement fait par Edgar Red Cloud entre l'apparition mythique de la femme-bison qui fit don de la Pipe sacrée aux Sioux ainsi que de « notre Mère la Terre » avec la Vierge Marie : « Quand les Indiens connaissaient notre mère la Terre, ils connaissaient en fait la Vierge Marie sans avoir entendu son nom. Et la femme qui nous a apporté le Calumet est la Vierge Marie [39]. » Il se réfère aussi au témoignage de Pete Catches, un autre Sioux Oglala qui met en parallèle tradition lakota et religion chrétienne : « Il dit qu'il prie avec le calumet en mémoire de sa vision comme le prêtre transforme le pain et le vin en corps du Christ en mémoire de la dernière cène [40]. »

Paul Steinmetz s'attacha à réconcilier dans sa paroisse tradition indienne et chrétienne en définissant les bases de ce qu'il concevait comme un syncrétisme déjà historiquement inscrit dans la conception du monde des Lakotas. D'autres auteurs ont analysé les éléments de la tradition chrétienne incorporés à la tradition lakota, notamment à travers les écrits de John Sword et Black Elk. Pour Elaine Jahner, qui a fait des analyses très approfondies des écrits de John Sword, il est incontestable qu'il y eut réinvention et réinterprétation de la mythologie lakota sous la plume de Sword qui voulut en quelque sorte assurer la cohérence et la continuité de la perception du monde des Sioux : « Les histoires de Sword suggèrent des orientations permettant l'adaptation à des conditions culturelles différentes et ses récits ont une fonction de médiation entre les croyances lakotas et les croyances bibliques, en ouvrant la voie vers des possibilités de syncrétisme [41]. »

Mais Paul Steinmetz n'est pas un observateur neutre de ces velléités de syncrétisme car il souhaite les enregistrer et les encourager. Partie prenante dans un système religieux complexe, foisonnant d'une spiritualité qui est prête à se canaliser dans des rituels et des expressions multiples, il pense qu'il peut devenir l'apôtre d'un syncrétisme religieux fondé sur une excellente connaissance des deux univers spirituels. Il met en évidence les éléments de convergence et sous-estime les éléments de divergence entre les deux systèmes de croyance.

Sur le plan concret, il s'attache à intégrer de nombreux éléments de la culture matérielle lakota dans la décoration de son église et dans les rituels catholiques. Dès 1961, en collaboration avec les fidèles de sa paroisse, il modifie profondément la décoration de son église à laquelle il donne le nom de Our Lady of the Sioux au lieu de Sainte Elizabeth : « Au centre de l'église, une peinture murale représente la Trinité chrétienne avec des symboles religieux lakotas. La création, représentée sur un tipi, reprend le thème mythique de l'oiseau plongeant dans les profondeurs aquatiques pour rapporter la terre dans laquelle le Grand Esprit va insuffler une âme. La rédemption est représentée par un aigle aux douze langues de feu représentant le Saint-Esprit qui descend vers les apôtres le jour de la Pentecôte [42]. » Pour ce prêtre passionné par la spiritualité lakota et qui ne voit pas d'obstacles à la réconciliation des deux traditions religieuses, de même que le calumet, comme le Christ, est médiateur entre l'humain et le divin, le peuplier sacré de la Danse du Soleil, qui représente l'axe du monde, est un intermédiaire entre le Ciel et la terre et symbole de salut. La femme-bison de la mythologie lakota, figure féminine, qui offrit le calumet aux Lakotas pour les guider, est comparable à la Vierge Marie dans la religion catholique, qui donna son fils à l'humanité pour la sauver.

Paul Steinmetz a été initié à la tradition lakota sous la houlette d'hommes-médecine. En priant avec le calumet, en participant à la Danse du Soleil, en intégrant le chiffre sacré 4 dans ses prières aux quatre directions, il se veut l'apôtre d'un nouveau christianisme indianisé qui promet aux Sioux résurrection et vie éternelle. En se familiarisant avec la quête de vision et la révérence pour la Terre sacrée, il s'acculture autant qu'il évangélise : « Au mois d'octobre 1963, j'ai prié pour la première fois avec le calumet à l'enterrement de Rex Long Visitor à Slim Butte. La nuit précédant l'enterrement, j'ai eu l'intuition du parallèle entre le Christ et le Calumet. J'ai conçu une cérémonie que j'ai inaugurée lors de cet enterrement et que j'ai recommencée de nombreuses fois depuis. J'ai tenu le calumet plein de tabac et, séparant le tuyau du fourneau, j'ai dit : "Homme, n'oublie pas qu'un jour le calumet de ta vie se brisera." J'ai ensuite posé les morceaux du calumet sur le cercueil. Après les prières rituelles, j'ai repris les morceaux et, en les réunissant, j'ai dit : "Par la résurrection du Christ nous serons tous réunis dans un bonheur éternel." Puis, répétant cette phrase dans les quatre directions, j'ai fait la prière suivante : "Je suis la résurrection et la vie ; celui qui croit en moi et meurt vivra, et celui qui vit et croit en moi ne connaîtra jamais le sommeil éternel." J'ai ensuite touché la terre avec le fourneau du calumet en silence. C'est après cet enterrement que les Lakotas sont allés voir John Iron Rope, l'homme-médecine de la communauté et qu'il a donné son approbation[43]. »

Paul Steinmetz veut officialiser le caractère fusionnel de la spiritualité sioux, en l'intégrant dans une réflexion religieuse théorique qui s'appuie sur le nouvel œcuménisme et l'inculturation. Mais sa démarche, qui aspire à faire au nord du Rio Grande ce que le christianisme indien illustre déjà au Mexique, est trop tardive pour être acceptée sans difficulté par les conservateurs des deux bords, tant traditionalistes que chrétiens. Il n'existe pas aux États-Unis de véritable syncrétisme des religions chrétiennes et traditionnelles au sein de l'Église établie. En outre, à une époque où les revendications identitaires se manifestent au sein d'une large part de la communauté indienne, par un rejet d'un christianisme longtemps imposé, il est difficile à un apôtre d'une tolérance nouvelle d'être bien accueilli par l'ensemble des hommes-médecine.

Pourtant, la « vision » de Paul Steinmetz, jésuite indianisé, est mieux perçue par les Indiens eux-mêmes que par les anthropologues blancs, qui se considèrent comme les garants d'un traditionalisme épuré, hostile à l'influence chrétienne. Pour les hommes-médecine qui sont aussi chrétiens et assistent à la messe, c'est une satisfaction de constater qu'un prêtre fait l'apologie de la spiritualité lakota et met en évidence sa compatibilité avec une religion révélée mono-théiste. Selon l'anthropologue William Powers, « Steinmetz ne se ren-dait pas bien compte que ces hommes-médecine qui étaient assis dans les premiers rangs de son église chaque dimanche étaient très impressionnés par le fait que lui, un prêtre jésuite, voyait enfin la lumière de la vérité[44] ».

Paul Steinmetz, un peu comme le père Éric de Rosny[45], initié au traditionalisme camerounais, avait une coudée d'avance sur ses pairs. Dans la lignée de Matteo Ricci, mais avec l'appui de l'esprit réformiste de Vatican II, ils mirent en pratique les principes fonda-mentaux de l'inculturation, en s'efforçant de réconcilier deux reli-gions et deux cultures. Mais leur individualisme même, au sein d'un appareil religieux hautement hiérarchisé et même d'un ordre (les jésuites) à la fois ouvert aux autres cultures et pourtant irréductible-ment enfermé dans ses propres réglementations, les confine dans des expériences vitales et stimulantes sur le plan de la réflexion théo-logique mais qui ne se généralisent pas.

Paul Steinmetz se voua à l'étude de la spiritualité lakota et publia un ouvrage et des articles qui constituent la somme de ses conclu-sions et de ses suggestions. Son œuvre, encore mal connue et assez mal diffusée, considérée par certains de ses pairs comme l'expres-sion d'une foi confuse et exaltée trop orientée vers la recherche uni-versitaire, continue à susciter des interrogations sur les réserves indiennes. L'inculturation qu'il prône conduit-elle à ouvrir la voie vers un véritable syncrétisme religieux ? Son analyse n'aboutit-elle pas à considérer la spiritualité lakota comme une forme de mysti-cisme préchrétien qui pourrait être absorbé par un nouveau christianisme élargi ? Au-delà du rôle de Paul Steinmetz lui-même, peut-on voir dans l'inculturation une réflexion théologique profonde ou simplement une nouvelle stratégie* ?

« Quand tu pars sur la colline, c'est pour y mourir »

Dans la même lignée mais avec plus de circonspection, le père Stolzman, tenant compte des réactions aux initiatives de son prédécesseur, engagea au début des années 1980 des discussions approfondies avec des hommes-médecine pour mettre en lumière les convergences et les divergences entre foi traditionnelle et foi chrétienne. Sur la base d'un dialogue mené pendant six ans avec les hommes-médecine, invitant à cette réflexion d'autres dénominations chrétiennes, sans parvenir à susciter de leur part beaucoup d'enthousiasme, obtenant en revanche la collaboration occasionnelle de Leonard Crow Dog, l'un des hommes-médecine les plus éloignés du christianisme, il voulut ébaucher une analyse théologique à l'intention des Lakotas partagés entre valeurs spirituelles opposées et contradictoires.

La démarche de William Stolzman est d'autant plus intéressante qu'il se déclare conduit contre son gré, mu par une vocation qui prend la force d'un destin, à devenir missionnaire parmi les Sioux. Cette vocation religieuse, qui pourrait prendre la forme classique d'un appel vers la vie missionnaire, se confirme et s'infléchit à la suite de visions, organisées sous la supervision d'hommes-médecine, et qu'il interprète, à l'indienne, comme des orientations vitales et définitives : « Nombreux sont ceux qui m'ont demandé : pourquoi êtes-vous devenu missionnaire parmi les Indiens ? Ma réponse est intimement liée à mon implication dans la religion indienne, bien que je sois missionnaire catholique [46]. »

Avec ingénuité, William Stolzman confie ses hésitations avant de participer aux cérémonies : « Je ne savais pas à l'époque si l'esprit œcuménique était assez avancé pour autoriser ma participation à ces cérémonies indiennes [47]. » Il fait revivre sa quête de vision sur la

---

* L'église catholique du village d'Oglala a été depuis redécorée en éliminant les éléments les plus syncrétiques conçus par Steinmetz.

colline de voyance, au milieu d'une tempête, après la purification dans un bain de vapeur. Il évoque sa prière aux quatre directions, son sentiment d'union avec la Terre, quand il se sentit bercé par elle comme un enfant dans les bras de sa grand-mère. Et puis il connut, au milieu d'un violent orage, la révélation soudaine et évidente du chemin à suivre, alors que la nature se déchaînait autour de lui et que la foudre faisait tomber un arbre à ses pieds : « Mes prières avaient trouvé une réponse. En fait, chaque fois que je suis allé consulter les esprits sur la colline mes prières ont été exaucées. Et pourtant, elles le sont toujours de façon inattendue (...). Les esprits doivent être traités avec respect, comme des personnes. Ils répondent à la foi et à la prière de chacun. Si l'on n'a pas la foi, si l'on ne leur fait pas confiance, on reste étranger à la religion lakota[48]. »

Le père Stolzman met en parallèle les clefs de voûte de chacun des systèmes religieux. Commençant par les rituels de purification, il relie le bain de vapeur (et les prières qui y sont associées) à la confession et la pénitence dans la religion chrétienne. Il perçoit dans les deux cas l'importance d'un rituel permettant à chacun de faire un retour sur lui-même, de faire acte solennel de repentir grâce à la médiation d'un religieux, prêtre ou homme-médecine. Il discerne aussi certaines divergences fondamentales, notamment l'accent mis sur la collectivité dans la religion sioux, par opposition à l'isolement du confessionnal ou de la pénitence individuelle. Il évoque le symbolisme de la pierre dans la religion lakota : dans la loge à sudation les pierres (et l'esprit qui les anime) sont le fondement spirituel de la purification. Brûlantes, consumant toute impureté, elles symbolisent la présence et la force de Wakan Tanka. Il met en parallèle, sans procéder à un rapprochement systématique, le symbolisme du nom de l'apôtre Pierre, ainsi nommé car il était le fondateur, mais aussi le fondement de la nouvelle Église chrétienne. Il mentionne certaines des innovations et comparaisons spontanées des Indiens christianisés : ainsi les offrandes de tabac sont-elles appelées « rosaires indiens ». Il évoque les questions posées par les Lakotas qui participent aux deux religions : peut-on apporter un crucifix dans une loge à sudation ? doit-il s'agir d'une simple croix ou le corps du Christ peut-il y figurer ?

Sa réflexion le conduit à passer en revue de nombreux éléments de convergence entre les deux systèmes religieux : recherche de vision et sens de la vocation, isolement de l'Indien sur la colline de voyance et retraite chrétienne, renoncement à la vie pour naître une nouvelle fois, rôle de médiateur du calumet dans la religion lakota et du Christ dans la religion chrétienne. Conscient que la religion lakota suscite beaucoup d'intérêt parmi les non-Indiens, William Stolzman publie aussi un manuel à l'intention de ceux qui voudraient participer aux cérémonies traditionnelles. Ce manuel énonce des recommandations à l'intention des nombreux néophytes désirant s'initier à la religion lakota : « La plupart des hommes-médecine accueillent les personnes sincères aux cérémonies lakotas, mais il arrive que certains interdisent aux non-Indiens et même aux Indiens d'autres tribus de participer aux cérémonies. Face à une telle situation, il faut comprendre que cette "politique de la porte fermée" est imposée par les esprits et que ces personnes doivent "préserver leur propre espace" pendant un certain temps pour contribuer à affirmer leur identité et leur culture. Il faut se retirer avec respect[49]. » William Stolzman, qui prend acte par là même de la force de fascination de la spiritualité lakota au-delà des limites tribales, essaie surtout, à la demande des hommes-médecine qui ont participé avec lui à un dialogue « œcuménique », d'éviter les impairs et les confrontations résultant du manque de respect de curieux désirant à tout prix s'indianiser.

Par son travail précis d'analyse comparative, avec un regard qui demeure extérieur à la spiritualité lakota, mais qui est pourtant celui d'un initié, « d'un étranger adopté », comme aime à le dire le père de Rosny à propos de sa place dans l'univers spirituel camerounais[50], Stolzman essaie d'établir un trait d'union entre deux cultures. Il se place dans la lignée de la « conversation de l'inculturation[51] », dialogue pastoral qui invite les différents partenaires à exprimer « leur propre univers de vie », les récits et les visions de leur propre culture. Plus avancée que celles des Églises protestantes dans leur ensemble, plus ouvertement novatrice que celle de l'Église épiscopalienne en territoire sioux, sa position est pourtant moins hardie et controversée que celle de Paul Steinmetz, qui avait la vision d'une fusion, d'une symbiose, d'un complet syncrétisme, d'un christianisme cosmique. Alors que Steinmetz amorçait une réunion dans l'espace et dans le temps des expressions de spiritualité chrétiennes et traditionnelles (célébration de la messe sur les lieux choisis pour la Danse du Soleil, prières au calumet pendant la messe), Stolzman esquisse plutôt les modalités d'une juxtaposition et d'une complémentarité de ces spiritualités. Aujourd'hui la petite église de Saint Ignace, décorée par Stolzman et les lakotas catholiques de la communauté de White River, à une trentaine de kilomètres de Rosebud, est restée intacte et c'est une femme sioux, Virginia Berrera, qui en a la charge. On y voit un Christ couronné d'une coiffe de plumes et une Vierge indienne.

Maintenant que le premier enthousiasme suscité par le vent de réforme de Vatican II est passé, l'inculturation se traduit surtout par l'intégration de certains éléments de la culture matérielle sioux dans les rituels chrétiens : les églises sont décorées de patchworks sioux fabriqués sur la réserve, les habits ecclésiastiques ornés de dessins aux motifs lakotas traditionnels. Mais d'assez nombreux prêtres continuent le dialogue avec les hommes-médecine, s'intéressent à la spiritualité traditionnelle et participent à la Danse du Soleil. Une atmosphère de relative tolérance prévaut sur les réserves. L'anthropologue sioux Bea Medicine a souligné qu'en dépit de ces apports nouveaux et de ces tentatives de dialogue et de rapprochement, la spiritualité lakota ne pourrait jamais se contenter du seul christianisme. Mais, comme il a été souligné dans un éditorial du *Lakota Times*, ces initiatives et ces ouvrages mettent un terme à l'idée selon laquelle la religion indienne est « païenne et sauvage[52] ».

A la faveur d'entretiens avec les Sioux qui se déclarent chrétiens, on constate qu'aucun d'entre eux ne renie son indianité. Les permutations sont nombreuses entre protestantisme et catholicisme du fait de la fréquence des mariages interconfessionnels mais aussi parce que le sectarisme qui a marqué l'histoire des différentes dénominations chrétiennes a laissé peu de traces dans la perception autochtone de la foi chrétienne.

Une enquête récemment réalisée par l'université de Marquette à propos des Sioux catholiques est révélatrice de cet œcuménisme qui va souvent de pair avec un maintien du traditionalisme[53]. La véritable réflexion historique et théologique qui accompagne les réponses des participants, le désir de partager les interrogations existentielles en font une photographie saisissante de l'acuité du regard des convertis, qui demeurent amers au souvenir des conditions de l'évangélisation même s'ils adhèrent à la foi chrétienne. Dans le cas de Martin Leneaugh, quadragénaire, codirecteur, avec un prêtre jésuite, de la mission de Rosebud (dont l'école est désormais gérée par les Indiens), on est frappé par la libre évocation d'un passé baptiste, de l'admiration pour un maître à penser épiscopalien (Calvin Brokenleg, qui a lui-même « flirté » avec l'Église orthodoxe) et d'une adhésion désormais bien ancrée au sein de l'Église catholique, dont il est l'un des administrateurs. Ce qui est spécifiquement lakota est sans doute la nature d'une expérience religieuse perçue comme salvatrice face au souvenir douloureux de l'alcoolisme des parents et vécue comme une fulgurante révélation personnelle, au cours d'une vision. Car Martin Leneaugh est convaincu d'avoir parlé à Dieu, à l'aube, tandis qu'il faisait sa prière matinale. Un appel divin lui fut alors transmis à travers l'acuité de la brillance d'un rocher : « Je sentis alors que Dieu était là, qu'il me parlait à la façon indienne, pour que je puisse communiquer avec lui. » Dans le cas de Victory Bull Bear, homme-médecine et diacre, les spiritualités traditionnelles et chrétiennes sont perçues comme très proches, fusionnelles : « Je n'ai jamais vraiment compris les différences entre les deux. » Quand il ferme les yeux, il voit « l'esprit de Jésus », et aussi « les esprits multiples des anciens ». Pour lui, la Vierge Marie est assimilée à la femme-bison qui est venue apporter le calumet aux Sioux. Le clivage entre traditionalisme et christianisme vient selon lui des conflits de pouvoir et surtout de l'éternelle volonté de domination des Blancs. En tant que diacre prêchant dans sa langue, il évoque avec amertume l'autorité que les prêtres ont exercée sur lui (« nous devions suivre les ordres des jésuites ») et le poids de la hiérarchie religieuse, régimentant l'expression de la foi, étouffant le véritable message du Christ. Dans « ce voyage qu'est la vie, alors que nous ignorons d'où nous venons et où nous allons », il est convaincu « qu'il n'y a pas de peuple élu et que tous les peuples sont les enfants de Dieu ».

Certains Sioux chrétiens, surtout ceux qui ont plus de cinquante ans, avouent ne pas bien connaître leurs propres traditions et les redécouvrir maintenant que la tolérance prévaut. Certains, assez rares, pratiquent un christianisme exclusif. Parmi la génération qui a découvert le Red Power au moment de l'adolescence, l'amertume se transforme en opposition à l'égard des prêtres et des religieuses qui n'ont pas su incarner l'humanité et la charité qu'ils prônaient. C'est ainsi que Martin Clifford, âgé de trente-huit ans, qui fut élève à la mission catholique de Pine Ridge de 1962 à 1965, évoque les salles de classe où prêtres et religieuses vantaient un amour désincarné, irréel (« ils parlaient toujours d'amour et je ne voyais rien de tel »), et où ils émettaient des doutes sur le salut des petits Indiens : « Un jour une religieuse m'a dit qu'il n'y avait pas de place au ciel pour les Indiens. Qu'ils pourraient peut-être être sauvés mais que ce n'était pas sûr. »

Cette enquête révèle que les chrétiens les plus convaincus (tels que La Veta Bark, dont « la foi se renforce avec le temps ») sont aussi ceux qui vivent bien leurs relations humaines avec l'univers des missions, parmi lesquels l'Église catholique a su tisser un réseau d'échanges et d'entraide, constituer une étape vers la conquête d'une formation professionnelle, stimuler la création artistique par le biais de concours et d'expositions (l'Indian Heritage Center de Pine Ridge, fondé par le frère Simon, qui gère aussi les archives de la mission). Un adolescent, Ron Kills Warrior, déclare « avoir une foi plus forte que le pouvoir du mal », et n'avoir que de bons souvenirs de son éducation, tant chrétienne que traditionnelle. Il affirme admirer l'action du jeune archevêque indien Charles Chaput, de Rapid City, et exprime la voix nouvelle, encore rare, de ceux qui ont été élevés dans la tolérance.

La stratégie de l'Église catholique a consisté à encourager le panindianisme, notamment en mettant l'accent sur le rôle unificateur de la sainte iroquoise Kateri Tekakwitha. Les réactions à l'évocation du nom de Kateri, dont la statue est à la place d'honneur, à l'entrée de la mission de Rosebud, sont très variables. Certains interlocuteurs répondent spontanément : « Mais elle est d'une autre tribu. » La plupart, pourtant, soucieux de défendre l'« indianité » au sein même du christianisme, expriment une certaine fierté qu'une Indienne soit ainsi honorée.

A la différence des épiscopaliens, les catholiques n'ont pas su créer un clergé autochtone, demeurant à cet égard une Église coloniale. La présence de catéchistes indiens en territoire sioux ne compense pas le retard des ordinations. Des études ont été faites, qui font état du faible nombre de vocations, le célibat étant considéré comme un élément fortement dissuasif[54]. Au début des années 1990, un seul prêtre sioux (le père Jordan) avait été ordonné, sur le tard, qui racontait sa dure formation théologique dans un séminaire éloigné où il avait dû apprendre le grec et le latin[55]. Un jeune muséologue sioux, Emil Her Many Horses, responsable de la collection du musée de Rosebud, fondé par le père Eugen Buechel, avait décidé de devenir jésuite. A trente-huit ans, le 4 janvier 1993, il prononça ses vœux perpétuels de pauvreté, de chasteté et d'obéissance au sein de la Société de Jésus. Comme tenait à le préciser de vive voix Francis Paul Prucha, historien et écrivain jésuite, la formation n'avait pas été écourtée ou simplifiée à son intention[56]. Le jeune prêtre sioux a, depuis lors, entrepris des études d'anthropologie, de philosophie et de théologie à l'université Loyola de Chicago. Personne ne sait s'il sera ensuite renvoyé dans sa communauté d'origine. Son cas, qui suscite beaucoup de curiosité sur la réserve de Rosebud, fait figure d'exception.

Plusieurs voyages du pape Jean-Paul II en territoire indien, notamment en 1984 et septembre 1987, ses prises de position en faveur de leurs droits historiques ont marqué un infléchissement vers la formation d'un clergé autochtone. La nomination des deux évêques, Charles Chaput et Donald Pelotte, l'un d'origine potawatomi, l'autre en partie mohawk, constitue une innovation notable des années 1980*. A Pine Ridge, en 1988, c'est Mgr Chaput qui célébra la messe du centenaire de la mission, au cours d'une cérémonie qui témoignait des efforts d'inculturation, sur le plan de la liturgie et de la culture matérielle. Mais les vocations sont très rares, même parmi les fervents catholiques, car le célibat, comme l'a souligné Jean Malaurie à propos des Inuits[57], constitue pour ces populations, et tout particulièrement pour les Sioux, une anomalie.

Aux grands bouleversements théologiques de l'Église catholique depuis Vatican II s'oppose la lignée stable et pragmatique de l'Église épiscopalienne, moins novatrice sur le plan de la réflexion spirituelle, mais plus fortement ancrée parmi les Sioux peu métissés. Si les points forts des jésuites sont l'éducation et la formation d'une élite indienne, le dialogue spirituel et l'inculturation, on constate que l'Église épiscopalienne a su se montrer capable de passer la main aux prêtres autochtones, qui laissent plus ou moins tranquillement se perpétuer le traditionalisme parallèlement au protestantisme.

---

* Charles Chaput a été nommé archevêque au début de l'année 1997. Voir document p. 318.

L'Église épiscopalienne : vers un christianisme autochtone ?

Calvin Brokenleg est prêtre épiscopalien sioux et enseignant à l'université. Il déclare sans ambages avoir eu une vocation précoce pour la prêtrise mais ne pas rejeter sa culture traditionnelle. Dans un article novateur[58], il s'est efforcé de faire une esquisse générale de l'éventail des systèmes de croyance parmi les siens. Son approche a le mérite de n'être pas déformée par le sectarisme protestant-catholique qui mine encore souvent l'analyse des missionnaires, ni par le dogmatisme anthropologique qui tient à définir des systèmes de croyance parfaitement logiques, permanents et imperméables[59]. Il distingue quatre catégories de croyants : ceux qui se réclament exclusivement du traditionalisme, ceux qui se réclament exclusivement du christianisme, ceux qui combinent le calumet (au sens large de religion lakota) avec la croix (le christianisme), car ils ne voient pas de contradictions majeures entre les deux, et ceux qui combinent le calumet et la croix, afin de conserver la paix et l'unité intérieure, tant individuelle que collective. Il définit cette dernière catégorie comme particulièrement caractéristique des Sioux, désireux de préserver une ligne de continuité spirituelle.

Pour illustrer la première catégorie, il rappelle que nombreux sont ceux parmi les traditionalistes pour lesquels l'expérience du christianisme a été amère. Le cas de Tim Giago, directeur du plus grand journal sioux, l'un des plus importants journaux indiens du pays, ancien élève des jésuites et dénonciateur de leur action, est exemplaire[*]. De même, Calvin Brokenleg évoque les programmes d'assistance spirituels qui sont proposés dans les pénitenciers du Dakota du Sud : « Les Indiens ont été initiés au christianisme et parfois forcés de se convertir aux valeurs judéo-chrétiennes et à l'Évangile. Nous comprenons que le problème ne vient pas de l'Évangile mais de la façon dont il nous a été présenté (...). Nous considérons que les cérémonies traditionnelles et la quête de vision sont très importantes pour nous (...), grâce à notre mode de vie spirituel nous pouvons nous améliorer et espérer un meilleur lendemain[60]. »

Les Indiens chrétiens qui ne veulent rien avoir à faire avec le tradi-

---

[*] Voir document p. 211.

tionalisme sont rares, mais ils existent. Calvin Brokenleg souligne qu'il s'agit plutôt de protestants d'un certain âge, qui ont absorbé et retenu un message chrétien fondamentaliste, qui dénonçait avec une particulière intolérance le paganisme et les superstitions. Ce christianisme irréductible, dont leur vision du monde est empreinte, se traduit, notamment parmi les membres de l'Église du Body of Christ, par une dénonciation des danseurs du Soleil et des « sorcelleries » des traditionalistes. Leur discours s'inscrit dans la ligne de l'irréductible dénonciation du « paganisme » : « Quand Moïse parlait à Dieu, les gens s'amusaient. Ils fabriquaient des idoles. La grande colère de Dieu s'est abattue sur eux (...). Aujourd'hui, l'équivalent de ces idoles, ce sont les danseurs qui adorent le Soleil. Les gens sont idolâtres, il y a de la sorcellerie (...). C'est un adultère spirituel que de servir d'autres dieux, de servir le calumet de la paix. Il y a un seul Dieu, qui a créé le ciel et la terre, qui est le Dieu tout-puissant. C'est le seul[61]. »

Dans cette optique, le calumet de la religion traditionnelle est comparé au veau d'or de la Bible. Ces chrétiens extrêmes, peu nombreux, sont convaincus que le pouvoir du Christ est plus grand que celui du Calumet, et n'hésitent pas à se montrer prosélytes à l'égard des autres tribus, affirmant par là même que leur foi doit dépasser les frontières tribales. A cette analyse des tenants de l'Église du Body of Christ, on peut ajouter les précisions apportées par le père Paul Steinmetz, qui analyse l'aspect paradoxal et original du christianisme fondamentaliste parmi les Lakotas. En effet, si conservateur que soit ce fondamentalisme, il se définit comme autochtone. Ses membres ne considèrent pas leur Église comme une Église de Blancs et pourtant ils rejettent tous les symboles religieux traditionnels en tant qu'expression de l'identité sioux. Là encore s'affirme la capacité des Lakotas à faire leurs les mouvements religieux qui les attirent, à les absorber et à leur conférer une identité spécifique.

Parmi les Sioux qui évoluent entre les deux systèmes religieux, traditionnel et chrétien, Calvin Brokenleg distingue d'abord ceux qui sont convaincus de la compatibilité des deux religions. Ils s'inscrivent dans une perspective globalement œcuménique et ils sont plutôt proches de l'Église catholique ou ont été influencés par elle. Ils considèrent que les différences entre le calumet et la croix sont de caractère culturel plutôt que spirituel. Il les désigne sous l'appellation générale de « culturalistes ». Ben Black Elk est l'un des représentants les plus connus et les plus éloquents de ce syncrétisme, pour qui le Christ et le Calumet ne font qu'un : « Pendant une grande partie de mon existence, j'avais des doutes sur le rapport entre le Calumet et le Christ. Quand je priais avec le Calumet, était-ce une trahison de ma foi chrétienne ? Quelle était la signification dans ma vie de mon rôle d'interprète pour John Neihardt et Joseph Brown ? Mais maintenant je vois que le Calumet et le Christ ne font qu'un, les doutes qui ont troublé ma conscience pendant des années se sont dissipés et je ressens une paix spirituelle profonde[62]. »

Dans la quatrième catégorie, celle des « diplomates », Calvin Brokenleg place ceux qui ne veulent pas épiloguer sur les différences entre les deux religions. Il définit cette approche comme un point de vue spécifiquement lakota, qui permet de combiner les deux voies spirituelles. Le « diplomate » peut être convaincu qu'il existe une unité ultime mais il part plutôt des différences entre le Calumet et la Croix. Il considère qu'il faut qu'il y ait harmonie et continuité pour que soit maintenue la paix spirituelle. Dans cette optique, on parle plutôt d'interaction entre les deux univers spirituels. D'après Calvin Brokenleg, l'un des principaux avantages de cette approche est la volonté de travailler ensemble en dépit des divergences. Elle permet de sauvegarder l'unité et la bonne volonté, à laquelle les « diplomates » attachent une importance fondamentale. Ainsi sont réduites les tensions au sein d'une population qui doit concilier plusieurs systèmes religieux. Calvin Brokenleg, tout en évoquant l'éventualité de retours en arrière, d'une remise en cause de l'inculturation et de la tolérance, exprime l'espoir que les différentes religions continueront de témoigner de leur propre vision spirituelle, de répandre leur propre lumière sans que chacune d'entre elles ait l'ambition de devenir la foi exclusive du monde entier[63].

Calvin Brokenleg illustre la nouvelle tolérance qui s'exprime au sein d'une partie des Églises, tant protestantes que catholiques. Cette opposition au sectarisme se retrouve chez de nombreux Indiens qui, ayant été exposés aux deux religions, comprennent les ravages que peuvent produire l'acharnement et l'aveuglement dans les conflits spirituels. Une minorité de traditionalistes militants prône en revanche, avec une ferveur renouvelée, le rejet de l'acculturation et de la christianisation. Ce retour aux sources ardent passe par un repli identitaire qui conduit à rejeter la présence des non-Indiens pendant le déroulement des rituels traditionnels, en particulier la Danse du Soleil, et aussi à dénoncer les hommes-médecine qui demandent des sommes importantes pour initier, en milieu urbain ou sur le territoire des réserves, des non-Indiens au traditionalisme sioux.

En tant que pasteur fidèle à son identité lakota, Calvin Brokenleg représente la tendance modérée d'un protestantisme épiscopalien déjà solidement implanté parmi les Sioux. Il met moins l'accent sur le syncrétisme et l'œcuménisme, qui lui paraissent plus proches du message catholique, que sur la complémentarité des spiritualités. Il évoque une prudente inculturation au niveau de l'intégration de certains éléments de la culture matérielle lakota dans la décoration des églises, et surtout le renforcement et le regroupement — au sein d'associations nationales et internationales — du clergé autochtone.

DOCUMENT

Madonna Swann
entre deux mondes

La voix de Madonna Swann illustre l'aspiration à la réconciliation des deux mondes. Dans son « autobiographie », elle évoque son enfance, à la charnière du traditionalisme et du christianisme, et l'importance qu'elle accordait alors à la sagesse de sa grand-mère, pour laquelle les deux voies spirituelles étaient parfaitement compatibles.

Grand mère me disait : « Le Soleil (Wi) est Wakan Tanka. Nous le prions ; nous l'appelons aussi Tunkasila, ce qui signifie Grand-père. Je prie avec le calumet depuis que mon père me l'a donné quand j'étais une jeune femme. » (...) Elle ajoutait : « Les directions sont aussi nos amies. (...) La Terre est notre Grand-mère, Unci pour nous tous, pour tout ce qui vit. Hanwi, la Lune, est aussi notre amie et Tate, le Vent, et Whope, la Belle. Elle était la femme-bison, la jeune femme bison blanc qui nous a apporté le calumet sacré. » (...)

Elle m'apprit aussi les quatre grandes vertus qui régissent la conduite des Lakotas. Ce sont la générosité, la bravoure, la force d'âme (résistance à la souffrance, patience) et l'intégrité morale. (...)

Grand-mère croyait dans le christianisme ; elle avait été baptisée à l'église catholique. Un jour, alors qu'elle ramassait des baies avec nous, nous lui avons demandé, comme nous l'avions souvent fait auparavant, pourquoi elle priait avec le calumet. Elle nous répondit : « C'est la même chose que la voie chrétienne ; toutes les prières sont bonnes. Vous pouvez avoir un calumet et prier avec lui si vous voulez ; le Créateur vous écoutera. »

Grand-mère Julia allait parfois à la messe et communiait, mais, chaque jour, chaque matin et chaque soir elle priait avec le calumet pour nous tous [*].

---

[*] Extrait de *Madonna Swann, A Lakota Woman's Story, as Told through Mark St Pierre*, University of Oklahoma Press, Norman, 1929. Le combat de Madonna Swann contre la tuberculose, ses capacités d'endurance et d'adaptation, sa force d'espérance ont conduit à lui conférer en 1983, sur sa réserve de Cheyenne River, le titre de femme indienne de l'année. Au cours d'un entretien, le 18 août 1994, sa sœur Shirley Keith confirmait que leur famille est à la fois profondément traditionaliste et catholique. Elle ajoutait que son mari, homme-médecine, exerce les fonctions de conseiller auprès des jeunes qui ont un problème de dépendance à l'égard de l'alcool ou de la drogue. Il les encourage à suivre la « voie rouge », à se purifier dans les loges à sudation et à assister à la Danse du Soleil. Pour conclure, Shirley Keith ajoutait : « Maintenant nous sommes libres de choisir. Nous pouvons être traditionalistes ou chrétiens, ou les deux à la fois. »

Conclusion

Le Nouvel Age du pluralisme religieux

> *Il est indéniable que les religions de l'Ancien Testament ont été les premières à déraciner l'être humain de la nature et à s'élever avec véhémence contre la divination mythique du monde. Par crainte de la constante menace que représente la vision mythique de l'univers, la religion de la Bible estime que la nature n'est pas un lieu destiné à l'expérience de Dieu et que son rôle n'est pas, comme celui de la religiosité mythique, d'intégrer l'homme à la nature extérieure mais d'y opposer l'histoire humaine interprétée et rendue transparente comme le site privilé- gié de l'action divine. (...)*
>
> *Le christianisme n'a pas su créer une relation avec la nature différente de celle de la religion d'Israël.*
>
> EUGEN DREWERMANN[1].

« L'identité est enracinement. Mais elle est aussi passage, passage universel », déclarait récemment Aimé Césaire à l'Unesco[2]. Et il ajou- tait : « Si la voix des cultures africaines, la voix des cultures indien- nes, la voix des cultures asiatiques se taisent, eh bien, je crois que ce sera un appauvrissement de la civilisation humaine. » Il semble bien que les enjeux du parcours spirituel douloureux mais exem- plaire des Indiens s'inscrivent entre ces différentes tendances. L'unité et la diversité des religions indiennes, vivifiantes, poétiques, ardentes, recèlent des valeurs qui demeurent encore largement méconnues. Entre les deux pôles opposés évoqués par Aimé Césaire, entre enracinement et communication, retour aux sources et ouverture, repliement ou « passage universel », se dessinent les orientations possibles de leur trajectoire spirituelle.

Les manifestations multiples de la spiritualité indienne sont d'une intensité et d'une variété déconcertantes, et laissent peu de place à la notion de laïcité. Mais elles répondent à une quête existentielle dont l'intensité est à la mesure des traumatismes de l'histoire autochtone. A certains égards, les sociétés indiennes sont à l'avant-garde d'une quête universelle encore confuse au seuil d'un XXIe siècle dont André Malraux annonçait la spiritualité « imprévisible ». A l'approche d'un nouveau millénaire, alors que s'esquisse l'aspiration à une spiritualité au-delà des dogmes, et que s'ébauchent de véritables tentatives de dialogues interreligieux, les religions indiennes sont désormais intégrées aux grandes religions du monde. On ne s'étonne plus aujourd'hui que les chefs spirituels amérindiens, comme ce fut le cas lors de la rencontre intertraditions organisée en Savoie par le dalaï-lama en avril 1997, soient invités aux côtés des représentants des principales religions de l'humanité.

Mais le poids de l'histoire est tel qu'il existe encore beaucoup d'entraves au dialogue interreligieux. C'est sans doute pourquoi les démarches de « repentance », stimulées par les bilans de fin de siècle, se multiplient à l'égard des victimes des grandes tragédies de l'histoire. Dans le cas des Indiens, ces manifestations de prises de conscience ne furent pas exclusivement stimulées par l'anniversaire de la Rencontre de deux mondes, en 1992. Elles furent plutôt diffuses, notamment au sein des Églises. En 1987, Jean-Paul II demandait que soient reconnus « l'oppression culturelle, les injustices et les bouleversements que les sociétés traditionnelles ont subis en rencontrant la civilisation européenne », et il exhortait le clergé américain à être « véritablement catholique » avec les Amérindiens [3]. Au début des années 1990, plusieurs Églises protestantes exprimaient solennellement et collectivement leurs regrets pour la violence et l'intolérance dont les Indiens ont été les victimes. En dehors même des instances religieuses, outre les remises en cause auxquelles donna lieu aux États-Unis, comme dans d'autres pays du continent américain, la reconsidération de la Conquête, on remarque une évolution notable dans les perspectives historiques et quelques initiatives — significatives ou anecdotiques — au niveau des administrations locales. Elles sont d'une importance variable et n'excluent pas les retours de bâton occasionnels. Mais certaines, du fait de leur caractère emblématique, méritent d'être mentionnées.

C'est ainsi qu'une décision a été récemment amplement commentée par la presse des Dakotas, États dont le nom est si étroitement associé à l'histoire indienne. En effet, dans la ville de Pierre, capitale du Dakota du Sud, il a été décidé de supprimer une peinture murale qui figurait dans le palais du gouverneur jusqu'à l'été 1997. Il s'agissait d'une représentation monumentale et majestueuse de la progression des colons dans la région des Grandes Plaines. Réalisée en 1910, elle représentait des soldats et des pionniers, la Bible à la main, guidés par un ange et piétinant sur leur passage des Indiens. L'État du Dakota du Sud, gagné par le « politiquement correct » mais aussi désireux de repenser son histoire, décida en un premier temps de la dissimuler au regard des visiteurs par un savant drapé puis, au prix d'un travail difficile et coûteux, de l'éliminer complètement. En ce lieu chargé d'histoire, non loin des sites où se déroulèrent les combats les plus violents de la fin de la Frontière, là où les préjugés raciaux et les conflits de religion ont été longtemps les plus exacerbés, on décidait enfin d'accepter une certaine reconsidération du passé, une autre lecture de la conquête des terres et de la conquête des âmes.

De l'ingérence spirituelle à la découverte réciproque

L'histoire des missions en territoire indien s'inscrit dans ce contexte général d'une conquête territoriale plus ou moins directement associée à la conquête des âmes. Au moment des premiers contacts, l'ingérence spirituelle était considérée comme allant de pair avec la découverte et la colonisation. Telles furent les circonstances de l'implantation des premières missions en territoire pueblo. Pourtant, il s'avère que la stratégie de résistance efficace de ces populations tranquilles conduisit à la perpétuation dans la clandestinité d'un traditionalisme dont les fondements échappent encore partiellement à l'appréhension des missionnaires tandis que le folklore autochtone se mêle aux rites et au calendrier chrétiens.

Beaucoup plus tardive, faisant suite à la constitution des réserves, à la fin du XIXᵉ siècle, l'implantation des missions permanentes en territoire sioux associa évangélisation et action humanitaire au sein de communautés démantelées, où les rites traditionnels étaient déjà interdits par le gouvernement. Dans ce vide spirituel qui leur était imposé, les Sioux étaient à certains égards plus perméables que les Pueblos à l'influence spirituelle des missions. Les prêtres furent de puissants agents de transformation, d'acculturation et d'éducation. Certains s'employèrent à préserver la culture traditionnelle tandis que d'autres contribuèrent à la politique générale de déculturation, car l'éducation au sein des missions conduisait à couper les enfants de leurs traditions familiales et tribales.

La progressive libéralisation du cadre juridique, à partir des années 1930, conduisit à la lente remontée à la surface du traditionalisme. L'évolution des Églises au cours de la deuxième moitié du XXᵉ siècle, surtout depuis Vatican II, a créé une ouverture spirituelle d'importance historique et a fait naître un nouvel esprit de tolérance. A la fin de ce siècle, alors que les stratégies d'ingérence cèdent la place à la découverte réciproque, on peut se demander si ce mouvement va se confirmer. Comme le souligne Jean Malaurie : « L'Église évolue depuis le grand concile Vatican II. Évangéliser, dit-on maintenant à Taizé et depuis les rencontres papales à Assise (1990 et 1992) avec toutes les confessions : chrétienne, judaïque, l'islam, le bouddhisme, l'animisme, c'est dialoguer entre les cultures, les religions, quelles qu'elles soient. Mais ce nouvel esprit de tolérance est en contradiction avec des dynamiques institutionnelles plus fortes que la volonté des hommes [4]. »

Pourtant, alors que le rapport de force entre christianisme et traditionalisme s'est considérablement infléchi, que le désir d'affirmation de l'indianité se révèle plus profondément ancré que la christianisation, il semble bien que nombre d'individus aient manifesté leur liberté de choix et affirment leur droit d'adhérer à un vaste éventail de valeurs spirituelles.

Un large éventail spirituel

Parmi les Pueblos, un catholicisme vieux de plusieurs siècles se trouve désormais concurrencé par une adhésion marginale au protestantisme. Les Indiens de Taos, contrairement aux autres Pueblos, sont ouverts à l'Église des Premiers Américains, qui coexiste avec le traditionalisme et le christianisme. Mais les manifestations de spiritualité chez les Sioux sont encore plus nombreuses. Le traditionalisme a connu un renouveau sous l'impulsion de la montée du Red Power et d'un désir de retour aux sources de l'indianité. La loi de réorganisation des Affaires indiennes de 1934 a permis à la Danse du Soleil de sortir de la clandestinité et, au début des années 1960, les pratiques de mortification qui y sont associées ont été autorisées. En 1978, l'*American Indian Religious Freedom Act* réaffirmait le droit à la liberté des pratiques religieuses, et notamment à la consommation du « divin cactus » dans le cadre de l'Église des Premiers Américains. A la fin de l'année 1994, un amendement à cette loi renforçait ce droit en interdisant aux États de s'opposer à la consommation rituelle du peyotl. Les Sioux ont progressivement accepté l'implantation du peyotlisme qui demeure pourtant pour eux, comme parmi les Indiens de Taos, complémentaire des autres religions.

Contrairement à la conversion des Indiens du Nouveau-Mexique qui, à maintes reprises, a reposé sur l'association du glaive et de la croix, le christianisme indien en territoire sioux n'a pas été étroitement associé à la conquête armée. D'abord établi à la faveur d'une stratégie de substitution, le christianisme s'est infléchi au cours des trente dernières années, en évoluant de l'acculturation à l'inculturation.

L'inculturation proposée par la hiérarchie catholique depuis Vatican II s'est faite avec plus de hardiesse en territoire sioux (surtout à Pine Ridge et à Rosebud) en raison de l'action novatrice et controversée de prêtres indianisés. Chez les Pueblos du Nouveau-Mexique, c'est au sommet, à partir de l'archevêché, que se sont manifestées les velléités d'inculturation, surtout au niveau de la culture matérielle. Dans les Grandes Plaines et à Pine Ridge en particulier, réserve emblématique, des personnalités marquantes, tant du côté des Sioux que des missionnaires, font de la confrontation et de l'interaction entre christianisme et traditionalisme, du croisement des destins entre hommes de Dieu et guerriers des Plaines, une histoire riche en rebondissements qui suggère le dépassement des simplifications abusives et révèle l'entrelacement des croyances. Mais les velléités de syncrétisme y sont pourtant contestées en raison du développement récent d'un traditionalisme militant, hostile au christianisme.

Sur les réserves sioux de Rosebud et de Pine Ridge, les Indiens chrétiens sont en majorité catholiques ou épiscopaliens. Mais des missions presbytériennes existent depuis la fin du XIXe siècle et on compte quelques baptistes et méthodistes. Les mormons, qui considèrent que les Indiens sont une tribu perdue d'Israël, y déploient une énergie prosélyte inlassable. Face à ces potentialités religieuses multiples, les individus et les familles revendiquent aujourd'hui leur liberté de choix.

La plupart des Indiens chrétiens ne voient pas de contradiction dans le fait de participer à deux systèmes religieux. Les religions autochtones ont été dès les premiers contacts touchées par des influences extérieures qui ont infléchi le traditionalisme. Des éléments de syncrèse religieuse ont eu leur part dans l'inspiration de la Danse des Esprits, originellement importée et modifiée par les Sioux au siècle dernier. Elle a fait sa réapparition à Pine Ridge au cours des années 1970, mais elle demeure occasionnelle, associée au traditionalisme et à l'Église des Premiers Américains.

Des anthropologues, certains missionnaires et quelques hommes-médecine ont décelé des éléments de syncrétisme dans la Danse du Soleil et les rites de purification. Certains préfèrent parler de participation simultanée à deux systèmes religieux et soulignent qu'ils ne sont pas systématiquement considérés comme antinomiques. L'interaction entre les différents systèmes religieux et le véritable dialogue théologique qui s'est instauré au cours de ces vingt dernières années ont permis de concevoir une nouvelle tolérance. Alors que pendant les années 1960 les militants de l'American Indian Movement réclamaient le départ des prêtres, on parle aujourd'hui, sans en prendre ombrage, des Robes noires qui participent aux Danses du Soleil. Les familles et les individus se sentent libres d'évoluer entre la mission et le cercle sacré de la Danse du Soleil. Mais ce sont plutôt les Indiens chrétiens qui, aujourd'hui, craignent la discrimination[5].

Ouverts aux autres visions spirituelles, les Sioux ont su s'approprier certains aspects du christianisme sans rejeter leur indianité. Ceux qui sont chrétiens acceptent le message du Christ, respectent les « hommes de Dieu » sans jamais accepter la toute-puissance des Églises. Les missionnaires et les Sioux sont progressivement parvenus à se convertir mutuellement. Les jésuites indianisés, qui ont voué leur existence à des réserves déshéritées devenues peu à peu leur port d'attache, attestent de la force de fascination de ces communautés qui n'ont jamais renié leur identité et qui sont prêtes à faire partager leur connaissance intime et sensorielle du monde.

Les Indiens parlent à Dieu

A travers la résistance à l'autoritarisme des missions, les Lakotas ont filtré certains aspects du christianisme qui leur paraissaient acceptables et rejeté ceux qui leur semblaient inadaptés à leur culture. L'idée d'un Dieu unique s'est imposée, qui est identifié à Wakan Tanka, mais le panthéisme inhérent à la religion traditionnelle, l'attachement ancestral à une géographie sacrée, à un paysage spirituel, ont perduré. Les Sioux, qui perçoivent l'existence comme une aventure mystique, expriment toujours une aspiration à la fulgurance d'une communication avec le naturel et le surnaturel. En extrapolant ce désir aux expressions du christianisme chrétien, on peut dire en reprenant la boutade d'un missionnaire à propos des Comanches : les Blancs parlent de Dieu, les Indiens parlent à Dieu.

Parmi les Sioux qui se considèrent comme chrétiens, c'est surtout l'idée de Jésus qui est retenue. L'idée d'une rédemption par la souffrance est très proche de la notion lakota d'épreuve et de sacrifice. L'image de la Vierge Marie est souvent mise en parallèle avec celle de la femme-bison qui a apporté le calumet aux Sioux. L'éthique chrétienne et l'éthique lakota se rejoignent dans l'idéal de solidarité mais, du fait de leurs structures tribales, les Lakotas pratiquent plus assidûment l'entraide familiale et le partage.

En revanche, les critiques adressées aux missionnaires placent les Indiens en général et les Sioux en particulier à l'avant-garde de ce qui pourrait être considéré comme une contestation du pouvoir des

Églises et des religieux. En avançant que ce n'est pas tant l'Évangile mais la façon dont il a été utilisé qu'ils récusent, les Indiens suggèrent la trahison du message chrétien par certains des représentants de l'Église. Pas très éloignés des critiques sulfureuses du jésuite révolté Eugen Drewermann, les Indiens mettent en cause l'esprit de discipline désincarné prôné par des « fonctionnaires de Dieu » qui ont « solidifié la coulée ardente qu'est le message de Jésus[6] » et sont eux-mêmes torturés par l'insatisfaction et la solitude. Pourtant, les Lakotas ont toujours su rendre hommage aux missionnaires d'exception qui leur ont consacré leur vie. Ce sont plutôt les rigidités et les exigences bureaucratiques de l'Église qu'ils mettent en cause. Le célibat des prêtres leur paraît difficilement concevable et décourage les vocations. Pour un Indien, l'isolement d'un prêtre qui rompt avec son milieu familial est considéré comme une redoutable épreuve.

Au-delà des imperfections humaines de ceux qui se réclament d'un idéal chrétien, la question du rapport entre l'homme et la nature est posée. Les cultures judéo-chrétiennes ont-elles écarté la nature au point de la négliger gravement, de l'exclure de leur perception du monde ? La spiritualité indienne, le rapport à la nature des Premiers Américains, l'ancrage de leur religion dans l'espace ne recèlent-ils pas un enseignement pour les conquérants ? Les critiques adressées par Vine Deloria au christianisme, qui l'a pourtant suffisamment intéressé pour le conduire au séminaire et l'y retenir pendant quatre ans, sont en filigrane marquées d'une profonde déception devant ses difficultés à s'élargir, à évoluer. Le message de cet écrivain brillant, qui jette les bases d'une théologie comparative, repose sur une exaltation parfois excessive des religions indiennes et met en valeur leur dimension communautaire, leur perception moins linéaire du temps et plus spirituelle de l'espace, les présentant comme une voie d'exploration spirituelle, une possibilité de régénération pour l'Amérique. On peut se demander si, au-delà d'une curiosité de façade, les conquérants voudront finalement être conquis, être séduits par la spiritualité indienne, non pas dans le sens d'une vague préoccupation écologique mais au sens profond d'une nouvelle alliance avec l'univers.

Alors que le traditionalisme est marqué dans les communautés pueblos par un souci fondamental de stabilité et de fidélité aux rites ancestraux, les nouvelles expressions de spiritualité se multiplient dans les réserves sioux de Rosebud et de Pine Ridge. La tradition y est préservée ou renouvelée grâce à un processus d'innovation permanent. Contrairement au cliché d'un traditionalisme figé, les Danses du Soleil se succèdent sans jamais être exactement reproduites, les nouvelles formes de liturgie chrétiennes (intégration de chants indiens, du calumet, d'éléments de la culture matérielle sioux) suscitent de l'intérêt et sont souvent bien accueillies. Mais on est revenu aujourd'hui des tentatives de fusion des rites chrétiens et traditionnels.

Dans l'isolement des Grandes Plaines, à la marge de l'immensité inhospitalière des Badlands, non loin du site tragique de Wounded Knee, l'espace et le temps sacrés contiennent l'espoir de guérison, la quête de vision qui permettent d'attendre un jour meilleur, de faire pénitence, de prendre un nouveau départ. On sait que l'été sera rythmé par les Danses du Soleil pour lesquelles seront sélectionnés avec soin la colline sacrée et le peuplier bruissant qui constituera l'axe du monde. Devant les crises existentielles, les rites traditionnels sont le grand recours. Ceux qui se préparent à la purification dans un bain de vapeur avant de devenir danseurs du Soleil doivent se réconcilier avec eux-mêmes autant que se distinguer devant les autres.

La créativité du traditionalisme sioux fait des adeptes au-delà des frontières de leurs réserves. Les pow-wows qui accompagnent les rites sacrés sont d'une splendeur étonnante et attirent des danseurs de tribus de tous horizons. Les costumes sioux sont copiés par des communautés éloignées des Grandes Plaines. Mais le foisonnement et la richesse même des activités rituelles en territoire sioux sont aussi liés au dénuement et à la dépression collective. Le chômage, l'oisiveté, les difficultés économiques et le traumatisme d'une Conquête dont certains des moments les plus dramatiques ne remontent qu'à un siècle expliquent sans doute la ferveur spirituelle des Sioux, qui ressemble parfois à une quête désespérée pour échapper au mal-être et au désespoir. Ils apparaissent néanmoins — au sein même des autres communautés indiennes — comme les leaders d'un mouvement d'innovation spirituelle, les porteurs d'une mémoire hautement symbolique, les représentants d'un traditionalisme réinventé.

Le traditionalisme évolue par des expérimentations nouvelles, authentiques ou commerciales, dont les charlatans ne sont pas absents. Il fait courir les Indiens d'autres tribus mais aussi les non-Indiens et les Européens. Les adeptes du New Age, qui pratiquent des rites de passage inspirés des traditions indiennes, et sont à la recherche de chamans pour des Danses du Soleil d'un style nouveau, perçoivent confusément en lui l'espoir d'une ère nouvelle, d'une nouvelle humanité. Dans les banlieues tranquilles comme dans les vastes métropoles éloignées des réserves, des Blancs, demandeurs de rituels susceptibles d'apaiser leurs inquiétudes existentielles *, organisent des cérémonies de purification, s'initiant à un traditionalisme sioux détribalisé sous la houlette d'hommes-médecine improvisés.

Les Pueblos et les Sioux : entre isolement et communication

Selon Claude Lévi-Strauss, il existe, dans chaque culture, « des optimums d'ouverture et de fermeture, entre isolement et communication[7] ». Dans le domaine spirituel comme dans d'autres sphères, les cultures pueblos et sioux s'inscrivent dans la recherche de ce difficile équilibre entre ouverture et fermeture à l'égard de la société majoritaire, entre enracinement (voire repliement) et ouverture vers le reste du monde.

Plus fermées aux influences spirituelles extérieures, les communautés pueblos se sont toutefois mieux adaptées à l'environnement économique américain et jouent le jeu de l'intégration quotidienne au sein de la société non indienne, tout en restant très attachées à l'univers social et familial des réserves où elles perpétuent en secret leurs rites ancestraux. Les Sioux, en revanche, plus sensibles aux apports extérieurs, sont moins bien adaptés, collectivement, à l'économie régionale de l'environ des réserves, mais ont un rayonnement spirituel qui va au-delà des limites tribales.

Pendant longtemps la conversion au christianisme a été associée à ce que l'anthropologue Gordon Macgregor a défini comme « l'ac-

---

* Dans son nouvel ouvrage, *Hummocks*, à paraître chez Plon, Jean Malaurie souligne que la ritualisation est aussi un art de chasser l'angoisse.

ceptation du Dieu des conquérants et à la recherche de son pouvoir, sans pour autant abandonner les anciennes croyances[8] ». Ces anciennes croyances, en dépit d'un passé d'intolérance et de répression, ont perduré chez les Pueblos comme chez les Sioux grâce à des modes de résistance très différents, les premiers ayant hérité le goût du secret d'une longue tradition de clandestinité, les seconds plus portés vers le dialogue et l'innovation.

Contrairement aux Pueblos, qui ont maintenu un cloisonnement strict entre l'univers spirituel traditionnel (fortement axé sur la stabilité spatiale) et un vernis de christianisme, les Sioux sont demeurés ouverts aux influences extérieures et ont connu des mutations spirituelles nombreuses, qui les ont aussi conduits à détacher les croyances tribales de leur cadre géographique pour les exporter en milieu urbain, à l'intention d'Indiens comme de non-Indiens. Sans doute est-ce moins difficile, dans le cas de la religion traditionnelle lakota, plus individualiste et plus mystique, d'être détachée de ses racines que pour la religion traditionnelle pueblo, extrêmement élaborée et indissociablement liée à la kiva, à l'espace tribal et aux rites de fertilité d'un environnement rural. Ce dépassement de la vocation strictement tribale d'une spiritualité sioux renouvelée par le militantisme a conduit à une interaction entre l'Amérique blanche et les chefs spirituels traditionnels. De même, les ouvrages tels que *Élan noir parle*, de Black Elk, « Bible » mythique de la spiritualité panindienne, mais aussi les écrits de Vine Deloria et les spéculations théologiques de quelques jésuites indianisés, devenus anthropologues pour faire mieux connaître la richesse de la spiritualité lakota, sont des ponts jetés entre plusieurs systèmes religieux. Même si Deloria souligne que les deux pensées religieuses, traditionnelle et chrétienne, ne peuvent se rejoindre, ses analyses sont aussi des tentatives de présenter la spiritualité indienne comme un message à vocation universelle.

Mais de quel message s'agit-il alors ? Dans sa quête spirituelle confuse, l'Amérique du New Age cherche à redécouvrir ses racines en s'initiant au mystère de la spiritualité indienne, perçue comme une religiosité cosmique, une autre clef de la compréhension du continent américain.

Depuis quelques années, le Chippewa Sun Bear (né Vincent la Duke), fondateur de la Bear Tribe Medicine Society, réunit autour d'une roue médecine, cercle de pierre délimitant un espace sacré, des adeptes nombreux, surtout non indiens, qui s'initient à une version simplifiée des religions indiennes des Grandes Plaines (rites de purification, prières avec le calumet, give-away, chants cérémoniels[9]). L'homme-médecine Archie Fire Lame Deer, reprenant le flambeau de la tradition familiale et suivant l'enseignement de son père, voyant et guérisseur, a longtemps apporté un soutien spirituel aux Indiens qui vivent en milieu carcéral. Allant au-delà de cette mission parmi les Indiens, il établit des contacts avec d'autres chefs religieux (le dalaï-lama, le pape) et voyage fréquemment en Europe. Il croit en la possibilité de faire découvrir aux Européens les fondements de la spiritualité sioux. Il organise des séminaires et constitue un réseau de sept lieux d'implantation en France qu'il définit comme les sept feux du Conseil *(Oceti Sakowin)*[10]. D'un côté comme de l'autre de l'Atlantique, cette mouvance encore mal assurée révèle en filigrane que les religions indiennes, longtemps ignorées ou caricaturées, sont désormais des composantes de l'univers religieux américain et constituent pour certains non-Indiens un modèle.

« Quelle place peut avoir la spiritualité indienne dans la vie de l'Euro-Américain moyen ? » écrit le père Paul Steinmetz. Elle peut nous permettre « d'ouvrir nos esprits et nos cœurs à une nouvelle conscience de la création (...). La nature même du calumet, qui est utilisé par les Indiens de toutes les tribus, ne peut être vraiment comprise qu'en tant que symbole sacramentel qui sanctifie tous les aspects de l'existence (...). La spiritualité indienne peut nous conférer un sens du symbole que de nombreux Euro-Américains ont perdu (...). Nous regardons le monde et l'analysons en termes de lois scientifiques. Même le christianisme a perdu, dans une large mesure, le sens du symbolisme en devenant légaliste et hyperrationnel[11] ».

L'anthropologue Ake Hulkrantz, comme Paul Steinmetz, met en relief l'apport enrichissant du traditionalisme indien dans la perception euro-américaine du monde, mais aussi l'unicité potentielle d'une vision de l'univers enrichie par plusieurs univers spirituels. Il cite Beatrice Weasel Bear, sioux et chrétienne, qui affirme : « Le Lakota se sent relié aux principales religions représentées sur sa réserve, qu'il s'agisse du peyotl, de la religion indienne traditionnelle ou chrétienne. » Selon Hulkrantz, on trouve là « un sens stupéfiant d'unicité de la religion, de communion spirituelle derrière la structuration des symboles [12] ». Au-delà de la tradition judéo-chrétienne qui isole l'homme et Dieu en une relation verticale et ignore les manifestations du divin dans l'ensemble de la Création, les Premiers Américains, en rétablissant leur perception intime du cosmos, ouvrent-ils la voie vers une redécouverte de l'enchantement du monde ? S'agit-il de ce « deuxième souffle de l'humanité universelle qui se construit [13] », dont parle Jean Malaurie à propos des populations traditionnelles ? Le fait de percevoir différentes visions spirituelles comme complémentaires plutôt que comme antinomiques est déjà en soi un défi — ou un appel — qui remet en cause la rigidité des institutions religieuses.

Vers un modèle panindien unique ?

On commence aujourd'hui aux États-Unis à reconnaître l'apport des cultures indiennes, dont la connaissance plus approfondie conduit à repenser l'histoire et la géographie, certaines conceptions de la société et de la famille, ainsi qu'un certain nombre de valeurs spirituelles. Mais l'attirance pour les religions indiennes ne doit pas faire oublier leur diversité et leur ancrage profond dans l'histoire de leurs communautés. S'élevant contre l'universalisme romantique d'une religion panindienne mythique, l'anthropologue Peter Nabokov souligne le risque de réduction des différentes formes de spiritualité indienne à une perception simplifiée, réduisant toutes les expériences tribales à un unique Tao nord-américain, distillant à partir des différentes traditions tribales une essence mystique et théologique présentée comme l'expression de l'esprit indien [14]. Comme d'autres critiques de cette orientation unificatrice, il y voit le risque d'une méconnaissance de la véritable géographie sacrée sur laquelle repose la perpétuation des rites traditionnels et au nom de laquelle de nombreux groupes invoquent des droits territoriaux. Si les sites et la géographie sacrés sont des ingrédients fondamentaux des rituels dans les religions indiennes, les spécificités tribales ne doivent pas être diluées dans le mythe d'une religion unique. Les Cheyennes, par exemple, aiment à rappeler que la perpétuation de leur mémoire tribale est liée aux expériences sacrées ancrées dans le paysage américain. C'est Bear Butte, près de Sturgis, dans le Dakota du Sud, qu'ils considèrent comme le lieu de mémoire le plus précieux, le plus empreint de pouvoir spirituel. Ainsi redécouvert, le paysage américain est émaillé de hiérophanies, de sanctuaires autochtones, de réceptacles de la mémoire tribale, de cathédrales naturelles, de sites cérémoniels où peuvent se perpétuer l'espace et le temps sacrés. C'est cet univers poétique et enchanteur que les Indiens du Nouveau-Mexique ont si bien su préserver et qui fait de leur région un pôle d'attraction qu'ils protègent pourtant avec vigilance des curieux.

Quant au rayonnement intertribal de la religion traditionnelle sioux, au talent de communication de ses leaders spirituels, il demeure singulier et alimente plutôt qu'il ne menace l'intérêt suscité par les cultures indiennes dans la société contemporaine. Pourtant d'aucuns aujourd'hui déplorent la commercialisation des rites traditionnels sioux, vers lesquels les non-Indiens, en mal de croyances, en quête de nouveaux maîtres à penser, s'orientent de plus en plus nombreux[15]. La question se pose alors de savoir si la souplesse et l'ouverture de la tradition sioux lui confèrent une vocation spécifique, non seulement intertribale ou panindienne mais aussi nationale, devenant le symbole d'un retour aux sources de l'Amérique, au ris que d'être dilué dans la commercialisation et la médiatisation.

Il demeure qu'au crépuscule d'un siècle qu'ils ont abordé dans le déclin démographique le plus alarmant, dans le dénuement le plus grand, les Indiens en général — les Pueblos avec une résistance aussi tranquille qu'intraitable et les Sioux avec une capacité d'innovation particulièrement grande — ont su démontrer la force de fascination d'une spiritualité mythique. Ils semblent ouvrir la voie vers un univers spirituel plus ardent, vers une autre alliance de l'homme et de l'univers, vers une nouvelle quête de sens, au sein de laquelle l'ouverture à d'autres perceptions du monde n'est pas exclue. Dans le cadre du « Nouvel Âge du pluralisme religieux », alors que des individus de plus en plus nombreux « veulent avoir le droit d'intégrer des éléments de diverses religions dans leur vie personnelle[16] », les Indiens se placent à l'avant-garde et démontrent, avec une vigueur exemplaire, la force de leur survie spirituelle et l'importance symbolique de leur expérience dramatique de l'histoire.

La Croix et le Cercle sacré, de Neil Riley, 1997,
artiste du pueblo de Laguna (Nouveau-Mexique).

Annexes

Notes

1. John Epes Brown, *The Spiritual Legacy of the American Indian*, Crossroad Publishing Company, New York, 1982. Trad. fr. *L'héritage spirituel des Indiens d'Amérique*, Rocher/Le Mail, 1990, p. 59.

2. Claude Lévi-Strauss, « Les trois sources de la réflexion ethnologique », *Revue de l'enseignement supérieur*, nᵒ 1, 1960, p. 45.

Avant-propos

1. John Collier, *Indians of the Americas*, Mentor Books, New York, 1948, chap. « The American Indian and the Long Hope », p. 3.

2. Black Elk, *Black Elk Speaks. Being the Life of a Holy Man of the Oglala Sioux*, témoignage recueilli par John Neihardt, University of Nebraska Press, 1932, Trad. fr. *Élan Noir parle*, Le Mail, p. 272.

3. John Collier, *op. cit.*

4. Lawrence C. Kelly, *John Collier and the Origins of Indian Policy Reform*, dans l'introduction de John Collier Jr, fils du réformateur, p. XVI.

5. William Powers est l'auteur notamment de *Oglala Religion*, University of Nebraska Press, Lincoln, 1977, et de *Yuwipı, Vision and Experience in Oglala Ritual*, University of Nebraska Press, Lincoln, 1982, tous deux traduits aux Éditions du Rocher.

6. *L'Histoire des dogmes, le Dieu du salut*, Desclée de Brouwer, 1995.

Introduction. La croix et le cercle brisé

1. Octavio Paz, entretien avec le journal *Libération*, 12 octobre 1990.

2. Octavio Paz, *Le labyrinthe de la solitude*, Gallimard, 1959, p. 21.

3. *Libération, op. cit.*

4. John Epes Brown, *op. cit.*, p. 18-19.

5. Alvar Núñez Cabeza de Vaca, *La Relación*, Zamorra, 1542.

6. Marcos de Niza, *La Relación*, 1539, Archivas de los Indias, Séville.

7. R.G. Thwaites, éd., *The Jesuit Relations and Allied Documents*, Cleveland, Bur-

rows, 1896-1901, vol. 10 et 12, et Henry Bowden, *American Indians and Christian Missions, Studies in Cultural Conflict*, University of Chicago Press, Chicago, 1981.

8. Andrei A. Znamenski, « "Russian" and "Native Power" : Dena'ina Orthodox Church Brotherhoods in Alaska, 1893-1917 », *European Review of Native American Studies*, 10, 2, 1996.

9. A. de Quatrefages, *L'espèce humaine*, Paris, 1877, p. 350.

10. *In* Virgil J. Vogel, *This Country Was Ours*, Harper and Row, New York, p. 287.

11. Ake Hulkrantz, *Native Religions of North America*, Harper and Row, New York, 1987, Trad. fr : *Religions des Indiens d'Amérique du Nord*, Le Mail, 1993, p. 25.

12. *Ibid.*, p. 30.

13. Alfonso Ortiz, *The Tewa World : Space, Time, Being and Becoming in a Pueblo Society*, University of Chicago Press, Chicago, 1969, p. 98.

14. Ake Hulkrantz, *op. cit.*, p. 38-39.

15. John Epes Brown, *op. cit.*, p. 28.

16. *Ibid.*, p. 25.

17. Carola Wessel, « Missionary Diaries as a Source for Native American Studies : David Zeisberger and the Delaware », *European Review of Native American Studies*, 10, 2, 1996.

18. Voir à cet égard l'ouvrage de Christian Duverger intitulé *La conversion des Indiens de la Nouvelle Espagne*, Le Seuil, 1987.

19. James Axtell, « Preachers, Priests and Pagans : Catholic and Protestant Missions in Colonial North America », in *New Dimensions in Ethnohistory*, B. Gough et L. Christie, éd., Canadian Museum of Civilization, Ottawa, 1991.

20. Au sujet de l'évolution de l'historiographie concernant les Indiens, voir *Chantiers d'histoire américaine*, Jean Heffer et François Weil, éd., Belin, 1993, l'article intitulé « Des Indiens sans histoire », J. Rostkowski, N. Delanoë, Ph. Jacquin, p. 341-374.

21. *In* Helen Hunt Jackson, *A Century of Dishonour*, Roberts Brothers, Boston, 1899. Trad. fr. *Un siècle de déshonneur*, Union Générale d'Éditions, p. 297.

22. *Ibid.*, p. 298.

23. Jean Allard Jeançon, *in* W.W. Hill, *An Ethnography of Santa Clara Pueblo, New Mexico*, University of New Mexico Press, Albuquerque, 1982.

24. Ake Hulkrantz, *op. cit.*, p. 153.

25. Vine Deloria, *God is Red*, Grosset & Dunlap, New York, 1973. Réédition revue et augmentée : *God is Red, A Native View of Religion*, Fulcrum Publishing, Golden, Colorado, 1994, p. 184.

26. Préface de Jacques Soustelle à Maxime Haubert, *La vie quotidienne des Indiens et des jésuites du Paraguay au temps des missions*, Hachette, 1987.

27. Sur la Handsome Lake Religion, voir Anthony Wallace, *The Death and Rebirth of the Seneca*, Vintage Books, Random House, New York, 1972.

28. RP Beaver, éd., *The Native American Christian Community. A Directory of Indian, Aleut and Esquimau Churches Missions*. Missions Advanced Research and Communication Center, Monrovia, Californie, 1979.

29. Interview du père Éric de Rosny, « Pourquoi tant de religions », in *L'Actualité religieuse*, octobre 1996, p. 43.

LA CONVERSION INACHEVÉE

30. William G. McLoughlin, *The Cherokees and Christianity, 1794-1870, Essays on Acculturation and Cultural Persistence,* University of Georgia Press, Athens, Géorgie, 1994. L'auteur met en évidence les réactions plus ou moins favorables des Cherokees aux différents styles d'évangélisation et mentionne qu'avec leurs réunions chaleureuses et animées les méthodistes, qui n'hésitaient pas à accueillir sans réticence les pêcheurs repentis, faisaient plus facilement des adeptes que les sévères missionnaires calvinistes (p. 29).

Première partie :
Historique et stratégies de la christianisation

I. Les Pueblos : un christianisme en cohabitation

1. Rêves d'Eldorado et chemins de croix
1. Mircea Eliade, « Le Paradis Américain », *L'aventure humaine*, Payot, n° 5, été 1987, p. 53. A cet égard, voir aussi Christophe Colomb, *La découverte de L'Amérique*, 2 vol., Maspero-La Découverte, 1979.
2. Christian Duverger, *op. cit.*, p. 167.
3. Pierre-Yves Pétillon, *L'Europe aux anciens parapets*, Le Seuil, 1986.
4. Alvar Núñez Cabeza de Vaca, *La Relación, op. cit.*, et nombreuses autres éditions. Trad. fr. (de 1837) in *Relation et commentaires*, Mercure de France, 1980, p. 112 et trad. de B. Lesfargues et Jean-Marie Auzias, in *Relation de voyage*, Actes Sud, 1979, avec une introduction d'Yves Berger.
5. *Ibid.*, p. 116.
6. Marcos de Niza, *La Relación*, 1539, *op. cit.* Trad. fr. de H. Hernaux-Compans, en appendice de la *Relación* de Pedro de Castaneda, in *Voyages, relations et mémoires originaux pour servir à l'histoire de la découverte de l'Amérique*, Arthus Bertrand, 1838.
7. Pedro de Castaneda, *Relación de la Jordana de Cibola*, 1540, publié par Winship, *Fourteenth Annual Report of the Bureau of American Ethnology*, Washington, 1896. Trad. fr. *Relation du voyage de Cibola*, in *Voyages, relations et mémoires de l'Amérique*, Arthus Bertrand, 1838.
8. Voir Adolf Bandelier, *Mémoires originaux*, History Library, Museum of New Mexico, Santa Fe, p. 195.
9. *The Journey of Marcos de Niza*, Southern Methodist University Press, Dallas, Texas, 1987.
10. Marcos de Niza, *La Relación, op. cit.*, p. 280.
11. Herbert Balton, *Coronado, Knight of Pueblos and Plains*, University of New Mexico Press, Albuquerque, 1946 et réimpression en 1991, chap. XXXIV.
12. Henry W. Bowden, *op. cit.*, p. 38-39.
13. *Ibid.*, p. 33-34.
14. *Ibid.*, p. 47.

375

15. Albert H. Schroeder, « Rio Grande Ethnohistory », in *New Perspectives on the Pueblos*, Alfonso Ortiz, éd. School of American Research, University of New Mexico Press, Albuquerque, 1972.
16. Voyages, Relations et Mémoires de l'Amérique, *op. cit.*
17. George Hammond et Agapito Rey, *Don Juan de Oñate, Colonizer of New Mexico, 1595-1628*, Coronado Historical Series, vol. 5 et 6, University of New Mexico Press, Albuquerque, 1953.
18. Voir Edward H. Spicer, *Perspectives in American Indian Culture Change*, University of Chicago Press, Chicago, 1961, éd., et Edward P. Dozier, *The Pueblo Indians of North America*, Waveland Press, Prospect Heights, Illinois, 1983.
19. Albert H. Schroeder, *op. cit.*, p. 51.
20. Henry W. Bowden, *op. cit.*, p. 48.
21. *Ibid.*, p. 51. Sur ce même thème, Edward P. Dozier, *op. cit.*, p. 50, et Edward H. Spicer, *Cycles of Conquest : The Impact of Spain, Mexico and the United States on the Indians of the Southwest — 1533-1960*, University of Arizona Press, Tucson, 1962, p. 167 et 168.
22. Alfonso Ortiz, *The Tewa World, op. cit.*, 1969.
23. Fray Angelico Chavez, « Pohé-yemo's Representative and the Pueblo Revolt of 1680 », *New Mexico Historical Review 42*, p. 85-126, 1967.
24. John Sherman, *Santa Fe. A Pictorial History*, Donning Company Publ., Santa Fe, 1989, p. 16.

2. Adaptation et résistance
1. Joe S. Sando, *The Pueblo Indians*, Indian Historian Press, San Francisco, 1976, p. 65.
2. Edward P. Dozier, « Rio Grande Pueblos », in *Perspectives in American Indian Culture Change*, Edward H. Spicer, éd., *op. cit.*, p. 144.
3. *Ibid.*
4. Hubert H. Bancroft, *The Works of H.H. Bancroft*, vol. XVIII, *History of Arizona and New Mexico, 1530-1888*, San Francisco, 1889.
5. Eleanor B. Adams et Fray Angelico Chavez, éd., *The Missions of New Mexico*, Albuquerque, 1956.
6. *Ibid.*, p. 256-258.
7. *Ibid.*, p. 254-258.
8. Edward P. Dozier, « Rio Grande Pueblos », *op. cit.*, p. 150.
9. Eleanor B. Adams, éd., *Bishop Tamaron's Visitation of New Mexico, 1760*, Historical Society of New Mexico, « Publication in History », vol. XV.
10. Edward P. Dozier, « Rio Grande Pueblos », *op. cit.*, p. 147.
11. Entretiens avec les prêtres de Taos et de Jemez, août 1987 (père Schneider).
12. Earle R. Forrest, *Missions and Pueblos of the Old Southwest*, Rio Grande Press, Glorieta, Nouveau-Mexique, 1979, p. 184.
13. *Ibid.*, p. 167.
14. Claude Lévi-Strauss, préface de *Soleil hopi, l'autobiographie d'un Indien hopi*, Leo Simmons, éd., Plon, 1959, p. VI.
15. *Ibid.*, p. III.

16. John L. Kessell, *The Missions of New Mexico since 1776*, University of New Mexico Press, Albuquerque.

17. Blanche C. Grant, *The Taos Indians*, Rio Grande Press, Glorieta, Nouveau-Mexique, 1976, p. 63.

18. *Ibid.*, p. 66.

19. *Ibid.*

20. *Ibid.*, p. 67.

21. Edward P. Dozier, « Rio Grande Pueblos », *op. cit.*, p. 150-151.

22. *Ibid.*, p. 151.

3. La fin de la période espagnole et l'indépendance mexicaine

1. Albert H. Schroeder, *op. cit.*, p. 62.

2. Hubert H. Bancroft, *op. cit.*, p. 279.

3. Alfred B. Thomas, *Forgotten Frontiers*, University of Oklahoma Press, Norman, p. 67.

4. Joe S., Sando, *op. cit.*, p. 66.

5. *Ibid.* p. 92.

6. *Ibid.*

7. Albert H. Schroeder, *op. cit.*, p. 65.

8. *Ibid.*

9. Harold E. Driver, *Indians of North America*, University of Chicago Press, Chicago, 1969, p. 488.

10. Albert H. Schroeder, *op. cit.*, p. 65.

11. Lansing D. Bloom, *New Mexico under Mexican Administration 1821-1846*, Old Santa Fean, 1913, p. 36-37, et H. Bailey Carroll et Villasava J. Haggard, *Three New Mexico Chronicles*, Quivira Society Publications, vol. II, Albuquerque, 1942, p. 27-30.

12. Ralph E. Twitchell, *The Leading Facts of New Mexican History*, vol. 2, Cedar Rapids Torch Press, p. 22.

13. Thomas James, *Three Years among the Indians & Mexicans*, J.B. Lippincott, Philadelphie, 1962, p. 89-90.

14. *New Mexico State Record Center* (SMSRC), Mexican Archives, 1821, 1846, Santa Fe 2298, 2287 et 2315.

15. Hubert H. Bancroft, *op. cit.*, p. 317-319.

16. H. Bailey Carroll et Villasava J. Haggard, *op. cit.*, p. 9 et 29-30.

17. *Ibid.*, p. 29.

18. Ray John de Aragon, *Padre Martinez and Bishop Lamy*, Pan-American Publishing Company, Las Vegas, Nouveau-Mexique, 1978, p. 10-15.

19. *Ibid.*, p. 19.

4. Le pouvoir américain

1. *Proclamation de Kearny*, août 1846.

2. Ralph E. Twitchell, *Conquest of New Mexico*, in New Mexico, Past and Present, Richard Ellis, éd., University of New Mexico Press, Albuquerque, 1971, p. 20.

3. Edward P. Dozier, « Rio Grande Pueblo », *op. cit.*, p. 156.

4. Willa Cather, *Death Comes For the Archbishop*, Vintage Books, New York, 1927. Trad. fr. de Marc Chénetier, *La mort et l'archevêque*, Ramsay, 1986.
5. Paul Horgan, *Lamy of Santa Fe, His Life and Times*, Farrar, Straus and Giroux, New York, 1975.
6. Ray John de Aragon, *op. cit.*
7. Willa Cather, *La mort et l'archevêque, op. cit.*, p. 20.
8. Marta Weigle, *Brothers of Light, Brothers of Blood, the Penitentes of the Southwest*, Ancient City Press, Santa Fe, 1976.
9. Paul Horgan, *op. cit.*, p. 176.
10. *Ibid.*
11. Willa Cather, *La mort et l'archevêque, op. cit.*, p. 333.
12. Susan A. et Calvin A. Roberts, *New Mexico*, University of New Mexico Press, Albuquerque, 1988, p. 119.
13. Edward H. Dozier, « Rio Grande Pueblos », *op. cit.*, p. 160.
14. L.B. Bloom, « Bourke on the South West », *New Mexico Historical Review*, XII, p. 69.
15. Edward H. Dozier, « Rio Grande Pueblos », *op. cit.*, p. 164.
16. L.B. Bloom, *op. cit.*
17. Jean Allard Jeançon, *op. cit.*, p. 181-182.
18. *Ibid.*, p. 133.
19. *Ibid.*, p. 161.
20. *Ibid.*, p. 160.
21. *Ibid.*, p. 171.
22. *Ibid.*, p. 172.
23. *Ibid.*
24. *Ibid.*, p. 177.

II. La Croix et le Grand Mystère : les Sioux face au christianisme

1. Helga Lomosits, *Lakol Wokiksuye*, in *La mémoire visuelle des Lakota, 1868-1890*, Paul Harbaugh, éd., Éditions Mistral, Nîmes, 1993, non paginé.
2. Cité dans Thomas E. Mails, *Sundancing at Rosebud and Pine Ridge*, Center for Western Studies, Augustana College, Sioux Falls, Dakota du Sud, 1978, p. 33.
3. Chiffre indiqué par Daniel Boorstin, *Histoire des Américains*, Robert Laffont, 1991, p. 667.
4. Voir J. Leonard Jennewein et J. Boorman, *Dakota Panorama. A History of Dakota Territory*, Pine Hill Press, Dakota du Sud, 1961, p. 14.
5. Cité dans le *Lakota Times*, 2 août 1988, *Special Centennial Edition*, p. 2 (journal sioux, publié à Rapid City, South Dakota). Texte tiré de *Story of Red Cloud's Indian School*, Archives de Holy Rosary Mission, réserve de Pine Ridge.
6. *Sioux Indian Religion, Tradition and Innovation*, Raymond J. De Mallie et Douglas R. Parks, éd., University of Oklahoma Press, Norman, 1987, Introduction, p. 2.
7. D'Arcy McNickle, « Le choc des cultures », in *L'univers de l'Indien d'Amérique*, Flammarion, 1979, p. 339.

8. S'agissant de la chute de Custer, voir en particulier David Humphrey Miller, *Custer's Fall, The Indian Side of The Story*, University of Nebraska Press, Lincoln, 1957.

9. J. Leonard Jennewein et J. Boorman, *op. cit.*, p. 20.

1. Les Sioux ou l'archétype de la culture des Plaines

1. George Catlin, *Les Indiens d'Amérique du Nord*, Albin Michel, coll. Terre indienne, 1992, p. 232 et 235.

2. Voir à cet égard George E. Hyde, *Red Cloud's Folk. A History of the Oglala Sioux Indians*, University of Oklahoma Press, Norman. Trad. fr. *Histoire des Sioux, Le peuple de Red Cloud*, Éditions du Rocher. Pour l'ensemble des Sioux, voir *History of the Dakota or Sioux Indians, from Their Earliest Traditions and First Contact with White Men to the Final Settlement of the Last of Them upon Reservations and the Consequent Abandonment of the Red Tribal Life*, South Dakota Historical Collections 2, 1, 523. Réimpression par Ross & Haines, Minneapolis, 1974.

3. *Joseph N. Nicollet on the Plains and the Prairies*, Edmund C. Bray et Martha Coleman Bray, éd., Minnesota Historical Society Press, Saint Paul, Minnesota, 1976.

4. *The Recollections of Philander Prescott, Frontiersman of the Old NorthWest, 1819-1862*, University of Nebraska, Lincoln, 1966.

5. Samuel Pond, *The Dakota or Sioux in Minnesota As They Were in 1834*, Minnesota Historical Press, Saint Paul, Minnesota, 1986, et *Pond Papers*, MS P 437, Minnesota Hostorical Society, Saint Paul.

6. John Bourke, *On the Border With Crook*, Scribners, New York, 1891.

7. Alice Fletcher, « The Sun Dance of the Oglala Sioux », *Proceedings of the American Association for the Advancement of Science*, 1882, Salem, Mass., vol. 31, p. 580-584. Clark Wissler, *The American Indian, An Introduction to the Anthropology of the New World*, Douglas McMurtie, New York, 1917. James Owen Dorsey, « A Study of Siouan Cults », *Bureau of Ethnology Annual Report*, 14, Smithsonian Institution, p. 351-544, 1894. James Walker, « The Sun Dance and Other Ceremonies of the Oglala Division of the Teton Dakota », *Anthropological Papers of the American Museum of Nat. History*, 16 (2), p. 49-221, New York, 1917.

8. Elaine A. Jahner, « Lakota Genesis : the Oral Tradition », in *Sioux Indian Religion, Tradition and Innovation*, *op. cit.*, p. 46.

9. Black Elk et Joseph Epes Brown, *The Sacred Pipe. Black Elk's Account of the Seven Rites of the Oglala Sioux*, University of Oklahoma Press, Norman, 1953.

10. Pour une analyse complète de la religion traditionnelle, voir les ouvrages de William K. Powers, notamment *Oglala Religion, op. cit.*, et *Essays on American Indian Culture*, University of Oklahoma Press, Norman, 1987.

11. « Les Grandes Plaines, Chasseurs et Cavaliers », in *La grande aventure des Indiens d'Amérique du Nord*, trad. de *America's Fascinating Indian Heritage*, Reader's Digest Association, 1978, p. 182.

12. Charles Alexander Eastman, *The Soul of the Indian*, Houghton Mifflin, Boston, 1911, p. 62.

13. *Ibid.*, p. 14.

14. Ake Hulkrantz, *op. cit.*, p. 20.

15. Helen Graham Rezatto, *The Making of the Two Dakotas*, Media Publishing, Lincoln, Nebraska, 1989, p. 137.

16. Ake Hulkrantz, *op. cit.*, p. 26.

17. Charles Alexander Eastman, *op. cit.*, p. 122.

18. Samuel Pond, *op. cit.*, p. 88.

19. Henry W. Bowden, *op. cit.* p. 184.

20. James R. Walker, *Lakota Belief and Ritual*, Raymond J. DeMallie et Elaine A. Jahner, éd., University of Nebraska Press, Lincoln, 1991, p. 50. Selon Walker, les chamans distinguant seize avatars de Wakan Tanka, c'est pour mieux en faciliter la compréhension qu'il les classe en quatre catégories. Mais, constatant déjà les effets du prosélytisme, il écrit en 1912 : « Aujourd'hui, si un Lakota parle à un Blanc (du Grand Esprit) il veut dire Jéhovah, ou le Dieu chrétien. Parmi la jeune génération, ce terme désigne la notion de Jéhovah alors que pour les Indiens plus âgés, dans le langage des chamans, c'était simplement Skan... Dans la conception moderne on attribue à Wakan Tanka tout le pouvoir de Skan, et certains des attributs de Jého-vah ; Wakan Tanka englobe tous leurs anciens dieux combinés en un seul. » *(Ibid.,* p. 51-52.)

21. Voir à cet égard Royal B. Hassrick, *The Sioux : Life and Customs of a Warrior Society*, University of Oklahoma Press, Norman, 1964, p. 247.

22. Elizabeth S. Grobsmith, *Lakota of the Rosebud, A Contemporary Ethnography*, University of Nebraska Press, Lincoln, 1981, p. 64.

23. Cité *in* Black Elk et John Epes Brown, *op. cit.* Trad. fr. *Les rites secrets des Indiens Sioux, Élan Noir (Hehaka Sapa)*, Le Mail, 1987, p. 14-15.

24. *La grande aventure des Indiens d'Amérique du Nord, op. cit.*, p. 184.

2. Les premiers contacts avec les missionnaires

1. *Peaux-Rouges et Robes noires, Lettres édifiantes et curieuses des jésuites français en Amérique au xviiie siècle*, Isabelle et Jean-Louis Vissière, éd., Éditions de la Diffé-rence, 1993.

2. Musée de la South Dakota Historical Society, Pierre, Dakota du Sud.

3. Voir à cet égard Sister Mary Claudia Duratschek, *Crusading Among Sioux Trails : A History of Catholic Indian Missions of South Dakota*, Grail Publishers Yankton, Dakota du Sud, 1947, p. 1.

4. *Ibid.*

5. Anka Muhlstein, *Cavelier de La Salle, l'homme qui offrit l'Amérique à Louis XIV*, Grasset, 1992, p. 205.

6. Lettre du Roi à Monsieur de la Barre, 5 août 1883, *in* Pierre Margry, *Établisse-ments de la France dans l'Amérique septentrionale*, Paris, 1874, t. II, p. 310.

7. En effet, les nouvelles autorités espagnoles n'étaient guère contraignantes. Voir à ce sujet « La traite française de la fourrure sur le territoire actuel des États-Unis », p. 72, in *La traite de la fourrure, les Français et la découverte de l'Amérique du Nord, op. cit.*

8. M. Lewis et Clark, *La Piste de l'Ouest. Journal de la première traversée du conti-nent nord-américain, 1804-1806*, Préface de Michel Le Bris, Phébus, 1993, p. 14.

9. *Ibid.*, p. 10.

10. *Ibid.*, p. 11.

11. Claude Fohlen, *Thomas Jefferson*, Presses universitaires de Nancy, 1992, p. 127.

12. Michel Le Bris, in *La Piste de l'Ouest, op. cit.*, p. 9.

13. Henry. W. Bowden, *op. cit.*, p. 185.

14. Stephen Riggs, *Mary and I : Forty Years with the Sioux*, Chicago, 1880, réimpression, Corner House, Williamston, Massachusetts, 1971, p. 42.

15. Chittenden et Richardson, *Life, Letters and Travels of Father Pierre-Jean De Smet, S.J.*, 1, p. 57, cité dans Jean Lacouture, *Jésuites*, Le Seuil, 1991, p. 134.

16. *Ibid.*, p. 137.

17. *Ibid.*, p. 147.

18. *Ibid.*, p. 157.

19. *Ibid.*

3. Une lutte acharnée pour la conquête des âmes

1. John C. Scott, O.S.B., « "To Do Some Good Among the Indians", Nineteenth Century Benedictine Indian Missions », in *Religion in the West*, Ferenc M. Szasz, Sunflower University Press, Manhattan, Kansas, 1984, p. 26.

2. Henry Bowden, *op. cit.*, p. 192.

3. John C. Scott, *op. cit.*, p. 26. Comme il est indiqué dans cet article, le ministre de l'Intérieur nommé par Grant à l'époque, Jacob D. Cox, était aussi épiscopalien.

4. Henry Bowden, *op. cit.*, p. 192, et *Sioux Indian Religion, Tradition and Innovation, op. cit.*, Editor's Introduction, p. 11.

5. A propos des sentiments pro-indiens en Europe et du ralliement de l'Église catholique aux critiques envers la politique indienne des États-Unis, voir Christian F. Feest, « Buffalo Bill et l'image des Indiens en Europe », in *Lakol Wokiksuye, op. cit.* (non paginé).

6. Robert Ignatius Burns, *The Jesuits and the Indian Wars in the Northwest*, Yale University Press, New Haven, 1966, p. 32.

7. *Sioux Indian Religion, Tradition and Innovation, op. cit.*, p. 11, et Francis Paul Prucha, *The Great Father : The United States Government and the American Indian*, University of Nebraska Press, Lincoln, vol. I, p. 513-519.

8. Bishop Hare's Files, Archives du Center for Western Studies, Augustana College, Sioux Falls, Dakota du Sud.

9. *Guide to the Archives of the Episcopal Church in South Dakota*, Center for Western Studies, Augustana College.

10. Bishop Hare's Files, Archives du Center for Western Studies, Augustana College. Lettre de W.H. Hare, 1878.

11. *Ibid.*

12. *Ibid.*

13. Correspondance et notes de William Hare, manuscrit non daté, *ibid.*

14. Virginia Driving Hawk Sneve, *That They May Have Life. The Episcopal Church in South Dakota*, Seabury Press, New York, 1977.

15. Bishop Hare's Files, *op. cit.*

16. Lettre du 26 septembre 1886, adressée par le sénateur Dawes, du Massachu-

setts, à Herbert Welsh, à Philadelphie. Archives de la William Hare Library, Augustana College, Sioux Falls.

17. Voir à cet égard Robert M. Utley, *The Indian Frontier of the American West*, University of New Mexico Press, Albuquerque, 1984, p. 209-211, et Frederick Hoxie, *A Final Promise, The Campaign to Assimilate the Indians, 1880-1920*, University of Nebraska Press, Lincoln, 1984.

18. *Ibid.*, p. 210.

4. Le centenaire de la mission catholique de Pine Ridge

1. *Lakota Times, Holy Rosary Special Centennial Edition, 1888-1988*, 2 août 1988, p. 1.

2. *Ibid.*, p. 2.

3. *Ibid.* Voir aussi James Olson, *Red Cloud and The Sioux Problem*, University of Nebraska Press, Lincoln, 1965, p. 267 à 268.

4. Harvey Markowitz, « Catholic Missions and the Sioux », in *Sioux Indian Religion, Tradition and Innovation op. cit.*, p. 120.

5. Jack Utter, *Wounded Knee & the Ghost Dance Tragedy*, Memorial Edition, National Woodlands Publishing Company, Lake Ann, Michigan, 1991, p. 5.

6. W. La Barre, *The Ghost Dance, Origins of Religion*, Allen and Unwin, Londres, 1970, p. 44.

7. James Mooney, *The Ghost Dance Religion*, Anthony Wallace, éd., University of Chicago Press, Chicago, 1965, p. 36.

8. Voir à cet égard l'analyse détaillée de James H. McGregor, *The Wounded Knee Massacre from the Viewpoint of the Sioux*, Wirth Brothers, Baltimore, 1940.

5. La fin du XIXᵉ siècle ou le crépuscule des Lakotas

1. Cité dans l'ouvrage de Dee Brown, *Enterre mon cœur à Wounded Knee*, Stock, 1973, p. 549.

2. Voir à ce sujet Élise Marienstras, *Wounded Knee ou l'Amérique fin de siècle*, Éditions Complexe, 1992, p. 207. En menant une véritable enquête en s'appuyant sur la lecture contradictoire de nombreuses et diverses sources, elle arrive à la conclusion que « l'événement constitue bien un "massacre" et que ce massacre ne fut pas entièrement un hasard, c'est-à-dire qu'ailleurs, à un autre moment, il devait immanquablement se produire » (p. 217).

3. Une étude a été réalisée par le ministère de l'Intérieur à ce sujet (US Department of the Interior, National Park Service, Draft Study of Alternatives, Environmental Assessment, janvier 1993).

4. Adriana Greci Green, « German Missionary Participation During The Ghost Dance of 1890 », in *European Review of Native American Studies*, 6, 1, 1992.

5. *Diary of the Sisters of St Francis, Who Have Been in Charge Since the Very Foundation*, 1888-1929, Archives de Holy Rosary Mission, Pine Ridge, Dakota du Sud, p. 3.

6. Adriana Greci Green, *op. cit.*, p. 32-33.

7. Robert M. Utley, *The Last Days of the Sioux Nation*, Yale University Press, New Haven, 1963, p. 237, et Adriana Greci Green, *op. cit.*

8. Charles Eastman, *op. cit.*, p. 109-110.

9. Robert M. Utley, *The Last Days of the Sioux Nation, op. cit.*, p. 271.

10. Christian F. Feest, « Buffalo Bill et l'image des Indiens en Europe », *op. cit.*

6. La mission catholique de Pine Ridge au début du xxᵉ siècle : entre dévouement et déculturation

1. Wilcomb E. Washburn, *Pacific Historical Review*, à propos du livre de Michael Coleman intitulé *Presbyterian Missionary Attitudes Toward American Indians*, 1837-1893, University Press of Mississippi, 1985.

2. Thomas E. Mails, *op. cit.*, p. 28.

3. Archives de Holy Rosary et de Saint Francis. Ce souci de la discipline ressort en particulier dans le journal des religieuses *(Diary of the Sisters, op. cit.)* ainsi que dans le journal du père Florentine Digmann *(History of St Francis Indian Mission, 1896-1922*, Archives de Holy Rosary et de Marquette University).

4. Dossier Digmann, Archives de Marquette University.

5. Florentine Digmann, *op. cit.*, p. 73.

6. *Ibid.*, p. 2.

7. *Ibid.*

8. Gordon Macgregor, *Warriors Without Weapons*, University of Chicago Press, Chicago, 1946.

9. *History of St Francis Indian Mission, op. cit.*, p. 23.

10. *Ibid.*, p. 18.

11. *Ibid.*, p. 133.

12. *Ibid.*

13. « That These People May Live » (100 Years of Ministry Among the Rosebud Sioux), article de Joseph Gill, S.J., été 1986, Archives de Marquette University.

14. Cité dans la notice nécrologique du père Digmann, signée par James H. Gregor, *The Province Newsletter*, vol. XIII, n° 6, mars 1932, Archives de Marquette University.

15. En ce qui concerne l'esprit jésuite, voir *Peaux-Rouges et Robes noires, op. cit.*

16. Eugen Buechel, S.J., *A Grammar of Lakota. The Language of the Teton Sioux Indians*, John S. Swift, Saint Louis et Chicago, 1939.

17. Journal d'Eugen Buechel, Archives de Marquette University.

18. Sa collection botanique est conservée à la South Dakota State University.

19. Voir à cet égard Harvey Markowitz, « Catholic Mission and the Sioux : A Crisis in the Early Paradigm », in *Sioux Indian Religion, Tradition and Innovation, op. cit.*, p. 126.

20. *Society for the Preservation of the Faith Among Indian Children*, « Appeal », document (Ca. 1911) figurant dans les Archives de Saint Francis Indian Mission, Dakota du Sud.

21. Eugen Buechel, *Letter to Fr William Ketcham*, Bureau of Catholic Indian Missions Papers, Archives de Marquette University, Milwaukee, Wisconsin, 1913.

22. Père Joseph Carol, *Mission Digest*, résumé d'un article paru dans le *Rapid City Journal*, non daté, Archives de Marquette University, Dossier père Buechel.

7. « Robes noires » et « Robes blanches » à la fin des années 1920

1. Wilcomb E. Washburn, « The Historical Context of American Indian Legal Pro-

blem, The American Indian and the Law », *Law and Contemporary Problems*, hiver 1976, p. 20.

2. Eileen Maynard, Gayla Twiss, *That These People May Live : Conditions Among the Oglala Sioux of the Pine Ridge Reservation*, Government Printing Office, Washington, DC, 1970, et Gordon Macgregor, *op. cit.*

3. Gordon Macgregor, *op. cit.*, p. 39. Les agents des Affaires indiennes invoquèrent des motifs patriotiques mais surent aussi faire miroiter la possibilité de réaliser des profits rapides et importants. Voir sur ce sujet l'article de George Casey dans le *Holy Rosary Educational Source Book*, Holy Rosary Mission, Pine Ridge, p. 98.

4. *Holy Rosary Educational Source Book, op. cit.*, et William Powers, *Beyond the Vision, Essays on American Indian Culture*, University of Oklahoma Press, Norman, 1987, p. 114.

5. *Ibid.*

6. *Ibid.*, p. 114-115.

7. *Ibid.*

8. Voir à cet égard William Powers, *Sacred Language, the Nature of Supernatural Discourse in Lakota*, University of Oklahoma Press, Norman, 1990, p. 103.

9. Voir *That They May Have Life, the Episcopal Church of South Dakota, op. cit.*, dont le premier chapitre est intitulé « God is Wakan Tanka ».

10. Mary Claudia Duratschek, *op. cit.*, p. 32.

11. *Ibid.*, p. 33.

12. Stephen Return Riggs, *Tah-Koo Wah-Kan or the Gospel Among the Dakotas*, Congregational Sabbath School and Publishing Society, 1869, réimprimé, Arno, New York, 1972.

13. Mary Claudia Duratschek, *op. cit.*, p. 33.

14. De nombreux ouvrages sont consacrés à la Native American Church et notamment l'ouvrage de référence de Weston La Barre, *The Peyote Cult*, University of Oklahoma Press, Norman, 1938, qui est une remarquable étude de ses spécificités et de sa diffusion depuis le début du siècle. Voir aussi Omer C. Stewart, *Peyote Religion*, University of Oklahoma Press, Norman, 1987, et Edward F. Anderson, *Peyote, The Divine Cactus*, University of Arizona Press, Tucson, Arizona, 1980.

15. Emerson Spider Sr, « The Native American Church of Jesus Christ », in *Sioux Indian Religion, Tradition and Innovation, op. cit.*, p. 189-209.

16. La Native American Church lakota s'enregistra à titre spécifique dans les Dakotas en 1924 (voir à cet égard l'article d'Omer C. Stewart, « Peyote and the Law », in *Handbook of American Indian Religious Freedom*, Christopher Vecsey, éd., Crossroad, New York, 1991).

17. Remarque du révérend James Thornbull, qui était présent lors des discussions du comité, citée dans *That They May Have Life, The Episcopal Church in South Dakota, op. cit.*, p. 12.

18. *Ibid.*

LA CONVERSION INACHEVÉE

Deuxième partie :

Libéralisation religieuse et renouveau de la spiritualité indienne

1. Mentionné dans la protestation des Indiens Pueblos concernant les déclarations du commissaire aux Affaires indiennes. Voir Archives de l'*American Indian Historical Society*, texte reproduit dans Joe S. Sando, *Pueblo Nations, Eight centuries of Pueblo History*, Clearlight Publishers, Santa Fe, New Mexico, 1992, p. 94.
2. *Ibid.*, p. 95.
3. *Ibid.*, p. 97.
4. Voir à cet égard Omer C. Stewart, « Peyote and the Law », *op. cit.*, p. 45.

I. Les Pueblos : les deux voies

1. Les années 1930-1940 : les Pueblos entre discrimination et idéalisation
1. Edward P. Dozier, « Rio Grande Pueblos », *op. cit.*, p. 175.
2. *Ibid.*, p. 171.
3. Elsie Clews Parsons, *Pueblo Indian Religion*, University of Chicago Press, Chicago, 1939, vol. 2, p. 1132.
4. Rév. William Hughes, *The Indian Sentinel*, vol. 3, n° 3, juillet 1923, p. 132.
5. Entretien de l'archevêque Gerken avec Ulric Kreutzen, dans le village de Peña Blanca, le 3 novembre 1933, cité dans l'article de Christopher Vecsey, « The Campaign to Regularize Pueblo Catholicism », paru dans la revue *European Review of Native American Studies*, en automne 1995.

2. La spiritualité pueblo dans la société contemporaine
1. Scott Momaday, « Je suis vivant », in *L'univers de l'Indien d'Amérique, op. cit.*, p. 23.
2. Procédure confidentielle de la Commission des droits de l'homme (ONU), résolution 1503.
3. Edward P. Dozier, « Rio Grande Pueblos », *op. cit.*, p. 172.
4. Entretiens avec le père Conrad, qui vécut plusieurs années parmi les Pueblos et qui fut envoyé par la suite dans la réserve sioux de Standing Rock.
5. Edward P. Dozier, « Rio Grande Pueblos », *op. cit.*, p. 177.
6. Entretien avec le père Loughrey dans le pueblo d'Isleta, en août 1990.
7. Entretien avec un jeune étudiant qui suit une initiation religieuse traditionnelle à Santa Clara, août 1990.
8. Scott Momaday, « Je suis vivant », *op. cit.*, p. 23.
9. Alfonso Ortiz, « Guerriers et cultivateurs du Sud-Ouest », in *L'univers de l'Indien d'Amérique, op. cit.*, p. 200.
10. *Ibid.*
11. *Ibid.*, p. 189.
12. John J. Collins, « A Descriptive Introduction to the Taos Peyote Ceremony », *Ethnology* 7 (4), p. 427-449.

13. James Bodine, « Taos Pueblo », *Smithsonian Handbook*, vol. IX, p. 155-167.

14. Entretien avec le père Schneider, alors responsable de l'église catholique de Taos, en 1988.

15. James Bodine, *op. cit.*, p. 161.

16. Entretien avec le père Schneider à Taos, août 1988.

17. James Bodine, *op. cit.*, p. 167.

18. Frank Waters, *The Man Who killed the Deer*, trad. fr. *L'homme qui a tué le cerf*, Éditions du Rocher, 1992.

19. Fred Eggan, « Comparative Social Organization », in *Southwest, Handbook of North American Indian*, Smithsonian Institution, Washington, 1983, p. 725.

20. Edward P. Dozier, « Rio Grande Pueblos », *op. cit.*, p. 177.

21. Timothy J. De Young, *Indian Voter Survey Project. Data Report*, National Indian Council, 1983.

22. Alfonso Ortiz, « Guerriers et cultivateurs du Sud-Ouest », in *L'univers de l'Indien d'Amérique, op. cit.*, p. 167.

23. Entretien à Albuquerque, le 16 août 1987.

24. Entretien dans le village de Santo Domingo, le 12 août 1994.

25. Ake Hulkrantz, *Religions des Indiens d'Amérique, op. cit.*, p. 183.

26. Nelcya Delanoë, *L'entaille rouge, des terres indiennes à la démocratie américaine*, Albin Michel, 1996, p. 329.

27. Préface de *The Taos Indians and the Battle for Blue Lake*, R. C. Gordon-McCutchan, Red Crane Books, Santa Fe, 1991, p. XII.

28. Cité en exergue, *ibid.*

29. *Ibid.*, préface de Frank Waters, p. XII.

30. *Ibid.*, p. 189.

31. *Ibid.*, p. 190.

32. *Ibid.*

33. Article d'Yves Berger sur Scott Momaday, « Moi l'Indien », *Le Monde* du 16 avril 1993, p. 31.

34. *Ibid.*

35. Exposition de photographies et de poésies au Musée d'ethnographie de la ville de Genève, automne 1996.

II. Les Sioux : entre dialogue spirituel et repli identitaire

1. La législation des religions indiennes,
renouveau et diversification de la tradition lakota

1. Vine Deloria, *God is Red, op. cit.*, p. 252.

2. Voir à cet égard Joëlle Rostkowski, *Le renouveau indien aux États-Unis*, L'Harmattan, 1986, p. 47, et Lawrence. C. Kelly, *op. cit.*, introduction de John Collier Jr, p. XVI.

3. Danièle Vazeilles, « La Danse du Soleil », in *Terre indienne*, Autrement, Série Monde, mai 1991, p. 200.

4. Ed McGaa, Eagle Man, *Mother Earth Spirituality, Native American Paths to Healing Ourselves and our World*, Harper & Row, New York, 1990, p. 99-100.

5. Gordon H. Macgregor, *op. cit.*, p. 98-99.

6. Royal B. Hassrick, *Les Sioux, vie et coutumes d'une société guerrière, op. cit.*, p. 294.

7. Déclaration du révérend Frank Thornburn, in *That They May Have Life, op. cit.*, p. 12.

8. « The Native American Church of Jesus Christ », in *Sioux Indian Religion, Tradition and Innovation, op. cit.*, p. 199.

9. *Ibid.*, p. 197.

10. Gordon Mcgregor, *op. cit.*, p. 102.

11. Harvey Markowitz, « The Catholic Mission and the Sioux, A Crisis in the Early Paradigm », in *Sioux Indian Religion, Tradition and Innovation, op. cit.*, p. 128.

12. Thomas E. Mails, *op. cit.*, p. 230.

13. *Ibid.*

14. *Ibid.*, p. 105.

15. *Ibid.*, p. 109.

16. Entretien à l'Indian Law Center (dont Philip S. Deloria est le directeur), à l'université du Nouveau-Mexique, Albuquerque, en août 1991.

17. Thomas E. Mails, *op. cit.*, p. 111.

18. *Ibid.*, p. 109.

19. Holy Rosary Mission, *Centennial Memory Book*, 1988, Archives de la mission de Pine Ridge et *Lakota Times*, 2 août 1988.

20. Mary Crow Dog et Richard Erdoes, *Lakota Woman, ma vie de femme sioux*, Albin Michel, 1991.

21. *Black Elk Speaks, op. cit.*

22. Arnold Krupat, *For Those Who Come After, A Study of Native American Autobiography*, University of California Press, Berkeley, 1985.

23. Voir l'article de William Powers, « When Black Elk Speaks, Everybody Listens », in *Religion in Native America*, Christopher Vecsey, éd., University of Idaho Press, 1990. Pour la controverse concernant l'autobiographie de Black Elk, on peut voir aussi *A Sender of Words*, Vine Deloria, éd., Howe Brothers, Salt Lake City, 1984. (Vine Deloria a toujours tenu a souligner, à juste titre, que *Black Elk Speaks* demeure, envers et contre tout, un livre important.)

24. Lettre figurant dans les Archives de Marquette University, Milwaukee. En 1993, Michael F. Steltenkamp, anthropologue (et jésuite), publia une nouvelle biographie de Black Elk, qui met en lumière de nombreux épisodes de la vie de celui-ci qui n'étaient pas mentionnés par Neihardt. L'auteur évoque en particulier sa vie de catéchiste et fait une large place aux souvenirs de Lucy Looks Twice, qui est la dernière descendante du vieux sage sioux *(Black Elk, Holy Man of the Oglala*, University of Oklahoma Press, Norman). En revanche, certains ont fait valoir que la conversion de Black Elk au christianisme n'était que de façade (Julian Rice, *Black Elk's Story : Distinguishing Its lakota Purpose*, University of New Mexico Press, 1991). Seuls les auteurs qui se placent dans une perspective philosophique admettent

que, pour Black Elk, les deux voies spirituelles n'étaient pas forcément antinomiques (Clyde Holler, *Black Elk's Religion*, Syracuse University Press, 1995).

2. La confusion de l'après-guerre et le choc en retour des années 1950
1. Tahca Ushte, Richard Erdoes, *De mémoire indienne*, coll. Terre humaine, Plon, 1972, p. 71-72.
2. Thomas E. Mails, *op. cit.*, p. 10.
3. House Concurrent Resolution 108, 1er août 1953.
4. *Holy Rosary Educational Source Book*, août 1968, « A Teton Sioux Chronology », Archives de Holy Rosary, Pine Ridge.
5. Vine Deloria Jr, « De Wounded Knee à Wounded Knee », in *L'Univers de l'Indien d'Amérique, op. cit.*, p. 366.

3. Pouvoir rouge et spiritualité indienne :
le nouveau traditionalisme face au nouveau christianisme
1. Vine Deloria, *God is Red, op. cit.*, p. 267.
2. William Stolzman, *The Pipe and Christ*, cité dans le *Lakota Times*, article de Doris Giago, 2 août 1993.
3. Vine Deloria, *Custer Died for Your Sins*, Dell Publishing Company, New York, p. 79.
4. *God is Red, op. cit.*, p. 79.
5. *Ibid.*, p. 105.
6. Oscar Cullman, *Immortality of the Soul or Resurrection of the Dead*, Macmillan, New York, 1958.
7. *Ibid.*, p. 184.
8. *Ibid.*, p. 183-184.
9. *Ibid.*, p. 170.
10. *Ibid.*, p. 174 et 187.
11. *Ibid.*, p. 180.
12. *Ibid.*, p. 181.
13. *Ibid.*, p. 301.
14. Sur la montée du Red Power, voir notamment Robert Burnette et John Koster, *The Road to Wounded Knee*, Bantam Books, New York, 1974, Stein Steiner, *The New Indians*, Harper & Row, New York, 1978, et Alvin Josephy, *Red Power*, McGraw Hill Book Company, New York, 1971. En France, voir Élise Marienstras, *La résistance indienne aux États-Unis*, Gallimard, Paris, 1980, et Joëlle Rostkowski, *Le renouveau indien aux États-Unis, op. cit.*
15. *God is Red, op. cit.*, p. 58-59.
16. Mary Crow Dog et Richard Erdoes, *op. cit.*, p. 125.
17. *Ibid.*, p. 127.
18. *Ibid.*, p. 245.
19. *Ibid.*, p. 312.
20. Beatrice Medicine, « Indian Women and the Renaissance of Traditional Religion », in *Sioux Indian Religion, op. cit.* p. 162 et 165.
21. William K. Powers, *La religion des Sioux Oglala, op. cit.*, p. 192.

22. Danièle Vazeilles, « La Danse du Soleil », *op. cit.*, p. 203.
23. Beatrice Medicine, « Indian Women and the Renaissance of Traditional Religion », *op. cit.*, p. 160.
24. Thomas E. Mails, *op. cit.*, p. 215.
25. Observation d'une Danse du Soleil organisée par Leonard Crow Dog, août 1993.
26. Observation d'une Danse du Soleil New Age, Pine Ridge, août 1991.
27. Entretien, le 16 août 1994.
28. Marla N. Powers, *Oglala Women, Myth, Ritual and Reality*, University of Chicago Press, Chicago, 1986.
29. *Ibid.*, p. 186.
30. *Ibid.*, p. 192-193.
31. William K. Powers, *La religion des Sioux Oglala, op. cit.*, p. 237-238.
32. William K. Powers, *Beyond the Vision, op. cit.*, p. 145-146.
33. Cité dans Marcel Launay, *Les catholiques des États-Unis*, Bibliothèque d'histoire du christianisme, Desclée de Brouwer, Paris, 1991, p. 143.
34. *Ibid.*, encadré intitulé : « L'épiscopat américain au concile Vatican II », intervention du cardinal Spellman sur la liberté religieuse, 15 septembre 1965, lors de la IVe session, p. 175.
35. Thomas Groome, « L'inculturation, comment procéder dans un cadre pastoral », in *La foi chrétienne dans les diverses cultures*, Revue internationale de théologie, cahier 251, 1994, p. 147-148.
36. Voir à cet égard le travail de Stephen Feraca, *Wakinyan : A Contemporary Teton Dakota Religion*, Museum of the Plains Indian, Browning, Montana, 1969.
37. Paul Steinmetz, « The Sacred Pipe in American Indian Religions », *American Indian Culture and Research Journal*, 8, 3 (1984), p. 27-80 (citation p. 32).
38. Paul Steinmetz : « Pipe, Bible and Peyote Among the Oglala Lakota : A Study of Religious Identity », *Stockholm Studies in Comparative Religion*, vol. 19, p. 155.
39. Paul Steinmetz, « The Sacred Pipe in American Indian Religion », *op. cit.*, p. 69.
40. *Ibid.*
41. Elaine A. Jahner, « Lakota Genesis : The Oral Tradition », in *Sioux Indian Religion, op. cit.*, p. 50.
42. Paul Steinmetz, *Pipe, Bible and Peyote Among the Oglala Lakota, A Study of Religious Identity*, Borgstroms Trycheri, Stockolm, 1980, p. 37.
43. *Ibid.*
44. William Powers, *Oglala Religion, op. cit.*, p. 116.
45. Éric de Rosny, *Les yeux de ma chèvre*, Plon, 1974.
46. William Stolzman, *The Pipe and Christ, op. cit.*, p. 5.
47. *Ibid.*, p. 6.
48. *Ibid.*, p. 12.
49. William Stolzman, *How to Take Part in Lakota Ceremonies*, Red Cloud Indian School, Pine Ridge, Préface, p. VIII.
50. Éric de Rosny, *op. cit.*
51. Thomas Groome, « L'inculturation », *op. cit.*, p. 157-158.
52. Doris Giago, *Lakota Times*, 31 juillet 1991.

389

53. Enquête réalisée par Mark Thiel, Marquette University, Milwaukee, printemps et été 1994, non publiée.
54. Rév. Leo Hettich, « The Problem of Indian Vocations », Blue Cloud Abbey, Marvin, Dakota du Sud, juillet 1966. Archives de Marquette University, Milwaukee.
55. Voir entretien avec le père Jordan (Red Hawk), p. 270.
56. Entretien à l'université de Milwaukee, 6 août 1993.
57. Jean Malaurie, *Les derniers rois de Thulé*, Plon, 1989.
58. Martin Brokenleg, « The Pipe and Cross : Varieties of Religious Expression in Dakota », Archives d'Augustana College, Sioux Falls, Dakota du Sud, et in *A Common Land, A Diverse People*, Pine Hill Press, Dakota du Sud, 1986, p. 166-187.
59. Entretien à Augustana College, 16 août 1993.
60. Brokenleg, *op. cit.*, p. 178.
61. *Ibid.*, p. 180. Il s'agit d'une citation tirée de l'ouvrage de Paul Steinmetz, *Pipe, Bible and Peyote among the Oglala Lakota, op. cit.*, p. 152.
62. Paul Steinmetz, *Meditations with Native Americans-Lakota Spirituality*, Bear Company, Santa Fe, Nouveau-Mexique, 1984, p. 142.
63. Entretien à Augustana College, Sioux Falls, août 1993.

Conclusion : Le Nouvel Age du pluralisme religieux
1. Eugen Drewermann, *Le progrès meurtrier*, Stock, Paris, 1993.
2. Entretien entre Aimé Césaire et Annick Thébia Melsan, *Courrier de l'Unesco*, mai 1997.
3. Septembre 1987, Archives du Bureau of Catholic Indian Missions. Aussi mentionné dans *Libération*, 16 septembre 1997.
4. Jean Malaurie, « Droit et logique coloniale », première partie, intitulée « Droit d'ingérence, de la conquête du territoire à celle des âmes et des esprits », in *La réception des systèmes juridiques : implantation et destin*, textes présentés au premier colloque international du Centre international de la Common Law en français, sous la direction de Michel Doucet et Jacques Vanderlinden, Bruylant, Bruxelles, 1994.
5. Entretien avec Lynn Giago, codirecteur du journal *Indian Country Today*, en août 1994.
6. Eugen Drewermann, *Fonctionnaires de Dieu*, Albin Michel, 1993, p. 59.
7. Claude Lévi-Strauss, « Les vrais penseurs du xxe siècle », entretien avec Guy Sorman, *Figaro Magazine*, 3 septembre 1988, p. 120.
8. Gordon McGregor, *op. cit.*, p. 42.
9. Catherine Albanese, *Nature Religion in America*, Préface de Martin E. Marty, Université de Chicago, Chicago, 1990, p. 156-163.
10. Archie Fire Lame Deer et Richard Erdoes, *Le Cercle sacré*, Éd. Albin Michel, coll. Terre indienne, 1995, et entretien le 20 avril 1995 à Paris.
11. Paul Steinmetz, *A Native American Indian Spirituality*, Leadership Conference of Women Religious, 1986, Archives de Marquette University, Milwaukee.
12. Préface de Ake Hulkrantz à l'ouvrage de Paul Steinmetz *Meditations With Native Americans, Native Spirituality*, Bear & Compagny, Santa Fe, New Mexico. Trad. fr. *Les Sioux Lakota*, Le Mail, Aix-en-Provence, 1992.

13. Jean Malaurie, « De la pierre à l'homme », propos recueillis par Jean-François Dortier, *Sciences humaines*, mars 1991, p. 10.

14. Peter Nabokov, « Unto These Mountains, Toward the Study of Sacred Geography », in *Voices of the First America : Text & context in the New World*, Gordon Brotherston, éd., Special issue of New Scholar, 10, 1-2, 1986. Voir aussi *Native American Testimony*, a *Chronicle of Indian-White Relations from Prophecy to the Present*, 1492-1992, Peter Nabokov, éd., Préface de Vine Deloria, Penguin Books, New York, 1992.

15. Vine Deloria, *God is Red, op. cit.*

16. *Handbook of American Religious Freedom, op. cit.*, Préface.

Chronologie

1824   Création du Bureau des Affaires indiennes (Indian Office) au ministère de la Guerre.

1830   Célèbre arrêt de la Cour suprême, *Cherokee Nation vs Georgia*. Les tribus indiennes sont définies comme des « nations domestiques dépendantes ».

1838   La « Piste des Larmes des Cherokees » : déportation en Oklahoma.

1845   Les États-Unis annexent le Texas.

1848   Traité de Guadalupe Hidalgo avec le Mexique : les États-Unis acquièrent le Sud-Ouest et la Californie.

1849   Le Bureau des Affaires indiennes est transféré au ministère de l'Intérieur.
Début de la ruée vers l'or.
La politique du transfert des populations fait place à celle des réserves.

1851   17 septembre : premier traité de Fort Laramie, signé par des représentants des Sioux, Cheyennes, Arapahos, Crows, Arikaras, Mandans et Gros Ventre, qui prévoit le libre passage des Blancs sur les territoires indiens en échange de subsides annuels de Washington.

1862   Le *Homestead Act* favorise l'installation des colons sur les territoires indiens.
Révolte des Sioux Santees dans le Minnesota.

1864   Ouverture de la Bozeman Trail, piste directe vers les champs aurifères du Montana, en dépit des protestations des Sioux.

1866   Construction de forts pour la protection de la Bozeman Trail.

1866-68   Guerre de Red Cloud : attaques des forts de la Bozeman Trail.

1868   29 avril : second traité de Fort Laramie. Il définit les frontières de la « Great Sioux Reservation » (Grande Réserve sioux). Les Sioux se voient garantir leurs droits sur les Black Hills. Les États-Unis sont autorisés à construire des routes, des lignes téléphoniques, à condition que les forts soient fermés.

26 novembre : le lieutenant-colonel George Armstrong Custer attaque, sur ordre du général Sheridan, le village cheyenne de Black Kettle à Washita River, en Oklahoma, et le détruit entièrement.

1870   Red Cloud et 22 autres Lakotas, notamment Sitting Bull, Spotted Tail, Red Shirt et American Horse sont convoqués à Washington. Le gouvernement fédéral attribue chaque agence chargée de l'administration des Affaires indiennes sur les réserves à une dénomination chrétienne.

1871   Abandon de la politique des traités avec les tribus indiennes.

1874   Expédition Custer dans les Black Hills (violation du second traité de Fort Laramie) et annonce de la découverte d'or dans la région.

1876   25 juin : bataille de Little Big Horn (Montana) : défaite de Custer et du 7e de cavalerie devant les Sioux et les Cheyennes menés par Sitting Bull et Crazy Horse. L'armée entreprend de désarmer et de conduire vers les agences tous les Indiens encore rebelles.

1877   Sitting Bull s'enfuit au Canada avec un groupe d'Indiens Hunkpapas. Assassinat de Crazy Horse à Fort Robinson.

1878   Les réserves sioux sont constituées autour des agences de Standing Rock, Cheyenne River, Lower Brûlé, Crow Creek, Pine Ridge et Rosebud.

1879   Le général Pratt crée le premier internat pour Indiens en Pennsylvanie.

1882   Fondation de l'Indian Rights Association, sous l'impulsion de réformateurs protestants, qui se fixe pour objectif de défendre les droits des Indiens, de leur faire obtenir la citoyenneté américaine, de favoriser leur accession à la propriété foncière individuelle à l'issue du morcellement de leurs terres et d'accélérer leur assimilation.

Le ministre de l'Intérieur ordonne de mettre un terme à toutes les « danses païennes » et cérémonies traditionnelles qui sont considérées comme une entrave sur la voie de la civilisation.

1884   Tous les Indiens surpris en flagrant délit de participation à des cérémonies traditionnelles sont passibles d'un mois de prison. Les hommes indiens doivent se couper les cheveux. La Danse du Soleil est formellement interdite par le Bureau des Affaires indiennes.

1886   Reddition de Geronimo (Apache).

1887   *General Allotment Act* : loi de morcellement des terres indiennes. Cette loi est adoptée pour dissoudre le cadre tribal et assimiler les Indiens.

1890   La Danse des Esprits gagne du terrain dans les Grandes Plaines. En territoire sioux, les réserves de Pine Ridge, Rosebud et Cheyenne River sont particulièrement impliquées dans ce mouvement de renouveau messianique. Sitting Bull est soupçonné d'en être le « meneur ». L'opinion publique réclame l'intervention des militaires.

Le 15 décembre : Sitting Bull est tué par des policiers lakotas lors de son arrestation.

Le 29 décembre : massacre de Wounded Knee.

Le Bureau du recensement déclare la Frontière close.

1893   12 juillet : conférence de Frederick Jackson Turner sur « la signification de la Frontière dans l'histoire américaine ».

Tournant du xxe siècle

La population indienne atteint son niveau démographique le plus bas (quelque 250 000).

1912   Le Nouveau-Mexique devient un État. En principe, les Indiens du Nouveau-Mexique tombent sous l'autorité directe du gouvernement fédéral comme les Indiens des autres États. La question se pose de savoir si les Pueblos, pacifiques et « civilisés », doivent être placés sous la tutelle du gouvernement. Le fait qu'ils organisent des cérémonies secrètes dans les kivas et que ces rituels soient interdits aux Blancs est considéré comme un signe de leur reste de sauvagerie. Leur placement sous statut fédéral est confirmé en 1913 *(US vs Sandoval)*.

1918   Plusieurs groupes d'adeptes du peyotl se réunissent en Oklahoma et fondent officiellement la Native American Church.

1924   *Indian Citizenship Act* : le Congrès attribue la nationalité américaine à tous les Indiens. L'Arizona et le Nouveau-Mexique vont refuser d'appliquer cette décision jusqu'en 1948.

La Native American Church devient une Église officielle dans les Dakotas.

Le commissaire aux Affaires indiennes, Charles H. Burke, lance une campagne contre les religions indiennes, qui sont dénoncées comme obscènes et sauvages.

1926   Le commissaire Burke s'adresse aux Indiens Taos à propos de la controverse de leur lac Bleu (sacré) incorporé au début du siècle dans un parc national. Ils en réclament la restitution car il est associé à des rituels traditionnels. Le commissaire les exhorte à abandonner leur paganisme et lance un avertissement à tous les autres Pueblos, les mettant en demeure de renoncer à leurs rites ancestraux dans l'année.

1928   Publication du *Meriam Report* (bilan de la politique indienne).

1929-33   De la Grande Crise à l'élection de Franklin Delano Roosevelt.

1931   John Collier est nommé commissaire aux Affaires indiennes. Il reste à ce poste jusqu'en 1945.

1934   *Indian Reorganization Act* (IRA) : loi sur la réorganisation des Affaires indiennes. Elle est assortie de mesures importantes concernant la liberté religieuse des Indiens.

1942   Entrée des États-Unis dans la Seconde Guerre mondiale. Environ 25 000 Indiens y participent.

1944   Fondation du National Congress of American Indians (NCAI), première organisation panindienne.

1946   Création de l'Indian Claims Commission (Commission des revendications indiennes) destinée à régler les litiges territoriaux avec les Indiens par des compensations financières.

1950   Dépôt, devant la Claims Commission de la plainte relative aux Black Hills, considérées par les Sioux comme sacrées.

1950-54   Administration Eisenhower. Début du mouvement pour les droits civiques.

1953-54   Début de la *Termination Policy*, politique de suppression du statut fédéral des réserves indiennes, associée à un programme d'urbanisation des Indiens. On veut dissoudre le cadre tribal et atténuer la « différence » indienne. Choc en retour par rapport à la politique mise en œuvre par John Collier pendant les années 1930 et le début des années 1940.

1955-60   Amorce d'un courant de protestation indien et ébauche d'une renaissance du traditionalisme. Parmi les Sioux, la Danse du Soleil prend une importance croissante.

1960   Élection de John Fitzgerald Kennedy.

1961   Suspension de la *Termination Policy*. Conférence de Chicago et *Declaration of Indian Purpose*, qui pose les premiers jalons d'un mouvement panindien.

1963   Kennedy est assassiné. Johnson lui succède.

1965   Création de l'All Pueblo Tribal Council, qui adopte une constitution et regroupe les gouvernements des Pueblos sous une autorité centrale.

1968   *The Forgotten American : Special Message to Congress* du président Johnson sur l'Indien, oublié de l'Amérique.
Fondation de l'American Indian Movement (AIM).

1969   Novembre : occupation d'Alcatraz, dans la baie de San Francisco, par les militants du Red Power. Les jeunes Indiens citadins se tournent vers les hommes-médecine et leur demande de les initier aux rites traditionnels.

1970   Restitution du lac sacré des Taos Pueblos.

1972   Décembre : occupation de l'immeuble du Bureau des Affaires indiennes (BIA) à Washington.

1973   Février-mai : occupation de Wounded Knee (Pine Ridge, Dakota du Sud) : deux cents Sioux Oglalas, menés par un groupe de l'AIM, occupent le lieu dit Wounded Knee, où se produisit le massacre de 1890. Présence d'hommes-médecine dans le camp retranché de Wounded Knee et intensité de la vie cérémonielle pendant l'occupation.

1974   Démission de Nixon.

1975 *Indian Self-Determination and Education Assistance Act.*

1978 *American Indian Religious Freedom Act* (AIRFA) visant à renforcer les garanties de la liberté religieuse des Indiens.

1980 Le recensement dénombre 1 382 000 Indiens.
Verdict de la Cour suprême favorable aux Sioux dans l'affaire des Black Hills. Une indemnisation de 100 millions de dollars leur est attribuée. Ils la refusent en proclamant que les Black Hills, terres sacrées, ne sont pas à vendre.

1981-88 Ronald Reagan succède à Jimmy Carter.

1982 Création du groupe de travail sur les populations autochtones, par la Commission des droits de l'homme de l'ONU, Genève. C'est l'amorce d'un processus diplomatique visant à obtenir une protection des droits des Indiens et des autres peuples autochtones sur la scène internationale.

1983 *Declaration of Indian Purpose*, président Reagan. Prise de position en faveur de l'abandon définitif de toute éventualité de *Termination Policy*. Encouragement du secteur privé sur les réserves et réduction de l'aide fédérale.

1988 Projet de Déclaration universelle sur les droits des peuples autochtones, par la Commission des droits de l'homme de l'ONU.

1989 Élection de George Bush.

1990 Le recensement dénombre près de 2 millions d'Indiens (1 959 234). Les seules tribus à compter plus de 100 000 personnes sont les Cherokees, les Navajos, les Chippewas et les Sioux. On prévoit que la population indienne atteindra 4,6 millions en 2050.
Décision de la Cour suprême *(Employment Division vs Smith)* sur l'utilisation des drogues : interdire l'usage des drogues hallucinogènes (*i.e.* peyotl) ne constitue pas une violation des droits constitutionnels garantissant le libre exercice des religions.
Les adeptes de la Native American Church aux États-Unis sont quelque 250 000.

1992 Cinquième centenaire de la « découverte » de l'Amérique. Nombre d'Indiens boycottent cette célébration, qui est rebaptisée commémoration par l'ONU et l'Unesco.
Bill Clinton élu président.

1993 L'année 1993 est déclarée Année internationale des populations autochtones par les Nations unies et l'Unesco. La question du rapatriement des objets sacrés et des restes humains devient l'un des premiers objectifs des tribus indiennes qui adoptent des stratégies différentes vis-à-vis des musées.

1994 Sur la scène internationale, dans le cadre de la Commission des droits de l'homme de l'ONU, mise au point du texte définitif de la Déclaration sur les droits des peuples autochtones, qui mentionne le droit à l'autonomie religieuse.

LA CONVERSION INACHEVÉE

Un amendement à l'*American Indian Religious Freedom Act* visant à protéger l'utilisation rituelle du peyotl est adopté par le Congrès. Il interdit aux États de mettre en œuvre des dispositions interdisant ou restreignant l'utilisation, le transport ou la consommation du peyotl dans le cadre de la Native American Church. Vingt-deux États, dont le Nebraska, ont encore des législations restrictives à cet égard.

8 décembre : inauguration par les Nations unies de la Décennie internationale des peuples autochtones.

Glossaire

Acculturation : cette notion désigne les phénomènes complexes qui résultent des contacts directs et prolongés entre deux cultures différentes entraînant la modification ou la transformation de l'un des types culturels en présence. L'acculturation est donc un aspect particulier des processus d'emprunt et de diffusion mais elle peut se réaliser de maintes manières : déculturation, intégration, assimilation, syncrétisme. Aujourd'hui le mot est souvent appliqué, dans un sens restrictif, au contact culturel de deux sociétés de puissance inégale, la société dominante, plus nombreuse ou techniquement mieux équipée — généralement de type industriel —, s'imposant directement à la culture dominée (in *Dictionnaire des sciences humaines*, Nathan, 1990).

Assimilation : adoption et fusion, dans un tout culturel cohérent gardant les caractéristiques essentielles de la culture traditionnelle, d'éléments empruntés à une autre culture. C'est cette permanence qui distingue l'assimilation du syncrétisme culturel, avec lequel elle est cependant parfois confondue (*ibid.*).

Baptistes : membres d'une dénomination protestante qui pratique le baptême des adultes par immersion. L'Église des baptistes, née en Angleterre, s'est beaucoup développée aux États-Unis. Elle met l'accent sur la conversion individuelle, l'autorité de l'Écriture et l'évangélisation.

Compartimentation : selon Edward P. Dozier, anthropologue pueblo, la « compartimentation » est une stratégie d'adaptation des Pueblos du Rio Grande à la répression culturelle et spirituelle dont ils ont été victimes. Les danses et les cérémonies qui ne suscitaient pas d'opposition de la part de la population non indienne continuèrent à se dérouler ouvertement, tandis que, dans la clandestinité, se perpétuaient d'autres rituels qui étaient soustraits aux influences extérieures. Ces rites clandestins sont ceux qui, « dans leur gloire païenne », choquaient les autorités espagnoles et les prêtres.

399

Congrégationalistes : protestants descendants des puritains de Nouvelle-Angleterre, qui ne reconnaissent comme structure ecclésiale qu'une communauté locale qui gère ses propres affaires.

Dominicains : religieux de l'ordre fondé par saint Dominique qui fut confirmé par le pape Honorius III en 1216. Ils reçoivent une formation intellectuelle et spirituelle très poussée et leurs activités principales sont la prédication, la communication, l'enseignement et la recherche théologique.

Épiscopalisme : branche de l'anglicanisme qui a conservé l'institution épiscopale, *i.e.* la hiérarchie des archevêques et des évêques. L'Église anglicane des États-Unis, créée en 1789 à Philadelphie, porte le nom d'Église épiscopalienne. Les laïcs y jouent un grand rôle et participent avec le clergé à l'élection des évêques.

Franciscains : ordre religieux fondé en 1209 par François d'Assise, qui avait décidé « de suivre nu le Christ nu » et prônait la pauvreté, l'humilité, la chasteté et l'amour de Dieu dans la joie. Le plus célèbre écrit de François d'Assise est le *Cantique des créatures*. Les franciscains ont donné à la chrétienté des universitaires, des prédicateurs et des missionnaires. Leur rôle a été important dans l'évangélisation du Nouveau-Monde, surtout au sud du Rio Grande, et fondamental dans la christianisation massive du Mexique. Ils ont aussi été les principaux responsables de l'évangélisation des Indiens Pueblos de l'actuel sud-ouest des États-Unis ; ils sont encore influents dans la région à travers les Églises et missions catholiques du Nouveau-Mexique.

Inculturation : intégration de certains aspects des religions traditionnelles dans la doctrine et la liturgie chrétiennes.

Jésuites : la Compagnie de Jésus a été créée en 1534 par Ignace de Loyola et approuvée par le pape Paul III en 1540. Les jésuites sont placés sous l'autorité d'un général élu à vie par la Congrégation générale et ont souvent été appelés « soldats de Dieu ». Leurs objectifs sont la rénovation interne de l'Église par la prédication, la direction de conscience, l'enseignement et les missions. Les aspirants prononcent trois vœux perpétuels (pauvreté, chasteté, obéissance) et poursuivent de longues études. Cultivés, influents, notamment à travers leurs collèges, indépendants vis-à-vis des hiérarchies ecclésiastiques locales, ils ont été accusés de vouloir gouverner le monde. La Compagnie de Jésus fut supprimée de 1773 à 1814. Explorateurs, écrivains, missionnaires, ils jouèrent un rôle notable et singulier à travers des expériences d'évangélisation novatrices au Nouveau Monde, tant en Amérique du Sud (Indiens du Paraguay) qu'au nord (Nouvelle-France, ouest des États-Unis).

Mennonites : issus du protestantisme, très industrieux, vivant souvent dans des communautés dispersées, ils sont près de 400 000 aux États-Unis. Leur pratique religieuse est aujourd'hui proche de celle des baptistes ; ils n'acceptent le baptême que des adultes conscients de leur choix.

Méthodistes : mouvement protestant né de la prédication de John et Charles Wesley, au début du XVIIIe siècle, qui reçut le surnom de « méthodiste » à cause de son organisation. Fondé sur le refus de tout conformisme et sur le sacerdoce universel, il considère que l'expérience personnelle de Dieu est le seul guide de la conscience et que le salut est accessible à tous par la foi.

Moraves (frères) : l'une des plus anciennes Églises du protestantisme, de sensibilité luthérienne, dont les fidèles sont des disciples du théologien tchèque Jean Hus. Les moraves sont peu nombreux mais ils ont manifesté, historiquement aux États-Unis et plus récemment, notamment en Amérique centrale, un grand zèle missionnaire.

Mormons : disciples de Joseph Smith qui, en 1830, à la suite de révélations divines, « découvrit » le « Livre des Mormons », récit de l'histoire biblique de l'Amérique, et fonda une nouvelle religion en marge du christianisme. Leur Église fait preuve d'un fort esprit missionnaire. Les mormons n'admettent pas la prédestination ni la notion de péché originel. Selon le Livre des Mormons, le Christ ressuscité est venu pour apporter également son message aux Américains d'avant Colomb.

Presbytériens : à l'origine calvinistes de l'Église d'Écosse, les presbytériens sont aujourd'hui particulièrement nombreux aux États-Unis. Leurs Églises sont réunies dans l'Alliance mondiale des Églises presbytériennes, fondée à Genève en 1875.

Puritains : dissidents de l'Église anglicane, rigoureusement attachés à la lecture de l'Écriture et à une morale stricte, réclamant la purification de la doctrine et des rites anglicans. Les puritains qui émigrèrent en Amérique sur le *Mayflower* en 1620 sont à l'origine de la fondation des premières colonies de ce qui allait devenir les États-Unis (Nouvelle-Angleterre).

Récollets : ordre religieux catholique (franciscains réformés), qui a joué un rôle important dans les missions de la Nouvelle-France et l'évangélisation des Indiens au XVIIe siècle.

Quakers : communauté puritaine fondée en 1652 par George Fox et nommée Société des Amis. Les quakers rejetaient le ritualisme de l'Église anglicane et la hiérarchie religieuse. Persécutés en Angleterre, ils émigrèrent aux États-Unis où l'un d'entre eux, William Penn, fonda la Pennsylvanie. Ils privilégient la révélation intérieure et personnelle, mettent l'accent sur la fraternité universelle et sont pacifistes. Ils ont intégré des phénomènes de possession par l'Esprit s'exprimant par des transes, d'où leur surnom de quakers.

Syncrétisme culturel : synthèse, agrégation ou amalgame de deux éléments culturels différents ou de deux cultures d'origine différente qui subissent ainsi une réinterprétation. Comme l'assimilation ou le rejet, le syncrétisme serait l'un des résultats possibles du processus d'acculturation (ou de contre-acculturation).

Indications bibliographiques

Sources primaires, archives

Archives romaines
  Archivum Romanum Societatis Jesu, Borgo Santo Spirito, Rome
  Palazzo Propaganda Fide, Piazza di Spagna, 48, Rome.
Jesuit Missouri Province Archives, Saint Louis.
Marquette University Archives, Milwaukee.
Archives concernant les Pueblos :
  Archives régionales : Museum of New Mexico, History Library, Santa Fe
  Archidiocèse de Santa Fe, Historic Artistic Patrimony and Archives, Santa Fe
Archives concernant les Sioux :
  Catholiques :
  Archives de Holy Rosary Mission, réserve de Pine Ridge, Dakota du Sud
  Archives de Saint Francis Mission, réserve de Rosebud, Dakota du Sud
  Buechel Museum Archives, Rosebud, Dakota du Sud
  Protestantes :
  Archives épiscopaliennes d'Augustana College, Sioux Falls, Dakota du Sud
  William Hare Library, Augustana College, Sioux Falls, Dakota du Sud.
  Archives régionales
South Dakota Historical Society.
Nebraska State Historical Archives.

Ouvrages de référence et ouvrages sur l'histoire des missions

BASTIDE, Roger, *Éléments de sociologie religieuse*, Armand Colin, Paris, 1936.
— *Le sacré sauvage, et autres essais*, Payot, Paris, 1975.
BERKHOFER Robert F., *Salvation and the Savage, An Analysis of Protestant Missions*

403

and American Indian Response. 1787-1862, University of Kentucky Press, Atheneum, 1965.

BLANKAERT, Claude, éd., *Naissance de l'ethnologie, Anthropologie et missions en Amérique, xvf-xviif siècle*, Éditions du Cerf, Paris, 1985.

BOORSTIN, Daniel, *The Colonial Experience*, 1958 ; *The National Experience*, 1963 ; *The Democratic Experience*, 1973, Random House, New York. Trad. fr. *Histoire des Américains*, Robert Laffont, Paris, 1991.

BOWDEN, Henry, *American Indians and Christian Missions, Studies in Cultural Conflict*, University of Chicago Press, Chicago, 1981.

BROWN, Dee, *Bury My Heart at Wounded Knee*, Bantam Books, New York, 1970. Trad. fr. *Enterre mon cœur à Wounded Knee*, Stock, Paris, 1973.

BROWN, John Epes, *The Spiritual Legacy of the American Indian*, Crossroad, New York, 1982. Trad. fr. *L'héritage spirituel des Indiens d'Amérique*, Rocher / Le Mail, Paris, 1990.

BURNS, Robert Ignatius, *The Jesuits and the Indian Wars in the Northwest*, Yale University Press, New Haven, 1966.

CATLIN, George, *Letters and Notes on the Manners, Customs and Conditions of the North American Indians*, Wiley and Putnam, New York et nombreuses autres éditions, notamment Dover, New York, 1973. Trad. fr. *Les Indiens d'Amérique du Nord*, avec une introduction de Peter Matthiessent, Albin Michel, coll. Terre indienne, Paris, 1992.

COHEN, Felix S., *Handbook of Federal Indian Law*, Government Printing Office, 1942 et 2ᵉ édition en 1962.

COLLIER, John, *Indians of the Americas*, New American Library, New York, 1948.

DELANOË, Nelcya, *L'entaille rouge, terres indiennes et démocratie américaine (1776-1980)*, Maspero-La Découverte, 1982. Nouvelle édition augmentée, Albin Michel, 1996.

DELANOË, Nelcya et ROSTKOWSKI, Joëlle, *Les Indiens dans l'histoire américaine*, Presses universitaires de Nancy, Nancy, 1991.

DELORIA, Vine, Jr, *Custer Died for Your Sins : an Indian Manifesto*, Macmillan, New York, 1969. Nouv. éd., Avon Books, New York, 1970.
— *God is Red*, Grosset and Dunlap, New York, 1973. Nouv. éd. révisée, *God is Red, A Native View of Religion*, Fulcrum Publishing, Golden, Colorado, 1994.

DE SMET, Pierre-Jean, S.J., *The Life, Letters and Travels of Pierre-Jean De Smet S.J., 1801-1873*, Hiram Martin Chittenden and Alfred Talbot Richardson, 4 vol., et F.P. Harper, New York, 1905.

DIPPIE, Brian, *The Vanishing American, White Attitudes and United States Indian Policy*, Wesleyan University Press, Middletown, Connecticut, 1982.

DUBUISSON, Daniel, *Mythologies du xxᵉ siècle (Dumézil, Lévi-Strauss, Eliade)*, Presses universitaires de Lille, 1993.

ELIADE, Mircea, *La nostalgie des origines, Méthodologie et histoire des religions*, Gallimard, Paris, coll. Les Essais, 1971.
— *Histoire des croyances et des idées religieuses*, 3 tomes, Payot, Paris, 1978.

404

FEEST, Christian F., *Indians of Northeastern North America*, Institut d'iconographie religieuse, université d'État, Groningue, E.J. Brill, Leyde, 1986.

FEY, Harold E. et MCNICKLE D'Arcy, *Indians and Other Americans. Two Ways of Life Meet*, Harper and Row, New York, 1959.

FOHLEN, Claude, *L'agonie des Peaux-Rouges*, Resma, Paris, 1970.
— *Les Indiens d'Amérique du Nord*, PUF, coll. Que sais-je ? Paris, 1985.

GALINIER, Jacques, *La moitié du monde, le corps et le cosmos dans le rituel des Indiens Otomi*, Presses Universitaires de France, 1997.

GOMEZ, Thomas, *Droit de conquête et droits des Indiens*, Armand Colin, Paris, 1996.

HENNEPIN, Louis, *A New Discovery of a Vast Country in America*, McClurg, Chicago, 1903. Nouv. éd. Coles Publishing Company, Toronto, 1974.

HOXIE, Frederick E., éd., *Indians in American History*, Harlan Davidson, Inc. Arlington Heights, Illinois, 1988.

HULKRANTZ, Ake, *The Study of American Indian Religions*, Christopher Vecsey, éd., Crossroad Publishing Company, New York, 1983.
— *Native Religions of North America*, Harper and Row, New York, 1987. Trad. fr. *Religions des Indiens d'Amérique du Nord*, Le Mail, Paris, 1993.

JACQUIN, Philippe, *Les Indiens blancs, Français et Indiens en Amérique du Nord*, Payot, Paris, 1987.
— *L'herbe des dieux, le tabac dans les sociétés indiennes d'Amérique du Nord*, Seita, 1997.

JOSEPHY, Alvin M., Jr, *Red Power*, McGraw-Hill, New York, 1972.

KASPI, André, *Les Américains*, 2 vol., Le Seuil, coll. Points Histoire, Paris, 1986.

KASPI, André, BERTRAND, Claude-Jean, HEFFER, Jean, *La civilisation américaine*, PUF, Paris, 1991.

LA BARRE, Weston, *The Peyote Cult*, Yale University Press, New Haven, 1932.
— *The Ghost Dance, Origins of Religion*, Allen and Unwin, Londres, 1970.

LACOUTURE, Jean, *Jésuites*, 2 tomes, éd. du Seuil, Paris, 1991.

LANTERNARI, Vittorio, *Les mouvements religieux des peuples opprimés*, Maspero-La Découverte, Paris, 1983.

LÉVI-STRAUSS, Claude, *La pensée sauvage*, Plon, Paris, 1962.
— *Race et Culture*, UNESCO, Paris, 1971.
— *De près et de loin*, entretiens accordés à Didier Eribon, Odile Jacob, Paris, 1988.

LEWIS, M. et CLARK, W., *Lewis and Clark Among the Indians*, James P. Ronda, éd., University of Nebraska Press, Lincoln, 1984.
— *La Piste de l'Ouest. Journal de la première traversée du continent nord-américain, 1804-1806*, édition présentée et préparée par Michel Le Bris, Phébus, Paris, 1993.

LURIE, Nancy, éd., *North American Indians in Historical Perspective*, Random House, New York, 1971.

MALAURIE, Jean, *Les derniers rois de Thulé, avec les Esquimaux polaires face à leur destin*, Plon, coll. Terre humaine, 1re édition, Paris, 1955, 5e édition, Paris, 1989.

— *Ultima Thulé : les hommes du Pôle face à leurs conquérants*, Bordas, Paris, Plon, 1989.

MARIENSTRAS, Élise, *La résistance indienne aux États-Unis du XVIe au XXe siècle*, Gallimard, Paris, 1980.

— *Wounded Knee ou l'Amérique fin de siècle*, Éditions Complexe, Paris, 1992.

MAUZÉ, Marie, *Les fils de Wakai, une histoire des Indiens Lekwiltoq*, Éditions recherche sur les Civilisations, Paris, 1992.

McNICKLE, D'Arcy, *Native American Tribalism*, Oxford University Press, Londres, 1973.

— *They Came Here First; The Epic of the American Indian*, J.B. Lippincott Company, Philadelphie, 1949.

MELANDRI, Pierre, *Histoire des États-Unis depuis 1865*, Nathan, Paris, 1984.

MOQUIN, Wayne et VANDOVEN, Charles, éd., *Great Documents in American Indian History*, Praeger Publishers, New York, 1973.

PRUCHA, Francis Paul, S.J., *Americanizing the American Indian, Writings by the Friends of the Indian, 1800-1900*, Harvard University Press, Cambridge, Mass., 1973.

— *American Indian Policy in Crisis : Christian Reformers and the Indian, 1865-1900*, University of Oklahoma Press, Norman, 1976.

ROSTKOWSKI, Joëlle, *Le renouveau indien aux États-Unis*, L'Harmattan, Paris, 1986, Introduction d'André Kaspi, Préface de Scott Momaday.

ROSTKOWSKI, Joëlle et DEVERS Sylvie, éd., *Destins croisés, cinq siècles de rencontres avec les Amérindiens*, Unesco / Albin Michel, Paris, 1992. Trad. esp. *Destinos Cruzados*, Siglo XXI, 1996.

STEINER, Stan, *The New Indians*, Harper and Row, New York, 1978.

UNDERHILL, Ruth M., *Red Man's Religion*, University of Chicago Press, Chicago, 1965.

VAZEILLES, Danièle, *Les Chamanes*, Éditions du Cerf, Paris, 1991.

VECSEY, Christopher, éd., *Religion in Native North America*, University of Idaho Press, Moscow, 1987.

— *Handbook of American Indian Religious Freedom*, Crossroad, New York, 1991.

VECSEY, Ch. et VENABLES, R., éd., *American Indian Environments, Ecological Issues in Native American History*, Syracuse University Press, Syracuse, 1980.

VINCENT, Bernard, éd., *Histoire des États-Unis*, Flammarion, 1997.

VISSIÈRE, Isabelle et Jean-Louis, éd., *Peaux-Rouges et Robes noires. Lettres édifiantes et curieuses des jésuites français en Amérique au XVIIIe siècle*, Éditions de la Différence, Paris, 1993.

VOGEL, Virgil J., *This Country was Ours, A Documentary History of the American Indian*, Harper and Row, New York, 1972.

WASHBURN, Wilcomb E., *History of Indian-White Relationships*, Handbook of North

American Indians, Smithsonian Institution, Washington DC, 1988.
— *Red Man's land, White Man's Law, the Past and Present Status of the American Indian*, University of Oklahoma Press, Norman, 1971. Nouv. éd. mise à jour, 1995.

Ouvrages concernant les Pueblos et le Nouveau-Mexique

ANGULO, Guy de, *Jaime in Taos, The Taos Papers of Jaime de Angulo*, City Life Books, San Francisco, 1985.

ARAGON, Ray John de, *Padre Martinez and Bishop Lamy*, Pan-American Publishing Company, Las Vegas, New Mexico, 1978.

BANDELIER, A. F., *Final Report of Investigations among the Indians of the Southwestern United States*. Archaeological Institute of America, *Papers* (« American Series »), vol. III, part 1 et vol. IV, part 2, Cambridge, Mass., 1890-1892.

BEAVER, R.P., *The Native American Christian Community. A Directory of Indian, Aleut and Eskimo Churches*, Missions Advanced Research and Communication Center (MARC), Monrovia, Californie, 1979.

BECK, Warren A., *New Mexico : A History of Four Centuries*, University of Oklahoma Press, Norman, 1962.

BOLTON, Herbert E., *Coronado, Knight of Pueblos and Plains*, University of New Mexico Press, Albuquerque, 1990.

BOWDEN, Henry Warner, *American Indians and Christian Missions*, Studies in Cultural Conflict, University of Chicago Press, Chicago, 1981.

CABEZA DE VACA, Alvar Núñez, *La Relación*, Zamora, Espagne, 1540, et autres éditions. Tr. fr. *Relation de voyage*, Actes Sud, 1979, Arles, Introduction d'Yves Berger.

CASTANEDA Pedro de, *et al.*, *The Journey of Coronado*, Dover Publications Inc., New York, 1990.

CATHER, Willa, *Death Comes for the Archbishop*, Vintage Books, New York, 1927, 1971. Trad. fr. *La mort et l'archevêque*, Ramsay, Paris, 1986, Préface et traduction de Marc Chénetier.

CAZENEUVE, Jean, *Les dieux dansent à Cibola*, Gallimard, Paris, 1957.

CHAVEZ, Fray Angelico, *But Time and Chance, The Story of Padre Martinez of Taos*, 1793-1867, Sunstone Press, Santa Fe, 1981.

DALE, Edward-Everett, *The Indians of the Southwest, A Century of Development Under the United States*, University of Oklahoma Press, Norman, 1949.

DIPPIE, Brian, *White Attitudes and US Indian Policy*, Wesleyan University Press, Middletown, Connecticut, 1982.

DOZIER, Edward P., *The Pueblo Indians of North America*, Holt, Rinehart and Winston, 1970, et Waveland Press, Prospect Heights, Illinois, 1983.

DRIVER, Harold E., *Indians of North America*, University of Chicago Press, Chicago, 1969.

Dutton, Bertha P., *American Indians of the Southwest*, University of New Mexico Press, Albuquerque, 1983.

Duverger, Christian, *La conversion des Indiens de la Nouvelle-Espagne*, Le Seuil, Paris, 1987.

Eggan, Fred, *Western Pueblos (Social organization)*, University of Chicago Press, Chicago, 1950.

Eliade, Mircea, *Patterns in Comparative Religion*, World Publishing Company, New York, 1958.

— *Cosmos and History*, Harper and Row, New York, 1966.

Ellis, Richard N., éd., *New Mexico Past and Present, A Historical Reader*, University of New Mexico Press, Albuquerque 1971.

— *New Mexico Historic Documents*, University of New Mexico Press, Albuquerque, 1975.

Espinosa, Manuel J., *The Pueblo Indian Revolt of 1696 and the Franciscan Missions in New Mexico : Letters of Missionaries and Related Documents*, University of Oklahoma Press, Norman, 1988.

Forrest, Earle R., *Missions and Pueblos of the Old Southwest*, Rio Grande Press, Glorieta, Nouveau-Mexique, 1990.

Geertz, Armin W., *The Invention of Prophecy, Continuity and Meaning in Hopi Indian Religion*, université d'Aarhus, Danemark, 1992.

Gérard-Landry, Chantal, *Hopi, peuple de paix et d'harmonie*, Albin Michel, coll. Terre indienne, Paris, 1995.

Gill, Sam D., *Native American Traditions, Sources and Interpretations*, The Religious Life of Man Series, Wadsworth Publishing Company, Belmont, Californie, 1983.

Gregg, Andrew K., *New Mexico in the Nineteenth Century*, University of New Mexico Press, Albuquerque, 1968.

Gruzinski, Serge, *La colonisation de l'imaginaire. Société indigène et occidentalisation dans le Mexique espagnol, XVIᵉ-XVIIIᵉ siècle*, Fayard, Paris, 1988.

— *Histoire du Nouveau Monde de la Découverte à la Conquête, une expérience européenne*, Fayard, Paris, 1991.

Gutierrez, Ramón A., *When Jesus Came, the Corn Mothers Went Away, 1500-1846*, Stanford University Press, Stanford, 1991.

Handbook of North American Indians, vol. IX, *Southwest*, William Sturtevant et Alfonso Ortiz, éd., Smithsonian Institution, Washington DC, 1979.

Haubert, Maxime, *La vie quotidienne des Indiens et des jésuites du Paraguay au temps des missions*, Hachette, Paris, 1967, Préface de Jacques Soustelle.

Hallenbeck, Cleve, *Journey and Route of Cabeza de Vaca*, Glendale, Californie, 1940.

Hill, W. W., *An Ethnography of Santa Clara Pueblo, New Mexico*, Charles H. Lange, éd., University of Mexico Press, Albuquerque, 1982.

Horgan, Paul, *Lamy of Santa Fe, His Life and Times*, Farrar, Straus and Giroux, New York, 1975.

— *The Centuries of Santa Fe*, William Gannon, Santa Fe, Nouveau-Mexique, 1976.

HULKRANTZ, Ake, *Belief and Worship in Native North America*, Christopher Vecsey, éd., Syracuse University Press, Syracuse, N.Y., 1981.

— *The Study of American Indian Religions*, Christopher Vecsey, éd., Crossroad Publishing, New York, 1983.

— *Native Religions in North America*, Harper Collins, San Francisco, 1987. Tr. fr. *Religions des Indiens d'Amérique*, Le Mail, Aix-en-Provence, 1993.

KEEGAN, M., *Taos Pueblo and its Sacred Blue Lake*, Clearlight Publishers, Santa Fe, 1991.

KESSELL, John L., *Kiva, Cross and Crown, The Pecos Indians and New Mexico*, 1540-1840, University of New Mexico, Albuquerque, 1990.

KUBLER, George, *The Religious Architecture of New Mexico in the Colonial Period and Since the American Occupation*, University of New Mexico Press, Albuquerque, 1972.

LA FARGE, Olivier, *Santa Fe : The Autobiography of a Southwestern Town*, University of Oklahoma Press, Norman, 1959.

LANGE, Charles H. et CAROLL L. Riley, éd., *The Southwestern Journals of Adolph Bandelier*, University of New Mexico Press, Albuquerque, 1966, 1984 (4 vol.).

LAS CASAS, Bartolomé de, *Très brève relation de la destruction des Indes*, La Découverte, Paris, 1983.

LOFTIN, John D., *Religion and Hopi Life in the Twentieth Century*, Indiana University Press, Indianapolis, 1981.

ORTIZ, Alfonso, éd., *The Tewa World : Space, Time, Being and Becoming in a Pueblo Society*, University of Chicago Press, Chicago, 1969.

— *New Perspectives on the Pueblos*, School of American Research, University of New Mexico Press, Albuquerque, 1972.

PARSONS, Elsie Clews, *Pueblo Indian Religion*, University of Chicago Press, Chicago, 1939.

ROBERTS, Susan A. et CALVIN A., *New Mexico*, University of New Mexico Press, Albuquerque, 1988.

ROEDIGER, Virginia More, *Ceremonial Customs of the Pueblo Indians*, University of California Press, Berkeley, 1961.

SANDO, Joe S., *The Pueblo Indians*, Indian Historian Press, San Francisco, 1976.

— *Pueblo Nations, Eight Centuries of Pueblo History*, Clearlight Publishers, Santa Fe, Nouveau-Mexique, 1992.

SIMMONS, Marc, *New Mexico, An Interpretative History*, University of New Mexico Press, Albuquerque, 1988.

SOUSTELLE, Jacques, *Les Quatre Soleils*, Plon, Paris, 1967.

SPICER, Edward H., *Perspectives in American Culture Change*, University of Chicago Press, Chicago, 1961.

— *Cycles of Conquest : The Impact of Spain, Mexico and the United States on the Indians of the Southwest, 1533-1960*, University of Arizona Press, Tucson, 1962.

STRAW, Mary J., *Loretto : The Sisters and their Santa Fe Chapel*, Loretto Chapel, Santa Fe, 1983.

TERRELL, John Upton, *Estevanico The Black*, Westernlore Press, Los Angeles, 1968.

— *Pueblos, Gods and Spaniards*, Dial Press, New York, 1973.

TYLER, Daniel, *Sources for New Mexican History, 1821-1848*, Museum of New Mexico Press, Santa Fe, 1984.

UNDERHILL, Ruth, *Red Man's Religion*, University of Chicago Press, Chicago, 1965.

— *Life in the Pueblos*, Ancient City Press, Santa Fe, Nouveau-Mexique, 1991.

VAN GENNEP, Arnold, *Rites of Passage*, University of Chicago Press, Chicago, 1960.

VOGEL, Virgil J., *A Documentary History of the American Indian*, Harper and Row, New York, 1972.

WALKER, Willard et WYCKOFF, Lydia, éd., *Hopis, Tewas and the American Road*, University of New Mexico Press, Albuquerque, 1983.

WATERS, Frank, *Masked Gods, Navajo and Pueblo Ceremonialism*, Swallow Press, Albuquerque, 1950.

WEIGLE, Marta, *Brothers of Light, Brothers of Blood, the Penitentes of the Southwest*, Ancient City Press, Santa Fe, 1976.

WOOD, Nancy, *Taos Pueblo*, Alfred Knopf, New York, 1989, Introduction de Vine Deloria.

WROTH, William, *Images of Penance, Images of Mercy*, Southwestern Santos in the Late Nineteenth Century, University of Oklahoma Press, Norman, 1991.

Ouvrages concernant les Sioux et les Grandes Plaines

ANDRIST, Ralph K., *The Long Death : The Last Days of the Plains Indians*, Macmillan, New York, 1964. Nouv. éd. Collier, New York, N.Y., 1969.

BLACK ELK et BROWN Joseph Epes, *The Sacred Pipe. Black Elk's Account of the Seven Rites of the Oglala Sioux.*, présenté par J. Epes Brown, University of Oklahoma Press, Norman, 1953, et Penguin Books, New York, 1971. Trad. fr., *Les rites secrets des Indiens sioux, Élan Noir (Hehaka Sapa)*, Le Mail, Aix-en-Provence, 1987.

BOAS, Franz et DELORIA Ella, *Dakota Grammar*, 2nd Memoir, vol. 23, National Academy of Sciences, Government Printing Office, 1941, et Dakota Press, Vermillion, Dakota du Sud, 1979.

BRAY, Edmund C. et COLEMAN BRAY Martha, éd., *Joseph Nicollet on the Plains and Prairies*, Minnesota Historical Society Press, Saint Paul, Minnesota, 1976.

BUECHEL, Eugen, S. J., *A Grammar of Lakota. The Language of the Teton Sioux Indians*, John S. Swift, Saint Louis et Chicago, 1939.

— *A Dictionary of the Teton Dakota Sioux Language ; Lakota-English, English-*

Lakota, with Considerations Given to Yankton and Santee, Red Cloud Indian School, Holy Rosary Mission, Pine Ridge, Dakota du Sud, 1970.

CASH, Joseph, H., *The Sioux People* (Rosebud), Indian Tribal Series, Phoenix, 1971.

DELORIA, Ella C., *Dakota Texts, G.E. Stechert,* New York, 1932. Nouvelle édition : Dakota Press, Vermillion, Dakota du Sud, 1978.

— *Speaking of Indians,* Friendship Press, New York, 1944.

DeMALLIE, Raymond J., *The Sixth Grandfather, Black Elk's Teachings Given to John G. Neihardt,* University of Nebraska Press, Lincoln, 1984.

DeMALLIE, Raymond J. et PARKS, Douglas R., éd., *Sioux Indian Religion, Tradition and Innovation,* illust. de Arthur Amiotte, University of Oklahoma Press, Norman, 1987.

DE SMET, Pierre-Jean, S.J., *Life, Letters and Travels of Pierre-Jean De Smet, S.J.,* 1801-1873, Hiram Martin Chittendern and Alfred Talbot Richardson, 4 vol., F.P. Harper, New York, 1905.

DÉSVEAUX, Emmanuel, *Sous le signe de l'ours, mythes et temporalité chez les Ojibwa septentrionaux,* Éditions de la Maison des sciences de l'homme, Paris, 1988.

DRIVING HAWK SNEVE, Virginia, *That They May Have Life. The Episcopal Church in South Dakota,* Seabury Press, New York, 1977.

DURATSCHEK, Mary Claudia, *Crusading Among Sioux Trails : A History of Catholic Indian Missions of South Dakota,* Grail Publishers, Yankton, Dakota du Sud, 1947.

EASTMAN, Charles Alexander, *The Soul of the Indian,* Houghton Mifflin, Boston, 1911, et Johnson, New York, 1970.

— *The Indian Today,* Doubleday, New York, 1915.

EASTMAN, Charles Alexander et EASTMAN Elaine Goodale, *Wigwam Evenings : Sioux Folk Tales Retold,* Little, Brown, Boston. Réimpression, E.M. Hale, Eau Claire, Wisconsin, 1937.

EASTMAN, Mary Henderson, *Dakotah, or Life and Legends of the Sioux around Fort Snelling,* John Wiley, New York, 1849. Nouv. éd. : Ross and Haines, Minneapolis, 1962, et Arno, New York, 1975.

FAY, George E., éd., *Treaties and Land Cessions between the Bands of the Sioux and the United States of America,* 1805-1906, University of Colorado, Museum of Anthropology, Greenlay, Colorado, 1972.

FERACA, Stephen E., *Wakinyan : Contemporary Teton Dakota Religion,* Museum of the Plains Indian, Browning, Montana, 1969.

GOLL, Louis J., S.J., *Jesuit Missions among the Sioux,* Saint Francis Mission, Saint Francis, Dakota du Sud, 1940.

GROBSMITH, Elizabeth S., *Lakota of the Rosebud, A Contemporary Ethnography,* University of Nebraska Press, Lincoln, 1981.

HASSRICK, Royal B., *The Sioux : Life and Customs of a Warrior Society,* University of Oklahoma Press, Norman, 1964. Trad. fr. *Les Sioux, vie et coutumes d'une société guerrière,* Albin Michel, coll. Terre indienne, Paris, 1994.

HEARD, Isaac V. D., *History of the Sioux War and Massacres of 1862 and 1863*, Harper, New York, 1863. Nouv. éd. Kraus, Millwood, New York, 1975.

HYDE, George E., *Red Cloud's Folk. A History of the Oglala Sioux Indians*, University of Oklahoma Press, Norman, 1937. Trad. fr. *Histoire des Sioux. Le peuple de Red Cloud*, Éditions du Rocher, Paris.
— *Spotted Tail's Folk : A History of the Brule Sioux*, University of Oklahoma Press, Norman, 1961.

JACKSON, Donald D., *Custer's Gold : The United States Cavalry Expedition of 1874*, Yale University, New Haven, 1966. Nouv. éd. University of Nebraska Press, Lincoln, 1972.

JOHNSON, Sister Mary Antonio, *Federal Relations with the Great Sioux Nation Indians of South Dakota, 1887-1933, with Particular Reference to Land Policy under the Dawes Act*, Catholic University of America Press, Washington, DC, 1948.

KEHOE, Alice Beck, *The Ghost Dance, Ethnohistory and Revitalization*, Holt, Rinehart and Winston, Chicago, 1989.

MACGREGOR, Gordon, *Warriors Without Weapons*, University of Chicago Press, Chicago, 1946.

MAILS, Thomas E., *Sundancing at Rosebud and Pine Ridge*, Center for Western Studies, Augustana College, Sioux Falls, Dakota du Sud, 1978.

MCGREGOR, James H., *The Wounded Knee Massacre from the Viewpoint of the Sioux*, Wirth Brothers, Baltimore, 1940.

MCLAUGHLIN, maj. James, *My Friend the Indian*, Houghton Mifflin, New York, 1910.

MEYER, Roy W., *History of the Santee Sioux : United States Indian Policy on Trial*, University of Nebraska Press, Lincoln, 1867.

MILLER, David Humphreys, *Custer's Fall, The Indian Side of the Story*, University of Nebraska Press, Lincoln, 1957.
— *Ghost Dance*, University of Nebraska Press, Lincoln, 1959.

MOONEY, James, « The Ghost Dance Religion and the Sioux Outbreak of 1890 », in *Fourteenth Annual Report of the U.S. Bureau of Ethnology*, pp. 641 à 1136, Government Printing Office, Washington, DC, et University of Chicago Press, Chicago, 1965.

POND, Samuel W., *The Dakota or Sioux in Minnesota As They Were in 1834*, Collections of the Minnesota Historical Society, 12 : p. 319 à 501, et Minnesota Historical Society Press, Saint Paul, 1986.

POOLE, D.C., *Among the Sioux of Dakota, Eighteen Months' Experience as an Indian Agent, 1869-1870*, Minnesota Historical Society Press, Saint Paul, 1988, avec une introduction de Raymond J. DeMallie.

POWERS, Marla N., *Oglala Women, Myth, Ritual and Reality*, University of Chicago Press, Chicago, 1986.

POWERS, William K., *Oglala Religion*, University of Nebraska Press, Lincoln, 1975 et 1977. Trad. fr. *La Religion des Sioux Oglala*, Éditions du Rocher, coll. Nuage Rouge, 1994.

— *Yuwipi, Vision and Experience in Oglala Ritual*, University of Nebraska Press, Lincoln, 1982. Trad. fr. *Yuwipi, rituel des Sioux Oglala*, Éditions du Rocher, Paris, 1994.

— *Beyond the Vision, Essays on American Indian Culture*, University of Oklahoma Press, Norman, 1987.

RIGGS, Rév. Stephen Return, *Tah-Koo Wah-Kan or the Gospel among the Dakotas*, Congregational Sabbath School and Publishing Society, 1869, et Arno, New York, 1972.

— *Dakota Grammar, Texts and Ethnograpghy*, J. Owen Dorsey, éd., Government Printing Office, Washington DC, réimpression par Blue Cloud Abbey, Marvin, Dakota du Sud, 1977.

ROBINSON, Doane, *History of the Dakota or Sioux Indians*, South Dakota Historical Collections, 2, 1-523, réimpression, Ross and Haines, Minneapolis, 1974.

RUBY, Robert, *The Oglala Sioux : Warriors in Transition*, Vantage Press, New York, 1955.

SANDOZ, Mari, *These Were The Sioux*, Hastings House, 1961, réimpression, University of Nebraska Press, Lincoln, 1985.

SCHUSKY, Ernest, L., *The Forgotten Sioux, An Ethnohistory of the Lower Brule Reservation*, Nelson Hall, Chicago, 1975.

STEINMETZ, Paul, S.J., *Pipe, Bible and Peyote Among the Oglala Lakota, A Study of Religious Identity*, Borgstroms Tryckeri, Université de Stockholm, Motala, 1980.

STOLZMAN, William, *The Pipe and Christ*, Tipi Press, Chamberlain, Dakota du Sud, 1986, 1989, 1991.

TERRELL, John Upton, *Sioux Trail*, McGraw-Hill, New York, 1974.

The Artist and the Missionary, A Native-American & Euro-American Cultural Exchange, Buffalo Bill Historical Center, Cody, Wyoming, 1994.

UTLEY, Robert M., *The Last Days of the Sioux Nation*, Yale University Press, New Haven, 1963.

— *The Indian Frontier of the American West, 1846-1890*, University of New Mexico Press, Albuquerque, 1984.

WALKER James R., *Lakota Society*, Raymond J. DeMallie, éd., University of Nebraska Press, Lincoln, 1982.

— *Lakota Myth*, Elaine A. Jahner, éd., University of Nebraska Press, Lincoln, 1983.

— *Lakota Belief and Ritual*, Raymond J. DeMallie et Elaine A. Jahner, éd., University of Nebraska Press, Lincoln, 1991.

WISSLER, Clark, *Indians of the United States*, Doubleday, New York, 1966.

— *Societies of the Oglala, Societies and Ceremonial Associations in the Oglala Division of the Teton-Dakota*, 1912, réimprimé par Lakota Classics, Rutgers, New Jersey, 1993.

Biographies, autobiographies, mythes et légendes, littérature

Bierhorst, John, éd., *The Red Swan : Myth and Tales of the American Indians*, Farrar, Strauss and Giroux, New York, 1976.

Black Elk et Neihardt, John, *Black Elk Speaks*, illus. par Standing Bear, 1932. Nouv. éd. University of Nebraska Press, Lincoln, 1961, et Pocket Books, New York, 1972. Trad. fr. *Élan Noir parle*, Le Mail, Paris.

Brumble, David H., *American Indian Autobiography*, University of California Press, Berkeley, 1988. Trad. fr. *Les autobiographies d'Indiens d'Amérique*, Presses universitaires de France, Paris, 1993.

Crow Dog Mary et Erdoes Richard, *Lakota Woman*, Grove Weidenfeld, New York, 1990. Trad. fr. *Lakota Woman, ma vie de femme sioux*, Albin Michel, Paris, 1991, Préface de Joëlle Rostkowski.

Eastman, Charles Alexander, *From the Deep Woods to Civilization*, University of Nebraska Press, Lincoln, 1977.

Eastman, Elaine Goodale, *Sister to the Sioux, The Memoirs of Elaine Goodale Eastman*, Kay Graber, éd., University of Nebraska Press, Lincoln, 1978.

Garst, Doris Shannon, *Sitting Bull : Champion of His People*, Julian Messner, New York, 1946.

— *Crazy Horse*, Houghton Mifflin, Boston et New York, 1950.

Howe, Marcus Antony de Wolfe, *The Life and Labors of Bishop Hare, Apostle to the Sioux*, Sturgis and Walton, New York, 1911.

Johnson, Dorothy M., *Warrior for a Lost Nation : A Biography of Sitting Bull*, Westminster Press, Philadelphia, 1969.

Krupat, Arnold, *For Those Who Come After, A Study of Native Autobiography*, University of California Press, Berkeley, 1985.

Momaday Scott N., *House Made of Dawn*, Harper and Row, New York, 1968. Trad. fr. *La maison de l'aube*, Éditions du Rocher, Paris, 1992, Préface d'Yves Berger.

Ortiz, Alfonso et Erdoes, Richard, éd., *American Myths and Legends*, Pantheon Books, 1984.

Riggs, Rév. Stephen Return, *Mary and I : Forty Years with the Sioux*, W.G. Holmes, Chicago, 1880, et Ross and Haines, Minneapolis, 1969.

Sandoz, Mari, *Crazy Horse, the Strange Man of the Oglalas : A Biography*, Alfred A. Knopf, New York, 1942. Nouv. éd. University of Nebraska Press, Lincoln, 1961.

Standing Bear, Luther, *My Indian Boyhood*, Houghton Mifflin, Boston et New York, 1931.

Stelkenkamp, Michael F., *Black Elk, Holy Man of the Oglala*, University of Oklahoma Press, Norman, 1993.

Swann Madonna et St Pierre, Mark, *Madonna Swann, A Lakota Woman's Story, as Told through Mark St Pierre*, University of Oklahoma Press, Norman, 1991.

Tahca Ushte et Erdoes, Richard, *Lame Deer, Seeker of Visions*, Simon and Schuster, New York, 1972, et Pocket Books, New York, 1978. Trad. fr. *De mémoire indienne*, Plon, coll. Terre humaine, Paris, 1977.

TALAYESVA, Don C., *Sun Chief : The Autobiography of a Hopi Indian*, Leo Simmons, éd., Yale University Press, New Haven, 1942, 1970. Trad. fr. *Soleil hopi*, Plon, coll. Terre humaine, Paris, 1982, Préface de Claude Lévi-Strauss.

VESTAL, Stanley, *Sitting Bull, Champion of the Sioux : A Biography*, Houghton Mifflin, New York, 1932. Nouv. éd. University of Oklahoma Press, Norman, 1957 et 1972.

Bibliographies commentées

HOOVER, Herbert T., *The Sioux, A Critical Bibliography*, Newberry Library Center for the History of the American Indian Bibliographical Series, Indiana University Press, Bloomington et Londres, 1979.

PRUCHA, Francis Paul, *United States Indian Policy : A Critical Bibliography*, Indiana University Press, Bloomington et Londres, 1977.

RONDA, James P. et AXTELL, James, *Indian Missions : A Critical Bibliography*, Newberry Library, Indiana University Press, Bloomington et Londres, 1979.

Index thématique

Acculturation : 36, 40, 41, 89, 95, 96, 103, 147, 155, 180, 186, 220, 223, 234, 242, 249, 251-252, 268, 296, 302-303, 353, 359, 364.

Acoma : 72, 85, **102-104,** 111-112, 115, 140, 273.

Affiliations religieuses : 25, 42, 195.

Agents des Affaires indiennes : 194, 201, 226, 233.

Alcatraz : 327.

Allotment Act (loi de morcellement) : voir *Dawes Act.*

American Indian Movement (AIM) : 323, 327, 331, 361.

Américanisation, américanisme : 128, 136, **202,** 243.

Ancien Testament : 170, 297, 356.

Anthropologues : 32, 34, 37, 38, 92, 115, 125-126, 142, 154, 167, 212, 231, 284, **302,** 338, 361.

Apaches : 31, 80, 85, 93, 95, 103, 105, 155.

Apparentage : 170.

Assimilation : 211, 241, **309,** 399.

Autochtone(s) : 21, 22, 23, 28, 30, 38, 39, 42, 52, 61, 62, 68, 103, 106, 120, 134, 188, 200, 222, 234, 295, 297, 351-354.

Autodétermination : 43, 283.

Autonomie : 22, 34, 70, 73, 75, 87, 97, 119, 120, 206, 262, 264, 312.

Baptême, baptisés : 77, 86, 89, 102, 116, 143, 146, 188, 191, 200, 226, 253, 257, 266, 270, 276, 299, 300, 307.

Baptistes : 138, 361.

Bénédictins : 203, 204.

Bible : 53, 170, 185, 196, 197, 229, 282, 295, 303, 304, 356.

Bison(s) : 35, 156, 169, 172, 177, 178, 217, 262, 286, 334.

Brûlé (Sioux) : 153, 161.

Bureau of Indian Affairs : BIA : (Bureau des affaires indiennes) : 142, 201, 262, 284, 314.

Carlisle (collège de) : 207, 236.

Catéchisme : 185, 252.

Catéchistes : 170, 234, 300, 302, 304-305, 340.

Cathédrale (Santa Fe) : 42, 129, 130, 135-136.

Catholiques : 25, 40, 45, 49, 53, 75, 79, 117, 125, 137-138, 160, **188,** 190, 209, 213, 227, 233-234, 251, 254, 259, 264, 274, 328, 361.

Cavaliers : 26, 32, 171.

Cercle sacré : 21, 25, 27, 178, 335.

Chamans, chamanisme : 31, 34, 178, 207, 291, 293.

Chippewas : 166, 168, 323, 366.

Choc en retour (années 1950) : 310-312.

Chrétiens : 51, 61, 64, 121, 175, 194, 205, 216, 220, 325, 328, 355.

Christ : 31, 82, 100, 123, 170, 267, 273, 277, 278, 295, 300, 319, 334, 340, 341, 345, 346, 348, 352, 353, 362.

417

Index sélectif
des noms propres

Remerciements

Je tiens à remercier ceux qui m'ont soutenue dans la recherche qui a conduit à ma thèse d'État à l'École des hautes études en sciences sociales (EHESS), dont est librement inspiré cet ouvrage. Jacques Soustelle m'a encouragée et a suivi mon travail en tant que directeur de thèse pendant plusieurs années. Il s'intéressait beaucoup aux Indiens du Nouveau-Mexique et souhaitait que l'étude des cultures autochtones ne soit pas enfermée dans les frontières qui définissent aujourd'hui les différents États. Après sa disparition, Jean Malaurie a pris la relève. L'ensemble de son œuvre, son expérience parmi les Inuits, ses interrogations sur les problèmes posés par l'ingérence spirituelle dans la vie des autochtones ont enrichi et infléchi mes conclusions. Merci aux membres de mon jury : Claude Fohlen, Jean Heffer et Bernard Vincent, pour leurs observations et leurs suggestions, et à Élise Marienstras, sa présidente, pour sa vigilance chaleureuse et sa lecture attentive.

Je remercie aussi ceux qui, sur le terrain, ont constitué la force vive susceptible d'animer le travail d'archives et la recherche historique. Je suis reconnaissante à tous ceux qui ont pris le temps de participer à des entretiens et ont expliqué leurs engagements et leurs parcours spirituels. Rien n'aurait été possible sans les Indiens, traditionalistes ou chrétiens, qui ont accepté de faire part de leurs espoirs, de leurs révoltes, de leurs convictions et de leurs révélations. Merci aussi aux prêtres, protestants ou catholiques, aux jésuites et aux franciscains qui ont expliqué et parfois repensé leur action.

Au cours de la recherche, j'ai apprécié la richesse du Musée d'histoire du Nouveau-Mexique, à Santa Fe, et des archives de l'Augustana College, à Sioux Falls, ainsi que l'apport inestimable que constituent les archives de l'université de Marquette, à Milwaukee, et l'intérêt des enquêtes sur le terrain menées par Mark Thiel. Grâce à Mgr Paul Lenz, directeur du Bureau of Catholic Indian Missions, mes contacts avec le clergé local ont été considérablement facilités et j'ai pu participer aux conférences de Kateri Tekakwitha. Dave Warren m'a fait découvrir et aimer son pueblo, Santa Clara, et m'a permis de cotoyer et de mieux comprendre ses habitants. Philip Sam Deloria m'a fait partager, avec verve, la mémoire vivante de sa famille. William et Marla Powers m'ont fait mieux connaître les Oglalas et rencontrer les descendants du chef Red Cloud. Le Heritage Center, de la réserve de Pine Ridge, animé par Brother Simon, est aussi au cœur de cet ouvrage.

Je dois beaucoup à ceux qui ont ouvert la voie de l'ethnohistoire dans ce domaine encore peu exploité, et notamment à Ake Hulkrantz, William K. Powers, Francis Paul Prucha et Wilcomb E. Washburn. Merci aussi à ceux qui m'accompagnent dans mon travail de recherche et d'écriture, en particulier Nelcya Delanoë, Francis Geffard et Nicolas Rostkowski.

Table

Deuxième partie :

Libéralisation religieuse
et renouveau de la spiritualité indienne

« TERRE INDIENNE »
Collection dirigée par Francis Geffard

GEORGE CATLIN
Les Indiens d'Amérique du Nord

MARY CROW DOG
Lakota woman
Ma vie de femme sioux
Femme sioux
envers et contre tout

FLORENCE CURTIS GRAYBILL
ET VICTOR BŒSEN
L'Amérique indienne
de Edward S. Curtis

ANGIE DEBO
Histoire des Indiens
des États-Unis

NELCYA DELANOË
L'entaille rouge
Des terres indiennes à la démocratie
américaine, 1776-1996

RICHARD ERDOES - ALFONSO ORTIZ
L'oiseau-tonnerre et
autres histoires
Mythes et légendes des Indiens
d'Amérique du Nord

CHANTAL GÉRARD-LANDRY
Hopi, peuple de paix
et d'harmonie

PAULA GUNN ALLEN
La femme tombée du ciel
Récits et nouvelles de femmes indiennes

ROYAL B. HASSRICK
Les Sioux

Vie et coutumes
d'une société guerrière

SANDY JOHNSON-DAN BUDNICK
Le livre des anciens
Paroles et mémoires indiennes

THOMAS KING
Medicine River, roman

ARCHIE F. LAME DEER
Le Cercle Sacré
Mémoires d'un homme-médecine
sioux

CRAIG LESLEY
Saison de chasse, roman

CAROL NIETHAMMER
Filles de la terre
Vies et légendes des femmes indiennes

LOUIS OWENS
Même la vue la plus perçante,
roman
Le Chant du loup, roman

FRANÇOISE PERRIOT
La Dernière Frontière
Indiens et pionniers dans l'Ouest
américain, 1880-1910

SUSAN POWER
Danseur d'herbe, roman

JEAN-LOUIS RIEUPEYROUT
Histoire des Navajos

LESLIE MARMON SILKO
Cérémonie, roman

LA CONVERSION INACHEVÉE

*La composition de cet ouvrage
a été réalisée par Nord Compo,
l'impression et le brochage ont été effectués
sur presse Cameron dans les ateliers de*
Bussière Camedan Imprimeries
*à Saint-Amand-Montrond (Cher),
pour le compte des Éditions Albin Michel.*

Achevé d'imprimer en février 1998.
N° d'édition : 17149. N° d'impression : 981126/1.
Dépôt légal : mars 1998.